A investigação etnológica no Brasil e outros ensaios

A investigação etnológica no Brasil e outros ensaios

Florestan Fernandes

2ª edição revista

Apresentação de
Edgard de Assis Carvalho

© Herdeiros de Florestan Fernandes, 2006
1ª Edição, Vozes, 1975
2ª Edição, Global Editora, São Paulo 2009
1ª Reimpressão, 2021

Jefferson L. Alves – diretor editorial
Gustavo Henrique Tuna – gerente editorial
Flávio Samuel – gerente de produção
Dida Bessana – coordenadora editorial
Alessandra Biral e João Reynaldo de Paiva – assistentes editoriais
Agnaldo Alves de Oliveira, Lucas Carrasco e Lucy Caetano – revisão
Victor Burton – capa
Arquivo Florestan Fernandes – foto de quarta capa
Antonio Silvio Lopes – editoração eletrônica

Dados Internacionais de Catalogação na Publicação (CIP)
(Câmara Brasileira do Livro, SP, Brasil)

Fernando, Florestan
  A investigação etnológica no Brasil e outros ensaios /
Florestan Fernandes: apresentação de Edgard de Assis Carvalho. – 2.
ed. rev. – São Paulo : Global, 2009.

  ISBN 978-85-260-0138-1

  1. Aculturação 2. Etnologia – Brasil 3. Índios da América do
Sul – Brasil – Cultura 4. Índios da América do Sul – Brasil – Usos e
costumes I. Carvalho, Edgard de Assis. II. Título.

09-00923   CDD-572-981

Índices para catálogo sistemático:

1. Brasil : Etnologia 572.981

Obra atualizada conforme o
NOVO ACORDO ORTOGRÁFICO DA LÍNGUA PORTUGUESA

Global Editora e Distribuidora Ltda.
Rua Pirapitingui, 111 — Liberdade
CEP 01508-020 — São Paulo — SP
Tel.: (11) 3277-7999
e-mail: global@globaleditora.com.br

Direitos reservados.
Colabore com a produção científica e cultural.
Proibida a reprodução total ou parcial desta obra
sem a autorização do editor.

Nº de Catálogo: **2873**

A investigação
etnológica no Brasil
e outros ensaios

Florestan Fernandes em sua residência, em São Paulo, 1995.

*À memória de Gioconda Mussolini e a
Emílio Willems, cuja influência no
desenvolvimento da pesquisa empírica
sistemática foi tão decisiva.*

Sumário

O Sociólogo que Desafiou a Antropologia (Edgard de Assis Carvalho) 13
Nota Explicativa 19

PRIMEIRA PARTE

O "MUNDO DOS ÍNDIOS" E SUA CRISE 21

Capítulo I – Os Tupi e a Reação Tribal à Conquista 22

1 – O sistema tribal de relações sociais 23
2 – Organização tribal e reação à conquista 31
I – Bibliografia geral básica 39
II – Bibliografia especial 42

Capítulo II – Notas sobre a Educação na Sociedade Tupinambá 44

1 – Introdução 44
2 – Como os Tupinambá utilizavam a educação 50
3 – Seleção de textos sobre as práticas educacionais dos Tupinambá 67

Capítulo III – Tiago Marques Aipobureu: Um Bororo Marginal 97

1 – O conceito de marginalidade 97
2 – Delimitação do campo de trabalho 98
3 – Esboço biográfico do Prof. Tiago Marques Aipobureu 99
4 – Integração na cultura bororo 100
5 – Conflitos com os brancos 106
6 – Conflitos com os Bororo 111
7 – Ambivalência de atitudes 115
8 – Conclusões 120

Apêndice 123

SEGUNDA PARTE

O CONHECIMENTO ETNOLÓGICO DA REALIDADE 129

Capítulo IV – Tendências Teóricas da Moderna Investigação
  Etnológica no Brasil 130

1 – Introdução 130
2 – Estímulos ao "conhecimento da situação" 132
3 – Formação de um padrão intelectual de trabalho científico 140
4 – Focos de interesses na elaboração teórica 150
5 – Conclusões 195

Capítulo V – Um Balanço Crítico da Contribuição Etnográfica
  dos Cronistas 198

1 – Introdução 198
2 – A guerra como fenômeno social 200
3 – Fontes primárias para o estudo da guerra na sociedade Tupinambá .. 212
4 – Conclusões 275

Tabelas 291
Bibliografia 307

O Sociólogo que Desafiou a Antropologia

Escritos entre 1946 e 1964, os cinco ensaios que compõem este livro dividem-se em duas grandes partes: uma de caráter essencialmente etnológico e outra que enfoca problemas de teoria e pesquisa e a contribuição dos cronistas para o entendimento da guerra. Os Tupinambá são sempre o povo-base das reflexões. Publicado em 1974, com nota explicativa do próprio punho do autor, o livro foi dedicado a todos os que acreditam no avanço da pesquisa requerido pela Etnologia. Republicados agora, constata-se que os textos de Florestan Fernandes (1920-1995) nos desenham um conjunto de problemas ainda não equacionados satisfatoriamente pela Antropologia brasileira, e isso não apenas no que diz respeito aos grupos indígenas. Se a maturidade de uma disciplina tem a ver com a densidade teórica que ela é capaz de formular, se a pesquisa não deve ser vista como fim, mas como meio para novos formatos interpretativos, estamos longe disso.

É nessa tensão entre teoria e pratica que a distinção entre a explanação descritiva e a explanação interpretativa formulada pelo autor deve ser entendida. Se é claro que descrição e interpretação representam passos distintos no processo de investigação, as duas modalidades explicativas contribuem de modo diferencial para o progresso teórico. A descrição propicia exame crítico dos meios de investigação e reconstrução da realidade; a interpretação levanta questões teóricas cuja solução propicia o amadurecimento da etnologia como ciência.

Florestan deixa claro que a tendência prevalecente no Brasil é a explanação descritiva e que os interesses etnológicos se concentram em três focos: estudos de mudança cultural, xamanismo e organização social. A esses três acrescentam-se as análises da personalidade e da cultura.

No contexto histórico em que os textos são escritos, ressalta o exaustivo levantamento bibliográfico contido nas cinco partes. Uma constatação nada alvissareira: até os anos 1960, a Antropologia permanecia rubricada pela hegemonia do modelo funcionalista, mesmo que a integração entre as partes e o todo fosse o ponto de chegada da pesquisa. A influência e a presença de intelectuais estrangeiros em nossas universidades não conseguiu mudar o foco interpretativo dominado pelos chamados estudos de aculturação. Ao contrário, consolidou a diferença cultural e, com ela, os relativismos extremados.

No caso dos índios, afirma Florestan, a despeito da troca desigual que caracteriza o contato cultural, o que se observa por toda parte é a desagregação e a progressiva neutralização da herança cultural nativa posta em marcha pelas formas de dominação do capital. Para os negros, torna-se imprescindível detectar, sem nostalgias, a herança cultural africana para que seja possível avaliar as possíveis reorganizações da cultura negra no conjunto da sociedade brasileira. Focalizado sob inspiração dos "estudos de comunidade", os camponeses são vistos como totalidade fechada, portadora de uma cultura de tipo *folk*, caipira, que se defronta com processos desagregativos que os insere compulsoriamente em contextos regionais e nacionais.

Quanto à religião, xamanismo e magia, os levantamentos etnográficos também prevalecem e poucos estudos estabelecem articulações com os demais elementos constitutivos da estrutura social, com exceção das análises de Darcy Ribeiro, Eduardo Galvão e Roger Bastide. Mesmo por caminhos diferentes, demonstram que expressões simbólicas têm a ver com materialidades e processos históricos mais amplos. O vigor etnográfico demonstrado pelo conjunto das monografias, cujo caráter é essencialmente relativista, não consegue formular uma interpretação consistente, uma teoria para o Brasil. O que se tem é um mosaico de diferenças, alteridades, identidades.

As análises da organização social tentam enfatizar a correlação das condições sociais com o funcionamento do todo. Mesmo etnográficas, valorizaram excessivamente a descrição e, com isso, não percebem que padrões organizatórios são sempre sócio-históricos, repletos de contradições, lutas e reorganizações como o próprio Florestan demonstrou em a *Organização social dos tupinambá* publicado em 1943, cujas reflexões foram ampliadas em *A função social da guerra na sociedade tupinambá* em 1952.

Na análise das relações entre cultura e personalidade, os enfoques são mais amplos, como demonstra o trabalho de Herbert Baldus sobre os desajustamentos de Tiago Marques Aipobureu, que recebeu magistral interpretação de Florestan Fernandes e que integra o capítulo III deste livro. Tiago Marques, o bororo marginal, vivencia a impossibilidade da conciliação entre dois mundos antagônicos. Ao oscilar entre eles, a crise torna-se inevitável. Para os brancos praticava atos não esperados, pois viam em Tiago nada mais do que um bororo; para os bororo a mesma coisa, mas no sentido inverso, uma vez que os padrões culturais indígenas não se encontravam presentes em suas ações. Tiago Marques convertera-se em índio genérico, cuja identidade vilipendiada exigia a todo momento uma reorganização de sua subjetividade para que pudesse simplesmente sobreviver.

Ainda que as diferenças entre os planos descritivo e interpretativo sejam mais de grau do que de natureza, as tentativas de teorização são muito tímidas nos quatro focos analíticos. Em várias passagens dos cinco ensaios, Florestan sugere que a reconstrução de qualquer cultura é impossível de se realizar sem a articulação com o social-histórico, dilema esse que os debates estruturalistas e marxistas iriam revelar posteriormente.

Por isso, a dispersão temática, a desintegração teórica, a ausência de perspectiva interdisciplinar são as marcas da Etnologia. Em conjunto, Florestan afirma, esses traços sugerem que o longo caminho percorrido por ela em tempo tão curto é insuficiente para colocá-la como disciplina científica realmente madura. Presente até os dias atuais, e mesmo que a distinção entre Etnologia e Antropologia possa ser considerada como algo superado, a dispersão conduziu a uma cartografia fragmentada da cultura, na qual a autenticidade dos 'objetos de pesquisa' superpõe-se à incerteza da interpretação.

Há duas concepções fundamentais que circundam este livro: uma delas diz respeito à unidade das ciências sociais, outra à comunicação do conhecimento. Por unidade, compreende-se o fato de que o raciocínio científico é uno, o que implica compromisso com a lógica da ciência voltada prioritariamente para a ampliação do entendimento. A ciência não é um bloco axiomático rígido, renova-se no tempo e no espaço, contradiz-se a si mesma, instala novos paradigmas, redefine conceitos incessantemente. Conceitos nunca são formas puras, remetem a outros conceitos, são inacabados, nunca estão prontos para serem aplicados a objetos inertes. Da mesma forma, pesquisa é estratégia aberta, jamais um conjunto frio de hipóteses, objetivos, justificativas, cronogramas. Mesmo que a síntese seja inalcançável, ela deve sempre rondar o espírito do pesquisador. Esse pressuposto exige um tipo de intelectual aberto, apto a incorporar em suas análises contribuições advindas de outras áreas do saber.

Difícil missão, reconhece Florestan nos anos 1970. Ainda se mantém a crença de que a própria disciplina é o foco central da síntese, o que se pode comprovar facilmente, ele afirma, por meio das ideias de sociólogos, antropólogos e psicólogos contemporâneos. Por isso, as ditas ciências sociais investem na especificidade de áreas e subáreas, deixando de lado um diagnóstico mais global do fenômeno humano. Da dinâmica das relações sociais à primazia dos modelos, do incontestável primado das infraestruturas às descrições densas, as divergências foram tantas que a construção de uma antropologia científica viu-se prejudicada. Como resultado, a fragmentação assumiu o comando do dispositivo interpretativo, instalando nichos de poder, conflitos interinterinstitucionais, redes de adesão ao sistema da vigilância cognitiva, seja ele estatal ou não.

Há um texto de Florestan Fernandes que não integra este livro, mas serve de base para muitas reflexões aqui formuladas. Em 1961, em reunião da Associação Brasileira de Antropologia, ele faz uma colocação fundamental que, claro, provocou grande irritação na plateia e que, posteriormente, foi publicada em 1970 na coletânea *Elementos de sociologia teórica*. Os antropólogos sempre tiveram resistências descabidas a explicações generalizadoras. Procediam, diz ele, como se a preocupação pelo universal eliminasse necessariamente o interesse pelo particular.

Por isso, o empirismo permanece estreito, torna-se intolerante e dogmático e, mais do que isso, introduz uma grave deficiência na formação de futuros antropólogos. Vale citar textualmente uma pequena passagem dessa provocação: "este [o antropólogo] é antes preparado para realizar inventários modelares e completos da realidade, recebendo precária informação e limitado treinamento na área mais decisiva de emprego eficaz das técnicas, processos e métodos de interpretação dos fatos, que formam a própria lógica da Antropologia científica".*

A falta de uma integração mais consistente entre descrição e interpretação se amplia na comunicação científica. Regida pela fragmentação, a comunicação corrobora a dissociação teoria e prática, investe em associações que reiteram a dissociação no lugar da integração dos saberes etnológicos. Florestan sempre relembra os ensinamentos de Claude Lévi-Strauss a respeito da colaboração das culturas, dos mitos como sistemas cognitivos que resolvem contradições sociais, da Antropologia como ciência unitária da condição humana.

O recurso à Filosofia e à Psicologia são fundamentais para o entendimento de sujeitos historicamente determinados. Os psicólogos, os antropó-

---

* Florestan Fernandes, *Elementos de sociologia teórica*, São Paulo, Companhia Editora Nacional, 1970, p. 215-216.

logos e os sociólogos, afirma, teriam de unir o que antes separaram, completando assim os serviços que vêm prestando à ciência e à civilização que ela produziu.

De certa forma, esse fato pressupõe a desconstrução dos objetos contidos nas alteridades, ao mesmo tempo que requer a revolução das relações que hoje regem o padrão científico das ciências sociais e os padrões organizatórios que regem as organizações universitárias. A universidade e a especialização criaram um processo profundo e persistente de fragmentação do trabalho de investigação em todas as ciências, mas esse processo é mais intenso e devastador nas ciências sociais, afirma ele em sua introdução ao pensamento de Marx e Engels publicado pela editora Ática em 1983.

Se lidos à luz de uma visão transdisciplinar do conhecimento, os cinco ensaios deste livro escapam da irreversibilidade da flecha do tempo em que foram escritos por Florestan Fernandes. Remetem à necessidade histórica atual, mesmo que referências etnológicas sejam constantes nas cinco partes. A análise da guerra na sociedade tupinambá, por exemplo, deve ser entendida em seu contexto etnográfico específico, por meio das funções que desempenha na organização social. Isso só não é, porém, suficiente. Esse estudo só será relevante se for capaz de ultrapassar os limites de uma sociedade particular para interpretar problemas capitais da teoria sociológica. Esse é o sentido que deve ser buscado na pesquisa: transcender os limites do particular e alçar voos mais altos, universais, na direção de um conhecimento sintético do homem.

Ao escrever esta apresentação cabe um reconhecimento aos ensinamentos do mestre. Como seu aluno na Faculdade de Filosofia, Letras e Ciências Humanas da USP e, depois, como colega no programa de estudos pós-graduados em ciências sociais da PUC-SP, aprendi que análise e síntese são, simultaneamente, antagônicas, complementares, concorrentes, dependendo do enfoque do pesquisador e da reconstrução que elabora de um povo, uma etnia, uma expressão simbólica. Aprendi, também, que reconstruções intelectuais são possibilidades, configurações, formatos da vida em sociedade e nada mais do que isso.

Referências bibliográficas

FERNANDES, Florestan. *Elementos de sociologia teórica*. São Paulo: Companhia Editora Nacional, 1970.

––––––––. Introdução. In: *Marx/Engels, História*. São Paulo: Ática, 1983. (Coleção Grandes Cientistas Sociais).

Edgard de Assis Carvalho graduou-se em Ciências Sociais na USP. É doutor em Antropologia pela Faculdade de Filosofia, Ciências e Letras de Rio Claro. Realizou pós-doutorado na École des Hautes Études en Sciences Sociales, em Paris. É livre-docente pela Faculdade de Ciências e Letras de Araraquara da Unesp. Atualmente, é professor titular de Antropologia da PUC-SP. É professor visitante recorrente da Universidade Federal do Rio Grande do Norte e professor permanente do doutorado em Saúde Coletiva da Fiocruz. Coordenador atual do Complexus, Núcleo de Estudos da Complexidade, da PUC-SP e vice-presidente do Instituto de Estudos da Complexidade, do Rio de Janeiro. É membro do conselho científico da Universidad del Mundo Real, Hermosillo, México e representante da Cátedra Itinerante da Unesco Edgard Morin. Tradutor de obras de Edgar Morin, Michel Serres, Michel Cassé, André Glucksmann, dentre outros. Ex-editor da revista Margem, da PUC-SP. É autor de vasta gama de artigos e livros, como *As alternativas dos vencidos: índios Terena no Estado de São Paulo* (Paz e Terra, 1979), *Polifônicas ideias:* antropologia e universalidade (Imaginário, 1997); *Ética, solidariedade e complexidade* (Palas Athena, 1998) e *Enigmas da cultura* (Cortez, 2003).

Nota Explicativa

Este livro reúne cinco ensaios, publicados entre 1946 e 1964. Anteriormente, foram incorporados a outros livros do autor, que se acham atualmente esgotados. A reorganização de *Mudanças sociais no Brasil*, lançado em segunda edição por Difusão Europeia do Livro, liberou dois capítulos ("Os Tupi e a Reação Tribal à Conquista"; e "Tiago Marques Aipobureu: Um Bororo Marginal"). Os demais foram extraídos de *Educação e sociedade no Brasil*[*] – "Notas sobre a Educação na Sociedade Tupinambá"; e de *A etnologia e a sociologia no Brasil*[**] – "Tendências Teóricas da Moderna Investigação Etnológica no Brasil", e "Um Balanço Crítico da Contribuição Etnográfica dos Cronistas". Embora acalentasse o propósito de incorporar outros trabalhos menores no volume, publicados dispersamente em jornais ou revistas, entre 1946 e 1958, acabei chegando à conclusão de que lhes falta suficiente densidade para justificar a ampliação do volume, que eles acarretariam.

Os ensaios são reproduzidos em sua forma original. Aliás, somente com referência a "Tendências Teóricas da Moderna Investigação Etnológica no Brasil" poder-se-ia colocar a questão da conveniência (ou da inconveniência) de uma ampliação do trabalho para pô-lo "em dia". No entanto, mesmo esse ensaio só teria a perder com qualquer espécie de atualização. Concebido e realizado como um balanço crítico da situação da pesquisa etnológica na

---

[*] Dominus Editora, em cooperação com a Editora da Universidade de São Paulo, 1966.
[**] Editora Anhambi S. A., 1958.

década de 1950, ele não teria sentido se o seu quadro de referência fosse pulverizado. Doutro lado, os dilemas fundamentais da pesquisa etnológica continuam os mesmos, na essência, apesar dos progressos quantitativos e qualitativos ocorridos. Para enfrentar o círculo vicioso com que nos defrontamos, ao que me parece, as conclusões pessimistas a que cheguei são mais úteis se não forem retocadas ou atenuadas. Seria necessário fazer justiça aos novos nomes e aos novos centros de investigação, que dominam a área atualmente. Mas, para isso, o melhor seria que alguém mais qualificado empreendesse um balanço crítico novo, que desse continuidade ao que eu procurei fazer 18 anos atrás.

O presente volume, portanto, apenas acarreta uma vantagem. Reúne trabalhos dispersos que muitos leitores, especialistas ou leigos, gostariam de encontrar reunidos. Para mim, em especial, ele traz uma enorme satisfação pessoal. Alguns dos ensaios foram escritos sob um entusiasmo profissional que se dissipou. Porém conservo por eles o mesmo carinho que sentia antes; e sei que eles ainda podem ser de utilidade para os investigadores e os estudiosos que não perderam o entusiasmo profissional. A esses, que estão na primeira linha da batalha pelo avanço da pesquisa etnológica, os ensaios aqui reunidos não podem ser indiferentes. Eles contêm materiais para estudo que podem ser reaproveitados no ensino e nas investigações em processo.

A dedicatória foi transcrita de *A etnologia e a sociologia no Brasil*, com um acréscimo, que permite prestar justa homenagem a uma professora que, enquanto viveu, honrou sua condição de intelectual, de antropóloga e de ser humano aberto ao diálogo das gerações e à participação política responsável. À Editora Vozes Limitada devo agradecimentos especiais, pela programação do volume na coleção Sociologia Brasileira.

São Paulo, 16 de outubro de 1974.

Florestan Fernandes

Primeira Parte

*O "Mundo dos Índios"
e sua Crise*

Capítulo I

Os Tupi e a Reação Tribal à Conquista[1]

Vários grupos tribais etnicamente distintos habitavam o Brasil no período da conquista. No entanto, apenas tribos pertencentes ao estoque linguístico Tupi foram descritas de forma relativamente extensa e precisa. A razão deste fato é simples. Os Tupi entraram em contato com os portugueses em quase todas as regiões que eles tentaram ocupar e explorar colonialmente. Foram, ao mesmo tempo, a principal fonte de resistência organizada aos desígnios dos *colonizadores* e o melhor ponto de apoio com que eles contaram, entre as populações nativas.

Ainda hoje se mantém o "mito" de que os aborígines, nesta parte da América, limitaram-se a assistir à ocupação da terra pelos portugueses e a sofrer, passivamente, os efeitos da colonização. A ideia de que estavam em um nível civilizatório muito baixo é responsável por essa presunção. Todavia, nada está mais longe da verdade, a julgar pelos relatos da época. Nos limites de suas possibilidades, foram inimigos duros e terríveis, que lutaram ardorosamente pelas terras, pela segurança, pela liberdade, que lhes eram arrebatadas conjuntamente.

O desfecho do processo foi-lhes adverso. Mas nem por isso deve-se ignorar que esse processo possui duas faces. Nós temos vivido da face que

---

1 Escrito para *História geral da civilização brasileira*, obra organizada por Sérgio Buarque de Holanda e editada pela Difusão Europeia do Livro. Transcrito de *Mudanças sociais no Brasil*, São Paulo, Difusão Europeia do Livro, 1960, p. 287-310.

engrandece os efeitos dos portugueses, alguns quase incríveis, vistos de uma perspectiva moderna. Porém, se houve heroísmo e coragem, entre os *brancos*, a coisa não foi diferente do lado dos aborígines. Apenas o seu heroísmo e a sua coragem não movimentaram a história, perdendo-se irremediavelmente com a destruição do mundo em que viviam.

Neste capítulo, cabe-nos descrever os aspectos mais importantes da organização das sociedades tupi e procurar nela os fatores que permitem explicar, sociologicamente, o padrão desenvolvido de reação à conquista. É duvidoso que os dados de que dispomos revelem essas sociedades tais quais elas eram no *ponto zero* da história do Brasil. Contudo, podemos supor que, por seu intermédio, chega-se a conhecer algo que estava bem próximo dele, o que atende às exigências empíricas da análise a ser feita.

1 – O sistema tribal de relações sociais

Os Tupi que são mais bem descritos pelas fontes quinhentistas e seiscentistas habitavam o litoral nas regiões correspondentes aos atuais Estados do Rio de Janeiro, da Bahia, do Maranhão e do Pará.[2] Eles praticavam a horticultura, a coleta, a caça e a pesca; possuindo o equipamento material que permitia a realização dessas atividades econômicas.[3] Sua mobilidade no espaço era relativamente grande. Essas atividades eram realizadas sem nenhuma tentativa de preservação ou de restabelecimento de equilíbrio da natureza. Por isso, a exaustão relativa das áreas ocupadas exigia tanto o deslocamento periódico dentro de uma mesma região quanto o abandono dela e a invasão de outras áreas, consideradas mais férteis e ricas de recursos naturais.[4] O que quer dizer que a migração era utilizada como uma técnica de controle indireto da natureza pelo homem. Quando se rompia o equilíbrio entre as necessidades alimentares e os recursos proporcionados pelo meio natural circundante, as populações se deslocavam de um modo ou de outro. Em suma, a terra constituía o seu maior bem. O grau de domesticação do meio natural circundante, assegurado pelos artefatos e técnicas culturais de

---

2 Sobre a qualidade das informações contidas nas fontes quinhentistas e seiscentistas, cf. F. Fernandes, 1949b. Uma discussão completa da distribuição dos Tupinambá encontra-se em F. Fernandes, 1949a, cap. I.
3 A respeito da cultura material dos Tupinambá: A. Métraux, 1928a; Estêvão Pinto, 1938.
4 Os temas relativos às relações dos Tupinambá com a natureza são analisados por F. Fernandes, 1949a, cap. II.

que dispunham, fazia que a sua sobrevivência dependesse, de modo intenso e direto, do domínio ocasional ou permanente da região e do espaço que ocupassem.

Esse domínio era exercido em termos do poder de uma entidade complexa, que chamaremos de "tribo". Pouco se sabe a respeito da composição e do funcionamento dessa unidade inclusiva. A única coisa evidente é que ela abrangia certo número de unidades menores, as "aldeias" (ou grupos locais), distanciadas no espaço mas unidas entre si por laços de parentesco e pelos interesses comuns que eles pressupunham, nas relações com a natureza, na preservação da integração tribal e na comunicação com o sagrado. Na vida cotidiana os indivíduos podiam agir, largamente, como membros da ordem existencial criada pelo grupo local. Mas, em assuntos relacionados com o deslocamento da tribo de uma região para outra, a circulação das mulheres entre as parentelas, a realização de uma expedição guerreira, o sacrifício de inimigos etc., as ações eram reguladas pela referida teia de interesses comuns.

Os grupos locais compunham-se, em média, de quatro a sete malocas ou habitações coletivas. Estas eram dispostas no solo de modo a deixar uma área quadrangular livre, o *terreiro*, bastante ampla para a realização de cerimônias como as reuniões do conselho de chefes, o massacre e a ingestão das vítimas, as atividades religiosas lideradas pelos pajés, as festas tribais etc., as quais, muitas vezes, também envolviam a participação dos membros dos grupos locais vizinhos. Em zonas sujeitas ao ataque de grupos tribais hostis, as malocas eram circundadas por uma estacada ou *caiçara*, feita com troncos de palmeiras rachados, ou por um duplo sistema de paliçadas, entre os quais colocavam estrepes agudos e cortantes. Esse sistema de defesa pode ser apreciado em uma das xilogravuras de Staden.

As malocas teriam uma largura constante, variando seu comprimento de acordo com o número de moradores. Nela viviam, segundo as estimativas mais baixas, de 50 a 200 indivíduos, agrupados nas subdivisões internas reservadas aos lares políginos, de 20 a 40 em cada maloca, conforme também as estimativas mais baixas.[5] O acesso e a saída dos indivíduos eram feitos por três aberturas, duas localizadas nas extremidades e, outra, no centro da maloca. Enquanto duravam os materiais de que eram construídas, proporcionavam boa renovação do ar e abrigo confortável contra a inclemência do sol ou os excessos da chuva. A vida desenrolava-se dentro dela no sentido mais amplo possível. As mulheres cozinhavam na maloca; as refeições eram tomadas nos *lanços* pertencentes a cada lar polígino; o mesmo ocorria com outras

---

[5] Sobre o tamanho e a população das malocas, bem como dos grupos locais, conforme dados reunidos por F. Fernandes, 1949a, p. 61-64.

atividades, relacionadas com as conversações dos parentes, com o intercurso sexual, com a recepção dos hóspedes etc. Nada podia ser segredo para ninguém e todos compartilhavam das experiências cotidianas de cada um.

Em virtude da importância da natureza na economia tribal, a localização do grupo local na porção de territórios, dominados pela tribo, que lhe era destinada, constituía um problema de ordem vital. Dela dependiam o provimento fácil e contínuo de água potável, de lenha para a cozinha ou para fornecer calor à noite, de mantimentos que precisavam ser obtidos em condições de segurança (por exemplo, pela proximidade de rios piscosos e da costa marítima, de terrenos férteis para plantação, de bosques ricos de caça etc.). Além disso, outras condições precisavam ser tomadas em conta, relativas à defesa do grupo local, ao arejamento e à disponibilidade de materiais para a construção das malocas. Por isso, esse assunto caía na órbita de decisão do conselho de chefes e dava origem a soluções em que prevaleciam os interesses da coletividade como um todo.

De acordo com informação de Gandavo, confirmada por outras fontes, "em cada casa destas vivem todos muito conformados, sem haver nunca entre eles nenhumas diferenças; antes são tão amigos uns dos outros, que o que é de um é de todos, e sempre de qualquer coisa que um coma, por pequena que seja, todos os circunstantes hão de participar dela".[6] O mesmo padrão básico de cooperação vicinal aplicava-se às relações dos membros das malocas que faziam parte de um grupo local. Os produtos da caça, da pesca, da coleta e das atividades agrícolas pertenciam à parentela que os conseguisse. Não obstante, se houvesse escassez de mantimentos ou se fosse imperativo retribuir a presentes anteriores, eles eram divididos com os membros de outras parentelas ou distribuídos entre os componentes de todo o grupo local. Como escreve Léry, em congruência com outros autores da época, "mostram os selvagens sua caridade natural presenteando-se diariamente uns aos outros com veações, peixes, frutas e outros bens do país; e prezam de tal forma essa virtude que morreriam de vergonha se vissem o vizinho sofrer falta do que possuem".[7]

O crescimento demográfico dos grupos locais, além dos limites da eficiência do sistema adaptativo tribal, criava condições para conflitos. Estes não se formavam, abertamente, na área do provimento e distribuição dos recursos naturais. Antes, explodiam nas lutas entre parentelas, por exemplo, motivadas por ações reprováveis e que quebravam a solidariedade tribal, se

---

6 P. M. Gandavo, *História*, p. 119.
7 J. de Léry, *Viagem*, p. 217.

não fossem reparadas, como o rapto de mulheres.[8] Nesse caso, as parentelas antagônicas separavam-se e todo o sistema de solidariedade intergrupal precisava ser recomposto. Todavia, o meio normal para a solução dessas tensões consistia na formação contínua de novas malocas, a qual promovia uma espécie de redistribuição da população produtiva. Essa é a alternativa que se apresenta nos casos em que algum principal, contando com número suficiente de mulheres, em seu lar polígino (filhas, sobrinhas ou agregadas), cedia-as em casamento a jovens que se dispunham a aceitar sua autoridade. Com o tempo, surgia assim uma nova maloca, frequentemente integrada no mesmo grupo local.

A divisão de trabalho, nos grupos locais, obedecia a prescrições baseadas no sexo e na idade. As mulheres ocupavam-se com os trabalhos agrícolas (desde o plantio e a semeadura até a conservação e a colheita) e as atividades de coleta (de frutas silvestres, de mariscos etc.), colaboravam nas pescarias, indo buscar os peixes flechados pelos homens, transportavam produtos das caçadas, aprisionavam as formigas voadoras, fabricavam as farinhas, preparavam as raízes e o milho para a produção de *cauim* e encarregavam-se da salivação dele, fabricavam o azeite de coco, fiavam o algodão e teciam as redes, trançavam os cestos e cuidavam da cerâmica (tanto da factura de panelas, alguidares, potes para cauim etc. quanto de sua ornamentação e cocção), cuidavam dos animais domésticos, realizavam todos os serviços domésticos relacionados com a manutenção da casa ou com a alimentação, e dedicavam-se a outras tarefas, como a depilação e tatuagem dos homens pertencentes a seu lar, e catamento de piolhos deles ou das mulheres do grupo doméstico, a preparação do corpo das vítimas humanas para a cerimônia de execução e para o repasto coletivo etc.

Os homens ocupavam-se com a derrubada e a preparação da terra para a horticultura, entregando-a pronta para o plantio às mulheres (encarregavam-se, pois, da queimada e da primeira limpa), praticavam a caça e a pesca, fabricavam as canoas, os arcos, as flechas, os tacapes e os adornos, obtinham o fogo, por processo rudimentar, construíam as malocas, cortavam lenha, fabricavam redes lavradas e, como manifestação de carinho, podiam tatuar a mulher, auxiliavam-na no parto etc. É claro que a proteção das mulheres, crianças e velhos era atividade masculina, bem como a realização de expedições guerreiras e o sacrifício de inimigos ou de animais como a onça, que rendiam um novo "nome" ao sacrificante. As atividades xamanísticas também constituíam prerrogativa masculina embora existam referências es-

---

8   Os dados a respeito de tais consequências de rapto de mulheres encontram-se em G. Soares, *Tratado*, p. 363.

porádicas à participação das mulheres nelas e nas atividades guerreiras (na qualidade de combatentes, nos casos de mulheres tríbades). A mulher suportava uma carga extremamente pesada no sistema de ocupações. Mas prevalecia a interdependência de trabalhos e serviços, de modo que eles se completavam e amparavam mutuamente.

Os Tupi ignoravam a exploração econômica do trabalho escravo. Seus cativos eram tratados como membros do "nosso grupo" até a data do sacrifício. Doutro lado, a pobreza do sistema tecnológico compeliam-nos a tirar o maior proveito do organismo humano e de suas energias, em todo gênero de atividade, bem como a combinar a capacidade de trabalho individual em diferentes fins. Como salienta Cardim, tratando do mutirão: "Assim quando hão de fazer algumas coisas, fazem vinhos e avisando os vizinhos, e apelidando toda a povoação lhes rogam que queiram ajudar em suas roças, o que fazem de boa vontade, e trabalhando até as dez horas tornam para as suas casas a beber os vinhos, e se aquele dia se não acabam as roçarias, fazem outros vinhos e vão outro dia até dez horas acabar seu serviço".[9] Naturalmente, os serviços assim prestados deviam ser retribuídos, o que engendrava um complexo sistema de compensações recíprocas e adiadas. Encarando as relações dos indígenas desse ângulo, alguns cronistas sentiram-se tentados a supor que eles vivessem num regime de *commutatione rerum*.[10] No entanto, como percebeu muito bem Abbeville, nesse sistema comunitário havia lugar para diversas gradações: "Embora possuam alguns objetos e roças particulares, não têm o espírito da propriedade particular e qualquer um pode aproveitar-se de seus haveres livremente".[11] Graças às relações de interdependência descritas, indivíduo e parentelas uniam-se nos grupos locais através de laços extremamente fortes, que imprimiam à ordem comunitária uma realidade vicinal. Mas, acima desses laços e atravessando-os como base morfológica geral, estava uma teia ainda mais vigorosa de associação e de interdependência: o parentesco. Ele ligava no plano mais amplo da unidade tribal, articulando entre si grupos locais separados no espaço e isolados uns dos outros, por causa das dificuldades de contato. As atividades que davam conteúdo ou eficácia à ordem tribal dele derivavam ou nele encontravam seu fundamento. Assim, as expedições guerreiras, através das quais se estabelecia e mantinha

---

9 F. Cardim, *Tratados*, p. 152.
10 Idem; Nóbrega, *Cartas do Brasil*, p. 91; cf. tb. Staden, *Duas viagens*, p. 172.
11 C. D'Abbeville, *História*, p. 95. Os adornos, especialmente, caíam na categoria dos bens de posse pessoal: "Seus tesouros são penas. Quem as tem muitas é rico e quem tem cristais para os lábios e faces é dos mais ricos" (Staden, p. 172).

o domínio tribal sobre os territórios ocupados, prendiam-se diretamente à necessidade de sacrificar vítimas humanas aos espíritos dos ancestrais e dos parentes mortos.[12] A própria distinção entre o *nosso grupo* (nossa gente) e o *grupo dos outros* (inimigos) emanava de parentesco, "tanto que cada aldeia contém somente seis ou sete casas, nas quais se não se interpusessem o parentesco ou aliança, não poderiam viver juntas e uns e outros se devorariam".[13]

Pelo que vimos, as relações dos sexos eram de molde a fazer com que a adaptação do homem às condições tribais de existência dependesse, extremamente, de atividades realizadas pela mulher. Anchieta assevera que "se acertam de não terem mãe ou irmãs, que tenham cuidado deles, são coitados".[14] Assegurar aos membros masculinos do grupo doméstico oportunidades de casamento constituía, portanto, algo essencial. Como acontecia com os serviços e com os cativos, as mulheres circulavam entre as parentelas como se fossem bens. O "tio" ou "primo" (primo cruzado), que herdassem uma "sobrinha" ou uma "prima" (prima cruzada), tinham que compensar seus parentes, mais tarde, retribuindo de forma idêntica o benefício recebido. Essas duas modalidades de casamento preferencial permitiam resolver o problema da obtenção de esposas para os componentes casadoiros do grupo doméstico e, ainda, favorecia o aumento do prestígio da parentela, nos casos em que o "tio" apenas utilizasse seus direitos sobre as "sobrinhas" para atrair jovens a sua maloca (com intuito de formar ou de aumentar sua unidade de caça e pesca, seu bando guerreiro e, às vezes, de constituir uma maloca independente).

Em resumo, pois, os Tupi praticavam o casamento preferencial na forma avuncular (matrimônio de tio materno com a sobrinha) e na de matrimônio entre primos cruzados. Dessa maneira, alianças estabelecidas entre parentelas distintas passavam a renovar-se indefinidamente, o que preservava a solidariedade baseada nos laços de parentesco.[15] Mas também era possível obter esposa fora do circuito estabelecido de compensações: um pretendente podia conseguir uma noiva noutra parentela e casar-se com ela. Nessa circunstância, obrigava-se a prestar serviços aos pais, tios e irmãos da noiva, antes e depois do casamento. Passava a viver como uma espécie de dependente no grupo do-

---

12 Esses aspectos da organização social não poderão ser examinados aqui. Ver, a respeito, F. Fernandes, 1952.
13 Anchieta, *Cartas*, p. 45. A mesma fonte salienta que, quando se convertia um índio tupi, tornava-se dificílimo "achar mulher que, por causa do parentesco de sangue, possa ser tomada por esposa" (idem).
14 Idem, ibidem.
15 Sobre esse e outros aspectos do funcionamento do sistema de parentesco, cf. F. Fernandes, 1949a, cap. III.

méstico do sogro. Era tal o volume das obrigações assim contraídas, que Thevet afirma que passavam "sua vida na maior servidão que o homem pode imaginar".[16] É claro que, com o tempo, esses liames de dependência podiam ser removidos – ao nascer uma filha do casal ou pela herança de uma "sobrinha" ou "irmã", a família da esposa podia ser compensada pela perda sofrida e o marido, se o desejasse, retornaria com ela à maloca dos seus.

Daí se conclui que, pelo casamento, o homem tanto podia continuar no próprio grupo doméstico (patrilocalidade como alternativa inerente ao matrimônio avuncular e a certas formas de casamento entre primos cruzados) quanto passar a fazer parte da família da noiva (alternativa inerente à escolha da noiva fora do próprio grupo doméstico e a algumas formas de casamento entre primos cruzados). Além das consequências desses arranjos, na obtenção das esposas, é preciso considerar que as parentelas também procuravam facilitar o primeiro casamento de seus membros masculinos. Para poder casar-se, o jovem precisava "trocar de nome", mediante o sacrifício de uma vítima humana. Não era fácil conseguir isso por meios pessoais, pois a guerra envolvia situações complicadas e perigosas para os inexperientes. As parentelas fortes e influentes simplificavam as obrigações, através do presenteamento da primeira vítima. Mais tarde, o jovem beneficiado teria de recompensar o "irmão" ou o "tio", oferecendo-lhe um prisioneiro próprio. Mas, então, já estaria casado e competindo com os homens da mesma idade (por outras vítimas e outras esposas) com vantagens apreciáveis. Doutro lado, como os velhos podiam reter as mulheres mais jovens como esposas, tal vantagem também favorecia a escolha de uma esposa da mesma geração ou mais jovem. Como indicam várias fontes, em outras circunstâncias, o jovem precisava conformar-se, muitas vezes, com esposas velhas e até estéreis.

O aumento do número de esposas dependia de diversas condições. A importância e a extensão da parentela; o significado assumido por "alianças" com os membros delas através da teia de obrigações criadas pela troca de mulheres; o valor do indivíduo como xamã, guerreiro, chefe de família, caçador ou pescador. O fato é que a competição por prestígio e influência, entre as parentelas, realizava-se amplamente em torno do aumento do número de mulheres e que os homens bem-sucedidos conseguiam logo mais duas ou três mulheres. A família polígina abrangia, em média, três ou quatro esposas. Alguns cabeças de parentela, como o célebre Cunhambebe, contavam com um número maior de esposas (segundo Thevet, ele possuiria treze mulheres: oito no lar e cinco pelos grupos locais vizinhos, o que significa que dispunha de cinco "sobrinhas" que podiam ser tratadas como esposas

---

16 A. Thevet, *Cosmographie*, fl. 932.

potenciais). Pelas indicações dos cronistas, é presumível que surgissem desentendimentos entre elas, provocados pelos ciúmes resultantes das preferências do marido. Uma das esposas podia ser eleita a predileta (*temericô ête*), passando a substituir as demais nos papéis de parceira sexual. No entanto, prevalecia em seu tratamento mútuo certa harmonia, reforçada pelo respeito devido às mulheres mais velhas e à autoridade do marido. A seguinte opinião parece definir bem a situação: "e de ordinário [as primeiras mulheres] têm paz com suas comborças, porque tanto as têm por mulheres de seus maridos como a si mesma".[17]

A mesma urbanidade foi notada pelos cronistas nas relações das esposas com o marido e no tratamento dos filhos dele. Com referência a este assunto, parece conveniente ressaltar que todos os filhos eram considerados como igualmente legítimos, recebendo o mesmo tratamento por parte do pai. As noções tupis de concepção apontavam-no como um agente da reprodução, "porque não atribuíam nada da geração à mãe, antes consideravam que somente o pai é o autor, e que essa substância, sendo sua, ele a deve alimentar, sem respeitar uns mais do que os outros".[18] Isso explica por que, quando do nascimento do filho, cabia-lhe observar o resguardo (*couvade*) e realizar diversas cerimônias, relacionadas com o bem-estar ou com a integração da criança à comunidade. Os castigos eram proscritos, na educação dos filhos, encarando-se a polidez e o respeito mútuo com o meio "ideal" para dirigir sua vontade e incitá-los a imitar os exemplos dos mais velhos. Esses traços revelam-se também noutras esferas do tratamento recíproco, como, por exemplo, na chamada *saudação lacrimosa*, durante a qual recebiam os parentes (ao retornarem de viagens longas) ou de outros grupos locais e os "estranhos" aceitos como *aliados*. Mas eram particularmente fortes no intercâmbio afetivo dos pais com os filhos ou dos irmãos entre si. Aqueles "estimam mais fazerem bem aos filhos que a si próprios", enquanto estes "são obedientíssimos a seus pais e mães, e todos muito amáveis e aprazíveis".[19] Os irmãos, por sua vez, tinham "muito particular amor [pelas irmãs], como elas também toda a sujeição e amor aos irmãos com toda a honestidade".[20]

O funcionamento do sistema tribal de ações e de relações sociais, nos dois planos em que o consideramos (no da organização do grupo local e no da integração do sistema de parentesco), envolvia situações em que o passado se renovava, praticamente, de modo contínuo no presente. As regras e normas

---

17 Anchieta, op. cit., p. 448. Essa opinião é confirmada por numerosas fontes da época.
18 Thevet, op. cit., fls. 933-4.
19 Cardim, op. cit., p. 150 e 274, respectivamente.
20 Anchieta, op. cit., p. 329.

estabelecidas para situações já vividas podiam ser aplicadas, com eficiência inalterável, às situações novas, em que se mantivesse a integridade estrutural e funcional da organização tribal. O homem e a mulher sabiam como agir nas diversas atividades relacionadas com a caça, com a pesca, com a horticultura, com a repartição de víveres, com o conforto e a segurança domésticos, com a guerra etc. O "pai", a "mãe", a "filha", o "irmão", a "irmã", a "tia", o "tio", todos sabiam o que esperar uns dos outros e como comportar-se nas mais variadas situações tribais de existência. Se surgisse algum imprevisto, as exigências novas podiam ser examinadas pelos velhos – os cabeças de parentela – em reuniões feitas no âmbito do grupo doméstico ou como parte das atividades dos conselhos de chefes dos grupos locais e das tribos. Esse exame conduzia ao cotejo das situações novas com os exemplos legados pelos antepassados, com o fito de ampliar a área de utilização prática dos conhecimentos fornecidos por aqueles exemplos e pelas tradições. As decisões tomadas estabeleciam como "norma" os ensinamentos inferidos das experiências coletivas anteriores, impondo-se como se elas próprias fizessem parte das tradições seculares da tribo. Os mortos e os modelos de conduta por eles consagrados governavam literalmente os vivos. Como dizia *Japyaçu*, a respeito desse mecanismo pelo qual o conselho de velhos tentava enfrentar as exigências do presente: "Bem sei que esse costume é ruim e contrário à natureza, e por isso, muitas vezes, procurei extingui-lo. Mas todos nós, velhos, somos quase iguais e com idênticos poderes; e se acontece um de nós apresentar uma proposta, embora seja aprovada por maioria de votos, basta uma opinião desfavorável para fazê-la cair; basta alguém dizer que o costume é antigo e que não convém modificar o que aprendemos de nossos pais".[21]

2 – Organização tribal e reação à conquista

O caráter e as consequências dos contatos de povos diferentes dependem, entre outros fatores psicossociais e socioculturais, da maneira pela qual eles se organizam socialmente. A influência ativa da organização social nas relações de povos em contato (transitório, intermitente ou permanente) revela-se, principalmente, sob dois aspectos: a) estatisticamente, pela capacidade de manter, em situações sociais mais complexas e instáveis, a integridade e a autonomia da ordem social estabelecida; b) dinamicamente, pela capacidade de submeter as situações sociais emergentes a controle social eficiente,

---

21 Abbeville, op. cit., p. 234.

mediante a reintegração estrutural e funcional do padrão de equilíbrio inerente à ordem estabelecida. Os resultados empíricos da análise anterior mostram-nos que o sistema organizatório dos antigos Tupi possuía um padrão de equilíbrio interno relativamente indiferenciado e rígido. Este subordinava-se à renovação contínua de condições estáveis, tanto nas relações do homem com a natureza quanto nas relações dele com seus semelhantes. Alterações bruscas, que se repetissem regularmente depois, só poderiam ser enfrentadas com êxito quando as demais esferas da vida se mantivessem estáveis e houvesse tempo para explorar, com eficácia, o demorado mecanismo de escolha da solução, entre tentativas recomendáveis à luz das tradições e da experiência anterior. A presença do branco constituía uma alteração dessa espécie, que não podia ser arrostada, entretanto, em condições favoráveis. O sistema organizatório tribal logo passou a ressentir-se dos efeitos desintegradores, resultantes de sua incapacidade de reajustar-se às situações novas, impostas pelo contato com o invasor branco.

O estudo da evolução da situação de contato põe em evidência as condições dentro das quais o sistema organizatório tribal podia reagir construtivamente à presença dos brancos. Enquanto estes eram em pequeno número e podiam ser incorporados à vida social aborígine ou se acomodavam às exigências dela, nada afetou a unidade e a autonomia do sistema social tribal. Essa situação manteve-se onde os brancos se limitavam à exploração de produtos que podiam ser permutados com os índios, especialmente o pau-brasil.[22] O intercâmbio econômico, nessas condições, não exigia a permanência de grande número de estranhos nos grupos locais, o que dava aos nativos a possibilidade de impor sua autoridade e seu modo de vida. Os brancos viviam nos grupos locais, literalmente sujeitos à vontade dos nativos; ou se agrupavam nas feitorias, dependendo tanto sua alimentação quanto segurança do que decidiam fazer os "aliados" indígenas. Os contatos dos Tupi com os franceses sempre se fizeram segundo esse tipo de relação. Mas, a partir de 1533, aproximadamente, os portugueses puderam alterar, em várias regiões ao mesmo tempo, o caráter de seus contatos com os indígenas, subordinando-os a um padrão de relação mais favorável aos seus desígnios de exploração colonial da terra, dos recursos que ela possuía e dos moradores nativos. Isso se deu com a adoção do regime das donatarias. As transformações daí resultantes, no trato com os indígenas, acentuaram-se ainda mais com a criação posterior do governo geral. Subverteu-se o padrão de relação, passando a iniciativa e a supremacia para as mãos dos brancos, que transplantaram para os

---

22 Sobre a evolução da situação de contato em conexão com os interesses econômicos dos brancos, ver Alexander Marchant, 1943.

trópicos o seu estilo de vida e as suas instituições sociais. É claro que o escambo envolvia um padrão de relação social aprendido sob influência do branco. A troca silenciosa, praticada pelos nativos nas relações intertribais, pressupunha certos riscos para os agentes e era ocasional. No entanto, a permuta em espécie e a prestação de serviços aos brancos (concernentes ao alojamento, à alimentação, ao transporte de utilidades, de bagagens e de pessoas etc.) exigia certa regularidade e intensidade, bem como um clima relativamente seguro para os entendimentos. Durante certo tempo, ele foi fomentado devido à importância atribuída pelos indígenas às mercadorias que lhes eram oferecidas pelos europeus, cujo uso eles entendiam ou redefiniam, de modo a reputá-las muito acima do "valor" que elas tinham para os brancos. Mas a partir de certo momento o escambo prendeu os indígenas a uma teia mais ampla e invisível de interesses, compelindo-os a compartilhar das rivalidades e dos conflitos que agitavam as nações europeias por causa da posse das terras brasileiras e de suas riquezas. Os indígenas não compreendiam, naturalmente, os aspectos abstratos desses compromissos. Todavia, agiam no plano prático de acordo com eles. Especialmente depois que a presença dos portugueses configurou-se como uma ameaça, o escambo passou a representar um meio para obter "alianças" que pareciam decisivas. Em suma, o apoio nos invasores europeus logo adquiria, para os indígenas, significado equiparável ao que as "alianças" com os nativos possuía para os próprios brancos.

Os bens culturais, recebidos através do escambo, não chegaram a desencadear mudanças culturais profundas. A razão disso é evidente. Artefatos como o machado, a enxada, a faca, a foice, além dos tecidos, dos espelhos, dos colares de vidro e outras quinquilharias, logo foram muito cobiçados pelos indígenas, a ponto de sujeitarem-se não só a permutá-los com os próprios bens, mas a prestar serviços em condições muito árduas para consegui-los. A difusão desses elementos culturais não afetava, entretanto, o equilíbrio do sistema organizatório tribal. De um lado, porque o uso de tais artefatos não se fazia acompanhar da aceitação das técnicas europeias de produção, de circulação e de consumo. De outro, porque os próprios indígenas selecionavam os valores que desejavam incorporar à sua cultura, rejeitando os demais às vezes de forma desagradável para os brancos (como, por exemplo, as maneiras dos europeus às refeições ou diante dos bens naturais, que pretendiam acumular em grande quantidade; os nativos ridicularizavam-os abertamente). O essencial é que os brancos não tinham poder, nessas condições, de coagi-los a agir de outra forma e a promover substituição de instituições tribais que lhes pareciam "bárbaras". Em consequência, o processo de mudança cultural seguia o curso determinado pela capacidade de assimilação de inovações dos aborígines.

Por sua vez, os agentes humanos desse processo de difusão não perturbavam o equilíbrio da vida social tribal. Os que se viam na contingência de aceitar alojamento entre os nativos tinham que se acomodar, forçosamente, às tradições tribais. Para terem alimentos, disporem de proteção ou de outras regalias e, mesmo, possuírem uma posição social definida nos grupos locais, precisavam escolher *principais* que funcionassem como seus "hospedeiros" (mussucás). Com isso, eram de fato integrados à família grande dos *mussucás*, através do matrimônio.[23] A "aliança", nesses casos, baseava-se em laços de parentesco por afinidade: o indivíduo que se tornava *aturasáp* ou *kotuasáp* adquiria uma posição na estrutura social como membro de determinado grupo doméstico (na qualidade de marido da "irmã" ou da "filha", do *mussucá*).

Nessas circunstâncias, era compelido a comportar-se de acordo com direitos e deveres que já encontrava plenamente constituídos. O impacto da situação na personalidade dos brancos era tão forte, que eles às vezes passavam a viver como nativos, assimilando inclusive atitudes e valores considerados como degradantes pelos europeus, como a participação dos sacrifícios humanos e do repasto antropofágico. Os que viviam agrupados nas feitorias estavam sujeitos à mesma condição de dependência perante os nativos. O índio era a fonte de alimentos, de bens para exportação e da pouca segurança existente em face das tribos hostis e dos brancos pertencentes a nacionalidades inimigas, no âmbito da Colônia. Como não possuíam mulheres brancas, obtinham as companheiras através de arranjos com os indígenas. Isso também redundava em agregação às famílias dos "aliados", sobre os quais podiam exercer influência muito reduzida e aos quais se viam forçados a contentar das mais variadas maneiras, inclusive participando de suas expedições guerreiras, de cauinagens e outras cerimônias tribais. Só os portugueses conseguiram modificar esse padrão de relações com os nativos. Ainda assim, depois de prolongada experiência com o outro tipo de relação, que infundia no branco verdadeiro pavor diante do indígena, em virtude do estado de insegurança e de sobressalto em que precisavam viver normalmente. Essa constatação é tão verdadeira, que muitas atrocidades, cometidas pelos portugueses, se explicam mais pelo medo que pela cobiça ou pela crueldade insofreável. Ao substituir o escambo pela agricultura, porém, os portugueses alteraram completamente seus centros de interesse no convívio com o indígena. Este passou a ser encarado como um obstáculo à posse da terra, uma fonte desejável e insubstituível de trabalho e a única ameaça real à segurança da colonização. Passamos, então, do período de tensões encobertas para a era do conflito social com os índios. Os alvos dos

---

23 Ver, a respeito, C. Lévi-Strauss, 1943 (esp. p. 406).

brancos só poderiam ser alcançados e satisfeitos pela expropriação territorial, pela escravidão e pela destribalização (ou seja, pela desorganização deliberada das instituições tribais, que pareciam garantir a autonomia dos nativos e eram vistas como "ameaças" à segurança dos brancos, como as instituições vinculadas à vida doméstica, ao xamanismo e à guerra).

O anseio de "submeter" o indígena passou a ser o elemento central da ideologia dominante no mundo colonial lusitano. Na prática, porém, esse elemento sofria várias gradações, provocadas por interesses e valores sociais que dirigiam a atuação dos indivíduos, pertencentes aos diversos estamentos da sociedade colonial em formação. Aí, é preciso distinguir três espécies de polarizações.

Primeiro, o colono, o agente efetivo da colonização: para ele, "submeter" os indígenas equivalia a reduzi-los ao mais completo e abjeto estado de sujeição. Tomar-lhes as terras, fossem "aliados" ou "inimigos"; convertê-los à escravidão, para dispor *ad libitum* de suas pessoas, de suas coisas e de suas mulheres; tratá-los literalmente como seres sub-humanos e negociá-los – eis o que se entendia como uma solução razoável e construtiva das tensões com os diferentes povos aborígines.

Segundo, o administrador ou agente da Coroa, que compartilhava e comungava dos interesses indicados, mas que era forçado a restringi-los ou a amenizá-los, por causa da pressão das circunstâncias. A exportação de produtos naturais, como o pau-brasil e outras utilidades, coexistiu durante algum tempo com a exploração agrícola organizada e com o apresamento de índios movido por fins comerciais. Em consequência, o trabalho do indígena era tão necessário na forma anterior, pressuposta pelo escambo, quanto nas lavouras. Doutro lado, navios de outras nacionalidades (principalmente franceses) conseguiam tirar proveito lucrativo do escambo com tribos hostis aos portugueses. Daí a necessidade de prudência no trato do indígena: todas as concessões podiam ser feitas aos colonos, mas de modo a resguardar certos interesses fundamentais, que dessem à Coroa a possibilidade de utilizar as tribos "aliadas" como instrumento de conquista e de controle dos territórios ocupados. Embora nem sempre os colonos respeitassem tais convenções, o complexo alvo era atingido mediante a atribuição de certas garantias às tribos "aliadas" e a admissão concomitante do direito à *guerra justa* contra as tribos "hostis". Portanto, a "proteção" legal, concedida aos índios, possuía um caráter predominantemente restritivo que, sem impedir os piores abusos dos colonos, favorecia a realização da política de exploração do indígena como fator humano da colonização.

Terceiro, os jesuítas, cujas atividades contrariavam, com frequência, os interesses dos colonos e, mesmo, as conveniências da Coroa, mas concorriam igualmente para atingir o fim essencial, que consistia em destruir as bases de autonomia das sociedades tribais e reduzir as povoações nativas à dominação do branco.[24]

É interessante notar como a influência dos jesuítas tem sido avaliada em termos estritos do horizonte intelectual do "colonizador". Desse ângulo, seu papel humanitário ressalta facilmente, em virtude dos conflitos que tiveram a coragem de enfrentar, seja com os colonos, seja com os oficiais da Coroa ou diretamente com esta. Invertendo-se a perspectiva, entretanto, e examinando-se as coisas tendo-se em vista o que se passou no seio das sociedades aborígines, verifica-se que a influência dos jesuítas teve um teor destrutivo comparável ao das atividades dos colonos e da Coroa, apesar de sua forma branda e dos elevados motivos espirituais que a inspiravam. Coube-lhes desempenhar as funções de agentes de assimilação dos índios à *civilização cristã*. Em termos práticos, isso significa que os jesuítas conduziram a política de destribalização, entre os indígenas que optaram pela submissão aos portugueses e desfrutavam da regalia de "aliados". Em seus relatos, percebemos como eles concentraram seus esforços na destruição da influência conservantista dos pajés e dos velhos ou de instituições tribais nucleares, como o xamanismo, a antropofagia ritual, a poliginia etc.; como eles instilavam no ânimo das crianças, principalmente, dúvidas a respeito da integridade das opiniões dos pais ou dos mais velhos e da legitimidade das tradições tribais; e, por fim, como solaparam a eficiência adaptativa do sistema organizatório tribal, pela aglomeração dos indígenas em reduzido número de "aldeias", agravando os efeitos da escassez de víveres (resultante da competição com os brancos) e introduzindo desequilíbrios insanáveis nas relações dos sexos e no intercâmbio do homem com a natureza. Esses aspectos negativos inevitáveis da atuação dos jesuítas assinalam em que sentido eles operavam como autênticos agentes da colonização e situam suas funções construtivas no plano da acomodação e do controle das tribos submetidas à ordem social criada pelo invasor branco.

Em outras palavras, a partir da instituição das donatarias o sistema organizatório tribal teve que corresponder a exigências sociais que provinham da formação de um sistema social mais complexo e absorvente, cuja estrutura interna impunha uma posição subordinada e dependente às comunidades aborígines. Tribos autônomas convertiam-se em camada social heteronômica de uma sociedade organizada com base na estratificação interétnica (no caso: na dominação dos índios pelos portugueses). Teoricamente, podemos presu-

---

24 Alguns aspectos da influência assimiladora dos jesuítas são examinados por A. Métraux, 1943.

mir três formas básicas de reação do índio a esse desdobramento da conquista: a) de preservação da autonomia tribal por meios violentos, a qual teria de tender, nas novas condições, para a expulsão do invasor branco; b) a submissão nas duas condições indicadas de "aliados" e de "escravos"; c) de preservação da autonomia tribal por meios passivos, a qual teria de assumir a feição de migrações para as áreas em que o branco não pudesse exercer dominação efetiva. Essas três formas de reação ocorreram, de fato, contribuindo para modelar os contornos assumidos pela civilização luso-brasileira.

A primeira forma de reação pode ser exemplificada pelo que se vem chamando, impropriamente, de "Confederação dos Tamoios", bem conhecida graças, principalmente, aos relatos de Nóbrega e Anchieta. Sua importância histórica provém de comprovar que as populações aborígines tinham capacidade de opor resistência organizada aos intuitos conquistadores dos brancos. Ela também revela a inconsistência do sistema organizatório tribal para atingir semelhante objetivo. Na ocasião, ainda que temporariamente, a desvantagem tecnológica dos indígenas podia ser amplamente compensada pela supremacia oriunda da preponderância demográfica e pela iniciativa de movimentos, combinada ao ataque simultâneo a diversas posições dos brancos, do litoral ao planalto. Tudo parecia indicar que os brancos seriam varridos da região, o que deu origem à missão que tornou Anchieta ainda mais célebre. No entanto, o êxito dos índios foi parcial e efêmero. As fontes de funcionamento eficiente da sociedade tribal impediram a formação do sistema da solidariedade supratribal, exigido pela situação. As *alianças* fragmentaram-se e a luta contra o invasor retomou ao antigo padrão dispersivo, que jogava índios contra índios, em benefício dos brancos. É que os laços de parentesco, que promoviam a unidade das tribos, engendravam rivalidades insuperáveis, mesmo em ocasiões de emergência, no âmbito mais amplo da cooperação intertribal.

A segunda forma de reação foi posta em prática pelos Tupi em todas as regiões do país, às vezes sob o influxo dos jesuítas e garantias formais das autoridades; outras, como decorrência da derrota em "guerras justas". O exemplo do que ocorreu na Bahia sugere que a submissão voluntária (única alternativa que nos interessa agora) equivalia, em ritmo lento, ao extermínio puro e simples. Os efeitos da destribalização (que iam da seleção letal nas populações aborígines à perda do interesse pela vida), as doenças contraídas nos contatos com os brancos e a escassez frequente de víveres, somadas aos inconvenientes do trabalho forçado de toda espécie, inclusive na guerra, faziam com que o regime imposto de vida operasse como um sorvedouro de seres humanos. Não bastante, foi no intercâmbio assim estabelecido entre os nativos e os portugueses que surgiu uma população mestiça, capaz de dar maior plasticidade ao sistema social em formação e de contribuir para a preservação de elementos culturais herdados dos indígenas.[25]

A terceira forma de reação tinha pouca eficiência, devido à grande mobilidade das "entradas" e "bandeiras" dos portugueses, como nos atestam os relatos de Knivet, Frei Vicente do Salvador, Gabriel Soares, os jesuítas etc. Todavia, ela constitui a maneira típica de acomodação, desenvolvida pelos nativos na tentativa de controlar os efeitos da invasão. Trata-se, naturalmente, de um controle de natureza passiva, que transforma o isolamento em fator de defesa da autonomia tribal. Apesar disso, ele pressupunha certo conhecimento, por parte dos indígenas, da sequência de acontecimentos associados ao domínio do branco e o propósito de evitá-los. O seguinte trecho, atribuído à intervenção de *Momboré-açu* contra a "aliança" dos Tupinambá com os franceses, situa bem a questão: "Vi a chegada dos peró (portugueses) em Pernambuco e Potiú; e começaram eles como vós, franceses, fazeis agora. De início, os peró não faziam senão traficar sem pretenderem fixar residência. Nessa época, dormiam livremente com as raparigas, o que os nossos companheiros de Pernambuco reputavam grandemente honroso. Mais tarde, disseram que nos devíamos acostumar a eles e que precisavam construir fortalezas, para se defenderem, e edificar cidades para morarem conosco. E assim parecia que desejavam que constituíssemos uma só nação. Depois, começaram a dizer que não podiam tomar as raparigas sem mais aquela, que Deus somente lhes permitia possuí-las por meio do casamento e que eles não podiam casar sem que elas fossem batizadas. E para isso eram necessários *paí*. Mandaram vir os *paí*; e estes ergueram cruzes e principiaram a instruir os nossos e a batizá-los. Mais tarde afirmaram que nem eles nem os *paí* podiam viver sem escravos para os servirem e por eles trabalharem. E, assim, se viram constrangidos os nossos a fornecer-lhes. Mas, não satisfeitos com os escravos capturados na guerra, quiseram também os filhos dos nossos e acabaram escravizando toda a nação; e com tal tirania e crueldade a trataram, que os que ficaram livres foram, como nós, forçados a deixar a região".[26]

Portanto, há uma conexão bem definida entre os êxitos e os malogros dos Tupi, em suas relações com os brancos, e o padrão tribal de organização de sua sociedade. Enquanto as situações eram simples, o sistema organizatório tribal continuou a funcionar normalmente, mantendo as condições que asse-

---

25 Esse é um ponto bem debatido pelos historiadores brasileiros desde Varnhagen a Sérgio Buarque de Holanda.
26 Abbeville, op. cit., p. 115. O relato é mais extenso, sendo esclarecedor também por ter sido aplicado por *Momboré-açu* à previsão do que iria ocorrer nas relações dos Tupinambá com os franceses.

guravam o equilíbrio e a autonomia da vida social aborígine. Quando as situações complicaram, o sistema organizatório tribal não se diferenciou internamente, modificando-se com eles. Ao contrário, manteve-se relativamente rígido e impermeável às exigências impostas pelo crescente domínio dos brancos. Isso fez com que tivessem de escolher entre dois caminhos: a submissão, com suas consequências aniquiladoras da unidade tribal, ou a fuga com o isolamento. Esta alternativa, sob vários aspectos, representa a modalidade de reação à conquista mais consistente com as potencialidades dinâmicas do sistema organizatório tribal. Ela deslocou a luta pela sobrevivência e pela autonomia tribal para o terreno ecológico. Os Tupi pagaram elevado preço por tal solução, pois tiveram de adaptar-se, progressivamente, a regiões cada vez mais pobres. Mas conseguiram, pelo menos parcialmente, combinar o isolamento à preservação de sua herança biológica, social e cultural.

I – Bibliografia geral básica

ABBEVILLE, Claude D'. *História da missão dos padres capuchinhos na ilha do Maranhão e terras circunvizinhas*, em que se trata das singularidades admiráveis e dos costumes estranhos dos índios habitantes do país. Tradução de Sérgio Millet; introdução e notas de Rodolfo Garcia. São Paulo: Livraria Martins, 1945.

ANCHIETA, José de. *Cartas, informações, fragmentos históricos e sermões do... (1554-1594)*. Publicação da Academia Brasileira de Letras; nota preliminar de Afrânio Peixoto, transcrição e comentário de Capistrano de Abreu ("A obra de Anchieta no Brasil"), introdução de Afrânio Peixoto e bibliografia do padre José de Anchieta, notas e posfácio de Antonio de Alcântara Machado. Rio de Janeiro: Civilização Brasileira, 1933.

BRANDÃO, Ambrósio Fernandes. *Diálogos das grandezas do Brasil*, segundo a edição da Academia Brasileira de Letras, corrigida e aumentada, com numerosas notas de Rodolfo Garcia e introdução de Jaime Cortesão, e com transcrição de introdução anterior de Capistrano de Abreu. Rio de Janeiro: Dois Mundos, 1943. O livro teria sido composto em 1618 e a identificação do autor é tentada pelos dois historiadores, nas referidas introduções.

CARDIM, Fernão. *Tratados da terra e gente do Brasil*. Introdução e notas de Batista Caetano, Capistrano de Abreu e Rodolfo Garcia. 2ª ed. São Paulo: Companhia Editora Nacional, 1939.

CARTAS Avulsas (1550-1568). Publicação da Academia Brasileira de Letras; nota preliminar de Afrânio Peixoto; introdução de Afrânio Peixoto; "Sinopse da história do Brasil e da Missão dos padres jesuítas, de 1549-1568", de Afrânio Peixoto; "Missão jesuítica ao Brasil de 1549 a 1568", de Afrânio Peixoto; cartas coligidas e anotadas por Alfredo do Vale Cabral. Rio de Janeiro: Civilização Brasileira, 1931 (Cartas Jesuísticas, 2).

EVREUX, Yves D'. *Viagem ao norte do Brasil, feita nos anos de 1613-1614.* Introdução e notas de Ferdinand Denis; tradução de César Augusto Marques. Maranhão: [s.n.], 1874.

GANDAVO, Pero de Magalhães. Neste trabalho foram utilizadas as seguintes edições da *História* e do *Tratado*: *Historia da Prouvíncia Sancta Cruz a qui vulgarmete chamamos Brasil.* In: CINTRA, Assis. *Nossa primeira história (Gandavo).* Edição com notas bibliográficas, feitas sobre o exemplar pertencente à Biblioteca Nacional de São Paulo. São Paulo: Companhia Melhoramentos, 1922. *Tratado da terra do Brasil, no qual se contém a informação das Cousas que ha nestas Partes, feito por Pero de Magalhães.* In: GANDAVO, Pero de M. I. Tratado da Terra do Brasil; II. História da Província Santa Cruz: Edição do Anuário do Brasil, nota bibliográfica de Rodolfo Garcia e introdução de Capistrano de Abreu. Rio de Janeiro: [s.n], 1924 (as referências à "História" foram extraídas da edição Assis Cintra e as relativas ao "Tratado", da edição de Capistrano de Abreu).

KNIVET, Anthony. Neste trabalho foram utilizadas as seguintes edições do relatório de Knivet: "Narração da viagem que, nos anos 1591 e seguintes, fez Antônio Knivet da Inglaterra ao mar do sul, em companhia de Thomaz Cavendish". Tradução do holandês por J. H. Duarte Pereira. A tradução holandesa é de autoria de Pieter Van der A. (Leyde, 1707). *Revista Trimestral do Instituto Histórico, Geográfico e Etnológico do Brasil.* Rio de Janeiro, 1878, tomo XL, p. 1833-272. *Vária fortuna e estranhos fados de Anthony Knivet que foi com Tomás Cavendish, em sua segunda viagem, para o mar do sul, no ano de 1591.* Tradução do original inglês por Guiomar de Carvalho Franco com anotações e referências de Francisco de Assis Carvalho Franco. São Paulo: Brasiliense, 1947. Esta edição é indicada no texto da seguinte maneira: "ed. Brasil".

LÉRY, Jean de. *Viagem à terra do Brasil.* Tradução integral e notas de Sérgio Milliet, segundo a edição de Paul Gaffarel, com o colóquio na língua brasílica e notas tupinológicas de Plínio Ayrosa. São Paulo: Livraria Martins, 1941.

NOBREGA, Manuel da. *Cartas do Brasil, 1549-1560.* Publicação da Academia Brasileira de Letras; nota preliminar de Afrânio Peixoto; prefácio de Alfredo do Vale Cabral. Contém a "Vida do Padre Manuel da Nóbrega", de autoria do Pe. Antônio Franco; e anotações de Vale Cabral e Rodolfo Garcia. A esta edição, Afrânio Peixoto ajuntou o "Diálogo sobre a conversão do gentio". Rio de Janeiro: Civilização Brasileira, 1931.

NOVAS Cartas Jesuíticas (de Nóbrega a Vieira). Coligidas por Serafim Leite, S. L.; com prefácio de Afrânio Peixoto e introdução de Serafim Leite. São Paulo: Companhia Editora Nacional, 1940.

SALVADOR, Frei Vicente do. *História do Brasil*. Nova edição revista por Capistrano de Abreu. Nota preliminar e prolegômenos de Capistrano de Abreu. São Paulo e Rio de Janeiro: Weiszflog Irmãos, 1918.

SOUZA, Gabriel Soares de. *Tratado descritivo do Brasil em 1587*. Edição castigada pelo estudo e exame de muitos códices manuscritos existentes no Brasil, em Portugal, Espanha e França, e acrescentada de alguns comentários por Francisco Adolpho de Varnhagen. 3ª ed. São Paulo: Companhia Editora Nacional, 1938.

STADEN, Hans. *Duas viagens ao Brasil*: arrojadas aventuras no século XVI entre os antropófagos do novo mundo. Livro primeiro: As viagens; Livro segundo: A terra e seus habitantes. Transcrito ao alemão moderno por Carlos Fouquet e traduzido deste original por Guiomar de Carvalho Franco; com introdução e notas de Francisco de Assis Carvalho Franco. São Paulo: Sociedade Hans Staden, 1942.

THEVET, André. 1) *Singularidades da França Antártica, a que outros chamam de América*. Prefácio, tradução e notas do professor Estêvão Pinto. Edição ilustrada. São Paulo: Companhia Editora Nacional, 1944; 2) *La cosmographie universelle d'André Thevet cosmographe du roy. Illustrée de diverses figures des choses plus remarquables vues par l'auteur et incognues de nos Anciens & Modernes*. Paris: Pierre l' Huillier, 1575. 4 tomos, 2 vol. Parte relativa ao Brasil, vol. 2, fls. 903ss; 3) *Les vrais portraits et vies des hommes ilustres, grecs, latins, et paiens, recueillis de leurs tableaux, liures, medailles antiques, et modernes*. Paris, Viúva I. Keruert et Guillaume Chaudière, 1584; artigo Qvoniambec, Livro III, cap. 149, fls. 661ss; 4) *Histoire de André Thevet Augoumoisin, cosmographe du roy, de deux voyages par luy faits aux indes australes, et occidentales. Contenant la façon de viure des peuples barbares, et observation des principaux points que doivent tenir en leur route les Pilotes et mariniers, pour éviter le naufrage, et autres dangers de ce grand océan, avec une réponse aux Iibelles d'injures publiées contre le chevalier de Villegaignon. Manuscrit inédit de la Bibliothèque Nationale de*

Paris, ao fundo: Ex. Bibliotheca MSS. Coisliniana, olim Sequeriana, quam illust. Henricus de Cambout, Dux de Coislin, Par Francis, Episcopus Meteufis, Sc. Monasteria S. Germani a Pratos legavit. An. MDCCXXXII. nº 935 (120 fls. duplas).

II – Bibliografia especial

BALDUS, Herbert. 1) *Ensaios de etnologia brasileira*. São Paulo: Companhia Editora Nacional, 1937; 2) "Os Tapirapé", parte publicada na *Revista do Arquivo Municipal*, vol. CXI, São Paulo, 1946, p. 105-119; 3) "Bibliografia Crítica da Etnologia Brasileira". São Paulo: Comissão do IV Centenário da cidade de São Paulo, 1954.

BUARQUE DE HOLANDA, Sérgio. "Índios e mamelucos na expansão paulista". Separata do vol. XIII *dos Anais do Museu Paulista*. São Paulo: Imprensa Oficial do Estado de São Paulo, 1949.

DRUMMOND, Carlos. "Designativos de parentesco no tupi-guarani". *Boletim XLVI, da FFCL da USP*. São Paulo: Faculdade de Filosofia, Ciências e Letras da Universidade de São Paulo, 1944.

FERNANDES, Florestan. a) *A organização social dos tupinambá*. São Paulo: Instituto Progresso Editorial, 1949; b) A análise funcionalista da guerra: possibilidades de aplicação à sociedade tupinambá. *Revista do Museu Paulista*, n.s., São Paulo, vol. III, 1949; c) *A função social da guerra na sociedade tupinambá*. São Paulo: Museu Paulista, 1952.

GALVÃO, Eduardo; WAGLEY, Charles. "O parentesco tupi-guarani". *Boletim do Museu Nacional*, Rio de Janeiro, 1946.

KIRCHHOFF, Paul. 1) "Verwandtschaftsbezeichnungen und verwandtenheirat". In: *Zeitschrift fur Ethnologie*. vol. 64. Berlin, 1933, p. 41-71; 2) "Die verwandtschaftsorganisation der urwaldstämme südamerikas". In: *Zeits-Schrift fur Ethnologie*. vol. 63. Berlin, 1932, p. 85-193.

LEITE, Serafim. *História da Companhia de Jesus no Brasil*. Porto: Portugália e Civilização Brasileira, 1938 (vol. I e II).

MÉTRAUX, Alfred. a) *La civilisation matérielle des tribus tupi-guarani*. Paris: Lib. Orientaliste Paul Geuthner, 1928; tese principal de doutoramento em Letras, apresentada pelo autor à Faculté de Lettres de Paris, XIV e 331 p., excelente índice bibliográfico (p. 314-315); b) *La religion des tupinambá et ses rapports avec celle des autres tribus tupi-guarani*. Paris: Librairie Ernest Leroux, 1928; c) *Migrations historiques des tupi-guarani*. Paris: Librairie Orientale et Américaine, 1927; d) "Le caractere de la conquête jésuitique". In: *Acta americana*, jan.-mar. 1943, vol. I, p. 69-81; e) "Le Shamanisme chez les indiens de l'Amérique du Sud tropicale". In: *Acta americana*, jul.-sep. 1944, vol. II, nº 3, p. 197-219; e II, idem, oct.-dec. 1944, vol. II, nº 4, p. 320-341; f) "The tupinambá". In: *Handbook of South American indians* (ed. Julian H. Steward), Washington, vol. 3, Smithsonian Institution, Bureau of American Ethnology, bulletin 143, 1948, p. 95-133; g) "Warfare, cannibalism and human trophies". In: *Handbook of South American indians*, Washington, vol. 5, The Comparative Etinology of South American Indians (Ed.) Julian H. Steward, 1949, p. 383-409; h) *Les peaux-rouge de l'Amérique du Sud*. Paris: Editions Bourrelier, 1950.

PHILIPSON, Jurn. a) "Nota sobre a interpretação sociológica de alguns designativos de parentesco no tupi-guarani". *Boletim LVI da FFLC da USP*. São Paulo: Faculdade de Filosofia, Ciências e Letras da Universidade de São Paulo, 1946; b) "O parentesco tupi-guarani". *Boletim LXIII da FFLC da USP*. São Paulo: Faculdade de Filosofia, Ciências e Letras da Universidade de São Paulo, 1946.

PINTO, Estêvão. *Os indígenas do Nordeste*. São Paulo: Companhia Editora Nacional, 1938. vol. II.

QUEVEDO, Samuel A. L. "Guarani Kinship Terms as Index of Social Organization". In: *American Anthropologist*, n.s., vol. 21, nº 4, p. 421-440.

STRAUSS, Claude-Lévi. a) "The social use of kinship terms among Brazilian indians". In: *American Anthropologist*, n.s., vol. 45, parte I, nº 3, 1943, p. 398-409; b) "Guerra e comércio entre os índios da América do Sul". In: *Revista do Arquivo Municipal*, São Paulo, dez. 1942, vol. LXXXVI, p. 131-146.

VARNHAGEN, Francisco Adolfo de (Visc. de Porto Seguro). *História geral do Brasil, antes de sua separação e independência de Portugal*. 3ª ed. São Paulo: Companhia Melhoramentos, [s.d]. 4 vol.

WAGLEY, Charles; GALVÃO, Eduardo. "O parentesco Tupi-guarani". Cf. anteriormente.

Capítulo II

Notas sobre a Educação na Sociedade Tupinambá

(Com uma coletânea de textos)[1]

1 – Introdução

Na análise da educação na sociedade tupinambá, importa sobretudo considerar o que representa, estrutural e dinamicamente, a ordem tribal

---

[1] Apontamentos para exposição em classe, elaborados em 1951, para alunos da Faculdade de Filosofia, Ciências e Letras da Universidade de São Paulo. Publicação prévia: Centro Regional de Pesquisas Educacionais, como monografia, São Paulo, 1964: em *Beiträge zur Volkerkunde Südamerikas*. Festgabe für Herbert Baldus zum 65. Geburstag, Hannover, 1964, p. 79-96; e em F. Fernandes, *Educação e sociedade no Brasil*, São Paulo, Dominus: Edusp, 1966 (p. 144-201).

como formação, societária "tradicionalista", "sagrada" e "fechada".[2] Nas sociedades que tendem para esse tipo de integração organizatória, a necessidade de rotinizar as atividades cotidianas de interesse grupal conduz ao predomínio dos mecanismos psicossociais e socioculturais que asseguram a continuidade da herança social através da estabilização do padrão de equilíbrio dinâmico do sistema societário. No fluxo da existência cotidiana, nada deve constituir *problema para o grupo*, senão as ocorrências que escapam totalmente aos controles desenvolvidos socialmente sobre a natureza, as relações dos homens entre si ou a comunicação deles com o sobrenatural. Ou seja, ocorrências de significação literalmente cataclísmicas, como as flutuações bruscas no ciclo ecológico e o contato inesperado com povos de nível civilizatório diverso. Isso quer dizer, no plano em que o assunto nos preocupa aqui, que os indivíduos devem estar preparados para enfrentar as situações sociais de vida mediante comportamentos que são, a um tempo, *espontâneos* mas *estandardizados* e de eficácia comprovada pela *experiência coletiva anterior* (às vezes remota, perdendo-se nos confins da história cultural do grupo; outras vezes recente, porém "sancionada" pelos paradigmas fornecidos pelos *exemplos dos antepassados* ou por normas de comportamento sacramentadas pelas *tradições*).

Em consequência, prevalecem formas de socialização das atitudes e do comportamento humano que pressupõem uma profunda disciplinação supraindividual da vontade e extensa uniformização exterior das ações dos indivíduos, nas mais variadas circunstâncias da vida em sociedade. As aparências daí resultantes chegaram a levar muitos psicólogos, etnólogos e sociólogos a suporem a existência de uma uniformidade completa no comportamento dos agentes humanos, submersos na unidade existencial do grupo, como se a "pessoa" não constituísse uma entidade própria, discernível objetivamente em tais condições de vida social. Sem entrarmos na discussão de questão assim complicada, seria conveniente ressaltar que as investigações recentes indicam que semelhante uniformidade não é nem completa nem absoluta. Ela permite e exige, mesmo, ao contrário do que se pensava, uma ampla gama de ajustamentos e realizações individuais caracteristicamente variáveis, graças aos quais chegam a operar os mecanismos psicossociais de peneiramento e outros processos organizatórios mais complexos, que asse-

---

[2] Sobre a caracterização sociológica da formação societária "tradicionalista", "sagrada" e "fechada", cf. esp. L. von Wiese e H. Becker, *Systematic sociology: on the basis of the Beziehungslehre and Gebildelehre*, New York, John Will; London, Chapman & Hall, 1932, p. 222-224 (nota de rodapé); e H. Becker, *Through values to social interpretation*, Durham, Essays on Social Contexts, Actions, Types and Prospects, 1950.

guram a normalidade da vida e a continuidade existencial dos agrupamentos humanos como um todo.[3] Portanto, convém que não se perca de vista que as referidas formas de socialização visam uniformidades de comportamento que não excluem gradações pessoais relevantes na acomodação dos homens à ordem social herdada. O "uniforme" e o "estereotipado" aparecem marcantemente em hábitos motores, em atividades sociais rotineiras e na conformação do horizonte cultural pelas tradições, que fornecem não só as normas de ação mas também os quadros de consciência da situação e de afirmação da inteligência até diante do "inesperado", do que escapa e quebra a rotina. Contudo, em cada momento, pelo próprio jogo de sua manifestação, ambos liberam e canalizam socialmente potencialidades distintas de ajustamento, de realização pessoal e de encarnação dos ideais supremos de personalidade.

A "pessoa" não está submersa, sufocada e destruída no todo, mas apresenta-se, em contraste com o nosso individualismo, como uma realidade moral menos chocante e impositiva, que se realiza na medida em que se integra dinamicamente numa totalidade psicossocial e sociocultural envolvente ou confluente.

---

3   Tentei focalizar alguns aspectos documentáveis das variações de ajustamentos dos objetivos centrais em cada ciclo de vida e das realizações das personalidades tanto em *Organização social dos Tupinambá*, 2ª ed., São Paulo, Difel, 1963 (esp. cap. IV) quanto em *A função social da guerra na sociedade Tupinambá*, São Paulo, Museu Paulista, 1952 (esp. p. 140ss, em que a questão é analisada interpretativamente). Nas descrições e interpretações desenvolvidas, lidei com conceitos fornecidos por vários autores, de Dilthey a Mauss, Bateson, Kardiner e Linton, tentando explorar perspectivas abertas pela conceituação de peneiramento de Thurnwald e Mühlmann. De lá para cá, psicólogos, antropólogos e sociólogos avançaram muito mais na sistematização de conhecimentos teóricos pertinentes a tais questões; os progressos realizados corroboram pelo menos as linhas gerais da orientação seguida, o que me aconselha a suplementar as referências bibliográficas com as seguintes indicações: T. M. Newcomb, "Social psychological theory: integrating individual and social approaches", in J. H. Rohrer e M. Sherif (Orgs.). *Social psychology at the crossroads*, New York, Harper, p. 31-49); S. E. Asch, *Psicologia social*, Trad. de D. M. Leite e M. M. Leite, São Paulo, Companhia Editora Nacional, 1960, 2 vol. (cf. esp. vol. I, partes II e III e vol. II, caps. 10 e 19); D. Krech e R. S. Crutchfield, *Theory and problems of social psychology*, New York, McGraw-Hill Book, 1948 (esp. cap. II); P. Halmos, *Toward a measure of man*, London, Routledge & Kegan Paul, 1957, passim; H. A. Murray e C. Kluckhon, A Conception of Personality, in C. Kluckhon e H. A. Murray (Orgs.), *Personality in nature, society and culture*, 2ª ed. revista e aumentada, London, Jonathan Cape, 1953, p. 3-49; H. Gerth e C. Wright Mills, *Character and social structure*, New York, Harcourt, Brace and Co., 1953, esp. caps. II, IV, VII e XI; T. Parsons e E. A. Shils (Orgs.), *Toward a general theory of action*, Cambridge Massachusetts, Harvard University Press, 1951 (esp. parte 2, passim).

Ao tentar descobrir por que isso acontece, o sociólogo dá-se conta de que as próprias condições de existência social limitam a esfera de emergência do "inesperado". O sistema organizatório tende a resguardar o indivíduo e a coletividade do aparecimento contínuo de situações que acarretam alterações bruscas, mais ou menos profundas, da rotina consagrada pelas tradições e da estabilidade da ordem social. Daí o fato de as tensões emergirem predominantemente, em dois níveis distintos: a) onde surjam alterações inevitáveis no contato com *estranhos*, pela quebra do isolamento espacial, cultural e social; b) onde as alterações se vinculem a ocorrências cataclísmicas, incontroláveis socialmente, ou se prendam a perturbações da ordem social (desequilíbrio na proporção dos sexos, ruptura nos laços de solidariedade e nos padrões correspondentes de integração de parentelas etc.).

Como o homem aprende a lidar com os problemas sociais em termos *do que se repete*, ele não sabe enfrentar as tensões sociais, resultantes das alterações bruscas, senão através dos modelos aplicáveis aos ajustamentos que transcorrem nas situações sociais recorrentes. Os *exemplos* dos ancestrais e dos antepassados; as fórmulas exploradas em emergências "análogas", mantidas na memória coletiva; os ensinamentos que se podem tirar, por uma análise objetiva e casuística, das tradições dotadas de eficácia social reconhecida; eis as fontes do saber conspícuo, na luta constante do homem para manter sua herança cultural à altura das exigências da situação. "Inovação" e "tradição" interpenetram-se de tal modo que uma conduz à outra, podendo-se afirmar: 1) que toda inovação, por mais radical que seja, lança raízes no passado e se alimenta de potencialidades dinâmicas contidas nas tradições; 2) que a inovação já nasce, culturalmente, coma tradição, como "experiência sagrada" de um saber que transcende ao indivíduo e ao imediatismo do momento.

Desse ângulo, patenteia-se claramente a inexatidão das afirmações de Mannheim a respeito do teor construtivo do pensamento nas sociedades desse tipo.[4] A inteligência humana não se limita, somente, a conservar a experiência, laboriosamente acumulada pela cooperação das gerações sucessivas na solução de problemas essenciais para a sobrevivência da espécie e a continuidade existencial das formas de associação desenvolvidas. Há um fluxo mais amplo e profundo no uso produtivo da inteligência. Em nenhuma situação histórico-cultural conhecida o homem se confunde com o "armazenador" puro e simples de descobertas ocasionais, devidas às experiências de alguns ou de muitos, e às circunstâncias sociais externas, que mantenham sua utilidade adaptativa. Os limites não estariam, segundo suponho, na qualidade

---

4 K. Mannheim, *Libertad y planificación social*, tradução de R. Landa, México, Fondo de Cultura Económica, 1946, p. 150-151.

específica da inteligência. Mas no modo pelo qual o homem organiza e explora suas faculdades intelectuais dentro do horizonte cultural de que compartilha. No caso em apreço, qualidades intelectuais (que Boas designaria como *universais*) são conformadas pelo afã de enfrentar os "dilemas da vida" através de comportamentos intencionalmente voltados para a valorização do *status quo*. Preservação e perpetuação de formas de existência social não resultam, portanto, da mera incapacidade de usar a inteligência "livremente", sem restrições ou barreiras psicomorais. Nem da imposição de uma espécie de "teto cultural" à capacidade de invenção. O primordial seria aquilo que se persegue socialmente nas atividades humanas: é preciso tanto talento e capacidade criadora para "manter" certas formas de vida, ao longo do tempo e através de inúmeras alterações concomitantes ou sucessivas das condições materiais e morais da existência humana, quanto para "transformar" certas formas de vida, reajustando-as constantemente às alterações concomitantes ou sucessivas das condições da existência humana. No fundo, tudo depende da perspectiva de que se encarem, se interpretem e se avaliem as realizações do Homem. Onde prevalecer uma concepção mecanicista da vida social, os processos sociais recorrentes podem ser vistos como produtos de condições e fatores alheios às motivações e volições coletivas. Se entendermos, porém, que os processos sociais recorrentes traduzem escolhas constantemente repetidas e esforços tenazes para "manter"determinado estilo de vida, às vezes em condições bem penosas, é claro que se precisa indagar o que conduz os homens a empenharem-se, denodadamente, na manutenção do *status quo*.

Os processos de estabilidade social não prescindem de energias intelectuais criadoras e do uso construtivo da inteligência humana. Talvez tenha sido uma irredutível tendência etnocentrista a causa do exagero que decorre das explicações psicológicas, etnológicas e sociológicas que associam certas qualidades intelectuais aos processos de mudança social. Acredito que a melhor saída para o impasse, que resulta das limitações dessas explicações, esteja na moderna orientação que se instalou a um tempo na psicologia, na etnologia e na sociologia. Cada sistema social possui um nível ótimo de liberação e de utilização positiva das qualidades e energias intelectuais criadoras do homem; os limites dentro dos quais tais qualidades e energias são exploradas de forma socialmente construtiva dependem do modo pelo qual se estrutura e se organiza o horizonte cultural dos agentes humanos. Em si mesma, as polarizações na aplicação das qualidades e energias intelectuais – na direção da estabilidade social ou na mudança social – não representam índices de gradações para "melhor" ou para "pior", no uso construtivo da inteligência. O importante é saber quais são as exigências da situação e em que medida são elas atendidas pelos comportamentos postos em prática. Desse ângulo, as insuficiências da ordem social sagrada e fechada aparecem quando ela se revela incapaz de ajustar o homem a situações inexoráveis, provocadas por circunstâncias e fatores exteriores à herança sociocultural e que requerem modalidades de ajustamentos a que ela não pode responder satisfatoriamente.[5]

Essas considerações sugerem como a educação se articula às diferentes instituições, às necessidades socioculturais e ao ritmo da vida social numa *sociedade tradicionalista, sagrada e fechada*. O foco da educação deriva, material, estrutural e dinamicamente, das tendências de perpetuação da ordem social estabelecida. Ela não visa a preparar o homem para a "experiência nova"; mas a prepará-lo para "conformar-se aos outros", sem perder a capacidade de realizar-se como pessoa e de ser útil à coletividade como um todo (ou, como já se disse, "à colmeia"). Isso pressupõe que o indivíduo seja adestrado tanto para *"fazer" certas coisas*, quanto para *"ser" homem* segundo certos ideais da pessoa humana. Seria equívoco separar esse tipo de educação daquele que ministramos em nossas escolas, como se estivéssemos diante de mundos inconciliáveis e antagônicos. Além do propósito fundamental comum, de converter o "indivíduo" em "ser social", deve-se ter em mente que se incentiva sempre a formação de aptidões orientadas no mesmo sentido. A "educação para uma sociedade em mudança" exige que os agentes sociais saibam discernir criticamente, nas situações novas, o caminho a seguir entre vários ajustamentos contraditórios possíveis; a *educação ideal* seria aquela que preparasse os indivíduos para as escolhas que respondessem, em termos da dinâmica do sistema social, às exigências de reintegração do padrão de equilíbrio da ordem social. A "educação para uma sociedade estável" exige que os agentes sociais saibam discernir criticamente, nas situações sociais de vida, o que contraria e solapa as normas tradicionais e sagradas de organização das atividades humanas; a *educação ideal* seria aquela que preparasse os indivíduos para as escolhas que respondessem, em termos da dinâmica do sistema social, às exigências de perpetuação do padrão de equilíbrio da ordem social. Nos dois extremos, é patente que as sociedades humanas procuram modelar a personalidade dos seus membros no mesmo sentido, utilizando a educação como uma técnica social de manipulação da consciência, da vontade e da ação dos indivíduos.

---

5 O que se evidencia, através dos Tupinambá, nas situações de contato com os europeus, na fase de reação à conquista: cf. F. Fernandes, "Antecedentes indígenas: organização social das tribos Tupi", in Sérgio Buarque de Holanda (Org.), *História geral da civilização brasileira*, São Paulo, Difel, 1960, vol. I, p. 72-86 (incorporado a este volume: ver cap. I).

Como os Tupinambá utilizavam a educação[6]

O tipo de educação que os Tupinambá punham em prática cai na segunda categoria. Trata-se, portanto, de uma educação que tinha por base assimilar o indivíduo à ordem social tribal (ou ao "Nós coletivo") nos limites em que isso se torna possível, sem destruir o equilíbrio psicobiológico da *pessoa*, unidade e fundamento dinâmico da vida em sociedade. Embora a documentação disponível seja lacunosa, ela permite inferir que os Tupinambá, como outros "povos primitivos", conseguiram certo êxito no respeito, na elaboração e no aproveitamento construtivo de aptidões diferenciais dos indivíduos, jogando com elas para atender às necessidades materiais ou morais decorrentes do sistema tribal de divisão do trabalho e de classificação social.

Parece que o número limitado de posições sociais, combinado à ausência de competição individualista (a competição por prestígio fazia-se por e para as parentelas) e às implicações igualitárias dos critérios de atribuição de *status*, fornece uma explicação razoável para o grau de entrosamento obtido entre o equilíbrio psicobiológico da pessoa e o equilíbrio do sistema organizatório tribal. O que importa reter é que a extensa e intensa intervenção da sociedade na conformação de ampla variedade de atitudes, comportamentos e aspirações ideais deixava uma margem muito rica à autorrealização dos indivíduos com referência a emoções, sentimentos e desejos que pudessem ser alimentados no seio da herança cultural. A incapacidade dos indivíduos em atingir certas metas podia produzir frustrações e mesmo frustrações que se repetissem em dadas situações.[7] Pelo que se sabe, porém, tais frustrações não

---

6 Sobre o assunto, seria conveniente a consulta de obras anteriores, em que a análise dos problemas é referida aos dados existentes; cf. esp. F. Fernandes, *A organização social dos Tupinambá*, loc. cit.; e *A função social da guerra*, loc. cit.; A. Métraux, Le caractère de la conquête Jésuitique, in *Acta Americana*, jan.-mar., vol. I, nº 1, 1943, p. 69-82, em que se trata dos aspectos relacionados com as consequências da situação de contato nas técnicas tribais de educação e nas mudanças supervenientes nas relações das gerações, aspectos que não serão discutidos neste trabalho.

7 Note-se que tal incapacidade podia decorrer de limitações de caráter extrapessoal. Os cronistas fixam o assunto como se a condição de "bom marido", de "bom caçador", de "bom guerreiro" etc., fosse sempre o produto de qualidades individuais. Contudo, a documentação disponível sugere que a troca adiada, de importância fundamental para os ajustamentos normais e compensadores dos indivíduos, constituía uma função da solidariedade no seio das parentelas. Assim, daí podia decorrer a antecipação ou o retardamento do sacrifício da primeira vítima, da renomação da obtenção da primeira esposa entre mulheres jovens etc., o que afetava, inapelavelmente, o "êxito" ou o "insucesso" dos indivíduos em fases críticas de suas vidas. O que importa é que tais evidências indicam que a competição das parentelas interferia de modo extenso e profundo nos ajustamentos individuais, fazendo que a capacidade pessoal de corresponder aos padrões de comportamentos e de organização da personalidade dependesse de fatores externos, de natureza sociocultural.

decorriam do modo de distribuir socialmente as oportunidades educacionais. Por esse ângulo, desvenda-se algo que é fundamental, do ponto de vista analítico: a própria estrutura da sociedade tupinambá convertia a educação em meio de mobilização, de canalização e de utilização de quaisquer aptidões individuais que fossem elaboráveis social e culturalmente. Ao contrário do que se pensa vulgarmente, uma estandardização no nível dos ajustamentos societários universais pode ocultar uma liberdade profunda na realização dos ideais vigentes da pessoa humana. E, o que parece ser ainda mais importante, ao contrário do que supunha Durkheim, a chamada "solidariedade mecânica" não se processa pela simples coligação de "partículas idênticas a si mesmas". Mesmo numa sociedade tão pouco diferenciada e tão homogênea, como a sociedade Tupinambá, os homens diferem muito entre si, sendo essencial para a sobrevivência deles e de sua herança sociocultural resguardar tais diferenças, exatamente para ajustá-los aos complexos mecanismos de organização da esfera social da vida humana.

Em suma, uma educação que integra também é uma educação que diferencia. Ao integrar e ao diferenciar, obtêm-se resultados de significação dinâmica muito variada, conforme a perspectiva em que se considerem os efeitos observados – o funcionamento da personalidade, da cultura ou da sociedade, muitas vezes observado em algumas de suas fases, mesmo quando os fatos são considerados à luz de "totalidades completas". Se o sociólogo põe ênfase nos "aspectos integrativos", isso não quer dizer que, para ele, os "aspectos diferenciadores" sejam irrelevantes. A organização social requer não só a existência mas o aproveitamento construtivo recorrente de aptidões mais ou menos variáveis de um indivíduo para o outro. A sociedade tupinambá oferece um bom ângulo para avaliar-se o peso desse fator numa situação em que a estrutura social libera a utilização produtiva das aptidões individuais, mas contém, por si mesma, as potencialidades dinâmicas da diferenciação integrada (ou padronizada) de tais aptidões. Em outras palavras, não existe uma fonte de alienação social no homem. Ele pode desenvolver-se plenamente, nos limites da interação de suas possibilidades psicorgânicas com os ideais de existência do meio. Mas esses ideais de existência é que põem à prova a *condição humana* de forma peculiar. A variação das aptidões tende a ser contida por uma escala de exigências que apenas favorece certas linhas tradicionais de adaptação ativa do homem ao seu meio. Em consequência, a seleção, a elaboração cultural e o aproveitamento construtivo das aptidões acabam sofrendo o impacto de limitações que nascem diretamente das técnicas adaptativas fomentadas pela própria organização social.

Essa conclusão de caráter geral precisa ser devidamente considerada. Em regra, procura-se na organização social a explicação para os processos educativos que promovem certa homogeneização de atitudes, de comportamentos e de aspirações ideais. O exemplo que estamos apreciando mostra que seria preciso ir mais longe. Na organização social também se deve procurar as fontes sociais das categorias de pessoas (portanto, do próprio processo de individualização); e, principalmente, o que elas representam como diferenciação coordenada de aptidões potencialmente requeridas tanto para o equilíbrio da personalidade quanto para o da vida em sociedade. Por paradoxal que pareça, uma sociedade que não ergue barreiras sociais ao uso da educação pode acabar utilizando-a, de modo livre e irrestrito, mas em certos fins confinados, os únicos que adquirem significação e importância dinâmicas no contexto psicossocial e sociocultural da ordem societária existente. Semelhante confinação dos objetivos educacionais acarreta uma patente restrição dos efeitos socializadores visados regularmente e suscita a aparência de que eles organizam a diferenciação das aptidões das pessoas somente levando em conta o que é "reprodutível", "universal" e "invariável". Todavia, estudando-se os requisitos psicossociais da passagem de uma categoria social a outra e a margem de labilidade inerente aos ajustamentos esperados (e, por isso, gratificados socialmente e "dignificadores"), percebe-se bem como e em que extensão a renovação do que é *estável* se prende inseparavelmente à elaboração cultural e ao aproveitamento social efetivo do que, além de variável e de mutável, é verdadeiramente fluido no temperamento e no comportamento dos indivíduos. Se não se encararem as coisas desta maneira, corre-se o risco de ver a educação de "tipo tribal" como uma espécie de precursora da fábrica moderna, com sua linha de montagem; da criança ao adulto ou ao velho chegar-se-ia fatalmente a produtos estereotipados, através de mecanismos exteriores simples de modelação estandardizada do caráter dos seres humanos.

    Quanto às relações entre a socialização e a participação da cultura pelas várias categorias sociais, é preciso estabelecer que somente o princípio de divisão sexual do trabalho criava algumas separações nítidas na transmissão de conhecimentos, de habilidades e de aspirações sociais. Outros agentes, que poderiam influenciar a direção, o conteúdo ou a natureza dos processos educativos, não chegaram a adquirir consistência especial nesse sentido. As categorias de idade não se desenvolveram a ponto de originar estruturas rígidas e formais, com a consequente institucionalização e diferenciação da transmissão da cultura; as técnicas sociais conhecidas eram compartilhadas com base nos princípios de sexo e de idade, sendo acessíveis a todos, respeitadas as condições prescritas através de tais critérios; os dois meios de classificação social diferenciadora, proporcionados pelas relações com o sagrado – graças às conexões do sacrifício humano e do xamanismo com a objetivação do carisma – também eram acessíveis a todos, em consonância com os princípios de sexo e de idade e com o grau de aptidões pessoais reveladas e comprováveis socialmente, o que excluía qualquer monopólio de conhecimentos ou de técnicas sociais nas esferas centrais da cultura; só o xamanismo envolvia um começo incipiente de especialização, mas ainda aí a exclusão de crianças e de mulheres correspondia a preceitos rituais e não pressupunha a formação de "grupos fechados", dotados de privilégios ou de direitos especiais; por sua vez, os velhos eram os portadores por excelência dos conhecimentos, das técnicas e das tradições tribais, nas duas linhas da divisão por sexo, mas o monopólio relativo que eles exerciam também não era "rígido" e "fechado", a própria continuidade da ordem tribal exigia a transmissão aberta, da herança cultural, com a sucessão das gerações na apropriação daqueles conhecimentos, técnicas e tradições.

Tais peculiaridades demonstram: 1) o sentido comunitário da educação na sociedade tupinambá (os conhecimentos em geral eram acessíveis a todos, de acordo com as prescrições resultantes dos princípios de sexo e de idade, sendo portanto a herança social compartilhada de forma aberta); 2) a ausência de tendências apreciáveis à especialização e a modalidade igualitária de participação da cultura, associadas ao próprio nível civilizatório da tecnologia tupinambá, permitiam que a transmissão da cultura se fizesse através de intercâmbio cotidiano, por contatos pessoais e diretos, sem o recurso a técnicas de educação sistemática e a criação de situações sociais caracteristicamente pedagógicas.

A documentação reunida pelos cronistas[8] dá margem a que consideremos os seguintes aspectos da educação na sociedade tupinambá: os processos de transmissão da cultura; as condições de transmissão da cultura; a natureza dos conhecimentos transmitidos; as funções sociais da educação na ordem societária tribal. Quanto ao primeiro tópico, o principal característico da educação consistia em processar-se por via oral e através de contatos primários, face a face, pelas próprias circunstâncias produzidas pela rotina da vida diária. No entanto, cumpre que não se pense apenas na transmissão de

---

[8] As indicações bibliográficas sobre o conjunto de fontes conhecidas a respeito dos Tupinambá, bem como a análise da variedade ou consistência das informações que elas contêm e da natureza da crônica como forma de conhecimento da realidade, podem ser encontradas em F. Fernandes, "A análise funcionalista da guerra: possibilidades de aplicação à sociedade tupinambá. Ensaio de análise crítica da contribuição etnográfica dos cronistas para o estudo sociológico da guerra entre populações aborígines do Brasil quinhentista e seiscentista", *Revista do Museu Paulista*, n.s., vol. III, São Paulo, 1949, p. 7-128, com tabelas e gravuras fora do texto (reproduzido em F. Fernandes, *A etnologia e a sociologia no Brasil*, São Paulo, Anhambi, 1958, cap. II); cf. adiante, cap. 5.

conhecimentos mediante a relação dos imaturos com os adultos no seio do grupo doméstico. Todos podiam aprender algo em qualquer tipo de relação social, o que convertia qualquer indivíduo em agente da educação tribal e projetava os papéis de "adestrador" ou de "mestre" em todas as posições da estrutura social. Merecem relevo particular, entretanto, as pregações dos principais, que favoreciam a atualização da memória coletiva e certos anseios de corresponder às exigências das tradições tribais.

Se fizermos um corte transversal no processo educativo tupinambá, porém, três pontos se impõem à consideração neste nível da análise. Primeiro, o valor da tradição. A tradição não só é sagrada; ela aparece com um saber puro, capaz de orientar as ações e as decisões dos homens, quaisquer que sejam as circunstâncias que eles enfrentem, isto é, quer elas reproduzam o contexto de experiência dos ancestrais, quer elas mantenham com ele uma analogia meramente parcial ou remota. É impossível redefinir em nossos dias o modo pelo qual os Tupinambá concebiam a natureza sagrada das tradições. É provável que estejam em jogo o conhecido mecanismo de resguardar uma conduta adequada e de proteger um comportamento, de eficácia comprovada; mas também não se deve esquecer que, em suas interpretações, eles imputavam as inovações culturais a heróis civilizadores em si mesmos sagrados. Até que ponto a eficácia de certas condutas ou de determinados comportamentos se prendia à capacidade de perfazer modelos de ação prescritos pelos heróis míticos é algo que não se pode estabelecer, excetuando alguns comportamentos ritualizados pelos cronistas. O que importa, e é possível discernir, é que as tradições tinham um caráter adaptativo dinâmico: elas desenhavam por assim dizer os *níveis de honorabilidade* das ações e do caráter dos seres humanos. Todos tinham de esforçar-se por equiparar suas atitudes manifestas e seu comportamento aos mínimos morais que se definiam dessa maneira, ocorrendo degradação do *status* atribuído e insucesso na aquisição de prestígio com aqueles que falhassem no confronto com os referidos mínimos. Esse princípio era fundamental, porque ele movia as parentelas em suas relações competitivas e cooperativas, obrigando os membros individuais de cada uma delas a excederem-se continuamente para manterem a posição que elas tivessem no consenso geral.

Em segundo e em terceiro lugar, contam o valor da ação e o valor do exemplo. Quanto àquela, pode dizer-se, sem temor de erro, que o "aprender fazendo" constituía a máxima fundamental da filosofia educacional dos Tupinambá. Mesmo antes que a significação das ações pudesse ser captada e compartilhada, os adultos envolviam os imaturos em suas atividades ou estimulavam a reprodução de situações análogas entre as crianças, promovendo dessa forma sua iniciação antecipada nas atitudes, nos comportamentos e nos valores incorporados à herança sociocultural. Essa orientação acarretava uma sobrecarga constante, pois jamais seria possível separar o adestramento das crianças ou dos jovens das obrigações imediatas dos adultos nos contextos das ações. Doutro lado, ninguém se eximia do dever que convertia a própria ação em modelo a ser imitado. Em consequência, os adultos em geral e os velhos em particular recebiam essa sobrecarga de uma maneira que não os poupava, já que tinham de "dar o exemplo" e por isso estavam naturalmente compelidos a agir como autênticos "mestres". O seu comportamento manifesto tinha de refletir, tanto quanto as suas palavras, o sentido modelar do legado dos antepassados e o conteúdo prático das tradições. Em consequência, a imitação como processo educativo convertia o controle das gerações em algo recíproco e permitia uma espécie de relaxamento geral na fiscalização organizada dos sucessos relacionados com a transmissão da cultura. Assim, não só se reduziam as eventualidades das perdas culturais; elevava-se o teor dentro do qual "as coisas deviam ser feitas", para merecerem a aprovação dos próprios agentes e dos demais, inclusive daqueles que aprendiam, recebendo ao mesmo tempo o conhecimento e um critério de avaliação de seu uso prático.

Quanto às condições de transmissão da cultura, sabe-se positivamente que ocorriam variações importantes, de acordo com o sexo e a idade dos agentes envolvidos. Enquanto se classificavam como *Peitan* (aproximadamente do nascimento até começar a andar), os indivíduos de ambos os sexos dependiam de modo estrito da mãe. Os cuidados com os bebês eram de molde a eliminar fontes de angústia ou de agitação; as mães jamais se apartavam das crianças a ponto de não poder dar-lhes assistência rápida, prestar socorro ou atender às suas necessidades.

Segundo vários informantes, as crianças largavam o peito quando queriam. Na fase seguinte, os indivíduos de sexo masculino classificavam-se como *Kunumy-miry* (até sete ou oito anos, aproximadamente), continuavam a depender da mãe e evitavam separar-se dela. Aprendiam a usar (e também a fazer) arcos e flechas proporcionais às suas forças e estaturas; compartilhavam de folguedos em grupos de companheiros, nos quais reproduziam situações de existência tribal e se iniciavam na aprendizagem de cantos e danças dos adultos, ensinados pelos pais. O acontecimento marcante consistia na perfuração do lábio (entre quatro a seis anos, mais ou menos).

Os indivíduos de sexo feminino se classificavam como *Kugnatin-miry* (até sete anos, aproximadamente), ficavam em dependência estrita da mãe, não se apartando dela; compartilhavam de folguedos com grupos de companheiras, adestrando-se pelo jogo em várias atividades, como a fiação de algodão (redes de brinquedo) ou a modelagem do barro (potes e panelas).

Na fase subsequente, os indivíduos de sexo masculino classificavam-se como *Kunumy* (aproximadamente, de oito a quinze anos), transferiam para o pai a dependência para com os adultos; começavam a sair fora de casa sem a mãe e convertiam o pai no principal mentor de sua aprendizagem. Aprendiam com ele a buscar comida para o grupo doméstico, especialmente na caça de aves, na coleta de mariscos e na pesca por meios acessíveis à idade (note-se que a coleta constituía uma atividade feminina, mas podia ser praticada pelos imaturos indiscriminadamente).

Os indivíduos de sexo feminino classificavam-se como *Kugnatin* (aproximadamente de sete a quinze anos), estreitavam sua dependência em relação à mãe, transformada em principal mentora das filhas. Estas aprendiam por imitação, reproduzindo as atividades da mãe nos serviços caseiros, mas também eram adestradas regularmente na fiação de algodão, enodamento de redes, no trabalho com embiras, no semeamento e plantio das roças, na preparação de cauim e outros alimentos destinados aos membros do grupo doméstico. O grande acontecimento na vida da jovem consistia na iniciação, em conexão com o primeiro eflúvio menstrual, ao qual se seguia, pouco depois, a perda da virgindade.

Na fase posterior, os indivíduos de sexo masculino classificavam-se como *Kunumy-uaçu* (aproximadamente de quinze a 25 anos), tornando-se unidades produtivas da economia doméstica. Passavam a trabalhar arduamente em todos os setores de atividades masculinas. Nas expedições guerreiras, de caça ou de pesca, podiam ser empregados como remadores; devotavam-se à fabricação de flechas, à pesca de peixes de maior porte e prestavam serviços nas reuniões dos velhos. Suas relações com os velhos eram cordiais e afetivas, presenteando-os sempre que pudessem. Sua participação nos bandos guerreiros envolvia a atribuição do *status* condicional de guerreiro.

Os indivíduos de sexo feminino classificavam-se como *Kugnammuçu* (aproximadamente de quinze a 25 anos), trabalhavam intensamente no grupo doméstico, no *status* de mulher apta para o matrimônio. Ajudavam muito a família em todas as atividades femininas e podiam contrair casamento. As obrigações domésticas transferiam-se para a pessoa do marido, sem perturbar, no entanto, seu zelo e cuidado pela situação ou conforto dos pais. O *status* de mulher casada era indicado com um nome especial, (*Kugnammucupoare*), o mesmo acontecendo com o de mulher fecunda (*Puruabore*, "mulher grávida"). O que interessa aqui, naturalmente, é a formação de vivências femininas, com a integração paulatina da jovem nos diferentes papéis e na concepção do mundo da mulher tupinambá.

Na fase imediata, os indivíduos de sexo masculino classificavam-se como *Aua* (aproximadamente, de 25 a quarenta anos), eram admitidos regularmente nos bandos guerreiros e podiam participar plenamente das vivências da personalidade masculina na sociedade tupinambá. Vários acontecimentos ocorriam então: o sacrifício da primeira vítima, a renomação, o casamento e a inclusão no círculo dos adultos.[9] O *status* de homem casado era indicado com nome especial (*Mendar-amo*) e abria ao jovem o acesso às atividades masculinas, que lhe eram vedadas ou que subsistiam como "fechadas". Havia um amplo alargamento da participação da cultura, em todas as direções; mas, em particular, novos conhecimentos sobre o passado, as tradições e as instituições eram adquiridos nas reuniões com os velhos. Conforme a forma de obter o cônjuge feminino, poderia ocorrer a matrilocalidade transitória; ou o marido poderia tornar-se o cabeça de um lar polígino.

Os indivíduos de sexo feminino classificavam-se como *Kugnam* (aproximadamente, de 25 a quarenta anos), tinham de enfrentar uma vida árdua, cheia de ocupações cansativas e extenuantes no grupo doméstico. Ocupavam-se diretamente da educação dos filhos e tinham possibilidade de devotar-se ao curandeirismo. Em casos especiais, se as aptidões para a comunicação com o sagrado as favorecessem, serviam como uma espécie de "cavalo de santo" em determinados rituais, nos quais o estado de êxtase servia como fonte de predições explorada pelos pajés. As informações atestam seu envelhecimento precoce[10] e salientam que podiam participar de numerosas cerimônias, inclusive do sacrifício humano, havendo testemunho de que podiam compartilhar até da renomação, fazendo incisões no corpo como os homens.

Na última fase, os indivíduos de sexo masculino classificavam-se como *Thuyuae* (aproximadamente, de quarenta anos para cima), vivendo a fase mais bela da vida do homem na sociedade tupinambá. Podiam tornar-se principais (chefes de maloca, de grupo local, ou seja, cabeças de parentelas; chefes de bandos masculinos e líderes guerreiros). Muitos tornavam-se simultaneamente *medicine-men* (a maioria dos pajés tupinambá era *medicine-man*). Reuniam-se como chefes do grupo local, como cabeças de parentela, cabendo-lhes exercer os papéis de liderança nos quadros da dominação tradicionalista. Expunham os conhecimentos acumulados nas reuniões celebradas no meio do grupo local (terreiro, segundo Gabriel Soares e Staden) ou nas *casas grandes*

---

9 Aspectos da vida social que não podem ser descritos e analisados aqui; os leitores interessados poderão consultar as obras mencionadas na nota 2 e A. Métraux, *La religion des Tupinambá et ses rapports avec celle des autres tribus tupi-guarani*, Paris, Ernest Léroux, 1928, esp. p. 96ss. (Esta obra foi traduzida para o português por Estêvão Pinto, *A religião dos Tupinambá*, São Paulo, Companhia Editora Nacional, 1950.)
10 Essa informação é contraditada por etnólogos com experiência em pesquisa de campo com índios Tupi contemporâneos, como o Dr. Herbert Baldus.

(de acordo com Brandão, Evreux e Abbeville). A qualidade da influência que exerciam no decorrer de suas pregações era de tal ordem que Thevet comparou-os aos *professores* europeus. A eles cabia interpretar os acontecimentos e resolver os problemas emergentes à luz dos ensinamentos proporcionados pelas tradições; a sua própria conduta assumia caráter exemplar para os mais jovens, mesmo que suas energias não lhes permitissem senão uma participação atenuada ou meramente simbólica nas ocorrências. Alguns podiam converter-se em grandes pajés, se possuíssem dons especiais para o xamanismo, atingindo a maior soma de poderes e de prestígio acessível a um homem naquela sociedade.

Os indivíduos de sexo feminino classificavam-se como *Uainuy* (aproximadamente de quarenta anos em diante), ocupavam o *status* de esposa principal (que não se confunde com o de predileta), se não fossem abandonadas previamente pelos maridos. Presidiam todos os serviços domésticos, a fabricação do cauim; carpiam os mortos; cuidavam da preparação das carnes das vítimas, humanas ou animais; desempenhavam os papéis de mestras das noviças, iniciando-as nos mistérios da vida feminina; e participavam de várias reuniões tribais, ocupando lugar especial. Algumas se entregavam aos prazeres sexuais de maneira que certos cronistas consideraram exagerada. Uma das modalidades de matrimônio preferencial (tio materno com a sobrinha) e as oportunidades de casamento de jovens que não fossem favorecidos por arranjos matrimoniais feitos por suas parentelas (os quais tinham de aceitar mulheres velhas como primeiras esposas) acentuavam outros papéis dos velhos, de mestres nos segredos da vida sexual. Roger Barlow informa textualmente que os nativos concebiam essas práticas como uma espécie de *escola matrimonial*, pela qual os velhos podiam instruir seus comparsas jovens.[11]

Nessa seriação de transições, importa salientar *como* se processava o adestramento dos imaturos e *como* se alargava, progressivamente, a participação da cultura. Havia épocas e situações mais apropriadas à transmissão das experiências das gerações mais velhas às gerações mais novas; e esse conhecimento era explorado sabiamente, para graduar o amadurecimento contínuo do homem ou da mulher. É fácil perceber que o alargamento das experiências dos indivíduos acompanhava, harmoniosamente, o alargamento de sua participação da cultura, de tal forma que o seu amadurecimento psicológico seguia as alterações de sua posição na estrutura social. As crises que

---

11 Essa informação é dada de forma explícita e categórica por Roger Barlow. Consultar S. A. Lafone Quevedo, "Guarani kinship terms as index of social organization", *American Anthropologist*, n. s., vol. 21, nº 4, out.-dez. 1919, p. 421-440 (a informação é transcrita na p. 422).

ocorriam no desenvolvimento da personalidade nada tinham que ver com saltos bruscos na organização da experiência ou com variações demasiado rápidas e contraditórias nas expectativas de comportamento. Prendiam-se antes aos aspectos dramáticos ou insondáveis das relações do homem com o sagrado. Doutro lado, até o fim da vida o homem maduro podia aprender algo novo e exercitar-se em novas técnicas sociais. Por informações prestadas por Evreux, infere-se que era aí que se abriam perspectivas de aprendizagem sistematizada para aqueles que dispunham de aptidões excepcionais para as mais complicadas funções do xamanismo. Ainda que a herança social a ser transmitida pareça aos nossos olhos pouco complexa e diferenciada, o homem podia aumentar o seu saber de forma incessante e preenchia papéis sociais crescentemente complicados ou absorventes quanto às tarefas de preparar os outros para a vida.

Quanto à natureza dos conhecimentos transmitidos, como os papéis de mestre ou de iniciador não se especializaram, institucionalmente, cada agente social devia ser potencialmente capaz de erigir-se em preceptor dos mais jovens (ou, apenas, dos menos experientes) com referência a todos os elementos da herança social incluídos em seus círculos de participação da cultura. O que se viu a respeito das condições de transmissão da cultura mostra que a tarefa de adestrar os imaturos, principalmente, apresentava facetas muito complexas. A questão não seria tanto do conteúdo e da natureza do conhecimento transmitido, mas da forma de inculcar nos imaturos as atitudes, as convicções ou as aspirações que deveriam compartilhar com os adultos.

O professor em nossas escolas enfrenta uma situação aparentemente mais complexa, na medida em que a especialização o obriga a desenvolver um domínio mais amplo e profundo sobre os aspectos formais do conhecimento transmitido e sobre as condições pedagógicas ou psicológicas da aprendizagem. No entanto, em poucos assuntos e quase sempre por um esforço artificial é que ele tem de se inserir no processo de aprendizagem como uma situação compartilhada objetiva e subjetivamente, com aferidores tão variados, persistentes e inexoráveis como os que entravam em jogo no tipo de educação assistemática que os Tupinambá utilizavam. Não só o sujeito ativo precisava executar totalmente as coisas para ensiná-las, como tinha de fazer isso de modo a corresponder a certas normas ideais, estabelecidas objetivamente através do conteúdo modelar das tradições, dos exemplos dos antepassados e da própria obrigação de agir de forma exemplar. Isso quer dizer que o preceptor não aparece como um especialista no ensino de conhecimentos formais, dissociados das condições de existência; mas, como um autêntico "mestre da vida", a quem caberia ensinar "como viver em dadas circunstâncias", o que exige o "ensino" de certo saber mais o "ensino" de como produzi-lo, usá-lo com propriedade ou eficácia e avaliá-lo apropriadamente à luz de sua significação diante das tradições tribais. Em suma, na realidade estamos, literalmente, diante de uma situação histórico-cultural na qual a *educação forma o homem* sob todos os aspectos e em todas as direções possíveis.

A documentação disponível não favorece, porém, os desígnios de uma análise que apreendesse todos os ângulos desse processo educativo, que não se concentrava na transmissão de segmentos isolados da cultura, operando diretamente com totalidades culturais plenamente configuráveis. Por isso, só resta o caminho de indicar os conteúdos daquele processo, cujos quadros reais podem ser representados com algum esforço de imaginação. Está claro que os *conhecimentos* transmitidos afetavam todas as esferas da vida social organizada. Assim, por meio da educação os adultos adestravam os imaturos a produzir, utilizar e avaliar normativamente o conjunto de técnicas sociais desenvolvidas para obter controle nas relações dos homens com a natureza, com seus semelhantes e com o sagrado.

No plano das relações e controles sociais do ambiente natural, o nível da tecnologia tribal e a ausência de especialização favoreciam a graduação da transmissão de experiências segundo os princípios de sexo e de idade. Essa aprendizagem começava cedo e produzia efeitos que se evidenciam na participação das crianças das atividades econômicas realizadas fora ou dentro do lar. É provável que o manejo de instrumentos e a aquisição de habilidades não apresentassem dificuldades especiais, o que permitia à criança reproduzir uma miniatura do mundo dos adultos em seu universo lúdico: O mesmo não se pode dizer do que ficava por trás disso. Se a estaca de cavar, o arco e a flecha, a modelagem ou a cocção do barro são facilmente acessíveis, a filosofia das ações humanas que dava sentido ao modo de ordenar as relações dos homens em atividades dessa espécie possuía uma complexidade evidente, de teor altamente abstrato. No nível de sua tecnologia, os principais elementos da cultura dos Tupinambá eram o corpo humano e as invenções que possibilitavam a exploração estratégica de suas imensas potencialidades adaptativas. O que o homem pode fazer com o seu corpo, com as energias que ele possui, quando ele é posto a serviço de seu grupo e de forma organizada? Aqui, não se trata de relembrar a fábula da debilidade do "indivíduo isolado", mas de colocar em evidência o poder nascido do uso conjugado das energias materiais e mentais de "todos". Tome-se como referência a preparação de terras para a horticultura. Em face da tecnologia tribal, essa tarefa era gigantesca. Derrubar árvores de médio ou de alto porte, queimar e limpar o terreno, deixar o campo pronto para o plantio pelas mulheres – eis aí coisas dificílimas de fazer com o machado de pedra e os recursos técnicos correspondentes. O mutirão surge, nesse quadro, como uma correção e uma ampliação da técnica pelo corpo humano. O mesmo efeito se repetia praticamente em todas as atividades sociais – da coleta às ocupações domésticas, aos bandos de caça, às expedições guerreiras e às reuniões mágico-religiosas. O homem era o principal "meio" do próprio homem, o que os imaturos não podiam aprender de forma direta, simples e imediata. Precisavam formar seu tirocínio lentamente, participando repetidamente das situações que envolviam cooperação e solidariedade, da família pequena à família grande e às parentelas interdependentes do grupo local ou da tribo. Para assim entenderem a "dimensão humana" da técnica, um conhecimento que não se objetivava nem se concretizava, mas era essencial.

No plano das relações do homem consigo mesmo – com a promoção social do meio ambiente, ou seja, com o meio propriamente humano – a quantidade e a variedade de conhecimentos a adquirir eram muito maiores. A organização tribal trazia consigo certas complicações: as regras de polidez no tratamento assimétrico (entre pessoas pertencentes a categorias de sexo e de idade diferentes) ou nas relações de companheirismo (entre pessoas pertencentes à mesma categoria de sexo e de idade) requeriam um adestramento que abrangia, por igual, educação de maneiras e formação de caráter; doutro lado, o sistema de parentesco criava necessidades de identificação, de solidariedade e de tratamento recíproco que exigiam extensa e profunda aprendizagem de genealogias, comportamentos e cerimônias entre si mesmos muito complexos. Doutro lado, convém não esquecer o que significava a iniciação em conhecimentos relativos às cerimônias e aos ritos associados à vida econômica, à guerra, ao sacrifício humano, ao funcionamento do conselho de chefes, ao tratamento dos doentes, ao pranteamento ou afastamento dos mortos, à atualização do passado tribal etc. Aí estão envolvidas explicações sobre as origens das instituições e preceitos a serem observados para assegurar "a normalidade das coisas" no seu funcionamento cotidiano. Nesta área, todo ser vivo tinha de acumular uma ampla bagagem de conhecimentos, educando sua memória para armazenar lembranças e ensinamentos perpetuados por via oral; e educando sua capacidade de agir para corresponder às normas prescritas ou exemplares de "fazer as coisas".

Por fim, há algo mais profundo. Para elevar-se à altura dos exemplos dos pais ou dos antepassados, todo indivíduo tinha que mobilizar suas capacidades competitivas e concentrá-las construtivamente em certas direções, que promovessem o aumento do prestígio pessoal ou conservasse (se não aumentasse) o prestígio da parentela a que pertencesse. Ter êxito como caçador, como guerreiro ou como cabeça de parentela eram condições essenciais para preservar os laços de solidariedade que resultavam da circulação de bens (mulheres, caças, prisioneiros) entre as parentelas e para perpetuar a unidade tribal. Isso envolvia, por sua vez, aptidões complexas, que exigiam uma profunda educação das emoções, dos sentimentos e da vontade, a ponto de fomentar o sacrifício permanente de disposições egoístas individuais e a mais completa identificação dos indivíduos com suas parentelas, as alianças que elas mantivessem e os interesses que elas pusessem em primeiro lugar.

No plano das relações com o sagrado, havia coisas que podiam ser aprendidas de qualquer um (especialmente quanto ao tratamento de feridas ou de doenças) e coisas que diziam respeito a conhecimentos que só se tornavam acessíveis aos velhos (às vezes de ambos os sexos; outras só aos homens que conseguissem converter-se em *pajé-açu*). Esta área dos conhecimentos tribais permite estabelecer vários pontos interessantes: a) os adultos podiam continuar sua aprendizagem até uma idade avançada, se revelassem aptidões para a comunicação com o sagrado e, especialmente, se tivessem dotes carismáticos acentuados; b) muitos conhecimentos mágico-religiosos eram acessíveis aos homens e às mulheres, mas entre estas poucas conseguiam êxitos comparáveis aos dos homens na participação dos papéis sociais correspondentes; c) somente os "velhos" poderiam vangloriar-se de um conhecimento extenso e profundo das tradições tribais, incluindo-se nelas as técnicas mágico-religiosas, a mitologia e os diferentes tipos de ritos, pois era necessária toda uma vida para acumular tal saber e possuir certos requisitos especiais para participar das situações em que ele fosse atualizado ou para exercer, no decorrer delas, alguma espécie de liderança.

Parece, além disso, que as parentelas também competiam no plano dos conhecimentos conspícuos pertinentes ao passado da tribo, à sua mitologia e ao uso das técnicas mágico-religiosas (Nóbrega, pelo menos, refere-se a um pajé que teria aprendido seus segredos com o próprio pai); por sua vez, as atividades xamanísticas mais complexas, perigosas e poderosas poderiam requerer um adestramento apropriado e exclusivo (Evreux menciona esse fato, que permite admitir a existência de algo parecido com a iniciação sistemática dos candidatos aos papéis mágico-religiosos do *pajé-açu*). Os conhecimentos mágico-religiosos aquinhoados em comum ou segundo especificações simples dos critérios de sexo e idade referiam-se aos ritos de passagem, aos ritos de sacrifício (de vítimas animais ou humanas), às cerimônias de tratamento dos doentes ou de pranteamento dos mortos etc. Todos compartilhavam intensamente dos anseios de "vingança" contra os inimigos, o que fazia homens e mulheres, adultos e crianças participarem do mesmo estado de espírito e, em grau variável, das situações sociais a que eles se vinculavam durante o massacre de cativos. Doutro lado, as crenças relativas à vida futura e à cataclismologia eram partilhadas em comum, tendo as mulheres e as crianças variados papéis em cerimônias ligadas com eventos que prenunciassem o "fim do mundo". A referência à "casa grande" como centro de reuniões dos homens sugere, no entanto, que tanto as mulheres quanto os imaturos eram excluídos de muitos conhecimentos mágico-religiosos.

Esse rápido bosquejo põe em evidência algo que já é bem conhecido sociologicamente: numa sociedade em que a transmissão de conhecimentos se faz através da educação informal e assistemática, ela se constitui no mecanismo básico pelo qual se assegura a preservação dos elementos da herança social recebidos de antepassados longínquos ou de aquisições culturais recentes. Isso coloca uma questão deveras importante: até que ponto, ao contribuir para perpetuar os conteúdos do horizonte cultural, ela também intervém na configuração de sua forma, organizando o próprio modo pelo qual os homens percebem e explicam o mundo em que vivem?

A documentação disponível não permite discutir semelhante problema sociológico com a profundidade desejável. Contudo, é perfeitamente possível sugerir algo essencial a respeito. As técnicas tradicionais e mágico-religiosas envolviam componentes dinâmicos, que permitiam tomar consciência e manipular ativamente as coisas ou os acontecimentos. Vários exemplos atestam como isso se processava. Tomem-se situações sociais recorrentes, como o "nomadismo" ou a guerra. O "nomadismo" nascia da forma de ocupação destrutiva do meio natural circundante: na impossibilidade de restabelecer o equilíbrio da natureza e de suas relações com as necessidades coletivas, as unidades tribais solidárias tinham de deslocar-se periodicamente – primeiro, dentro de uma mesma área territorial; após certo tempo, na direção de novas posições ecológicas.

O xamanismo constituía o mecanismo pelo qual se tomava consciência da situação insatisfatória estabelecida e se procurava uma solução adequada, à luz das tradições tribais, promovendo-se os deslocamentos que se fizessem necessários e que pudessem ser realizados efetivamente. As insatisfações decorrentes bem como a sua correção eram projetadas na esfera de relações do homem com o sagrado. Os comportamentos práticos desenvolvidos permitiam, no entanto, enfrentar e resolver os problemas reais.

A guerra, por sua vez, era justificada moralmente através da obrigação da "vingança". O que se elevava à esfera de consciência eram os motivos por assim dizer "dignos" e "elevados" das incursões e expedições guerreiras, ficando o resto na penumbra ou ignorado (ou seja, os motivos ligados com razões egoísticas, como a preservação do controle ou a conquista de um certo conjunto de territórios, a competição das parentelas por prestígio, a preservação das alianças entre parentelas solidárias, os efeitos sociais ou mágico-religiosos do sacrifício humano ou do canibalismo etc.). Em suma, as "razões de interesse grupal" eram escamoteadas, ao mesmo tempo que se projetavam para fora do "nosso grupo" sentimentos ou emoções negativos.

Os dois exemplos sugerem que, ao aprender certas coisas, os homens também aprendiam o que elas significavam dentro de seu cosmos moral e como elas deviam ser postas em prática. Não era só o conteúdo de sua experiência ou de sua personalidade que entrava em jogo; mas a forma da experiência ou a organização da personalidade e da concepção do mundo. O mesmo esquema se aplicava, naturalmente, a situações sociais irreversíveis. O contato com os brancos oferece um ótimo paralelo. Os franceses pretendiam estabelecer uma aliança com os Tupinambá do Maranhão. Nas discussões, os "velhos" procuraram descobrir uma diretriz eficaz nas experiências dos antepassados em situações análogas anteriores. A tradição surge aí em seu verdadeiro contexto: como um saber capaz de orientar eficazmente as decisões dos homens e de enquadrar seus ajustamentos em certa filosofia da existência humana. Refletindo-se sobre dados dessa natureza é que se pode apontar como, juntamente com os conteúdos, eram assimiladas as formas que organizavam, tanto estrutural quanto dinamicamente, o horizonte cultural do Tupinambá.

Com isso, a presente discussão penetra na esfera da análise interpretativa das funções sociais da educação na sociedade tupinambá. Deve-se entender por função social da educação a contribuição que ela dá para manter ou transformar certa ordem social; ela tanto pode ser uma agência de controle social quanto um fator de mudança social no seio do sistema societário global. Aqui, só serão considerados aspectos dinâmicos associados à continuidade do sistema societário tribal[12] e segundo distinções teóricas já exploradas pelo autor no estudo da sociedade tupinambá.[13]

Em conjunto, podem-se discernir três funções sociais básicas da educação na ordem social tribal, como ela se configurava entre os Tupinambá. Primeiro, de ajustamento das gerações. Ela não só permitia às gerações maduras e dominantes graduar e dirigir a transmissão da herança social; ofere-

---

12 A documentação não permite estudar as prováveis relações existentes entre as técnicas tribais de educação e as tendências de diferenciação do sistema organizatório tribal, que possam ser evidenciáveis conjeturalmente; quanto às consequências dos contatos com os brancos e da destribalização decorrente, cf. esp. o trabalho de A. Métraux, mencionado na página 50, nota 6.

13 Trata-se especialmente do conceito de função social e de função social derivada. Cf. *A função social da guerra na sociedade Tupinambá*, esp. p. 332-333; quanto à definição sociológica de ambos os conceitos, cf. F. Fernandes, *Ensaio sobre o método de interpretação funcionalista na sociologia*, São Paulo, Faculdade de Filosofia, Ciências e Letras da Universidade de São Paulo, 1953, p. 71-73 (reproduzido em *Fundamentos empíricos da explicação sociológica*, São Paulo, Companhia Editora Nacional, 1959, p. 267-269).

cia-lhes um mecanismo elementar e universal de dominação gerontocrática, de fundamento tradicionalista e carismático (especificamente xamanístico). Mantendo a crença no valor sagrado e prático das tradições, no poder ilimitado das entidades sobrenaturais e nas obrigações dos vivos perante os mortos, a educação se convertia em mecanismo de controle e em forma de dominação manipulados pelos intérpretes das tradições, das forças sobrenaturais ou da vontade dos parentes mortos. Desse ângulo, os que aplicavam certos preceitos intervinham simultaneamente no ânimo dos *companheiros*, orientando-os nas decisões a tomar, nas ações a realizar e nas avaliações inexoráveis do que seria "certo" ou "errado", "próprio" ou "impróprio", "digno" ou "indigno", "justo" ou "injusto", "elogiável" ou "reprovável", "desejável" ou "indesejável" etc.

Segundo, de preservação e de valorização do saber tradicionalista e mágico-religioso, quanto às suas formas e ao seu conteúdo. Inserindo os conhecimentos acumulados no passado na esfera axiológica da cultura, imputando-lhe uma origem e uma natureza sagrada e procedendo do mesmo modo com os instrumentos de sua aquisição ou renovação (a tradição, as técnicas mágico-religiosas inerentes ao xamanismo e à mitologia tribal), a educação promovia, simultaneamente: a) a perpetuação do patrimônio total de conhecimentos; b) a criação de condições psicossociais e socioculturais adequadas à sua utilização e alargamento contínuos. Este segundo aspecto é deveras importante. Ele fornece a única perspectiva de que se dispõe atualmente para apreciar o influxo construtivo da educação no enriquecimento da herança social na sociedade tupinambá. Toda inovação tinha de lançar raízes no saber produzido pelos antepassados ou pelo menos de ser coerente com os ensinamentos que se poderiam extrair, casuisticamente, do confronto do presente com o passado. Isso indica que "perpetuar" e "renovar" surgem como condições ou como efeitos correlatos do mesmo processo social básico, estando a educação igualmente vinculada com os dois tipos de exigências da vida prática na ordem social tribal.

Terceiro, de adequação dos dinamismos da vida psíquica ao ritmo da vida social. Sem dúvida, não se deve ignorar que o entrosamento das gerações e a integração delas às situações tribais de vida dependiam de outras técnicas de controle social; no entanto, era através de técnicas especificamente educativas que os Tupinambá preparavam e ordenavam as transições que marcavam a passagem de uma posição social para outra. Portanto, o reverso do funcionamento do sistema tribal de posições sociais revela a educação não só como mecanismo de formação da personalidade, mas ainda como uma agência de importância capital para a localização dos *socii* na estrutura social. De um lado, era preciso aprender algo para agir segundo as formas previstas –

tanto nas fases de transição de uma posição social para outra, imediatamente superior, quanto para corresponder eficazmente às expectativas inerentes à nova posição social. De outro, os ajustamentos normais (incluindo-se entre eles também os de caráter cooperativo) numa sociedade iletrada não se divorciavam, como se chegou a pensar erroneamente, de uma competição intensa e sem tréguas em torno das formas existentes de saber. A capacidade de corresponder às expectativas provocadas pelo *status* atribuído e de adquirir prestígio social suplementar gravitavam estreitamente em torno da habilidade de cada um de erigir-se em mestre consumado na utilização (e eventualmente também na renovação) do saber preexistente. Daí as complexas polarizações que se estabeleciam entre a educação assistemática, a formação da personalidade básica e o vasto conjunto de ajustamentos que os homens precisavam desenvolver nas várias fases de sua vida.

A esse quadro, seria possível agregar duas funções sociais derivadas da educação assistemática e informal na sociedade tupinambá. De um lado, ela constituía o veículo por excelência da seleção das personalidades aptas para o exercício da dominação gerontocrática e da dominação xamanística. Por seu intermédio, os indivíduos não só eram preparados para desenvolver certas aptidões (como as qualidades psíquicas e morais inerentes aos papéis dos "velhos" e dos "pajés" na ordem tribal), mas, ainda, para estimulá-las segundo determinados critérios valorativos. Assim, embora os mecanismos sociais inerentes ao referido processo não fossem criados pela educação, ela intervinha de modo direto e profundo em todos os aspectos do funcionamento do sistema organizatório que envolvessem relações de liderança e de dominação (com base tradicionalista ou carismática). A correlação entre a formação da personalidade, o peneiramento dos líderes (nos diferentes níveis de organização do comportamento coletivo, da vida familiar à vida mágico-religiosa) e o exercício da dominação tradicionalista ou da dominação carismática explica facilmente essa conexão funcional. De outro lado, ela se incluía entre as técnicas sociais básicas de integração do comportamento coletivo. O grau de uniformidade alcançado com referência aos elementos emocionais, lógicos ou ideológicos do comportamento social humano só encontra uma compreensão adequada quando se consideram os influxos dinâmicos construtivos da educação na organização dos processos de percepção, explicação e manipulação da realidade pelo homem.

O sacrifício humano permite situar bem esses fatos, com todas as suas complicadas ramificações e decorrências. Era "honroso" e "desejável" "deixar o nome" (e a *obrigação da vingança*, com tudo que ela representava para o equilíbrio das parentelas ou da ordem tribal e a projeção de ressentimentos para fora do "nosso grupo" no *leito de honra*; escapar ao sacrifício, mesmo mediante qualquer processo de fuga individual que não envolvesse covardia aparente, era "indecoroso" e "indesejável". Dessa perspectiva, evidencia-se com nitidez o critério de eficácia que servia aos Tupinambá como sistema de referência para a avaliação das técnicas e processos educativos tribais: a capacidade concreta, revelada pelos agentes humanos, individual ou grupalmente, de corresponder às expectativas e aos ideais de comportamentos incorporados às tradições tribais. Bem como sua resultante sociocultural: uma homogeneidade fundamental em todos os ajustamentos sociais, coordenados ou não exteriormente, graças à qual quaisquer comportamentos dos indivíduos tendiam a reproduzir um mínimo de identificação elementar com os objetivos altruístas ou egoísticos do *"Nós coletivo"*.

Seleção de Textos Sobre as Práticas Educacionais dos Tupinambá[14]

1 – "Gênio e temperamento dos maranhenses", um retrato apologético dos Tupinambá

[...] Não pretendo elevá-los acima dos espíritos cultos e civilizados, nem compará-los aos que se poliram na prática das virtudes e das ciências. Limito-me a falar de seu gênio e temperamento naturais e como de indivíduos que sempre foram pagãos, bárbaros e cruéis para com seus inimigos, hostis a Deus, filhos do diabo, escravos de suas paixões; indivíduos que nunca foram governados nem educados e que tudo ignoram da ciência e da virtude e mesmo da existência de Deus.

Em verdade, imaginava eu que iria encontrar verdadeiros animais ferozes, homens selvagens e rudes; enganei-me, porém, totalmente. No que diz

---

14 Pareceu-me dispensável transcrever aqui toda sorte de informações contidas nas fontes; uma coletânea do essencial permite dar uma ideia do modo pelo qual os cronistas descreveram as técnicas educativas dos Tupinambá. Doutro lado, as limitações de espaço não possibilitariam a reprodução de textos que se referem às conexões funcionais indiretas da educação na sociedade tupinambá, o que explica por que não foram incluídas várias passagens relativas ao sacrifício humano, à renomação e a outras situações de existência social (o leitor interessado poderá cobrir semelhante lacuna através da consulta das obras mencionadas nas notas 6 da página 50 e 9 da página 57). Quanto às indicações bibliográficas referentes às fontes primárias transcritas, veja-se nota 8 da página 53.

respeito aos sentidos naturais, tanto internos como externos, jamais achei ninguém, indivíduo ou nação que os superasse.

Além de extremamente sóbrios e longevos, são vivos na proporção de sua excelente constituição natural, principalmente quanto aos sentidos exteriores.

Têm o olfato tão perfeito que, como um cão (à exceção da bondade), reconhecem a pista de um inimigo e discernem duas pessoas de nações diferentes [...] Assim como a vista têm eles os outros sentidos do ouvido, do paladar e do tato. [...] embora permaneçam perpetuamente no ócio, quero dizer, não tenham leitura, nem estudos, nem educação de espécie alguma, conservam um espírito e um julgamento natural tão bons quanto possíveis.

São extremamente discretos, muito compreensivos a tudo o que se deseja explicar-lhes, capazes de conceber com rapidez tudo o que lhes ensinam; e mostram-se muito atenciosos por aprender e muito aptos a imitar o que veem fazer.

São tão serenos e calmos que escutam atentamente tudo o que lhes dizem, sem jamais interromper os discursos. Nunca perturbam o discursador, nem procuram falar quando alguém está com a palavra. Escutam-se uns aos outros e jamais discorrem confusamente ou ao mesmo tempo que outros.

São grandes discursadores e mostram grande prazer em falar. Fazem-no às vezes durante duas a três horas seguidas, sem hesitações, revelando-se muito hábeis em deduzir dos argumentos que lhes apresentam as necessárias consequências.

São bons raciocinadores e só se deixam levar pela razão e jamais sem conhecimento de causa. Estudam tudo o que dizem e suas censuras são sempre baseadas na razão. Por isso mesmo querem que lhes retribuam na mesma moeda [...] Na realidade é esse o povo que não quer ser guiado pela força, mas sim pela doçura e pela razão.

São muito engenhosos e ativos na fabricação de tudo o que precisam para a caça, a pesca ou a guerra. São capazes de mil invenções para enfeitar seus arcos, suas flechas, seus ornatos de penas; sabem fazer os instrumentos de que se servem habitualmente. Poucos entre eles desconhecem a maioria dos astros e estrelas de seu hemisfério [...] Conhecem muitos símplices, frutos, raízes, resinas, óleos, pedras e minerais de que compreendem as propriedades, algumas raras; e também sabem de muitos remédios que empregam em suas enfermidades.

Recordam-se os velhos de fatos passados a cento e vinte, cento e quarenta e cento e sessenta anos, e às vezes mais, e contam com minúcias os empreendimentos, os estratagemas e outras particularidades do passado, quer para animar os seus a fazerem a guerra contra os inimigos, quer para divertir os próprios amigos. Têm naturalmente uma memória feliz e quanto mais altamente colocados mais magnânimos desejam mostrar-se.

São muito corajosos, principalmente quando se trata de exterminar o inimigo; a crueldade e a raiva os leva então a comê-los. Felizmente não são irritadiços com os de sua própria nação, nem com os amigos; pelo contrário, mostram-se moderados, pacatos e dóceis. Mas, quando ofendidos, são vingativos. Não têm inveja do bem que se faz aos companheiros, à condição de que se lhes faça o mesmo. Não se aborrecem com os feitos guerreiros de outras aldeias, porém cheios de estímulo procuram imitá-las ou ultrapassá-las.

São espíritos peculiares da região solar, maravilhosamente bem organizados, de um bom gênio e de um bom temperamento; porém acham-se tão longe do sol da justiça, nosso Salvador, quanto até hoje têm sido pobres, miseráveis, bárbaros, selvagens e pagãos como se verá no capítulo seguinte, em que trata de suas crenças e religião. (Claude D'Abbeville, *História da missão dos padres capuchinhos na ilha do Maranhão e terras circunvizinhas*, Capítulo LI com o título acima, p. 243-250).

2 – O nascimento

Graças à instituição desse grande Caraíba é que eles usam certas cerimônias com os recém-nascidos, para que eles se tornem bons e valentes quanto à guerra. Já que estamos tratando das crianças, aqui vos direi como as mulheres procriam. Quando chega o tempo do parto (as mulheres) fazem-na assentar-se sobre uma acha de madeira lisa, a qual é ligada por dentro às vigas da cobertura da casa, e toca na terra; e então elas lançam, em sua linguagem, alguns gritos muito altos, dizendo *Akeeli Akaih, cuaih!* os quais são interjeições de dor comuns às mulheres, sempre que elas sintam algum mal. E ficam nesse trabalho meio dia (umas mais, outras menos) sem serem auxiliadas nem socorridas por qualquer pessoa que seja. Assim que a criança nasce, à qual eles chamam *Cougnomi-meri*, se o pai está vivo, ao qual eles chamam *Cherouy*, o levanta da terra, e se é um macho, ele lhe corta o umbigo com os dentes. Se é uma fêmea, a mãe lhe corta, ou se estiver muito débil, a sua parenta mais próxima. Isso feito, o tio materno leva a menina, retendo-a como futura esposa, seja porque o pai foi morto ou esteja ausente. Depois a mãe se enfia em uma rede velha, até que esteja bem purgada e limpa." O recém-nascido é lavado, no rio ou no mar, pelas mulheres. "Feito isso, ele é colocado em uma pequena rede, presa entre duas espadas de madeira. E, se é um menino, lhe é feito uma *Itamongaué*, quer dizer, uma oferta de bom presságio, de garras de onça, e de unhas de um pássaro do porte de uma águia". Em sua ausência, o pai encontrava substituto no "irmão da mulher ou seu parente mais próximo", que se encarregava das obrigações cerimoniais correspondentes (André Thevet, *Cosmographie universelle*, trechos traduzidos ou condensados da folha 916).

3 – Algumas descrições globais da "Criação que os Tupinambá dão aos filhos", do "Que fazem quando lhes nascem" e do "Modo de tratá-los"

1) "Quando estas índias entram em dores de parir, não buscam parteiras, não se guardam do ar, nem fazem outras cerimônias, parem pelos campos e em qualquer outra parte como uma alimária; e em acabando de parir, se vão ao rio ou fonte, onde se lavam, e as crianças que pariram; e vêm-se para casa, onde o marido se deita logo na rede, onde está muito coberto, até que seca o umbigo da criança; em o qual visitam seus parentes e amigos, e lhe trazem presentes de comer e beber, e a mulher lhe faz muitos mimos, enquanto o marido está assim parido, e dizem que se lhe der o ar que fará muito nojo à criança, e que se se erguerem e forem ao trabalho, que lhe morrerão os filhos e eles que serão doentes da barriga; e não há quem lhes tire da cabeça que da parte da mãe não há perigo, sendo da sua; porque o filho saiu dos lombos, e que elas não põem de sua parte mais que terem guardada a semente no ventre onde se cria a criança.

Como nascem os filhos aos Tupinambá logo lhes põem o nome que lhe parece; os quais nomes que usam entre si são de alimárias, peixes, aves, árvores, mantimentos, peças de armas, e de outras coisas diversas; os quais furam logo o beiço debaixo, onde lhe põem, depois que são maiores, pedras por gentileza.

Não dão os Tupinambá a seus filhos nenhum castigo, nem os doutrinam, nem os repreendem por coisa que façam; aos machos ensinam-nos a atirar com arcos e flechas ao alvo, e depois aos pássaros; e trazem-nos sempre às costas até a idade de sete e oito anos, e o mesmo às fêmeas; e uns e outros mamam na mãe até que torna a parir outra vez; pelo que mamam muitas vezes seis e sete anos; às fêmeas ensinam as mães a enfeitar-se, como fazem as Portuguesas, e a fiar algodão, e a fazer o mais serviço de suas casas conforme a seu costume" (Gabriel Soares de Souza, *Tratado descritivo do Brasil em 1587*, p. 370-371).

2) "Mesmo grávida a mulher não deixa de cuidar de seu trabalho cotidiano e apenas evita carregar fardos pesados. [...] Quanto ao parto, eis o que presenciei. Pernoitando com outro francês em uma aldeia, certa ocasião ouvimos, quase à meia-noite, gritos de mulher, e pensamos que estivesse sendo ata-

cada pelo jaguar, essa fera carniceira que já descrevi. Acudimos imediatamente e verificamos que se tratava apenas de uma mulher em dores de parto. O pai recebeu a criança nos braços, depois de cortar com os dentes o cordão umbilical e amarrá-lo. Em seguida, continuando no seu ofício de parteira, esmagou com o polegar o nariz do filho como é praxe entre os selvagens do país. Note-se que as nossas parteiras, ao contrário, apertam o nariz dos recém-nascidos para dar maior beleza afilando-o. Apenas sai do ventre materno, é o menino bem lavado e pintado de preto e vermelho pelo pai, o qual, sem enfaixá-lo, deita-o em uma rede de algodão. Se é macho dá-lhe logo um pequenino tacape e um arco miúdo com flechas curtas de penas de papagaio; depois de colocar tudo isso junto do menino, beija-o risonho e diz: "Meu filho, quando cresceres serás destro nas armas, forte, valente e belicoso para te vingares dos teus inimigos".

Quanto ao nome, o pai da criança que eu vi nascer o denominou *Oropacan*, isto é, "arco e corda". [...] A alimentação da criança consiste em certas farinhas mastigadas e carnes tenras juntamente com leite materno; a mãe fica de resguardo um dia ou dois; em seguida pendura o filho ao pescoço por uma cinta de algodão e vai tratar da horta como de costume. [...]

Voltando ao assunto, cumpre-me observar que na Europa consideramos em geral, que se as crianças não forem bem apertadas em sua primeira infância, e bem enfaixadas, terão pernas tortas ou ficarão aleijadas. Isso não se verifica em absoluto com os filhos dos nossos americanos; desde cedo se conservam sem faixas de pé ou deitados e não há por certo crianças mais desempenadas que essas no andar. [...] ... embora as mulheres desse país não tenham fraldas para limpar o traseiro dos filhos e que nem sequer se sirvam de folhas de árvores, que possuem em abundância, são tão caprichosas que com pauzinhos em forma de pequenas cavilhas os limpam com muito asseio; e tão bem o fazem que jamais os vereis emporcalhados.

Já que estou a discorrer sobre essa matéria suja, direi ainda que os meninos selvagens, depois de crescidos urinam em geral no meio das casas e se estas não exalam mau cheiro isso se deve ao fato de serem areadas e às fogueiras que acendem por toda parte; quanto aos excrementos, costumam as crianças deitá-las longe das casas.

Os selvagens cuidam de todos os filhos, aliás numerosos. [...] Os filhos varões são mais estimados do que as fêmeas por causa da guerra, pois entre os selvagens só os homens combatem e só a eles cabe a vingança contra o inimigo.[15]

---

15 Note-se que os cronistas portugueses, especialmente, ressaltaram a importância das filhas como meio de atração de jovens casadores para os bandos masculinos liderados pelos pais das noivas.

Se me perguntarem ainda o que ensinam os selvagens aos filhos, quando grandes, responderei que nos capítulos VIII, XIV e XV e noutros trechos desta narrativa já me referi à índole guerreira dessa gente e a seus costumes em relação aos inimigos. Como é fácil de imaginar, não possuem colégios nem escolas de ciências ou artes liberais; a ocupação ordinária de todos, grandes e pequenos, é a caça e a guerra, no que se mostram verdadeiros sucessores de Lamech, Nemrod e Esaú; mas também se ocupam em matar e comer gente (Jean de Léry, *Viagem à terra do Brasil*, p. 204-207).

3) As mulheres, parindo (e parem no chão) não levantam a criança, mas levanta-a o pai, ou alguma pessoa que tomam por seu compadre, e na amizade ficam como os compadres entre os cristãos; o pai lhe corta a vide com dentes, ou com duas pedras, dando com uma na outra, e logo se põe a jejuar até que lhe cai o umbigo, que é de ordinário até oito dias, e até que não lhe caia não deixam o jejum, e em lhe caindo se é macho lhe faz um arco com flechas, e lhe ata o punho da rede, e no outro punho muitos molhos de ervas, que são os contrários que seu filho há de matar e comer, e acabadas estas cerimônias fazem vinhos com que se alegram todos. As mulheres quando parem logo se vão lavar aos rios, e dão de mamar à criança de ordinário ano e meio, sem lhe darem de comer outra coisa: amam os filhos extraordinariamente, e trazem-nos metidos nuns pedaços de redes que chamam *typoya* e os levam às roças e a todo o gênero de serviço, às costas, por frios e calmas, e trazem-nos como ciganas escanchados no quadril, e não lhes dão nenhum gênero de castigo. Para lhes não chamarem os filhos têm muitos agouros, porque lhes põem algodão sobre a cabeça, penas de pássaros e paus, deitam-nos sobre as palmas das mãos, e roçam-nos por elas para que cresçam. Estimam mais fazerem bem aos filhos que a si próprios, e agora estimam muito e amam os padres, porque lhos criam e ensinam a ler, escrever e contar, cantar e tanger, coisas que eles muito estimam (Pe. Fernão Cardim, *Tratados da terra e gente do Brasil*, p. 149-150).

4) Todos criam seus filhos viciosamente, sem nenhuma maneira de castigo, e mamam até a idade de sete, oito anos, se as mães até então não acertam de parir outros que os tirem das vezes. Não há entre eles nenhumas boas artes a que se deem, nem se ocupam noutro exercício senão em granjear com seus pais o que hão de comer, debaixo de cujo amparo estão agasalhados até que cada um por si é capaz de buscar sua vida sem mais esperarem heranças deles nem legítimas de que enriqueçam, somente lhe pagam com aquela criação, em que a natureza foi universal a todos os outros animais que não participam de razão (Pero de Magalhães Gandavo, *História da província de Santa Cruz*, p. 121).

5) A mulher, em acabando de parir, se vai lavar no rio, e o marido se deita em a rede, mui coberto, que não dê o vento, onde está em dieta até que se seque

o umbigo ao filho, e ali o vêm os amigos a visitar como a doente. Nem há poder lhes tirar esta superstição, porque dizem que com isto se preservam de muitas enfermidades a si e a criança, a qual também deitam em outra rede com seu fogo debaixo, quer seja inverno, quer verão e, se é macho, logo põem na azelha da rede um arquinho com suas flechas e, se fêmea, uma roca com algodão.

As mães dão de mamar aos filhos até os sete ou oito anos, se tantos estão sem tornar a parir, e todo este tempo os trazem ao colo ora ela, ora os maridos, principalmente quando vão às suas roças, onde vão todos os dias depois de almoçarem, e não comem enquanto andam no trabalho, senão à véspera, depois que voltam para casa. [...] São grandes atiradores, porque logo ensinam aos filhos de pequenos a atirar ao alvo, e poucas vezes atiram num passarinho que não o acertem, por pequeno que seja.

Também os ensinam a fazer balaios e outras coisas de mecânica, para as quais têm grande habilidade, se eles a querem aprender; que, se não querem, não os constrangem, nem os castigam por erros e crimes que cometam, por mais enormes que sejam. As mães ensinam as filhas a fiar algodão e fazer redes de fio e nastros para os cabelos, dos quais se prezam muito, e os penteiam e untam de azeite de coco bravo, para que se façam compridos, grossos e negros (Frei Vicente do Salvador, *História do Brasil*, p. 58-59).

6) [...] posto que usam deste e de outros semelhantes costumes que aprenderam, e lhes ficou em uso dos seus passados, todavia se acha neles bons discursos e agudas respostas, e não se deixam enganar de ninguém. Aos filhos ensinam de pequenos a que sejam guerreiros e inclinados a guerras, e para o efeito os adestram no arco e flecha, de modo que, com terem pequeno corpo, são grandes flecheiros, para o que os exercitam na caça e as fêmeas, como lhes a idade dá para isso, servem a seus pais, enquanto não casam (Ambrósio Fernandes Brandão, *Diálogos das grandezas do Brasil*, p. 277).

7) Eles não castigam seus filhos de maneira alguma, permitindo-lhes fazer tudo à vontade, havendo assim poucos que testemunham obediência a seu pai, e mãe. [...] A mãe cuida do filho de modo tão constante, que nunca lhes falta nada; dão-lhes todas as espécies de alimentos e nunca lhes batem nem atormentam. Segundo a opinião dos indígenas, uma criança ralhada "não pensa agir bem"; [...] a maior glória que se pode ter neste país, tanto os homens quanto as mulheres, é dizer: eu não sou a vasilha cheia de injúrias de meu pai, nem de minha mãe. (André Thevet, *Manuscrito inédito*, trechos transcritos ou condensados das folhas 52 vol., 69 e 69 vol.).

8) Carregam seus filhos envolvidos em panos de fio de algodão, sobre as costas, e assim trabalham. As crianças dormem, entretanto, e estão satisfeitas não obstante as mulheres se dobrarem e locomoverem bastante com elas (Hans Staden, *Duas viagens ao Brasil*, p. 170).

4 – Mortalidade infantil e eliminação das crianças defeituosas

1) As crianças (ao nascer) são lavadas de corpo inteiro, assim que estejam sobre a terra. Depois, mete-se nelas pequenas jarreteiras abaixo do joelho, e dizem que é de medo de ser torto. Não se vê de forma alguma nem tortos nem corcundas, pelo menos são poucos se existem, e tornam-se direitos, e bem formados, e desde que nascem não colocam nada por cima delas, e sem guarda. Do que resulta (o que as mães muito temem) que, deixando-se a maior parte do tempo que elas andem sozinhas, tão logo sejam um pouco fortes para se arrastarem pela areia, a maioria delas a come, e não está no poder dos pais protegê-las, o que faz com que a maior parte delas morra na idade de seis a sete anos (André Thevet, *Manuscrito inédito*, folhas 52-52 vol.).

2) ... salvo um que, porque nasceu sem nariz e com não sei que outras enfermidades, o mandou logo um irmão de seu pai enterrar sem no-lo fazer saber, que assim fazem a todos os que nascem com alguma falta ou deformidade, e por isso mui raramente se acha algum coxo, torto ou mudo nesta nação (Pe. José de Anchieta, *Cartas, informações, fragmentos históricos e sermões*, pdo... 239; o mesmo informante fornece outra indicação confirmatória a respeito, cf. p. 129).

5 – Nome e personalidade

Tiram os seus nomes dos animais selvagens e tomam para si muitos, com uma diferença porém: após o nascimento é dado um nome, que o menino usa somente até que se torne capaz de guerrear e mate inimigos. Então recebe tantos nomes quantos inimigos tenha matado (Hans Staden, *Duas viagens ao Brasil*, p. 169).[16] A mulher de um dos selvagens, que me havia aprisionado, deu à luz, alguns dias depois, um filho. O marido reuniu os vizinhos mais chegados da sua choça e com eles conferenciou sobre que nome convinha dar à criança, o qual significasse denodo e impusesse medo. Propuseram muitos nomes, que não o agradaram. Dizia querer dar ao filho o nome de um dos seus quatro antepassados e acrescentou que as crianças trazendo aqueles nomes cresciam robustas e tinham êxito na captura de escravos. Mencionou os quatro avoengos: o primeiro se chamava Quirimã, e o segundo Eiramitã, o terceiro Coema, e o nome do quarto eu não guardei. [...] Recebeu o menino um daqueles nomes (Hans Staden, op. cit., p. 169 e 170).

---

16 Sobre o sacrifício da primeira vítima como rito de iniciação e de classificação como homem, ver F. Fernandes, *A função social da guerra na sociedade Tupinambá*, p. 189 e s.

6 – Atividades lúdicas

1) Ainda que são melancólicos, têm seus jogos, principalmente os meninos, muito vários e graciosos, em os quais arremedam muitos gêneros de pássaros, e com tanta festa e ordem que não há mais que pedir, e os meninos são alegres e dados a folgar com muita quietação e amizade, que entre eles não se ouvem nomes ruins, nem pulhas, nem chamarem nomes aos pais e mães e, raramente quando jogam se desconcertam nem desavêm por coisa alguma, e raramente dão uns aos outros, nem pelejam, logo de pequeninos os ensinam os pais a bailar e cantar e os seus bailes, não são diferenças de mudança, mas é um contínuo bater de pés estando quedos, ou andando no redor e meneando o corpo e a cabeça, e tudo fazem por tal compasso, com tanta serenidade, ao som de um cascavel feito ao modo dos que usam os meninos em Espanha, com muitas pedrinhas dentro ou umas certas sementes que também fazem muito boas contas, e assim bailam cantando juntamente, porque não fazem uma coisa sem outra, e têm tal compasso e ordem, que às vezes cem homens bailando e cantando em carreira, enfiados uns detrás dos outros, acabam todos juntamente numa pancada, como se estivessem todos em um lugar (Pe. Fernão Cardim, *Tratados da terra e gente do Brasil*, p. 154-155).

2) Os pais não têm coisa que mais amem, que os filhos, e quem a seus filhos faz algum bem tem dos pais quanto quer. As mães os trazem em uns pedaços de redes, a que chamam *typoia*. De ordinário os trazem às costas ou na ilharga escanchados, e com eles andam por onde quer que vão, com eles às costas trabalham, por calmas, chuvas e frio. Nenhum gênero de castigo têm para os filhos: nem há pai nem mãe que em toda a vida castigue nem toque em filho, tanto os trazem nos olhos. Em pequenos são obedientíssimos a seus pais e mães, e todos muito amáveis e aprazíveis: têm muitos jogos a seu modo, que fazem com muito mais festa e alegria que os meninos portugueses. Nestes jogos arremedam vários pássaros, cobras e outros animais etc., os jogos são mui graciosos, e desenfadadiços, nem há entre eles desavença, nem queixumes, pelejas, nem se ouvem pulhas ou nomes ruins e desonestos. Todos trazem seus arcos e flechas, e não lhes escapa passarinho, nem peixe n'água, que não flechem, pescam bem a linhas, e são pacientíssimos em esperar, donde vêm em homens a ser grandes pescadores e caçadores, nem há mato nem rio que não saibam e revolvam, e por serem grandes nadadores não temem água nem ondas nem marés. Há índio que com uma braga ou guilhões nos pés nada duas e três léguas. Andando caminhos, suados se botam aos rios; os homens, mulheres e meninos, em se levantando se vão lavar e nadar aos rios, por mais frio que faça; as mulheres nadam e remam como homens, e quando parem algumas se vão lavar aos rios (Padre Fernão Cardim, *Tratados da terra e gente do Brasil*, p. 274-275).

7 – Disciplina por intimidação

Vi também um principal, pela manhã cedo, percorrer todas as choças, arranhando com um dente aguçado de peixe as pernas das crianças, para amedrontá-las a fim de que os pais as pudessem ameaçar, se fossem peraltas: "Ele voltará!" Assim procuram fazer calar as crianças (Hans Staden, *Duas viagens ao Brasil*, p. 172).

8 – A perfuração do lábio

É-lhes peculiar também um outro costume estranho: o de furar o lábio inferior. Ao atingirem seus filhos a idade de quatro a seis anos, preparam os índios um festim (o cauim), para o qual convidam todos os parentes e amigos do menino, além de todos os habitantes da aldeia e circunvizinhança. Depois de *cauinar* bastante e dançar durante três dias consecutivos, segundo seu costume mandam vir o menino e dizem-lhe que lhe vão furar o lábio para que se torne um guerreiro valente e prestigiado. A criança assim encorajada apresenta espontaneamente o lábio, com satisfação e decisão; pega-o então o índio incumbido de furá-lo e atravessa-o com um osso pontiagudo fazendo um grande buraco. Se o menino grita ou chora, o que raramente acontece, dizem-lhe que não prestará para nada, que sempre um covarde, um homem sem coragem. Se ao contrário, como acontece comumente, se mostra corajoso e forte, tiram da cerimônia bom augúrio e afirmam que será mais tarde grande, bravo e valente guerreiro (Claude D'Abbeville, *História da missão dos padres capuchinhos na ilha do Maranhão e terras circunvizinhas*, p. 214).

9 – A primeira menstruação

A primeira purgação se chama, pois, *Quion-duar*,[17] que poderíamos interpretar como caída ou vinda, pela qual as jovens têm um grande medo,

---

17 Montoya traduz Nemôndiá como "o primeiro mênstruo mulheril, antes do qual não se junta a varão" (*Vocabulario y tesoro*, Parte Segunda, folha 251. Batista Caetano, no *Vocabulário das palavras guaranis usadas pelo tradutor da "Conquista espiritual" do Padre A. Ruiz de Montoya*, traduz o termo literalmente: "fazer-se líquido cair ou nascer" equivalente de "ser menstruada pela primeira vez", p. 333). O autor anônimo do *Vocabulário na língua brasileira* designa as primeiras regras com o termo Anhemôdigar (p. 167). Estêvão Pinto traduziu a versão à palavra por Thevet como "começo ou acontecimento" (cf. A. Métraux, *A religião dos Tupinambá*, p. 202).

quando o tempo se aproxima e ainda maior quando ele chega. Logo os seus cabelos são cortados com um dente de peixe, que trincha assim, o mais perto da testa que se possa fazer. As outras queimam-nos, quando não podem recorrer a esse belo trinchante. Colocam-nas de pé, sobre uma pedra lisa, que serve de grés à gente desse país, para aplainar seus colares brancos e negros, e para polir pedras verdes, que os homens conduzem em seus lábios, e retalham a pele dos seus ombros até o sexo, fazendo uma cruz enviesada, também ao longo das costas, com idênticos entalhes para as medianamente fortes e robustas, e para as de alguma forma mais potentes, e para as mais débeis e tenras, de tal modo que o sangue jorra de todas as partes, e isso com a metade de um dente de animal. Assim assustadas, não fora a vergonha e o temor que elas têm, soltariam gritos horríveis; e de fato rangem os dentes, serram os polegares e torcem os dedos, bem mostrando a dor que sofrem e de que não podem escapar. Pois que o instrumento retalha muito mal recebem a dor duplicada.

Isso feito, esfregam-nas com a cinza de abóboras selvagens, a qual não é menos corrosiva que o salitre, ou a pólvora de canhão; de sorte que as marcas jamais desapareçam. Depois ligam seus braços e o corpo com um fio de algodão, pondo em seu pescoço dentes de um animal, que eles chamam *capiigoare*, quer dizer comedora ou vivente de erva, a fim, dizem eles, de que seus dentes sejam melhores ou mais fortes para mastigar sua beberagem, que eles chamam *Caouyn*, e dizem que, se elas não forem assim retalhadas, que seu ventre será corrompido e que suas crianças serão contrafeitas.

Em seguida, elas são deitadas em uma velha rede, dependurada pelas duas pontas segundo o costume, da qual a menina não desce até o fim de três dias e é tão envolvida que ninguém a vê. E é preciso que ela se abstenha de comer e beber, e não ri de nenhuma maneira; passados os ditos três dias, elas descem sobre o mesmo grés, ou pedra, em que receberam o seu dito martírio, para que elas não toquem na terra com seus pés, e se elas querem ir a seus assuntos secretos; a mãe, qualquer uma de suas tias ou a avó a carregam para fora, com um carvão aceso e um punhado de algodão em um púcaro, de medo, dizem elas, que quaisquer coisas ruins (que elas chamam *Maéziue*) aproximem-se delas, e não lhe entrem no corpo pelas partes secretas, ou de outra forma.

Após, são repostas no seu dito leito, e lhes é dado somente farinha e algumas raízes cozidas sem usar sal, nem qualquer espécie de vianda ou bebida, além da água. E ficam nesse estado até que venha o segundo sangue, pelo espaço de um mês pelo menos; terminado esse tempo, e feito o segundo deflúvio, designado em sua língua *pororoipor*, que equivale a dizer fazer ruído de novo, como isso ainda não está feito, retalha-lhe seu peito e o ventre, tanto quanto as costas, sem lhes deixar o sexo intacto, para que sejam entalhadas como nas costas e no ventre. Eis como elas são enfeitadas. No mês seguinte, sua abstinência não é tão rigorosa, mas elas ainda não conversam com os outros, e não vão às hortas fazer nenhuma coisa, como era seu costume antes. Ao contrário, elas se conservam quietas no seu leito, dedicando-se a catar o algodão ou a fiar tão somente.

No terceiro mês, elas começam a ir às hortas, depois de serem enegrecidas com certa tinta negra, que as pessoas desse país fazem com o fruto de uma árvore, que eles chamam em sua língua *Genipap*. Como nesse tempo, em todas as vezes seguintes, quando elas têm seus mênstruos, que lhes podem durar três dias ou quatro no máximo, elas se limpam com um bastão branco e liso, de três pés de comprimento pouco mais ou menos; e se guardam de tocar em coisa que (não) possam comer, nem beber, e não deitam com seus maridos, dizendo-lhes em sua língua *diko-aip*, quer dizer, eu me sinto mal (André Thevet, *Manuscrito inédito*, folhas 63-64 vol.).

10 – "Das cerimônias que fazem ao novo cavaleiro" – sacrifício da primeira vítima e renomação[18]

Acabando o matador de fazer seu ofício, lhe fazem a ele outro desta maneira; tirada a capa de pena, e deixada a espada, se vai para casa, à porta da qual o está esperando o mesmo padrinho que foi com um arco de tirar na mão, a saber, as pontas uma no lugar de baixo e a outra em cima, e tirando pela corda como quem quer atirar, o matador passa por dentro tão sutilmente que não toca em nada, e em ele passando, o outro alarga a corda com um sinal de pesar, porque errou o a que atirava, como que aquilo tem virtude para depois na guerra o fazer ligeiro, e os inimigos o errarem; como é dentro começa de ir correndo por todas as casas, e as irmãs e primas da mesma maneira diante dele dizendo: "meu irmão se chama N" repetindo por toda a aldeia, e se o Cavaleiro tem alguma coisa boa, quem primeiro anda lha toma até ficar sem nada. Isto acabado tem pelo chão lançados certos paus de pilão, sobre os quais ele está em pé aquele dia com tanto silêncio, como que dera o pasmo dele, e levando-lhe ali a apresentar a cabeça do morto, tiram-lhe um olho, e com as raízes ou nervos dele lhe untam os pulsos, e cortada a boca inteira lha metem no braço como manilha; depois se deita na sua rede como doente, e na verdade ele está de medo, que se não cumprir perfeitamente todas as cerimônias, o há de matar a alma do morto. D'ali a certos dias lhe

---

18 Após essas cerimônias, o jovem trocava de nome e classificava-se entre os "homens", podendo comportar-se como tal – participar das cauinagens, casar-se, ter filhos e tomar parte ativa nas reuniões do conselho de chefes.

dão o hábito, não no peito do pelote, que ele tem, senão na própria pele, sarrafaçando-o por todo o corpo com um dente de cutia que se parece com dente de coelho, o qual, assim por sua pouca sutileza, como por ele terem a pele dura, parece que rasgam algum pergaminho, e se eles são animosos não lhe dão as riscas direitas, senão cruzadas, de maneira que ficam uns lavores muito primos, e alguns gemem e gritam com as dores.

Acabado isto, tem carvão moído e sumo de erva moura com que eles esfregam as riscas ao través, fazendo-as arreganhar e inchar, que é ainda maior tormento, e enquanto lhe saram as feridas que duram alguns dias, está ele deitado na rede sem falar nem pedir nada, e para não quebrar o silêncio tem a par de si água e farinha e certa fruta como amêndoas, que chamam *mendobis*, porque não prova peixe nem carne naqueles dias.

Depois de sarar, passados muitos dias ou meses, se fazem grandes vinhos para ele tirar o dó e fazer o cabelo, que até ali não fez, e então se tinge de preto, e dali por diante fica habilitado para matar sem fazerem a ele cerimônia que seja trabalhosa, e ele se mostra também nisso honrado ou ufano [...] estas são as façanhas, honras, valentias, em que estes gentios tomam nomes de que se prezam muito, e ficam dali por diante *Abaétés, Murubixaba, Moçacara*, que são títulos e nomes de cavaleiros (Pe. Fernão Cardim, *Tratados da terra e gente do Brasil*, p. 168-170).

11 – As categorias de sexo e de idade: graduação do prestígio social e participação da cultura

1) Distinguem os selvagens suas idades por certos graus, e cada grau tem no frontispício de sua entrada, seu nome próprio, que ensina ao que pretende entrar em seu palácio os seus jardins e alamedas, a sua ocupação, e isto por enigmas, como eram outrora os hieróglifos dos egípcios.

O primeiro grau é destinado às crianças do sexo masculino e legítimos e dão-lhes em sua língua o nome de *Peitan*, isto é, "menino saído do ventre de sua mãe".

A este primeiro grau da idade do menino é inteiramente cheio de ignorância, de fraqueza e de lágrimas, base de todos os outros graus.

A natureza, boa mãe destes selvagens, quis que o menino saindo do ventre de sua mãe, se achasse em estado de receber em si as primeiras sementes do natural comum destes selvagens, porque é afagado, pensado, aquecido, bem nutrido, bem tratado, nem confiado aos cuidados de alguma ama, e sim apenas lavado em algum riacho ou em alguma vasilha com água, deitado numa redezinha de algodão, com todos os seus membros em plena liberdade, nus inteiramente, tendo por único alimento o leite de sua mãe, e grãos de milho assado, mastigados por ela até ficarem reduzidos à farinha, amassados com saliva em forma de caldo, e postos em sua boquinha como costumam a fazer os pássaros com a sua prole, isto é, passando de boca para boca.

É bem verdade, que quando o menino é um pouco forte, por conhecimento e inclinação natural, ri-se, brinca e salta, nos braços de sua mãe, pensando estar mastigando sua comida, levando seu bracinho à boca dela, recebendo no côncavo de sua mãozinha este repasto natural, que leva à boca e come: quando se sente farto, bota fora o resto, e virando a cara, e batendo com as mãos na boca da mãe, lhe dá a entender que não quer mais.

Obedece a mãe prontamente não forçando seu apetite e nem lhe dando ocasião de chorar.

Se o menino tem sede, por gestos sabe pedir o peito de sua mãe.

Em tão tenra idade mostram o respeito e o dever, que a natureza lhes dá, porque não são gritadores, contanto que vejam suas mães, e ficam no lugar onde os deixam.

Quando vão trabalhar nas roças elas as assentam nuazinhas na areia ou na terra, onde ficam caladinhas, ainda que o ardor do sol lhes dê no rosto ou no corpo.

Qual seria de nós, que hoje poderia viver sofrendo na primeira idade tantos incômodos?

Esperam os nossos pais a retribuição e dever, que principiamos a pagar-lhes desde a primeira idade, se não estão cegos pelo amor que nos têm; o mesmo devem esperar nas outras idades, sendo mais reconhecidos os nossos deveres para com eles, custe o que custar-nos.

Começa a segunda idade, quando o menino anima-se a andar sozinho, e apesar de haver alguma confusão dá-se-lhe o mesmo nome.

Observei diferença na maneira de criar os meninos, que não sabem andar, e os que se esforçam para o fazer, o que nos leva a formar outra classe, e dar-lhe nome próprio: chama-se *Kunumy-miry*, "rapazinho" e abrange até sete a oito anos.

Durante este tempo não se separam de suas mães, e nem acompanham seus pais, e o que é mais, deixam-nos mamar até que por si mesmos aborreçam o peito, habituando-se pouco a pouco as comidas grosseiras como os grandes e adultos.

Dão-lhes pequenos arcos e flechas proporcionais às suas forças reunindo-se uns aos outros plantam e juntam algumas cabaças, nas quais fazem alvo para o tiro das suas flechas adestrando assim bem cedo seus braços.

Não açoitam, e nem castigam seus filhos, que obedecem a seus pais e respeitam os mais velhos.

É muito agradável esta idade dos meninos, e nela podereis descobrir a diferença existente entre nós pela natureza e pela graça: sem fazer comparação, acho-os mimosos, dóceis e afáveis como os meninos franceses, não esquecendo antes tornando bem saliente a graça do Espírito Santo concedida pelo batismo aos filhos cristãos.

Se acontece morrerem os meninos nesta idade, têm os pais pesar profundo, e sempre se recordam deles, especialmente nas cerimônias de lágrimas e lamentações, recordações que fazem uns aos outros, lastimando esta perda e a morte dos seus filhinhos, dando-lhes o nome de *Ykunumirmee-seon* "o menino morto na infância".

Vi mães, quase loucas, no meio de suas roças, ou nas matas sozinhas, em pé ou agachadas, chorando amargamente, e quando lhes perguntava para que faziam isto, respondiam-me "Oh! recordo-me da morte de meus filhinhos, *Ché Kunumirmee-seon*, ainda na infância" e depois continuavam a chorar muito.

É na verdade muito natural o ter pesar da perda e morte destes meninos, que já haviam custado tantos trabalhos a seus pais, e que estavam na idade de dar-lhes alguma alegria.

Acha-se a terceira classe entre estas duas primeiras – infância e puerícia, e as das adolescência e virilidade, entre os oito a quinze anos, a que chamamos mocidade: apelidam-nos os selvagens simplesmente por *Kunumy* sendo a infância chamada *Kunumy-miry*, e a adolescência *Kunumy-uaçu*.

Estes *Kunumys*, ou rapazes, na idade de oito a quinze anos, não ficam mais em casa e nem ao redor de sua mãe, e sim acompanham seus pais, tomam parte no trabalho deles imitando o que veem fazer: empregam-se em buscar comida para a família, vão às matas caçar aves, e ao mar flechar peixes e admira ver a indústria com que flecham às vezes três a três peixes juntos ou agarram em linha feita de *tucu* ou em *pussars*, espécie de rede de pescar, que enchem de ostras e outros mariscos, e levam para casa. Não se lhes manda fazer isto porém eles o fazem por instinto, como dever e sua idade, e já feito também por seus antepassados.

Este trabalho é exercício mais agradável do que penoso, e proporcional à sua idade, os isenta de muitos vícios, aos quais a natureza corrompida costuma a prestar atenção, e a ter predileção por eles.

Eis a razão por que se facilitam à mocidade diversos exercícios liberais e mecânicos, para distrair e desviá-los da má inclinação de cada um, reforçada pelo ócio mormente naquela idade.

A quarta classe é para os que os selvagens chamam *Kunumy-uaçu*, "mancebos": abrange a idade de quinze a 25 anos, por nós chamada adolescência.

Têm outro modo de vida, entregam-se com todo o esforço ao trabalho, acostumam-se a remar, e por isso são escolhidos para tripularem as canoas quando vão à guerra.

Aplicam-se especialmente a fazer flechas para a guerra, a caçarem com cães, a flechar e arpoar peixes grandes, não usam ainda de *Karacoóbes*, isto é, de um pedaço de pano atado na frente para encobrir suas vergonhas, como fazem os homens casados, e sim de uma folha de palmeira.

Têm o poder de dividir o que possuem com os mais velhos, reunidos na *casa grande*, onde conversam, e servem também os mais velhos.

É neste tempo, diga-se a verdade, que eles mais ajudam a seus pais e mães, trabalhando, pescando e caçando, antes de se casarem, e portanto sem obrigação de sustentarem mulher: eis por que sentem muito seus pais quando eles morrem nesta idade, dando-lhes em sinal de sua dor o nome de *Ykunumy-uaçu-remee-seon*, que quer dizer, "o mancebo morto" ou "o mancebo morto na sua adolescência".

Abrange a quinta classe desde 25 até quarenta anos, e se chama *Aua* ou indivíduo nela compreendido, vocábulo aplicado a todas as idades, assim como usamos com o nome *homem*.

Apesar disto deve ser privativo desta idade, assim como o homem é pelos latinos chamada *vir, à virtude*, e em francês idade viril, de virilidade, quer dizer – a força, que no homem chegou a seu termo: nesta mesma língua de selvagens a palavra *Aua*, de que procede *Auaté*, quer dizer "forte, robusto, valente, audacioso", para significar a quinta idade dos seus filhos.

Nessa ocasião como guerreiros são bons para combater nunca porém para comandar: buscam casar-se, o que não é difícil por consistir o enxoval da noiva apenas de algumas cabaças, que lhes dá sua mãe para principiar sua casa, vestidos, e roupas, ao contrário em nossos países as mães fornecem enfeites e pedras brancas a suas filhas.

Os pais dão por dote aos maridos de suas filhas 30 ou 40 toros de pau de tamanho próprio a poderem ser levados à casa do noivo, os quais servem para com ele se acender o *fogo das bodas*: o indivíduo casado de novo não se chama *Aua*, e sim *Mendar-amo*.

Embora sejam casados o homem e a mulher não ficam livres da obrigação natural de proteger seus pais e ajudá-los a fazer suas roças.

Soube disto em minha casa, vendo a filha do *Japy-açu*, batizada e casada à face da Igreja, dizer a um outro selvagem, seu marido, também cristão, quando pretendia ir a *Tapuitapera* ajudar o Rvo. Pe. Arsênio no Batismo de muitos selvagens. "Onde queres ir? Tu bem sabes que ainda não se fizeram as roças de meu pai e que há falta de mantimentos: não sabes, que se ele me deu a ti foi com a obrigação de o auxiliares na velhice? Se queres abandoná-lo então volto para a casa dele".

Advertiram-na a respeito destas últimas palavras, fazendo-a reconhecer o juramento que dera, de nunca abandoná-lo ou separar-se dele, louvando-se contudo muito os outros sentimentos, que manifestou a favor do seu pai, e praza a Deus que todos os cristãos a imitassem dando verdadeira inteligência a estas palavras formais do casamento que o homem e a mulher deixaram seus pais para viverem juntos – porque de outra forma seria Deus autorizar a ingratidão dos filhos casados sob o pretexto de terem filhos, ou poder tê-los e precisar cuidar do seu sustento, quando ao contrário Deus condena, como réprobo, o que abandona seus pais, sem os quais não falando na vontade de Deus, não viriam ao mundo sem eles, e nem os seus filhos, embora por essas palavras mostre a grande união que pelo casamento se faz entre o corpo e o espírito dos casados.

Compreende a sexta classe os anos de quarenta até a morte: é a mais honrosa de todas, e cercada de respeito e veneração, os soldados valentes, e os capitães prudentes.

Assim como o mês dá a colheita dos trabalhos e a recompensa da paciência, com que o lavrador suportou o inverno e a primavera, lavrando com a sua charrua o campo em todos os sentidos, sem ser ajudado pela terra, assim também quando chega a estação da velhice são honrados pelos que têm menos idade.

O que ocupa esta classe chama-se *Thuyauae*, quer dizer "ancião ou velho".

Não pode, como os outros, ser assíduo ao trabalho: trabalha quando quer, e bem à sua vontade, mais para exemplo da mocidade, respeitando tradições de sua Nação, do que por necessidade: é ouvido com todo o silêncio na casa grande, fala grave e pausadamente usando de gestos, que bem explicam o que ele quer dizer e o sentimento, com que fala.

Todos lhe respondem com brandura e respeito, e ouvem-nos os mancebos com atenção: quando vai à festa das Cauinagens é o primeiro que se assenta e é servido; entre as moças, que distribuem o vinho pelos convidados, as de mais consideração o servem, e são as parentas mais próximas do que fez o convite.

No meio das danças entoam os cantos; dando-lhe a nota, principiando pela mais baixa até a mais grave, crescendo gradualmente até chegar à força da nossa música.

Suas mulheres cuidam deles, lavam-lhes os pés, aprontam e trazem-lhes a comida, e se há dificuldade na carne, no peixe ou nos mariscos, elas a tiram acomodando-a às suas forças.

Quando morrem alguns deles os velhos lhe prestam honras, e o choram como as mulheres, e lhe dão o nome de *thuy-auepee-seon*: quando morrem na guerra, chamam-no *marate-kuapee-seon*, "velho morto no meio das armas", o que enobrece tanto seus filhos e parentes, como entre nós qualquer velho Coronel, que ocupou sua vida inteira no serviço do exército pelo Rei e pela Pátria, e que por coroa de glória morreu com as armas na mão, com a frente para os inimigos, no meio de renhido combate, coisa nunca esquecida por seus filhos antes considerada como grande herança e de que se aproveitam apresentando-os ao Príncipe como bons serviços de seu pai, e pedindo por eles uma recompensa.

Não fazendo estes selvagens caso algum de recompensas humanas, porém empenhando todas as suas forças para conseguirem essas honras, provam com isto o quanto apreciam não só os atos de heroísmo de seus pais, mas também a serem estimados por causa deles.

Os que morrem nos seus leitos não deixam de ser honrados, conforme o seu mérito, e chamam-no *theon suye-seon*, "o bom velho que morreu na cama" (Yves D'Evreux, *Viagem ao norte do Brasil*, p. 128-134).

2) Encontram-se nestes selvagens vestígios da natureza, como as pedras preciosas se acham nas encostas das montanhas.

Seria um louco o que quisesse encontrar em seus jazigos os diamantes tão claros e brilhantes, como quando lapidados e engastados num anel.

Provém esta diferença de se acharem tão ricas pedras cobertas de jaça sem mostrar o seu valor de tal sorte, que muitos passam e tornam a passar por cima deles sem levantá-las visto não as conhecerem.

Acontece a mesma coisa na conservação destes pobres selvagens: muitos ignoram e ignorarão ainda o que tenho narrado e narrarei, e embora tenham conversado com eles por muito tempo, por falta de conhecimento ou de observação da boa conduta natural destas pessoas fora da graça de Deus, passarem por elas, à semelhança das pedras preciosas, sem tirar o menor proveito, e olhando-as com indiferença.

A mesma ordem de classes de idade tenho observado entre raparigas e as mulheres, como entre os homens.

A primeira classe é comum a ambos os sexos, cujos indivíduos, saindo imediatamente do ventre de suas mães, se chamam *Peitan*, como já dissemos no artigo antecedente.

A segunda classe estabelece distinção de idade, de sexo, e de dever: idade de moça para moça, de sexo de moça para rapaz, e de dever de mais moça para mais velha.

Compreende esta classe os sete primeiros anos e a rapariga desse tempo se chama *Kugnatin-miry*, que quer dizer "rapariguinha".

Reside com sua mãe, mama mais de um ano do que os rapazes, e vi meninas com seis anos de idade ainda mamando, embora comam bem, falem, e corram como as outras.

Enquanto os rapazes desta idade carregam arcos e flechas, as raparigas se empregam em ajudar suas mães, fiando algodão como podem, e fazendo uma espécie de redezinha como costumam por brinquedo, e amassando o barro com que imitam as mais hábeis no fabrico de potes e panelas.

Expliquemos o amor, que o pai e a mãe dedicam a seus filhos e filhas.

Pai e mãe consagram todo o seu amor aos filhos, e às raparigas apenas acidentalmente, e nisto acho-lhes razão natural, nossa luz comum, a qual nos torna mais afeiçoados aos filhos do que às filhas, porque aqueles conservam o tronco e estas o despedaçam.

Abrange a terceira classe desde sete até quinze anos, e a moça nesta idade se chama *kugnatin*, "rapariga": neste tempo ordinariamente perdem, por suas loucas fantasias, o que este sexo tem de mais caro, e sem o que não podem ser estimadas nem diante de Deus, nem dos homens; perdoem-me se digo, que nesta idade são prudentes, embora a honra e a lei de Deus as convidasse à imortalidade da candura, porque estas pobres raparigas selvagens pensam, e muito mal, aconselhadas pelo autor de todas as desgraças, que não devem ser mais puras quando chega esse tempo. Nada mais direi para não ofender o leitor: basta tocar apenas o fio do meu discurso.

Nessa idade aprendem todos os deveres de uma mulher: fiam algodão, tecem redes, trabalham em embiras, semeiam e plantam nas roças, fabricam farinha, fazem vinhos, preparam a comida, guardam completo silêncio quando se acham em quaisquer reuniões onde há homens, e em geral falam pouco se não estão com outras da mesma idade.

A quarta classe está entre quinze a 25 anos, e a rapariga nela compreendida chama-se *kugnammuçu*, "moça ou mulher completa", o que nós dizemos por "moça boa para casar".

Passaremos em silêncio o abuso, que se pratica nestes anos, devido aos enganos de sua Nação, reputados como lei por eles.

São elas que cuidam da casa aliviando suas mães, e tratando das coisas necessárias à vida da família: cedo são pedidas em casamento, se seus pais não as destinam para algum francês a fim de terem muitos gêneros e no caso contrário são concedidas, e então se chamam *kugnammucupoare*, "mulher casada, ou no vigor da idade".

Daí em diante acompanha seu marido carregando na cabeça e às costas todos os utensílios necessários ao preparo da comida, às vezes a própria comida, ou os víveres necessários à jornada, como fazem os burros de carga com a bagagem e alimentação dos seus senhores.

É ocasião de dizer, que ambiciosos como os grandes da Europa, que desejam ostentar sua grandeza apresentando grande número de burros, estes selvagens também desejam ter muitas mulheres para acompanhá-los, e levar suas bagagens, mormente havendo entre eles o costume de serem estimados e apreciados pelo grande número de mulheres a seu cargo.

Quando grávidas, após o casamento, são chamadas *puruabore*, "mulher prenhe", e apesar deste estado não deixam de trabalhar até a hora do parto, como se nada tivessem. Apresentam grande volume, porque ordinariamente parem meninos grandes e corpulentos.

Talvez se pense que neste estado cuidam elas em cobrir sua nudez, porém não sofre a menor alteração o seu modo de viver.

Chegado o tempo do parto, se assim se pode chamar, não procura para esse fim a cama, se as dores não são fortes: em qualquer dos casos senta-se, é rodeada por suas vizinhas convidadas para assisti-la, pouco antes do aparecimento das dores, por meio destas palavras *chemenbuirarekuritim*, "eu vou parir, ou estou quase a parir": corre veloz o boato de casa em casa, que tal mulher vai parir, dizendo com o nome próprio da parturiente, estas palavras *ymenbuirare*, que significam "tal mulher pariu, ou está para parir".

Acha-se aí o marido com as vizinhas, e se há demora no parto, ele aperta-lhe o ventre para fazer sair o menino, o que acontecido, deita-se para observar o resguardo em lugar da sua mulher, a qual continua a fazer o serviço do costume, e então é visitado em sua cama por todas as mulheres da aldeia, que lhe dirigem palavras cheias de consolação pelo trabalho e dor, que teve de fazer o menino, sendo tratado como gravemente doente e muito cansado, a maneira do que se pratica em idênticas circunstâncias com as mulheres de países civilizados.

Compreende-se a quinta classe desde 25 até quarenta anos, quando o homem e a mulher atingem ao seu maior vigor.

Dão-lhe geral e comumente o nome de *kugnan*, "uma mulher, ou uma mulher em todo o seu vigor".

Nessa idade conservam ainda as índias alguns traços de sua mocidade, e principiam a declinar sensivelmente, sendo feias e porcas, trazendo as mamas pendentes à semelhança dos cães de caça, o que causa horror: quando jovens, são bonitas e asseadas, e têm os peitos em pé.

Não quero demorar-me muito nesta matéria, e concluo dizendo que a recompensa dada neste mundo à pureza é a incorruptibilidade e inteireza acompanhada de bom cheiro, muito bem representada nas letras santas pela flor do lírio puro, inteiro e cheiroso – *sicut lilium inter spinas, sic amia mea inter filias*.

A sexta e última classe está entre os quarenta e o resto da vida, e então a mulher se chama *Uainuy*: neste tempo ainda parem.

Gozam do privilégio da mãe de família: presidem ao fabrico dos cauins, e de todas as outras bebidas fermentadas.

Ocupam lugar distinto na *casa grande* quando aí vão as mulheres conversar, e quando ainda se achava em pleno vigor o poder de comerem os escravos, eram elas as incumbidas de assar bem o corpo deles, de guardar a gordura, que não queriam, para fazer o *mingau*, de cozinhar as tripas, e outros intestinos em grandes panelas de barro, de nelas misturar farinha e couves, e dividi-las depois por escudelas de pau, que mandavam distribuir pelas raparigas.

Dão princípio às lágrimas e lamentos pelos defuntos, ou pela boa chegada de suas amigas.

Ensinam às moças o que aprenderam.

Usam de más palavras, e são mais descaradas do que as raparigas e as moças, e nem me atrevo a dizer o que elas são, o que vi e observei, sendo também verdade que vi e conheci muitas boas, honestas e caridosas.

Existiam no *Forte de São Luis* duas boas mulheres *tabajar*, que não se cansavam de trazer-me presentinhos, e quando mos ofereciam, sempre choravam e desculpavam-se de não poderem dar melhores.

Não espero muito destas velhas; o superior nada tem a fazer senão esperar que a morte o livre delas: quando morrem não são muito choradas e nem lamentadas, porque os selvagens gostam muito de ter mulheres moças.

Os selvagens creem supersticiosamente terem as mulheres, depois de mortas, muita dificuldade de deparar com o lugar onde, além das montanhas dançam seus antepassados, e que muitas ficam pelos caminhos, se é que lá chegam.

Não guardam asseio algum quando atingem a idade da decrepitude, e entre os velhos e velhas nota-se a diferença de serem os velhos veneráveis e apresentarem gravidade e autoridade, e as velhas encolhidas e enrugadas como pergaminho exposto ao fogo: com tudo isto são respeitadas por seus maridos e filhos, especialmente pelas moças e meninas (Evreux, *Viagem ao norte do Brasil*, p. 134-139).

12 – Iniciação sexual

1) São os Tupinambá tão luxuriosos que não há pecado de luxúria que não cometam; os quais sendo de muito pouca idade têm conta com mulheres, e bem mulheres; porque as velhas, já desestimadas dos que são homens, granjeiam estes meninos, fazendo-lhes mimos e regalos, e ensinam-lhes a fazer o que eles não sabem, e não os deixam de dia, nem de noite. [...] Como os pais e as mães veem os filhos com meneos para conhecer mulher, eles lha buscam, e os ensinam como a saberão servir: as fêmeas muito meninas esperam o macho, mormente as que vivem entre os portugueses (Gabriel Soares de Souza, *Tratado descritivo do Brasil em 1587*, p. 372 e 373).

2) [...] às vezes tomam alguma velha de que não esperam filhos, porque não acham outra, somente para que lhes faça de comer, porque se acertam de não terem mãe ou irmãs, que tenham cuidado deles, são coitados, e contentam-se por então com qualquer velha, com que estão bem agasalhados sem, com olho em tomarem outras de que tenham filhos, como depois fazem, ou deixando a primeira, ou retendo-a, se ela quer, para o efeito sobredito: e como entre os índios há muito poucas mulheres meretrizes e devassas, e a carne aperta com os moços, tomam qualquer que acham, ou velha ou moça, ainda que não seja a seu gosto, porque por então não podem mais, esperando e tendo quase por certo que terão depois outras, como acontece principalmente se são valentes nas guerras ou filhos de grandes principais, porque então os pais lhes dão as filhas, e os irmãos as irmãs, e a estas se afeiçoam mais que a primeira, a qual, parece que não tomaram senão *ad tempus*, nem têm ânimo de se obrigar a elas, nem elas a eles, porque já elas sabem que eles hão de tomar outras quando acharem ocasião e as hão de deixar (Pe. José de Anchieta, *Cartas, informações, fragmentos históricos e sermões*, p. 453).

13 – Tutelagem das jovens mães e relações sexuais pré-nupciais e casamento

As mães não deixavam nem permitiam que os homens tivessem relações sexuais com suas filhas antes do aparecimento das regras. E também só deixavam que elas casassem depois que os cabelos, cortados nessa ocasião, crescessem até cobrir boa parte das costas (o que impunha uma espera de quase três quartos de ano ou de dez luas, mais ou menos). Se alguma jovem recusasse o tio materno e mantivesse aventuras sexuais com alguém, contra a vontade de sua mãe, era tida como dissoluta e chamada *Souragi*. Mas se as jovens fossem sábias e obedientes, acatando os conselhos de suas mães, ou das tias maternas se elas estivessem mortas, elas eram tidas em consideração. As mães ensinavam-nas a fazer potes de barro, vasilhas para o *cauim*, os trabalhos domésticos, redes de algodão etc. "E em suma para que sejam operárias em todas as coisas, que sirvam em sua casa; e não sejam preguiçosas de nenhum modo, se elas desejam viver em paz com todos os do seu sangue".

Então, se não tivessem tio materno (ou por outra razão), a mãe consentia que ela tivesse como marido um "guerreiro valente" ou *Kerevmbau*. O candidato procurava caçar ou pescar para a mãe da jovem e colocava os produtos de suas atividades diante dela, ao anoitecer, sem falar palavra. Feito isso, retirava-se o mais discretamente que pudesse, para não ser percebido pelos vizinhos. A mãe perguntava à jovem de onde provinha aquela pesca e a quem dera sua anuência. A filha conta-lhe a verdade, dizendo-lhe que é da parte de um tal, que gostaria de tê-la como mulher, se ela consentisse e se isso fosse do agrado da sua mãe e dos seus parentes. A mãe põe o pai da jovem a par da situação e este convida amigos e parentes para repartir com eles o presente. Comenta com eles o acontecimento, contando-lhes "como um tal jovem homem deseja tomar em casamento sua filha, pedindo-lhes para dar, sobre isso, seus conselhos". Durante o repasto, cada um adianta a sua opinião sobre "os costumes e condições do jovem homem". Se o candidato é bem acolhido e do bom grado da jovem, esta lho diz, na primeira ocasião, assegurando-lhe que, se ele for dormir com ela, sua mãe não lhe dirá nada. Todavia, é preciso notar que, se ele não tiver tomado prisioneiros em guerra, antes disso, ele não será recebido; e a mãe não permite jamais que sua filha durma com um homem, se ele não tiver pego pelo menos um ou dois prisioneiros e trocado o nome de sua infância, porque eles acreditam que as crianças engendradas por um *Manem*, quer dizer, por quem não tomou nenhum escravo, não serão jamais bom fruto, e serão *Mebek*, quer dizer, "fracas, covardes e medrosas". Ora, estando isso concluído e acordado entre a moça e o jovem, ele vai, quando todos dormem, deitar-se com ela, no lanço do lado em que a mãe fica, retornando pela madrugada, a fim de não ser percebido. E, se eles são do agrado um do outro, o casamento é feito [...] e se seus temperamentos se conformam, seu casamento dura até a morte (André Thevet, *Cosmographie universelle*, condensação livre ou transcrição de folhas 932-933. Para designar a mulher dissoluta, Thevet grifa *Soarapi* no manuscrito inédito, conforme folha 64).

14 – O trabalho como forma de adestramento e de comunicação

Apenas chegavam estes selvagens entregavam-se ao trabalho com incomparável dedicação, mostrando na voz e nos gestos admirável coragem, parecendo antes que iam a um festejo de casamento do que para o serviço, rindo e brincando uns com os outros, correndo dos fossos para os terraços com uma espécie de emulação para ver quem dava mais caminhadas, e conduzia maior número de cestos de terra.

Notareis, agora, que não há ninguém no mundo mais infatigável do que eles, quando de boa vontade trabalham em qualquer coisa; não cuidam em comer e beber contanto que tenham a sua frente o seu chefe, e quando encontram dificuldades, por maiores que sejam, riem, cantam e gritam para se animarem reciprocamente.

Se ao contrário o tratardes com aspereza e ameaças, nada farão que preste, e conhecendo o seu natural nunca constrangem seus filhos nem seus escravos, e antes os governam com doçura. [...]

Não trabalham somente os homens e sim também as mulheres e os filhinhos, aos quais eles davam pequenos cestos para carregar terra conforme suas forças.

Vi muitos meninos com dois ou três anos de idade fazer a carga com suas mãozinhas e não ter força para conduzi-las.

Perguntei a alguns velhos por que consentiam que trabalhassem os meninos, servindo isto para distrair os que os vigiavam, especialmente seus pais, que assim não podiam adiantar a tarefa, achando-se eles sempre em perigo, ou por estarem nus apesar de tenrinhos, ou por poderem ser feridos pelo desabamento de algum pedaço de terra, ou por alguma pedra, que se desprendesse do monte.

Respondeu-me assim o intérprete. Temos muito prazer vendo nossos filhos conosco trabalhando neste *Forte*, para que um dia digam a seus filhos e estes a seus descendentes, "eis a Fortaleza, que nós e nossos pais fizemos para os franceses, que trouxeram os Padres, que levantaram casas a Deus, e que vieram defender-nos de nossos inimigos".

É muito comum esta maneira de comunicar a seus filhos o que entre eles se passa, já que por escritos não podem fazê-lo aos vindouros, e ir à posteridade.

Para nada esquecer, como que se gravam na memória as ocorrências, e só desta maneira se pode explicar como contam muitas coisas passadas nos séculos, em que viveram seus avós, ou no tempo da sua mocidade: vão passando por esta forma o que sabem a seus filhos, como ainda diremos adiante (Yves D'Evreux, *Viagem ao norte do Brasil*, p. 74-76).

15 – O exemplo dos velhos

Fui um dia visitar o grande *Thion*, principal dos Pedras Verdes, *Tabajara*; quando cheguei à sua casa, e porque o pedisse, uma de suas mulheres me levou para debaixo de uma bela árvore no fim de sua cabana, que a abrigava dos ardores do sol, onde estava armado um tear de fazer redes de algodão, em que ele trabalhava.

Gostei muito de ver este grande Capitão, velho Coronel de sua nação, enobrecido por tantas cicatrizes, entregando-se com prazer a este ofício, e não podendo conter-me perguntei-lhe a razão disto, esperando aprender alguma coisa de novo neste fato tão particular, que estava vendo.

Pelo meu intérprete, perguntei-lhe a razão por que se dava a esse *mister*. Respondeu-me: "porque os rapazes observam minhas ações e praticam o que eu faço; se eu ficasse deitado na rede e a fumar, eles não quereriam fazer outra coisa; quando me veem ir para o campo com o machado no ombro e a foice na mão, ou tecer rede, eles se envergonham de nada fazer" (Yves D'Evreux, *Viagem ao norte do Brasil*, p. 118).

16 – Envolvimento no sacrifício humano[19]

1) [...] Logo depois o dono da vítima e alguns ajudantes abrem o corpo e o espostejam com tal presteza que não faria melhor um carniceiro de nossa terra ao esquartejar um carneiro. E então, incrível crueldade, assim como os nossos caçadores jogam a carniça aos cães para torná-los mais ferozes, esses selvagens pegam os filhos uns após outros e lhes esfregam o corpo, os braços e as pernas com o sangue do inimigo a fim de torná-los mais valentes (Jean de Léry, *Viagem à terra do Brasil*, p. 180).

2) E logo o corpo do executado fica reduzido a postas, tendo-se o cuidado de aparar o sangue e com ele banhar os meninos, a fim de torná-los como dizem, bravios (nesse momento, os selvagens concitam os filhos a tomar o exemplo dos maiores, sendo de crer que de igual modo procedem os seus contrários) (André Thevet, *Singularidades da França Antártica a que outros chamam América*, p. 244).

17– Incentivos e ideais de vingança

Por menos ultrajado que seja, jamais se conseguirá reconciliar o ofendido com o ofensor. Essa obstinação adquire e conserva os índios, de pais e

---

[19] Outras fontes mencionam essa instituição, como Cardim (p. 170) e Abbeville (p. 229) provável que não se tenha registrado todos os aspectos da participação das crianças nos sacrifícios humanos; Cabeza de Vaca, referindo-se aos Guarani, menciona que três crianças se encarregavam de dar golpes sobre o corpo da vítima, até que vertesse sangue, ao mesmo tempo que eram industriadas pelos adultos para terem "ânimo para matar seus inimigos e andar nas guerras", vingando-se dos parentes mortos (cf. *Naufragios y comentarios*, p. 195-196); tratando dos Carijós do extremo Sul do Brasil, o padre Jerônimo Rodrigues faz referência a uma espécie de antecipação do primeiro sacrifício e da renomação: "[...] e depois de caído no chão, todos os meninos de 6, 7, 8, 9 anos, às pancadas com a espada, lhe estão quebrando e machucando a cabeça e tomando nome" (in Serafim Leite, org., *Novas cartas jesuíticas*, p. 240).

filhos. Vê-lo-eis ensinar às crianças, de três ou quatro anos de idade, a manejar o arco e a flecha, e, de vez em quando, a exortá-los à valentia, a vingar-se dos inimigos, ou a morrer, de preferência a perdoar a quem quer que seja. Assim, quando caem prisioneiros, de modo algum tentam fugir, inteiramente resignados com o dia da morte, que têm em muita glória e honra. E daí a razão por que tanto escarnecem e censuram acremente os franceses, quando estes resgatam com dinheiro, ou por outros meios, os seus inimigos. Reputam esse costume indigno de guerreiros. Nós (dizem os selvagens) jamais fazemos tal (André Thevet, *Singularidades da França antártica a que outros chamam de América*, p. 249).

18 – Comportamento da vítima no sacrifício ritual

1) [...] E não pensem que o prisioneiro se espante com essas novas, pois acredita que sua morte é honorável e que para ele é melhor morrer assim, que em sua casa, de qualquer morte contagiosa. Porque (dizem eles) não se pode vingar da morte, que ofende e mata os homens mas se vinga muito bem daqueles que são mortos e massacrados em virtude da guerra, tendo sobre as coisas essa vingança entranhada na alma, e possuindo a esperança que eles têm que se vingará sua morte, eles não se inquietam de sofrê-la, esmerando-se em suportá-la com galhardia (André Thevet, *Cosmographie universelle*, folha 944).

2) [...] Apresenta-se o ancião diante do prisioneiro e lhe faz o seguinte discurso: "Não sabes que tu e os teus mataram muitos parentes nossos e muitos amigos? Vamos tirar a nossa desforra e vingar essas mortes. Nós te mataremos, assaremos e comeremos". "Pouco me importa", responde a vítima, "pois não morrerei como um vilão ou um covarde. Sempre fui valente na guerra e nunca temi a morte. Tu me matarás, porém eu já matei muitos companheiros teus. Se me comerdes, fareis apenas o que já fiz eu mesmo. Quantas vezes me enchi com a carne da tua nação! Ademais, tenho irmãos e primos que me vingarão" (Claude D'Abbeville, *História da missão dos padres capuchinhos na ilha do Maranhão e terras circunvizinhas*, p. 232).

3) A seguir retoma o tacape aquele que vai matar o prisioneiro e diz: "Sim, aqui estou eu, quero matar-te, pois tua gente também matou e comeu muitos dos meus amigos". Responde-lhe o prisioneiro: "Quando estiver morto, terei ainda muitos amigos que saberão vingar-me" (Hans Staden, *Duas viagens ao Brasil*, p. 182).

19 – Os velhos e a perpetuação da memória coletiva

1) [...] e pelas madrugadas há um principal em suas ocas que deitado na rede por espaço de meia hora lhes prega, e admoesta que vão trabalhar como fizeram seus antepassados, e distribui-lhes o tempo, dizendo-lhes as coisas que hão de fazer, e depois de alevantado continua a pregação, correndo a povoação toda. Tomaram este modo de um pássaro que se parece com os falcões o qual canta de madrugada e lhe chamam rei, senhor dos outros pássaros, e dizem eles que assim como aquele pássaro canta de madrugada para ser ouvido dos outros, assim convém que os principais façam aquelas falas e pregações de madrugada para serem ouvidos dos seus (Pe. Fernão Cardim, *Tratados da terra e gente do Brasil*, p. 146-147).

2) [...] Em cada oca destas há sempre um principal a que têm alguma maneira de obediência (ainda que haja outros mais somenos). Este exorta a fazerem suas roças e mais serviços etc., excita-os à guerra; e lhe têm em tudo respeito; faz-lhes estas exortações por modo de pregação, começa de madrugada deitado na rede por espaço de meia hora, em amanhecendo se levanta, e corre toda a aldeia continuando sua pregação, a qual faz em voz alta, muito pausada, repetindo muitas vezes as palavras. Entre estes seus principais ou pregadores, há alguns velhos antigos de grande nome e autoridade entre eles, que têm fama por todo o sertão, trezentas e quatrocentas léguas, e mais. Estimam tanto um bom língua que lhe chamam o senhor da fala. Em sua mão tem a morte e a vida, e os levará por onde quiser sem contradição. Quando querem experimentar um e saber se é grande língua, ajuntam-se muitos para ver se o podem cansar, falando toda a noite em peso com ele, e as vezes dois, três dias, sem se enfadarem (Idem, p. 272).

3) Do dilúvio têm ciência os silvícolas americanos, não através dos documentos escritos, mas por tradição oral, conservada de geração em geração; de tal modo que conseguem perpetuar a lembrança dos fatos passados há três ou quatro séculos – o que é certamente admirável. Conservam os selvagens, de fato, o costume de transmitir a seus filhos os acontecimentos dignos de memória. E nisso passam os velhos a maior parte da noite, depois que despertam, contando histórias aos mais novos. Vendo-os, julgareis que são pregadores, ou mestres em suas cátedras (André Thevet, *Singularidades da França Antártica a que outros chamam de América*, p. 313-314).

4) O que mais me admirou foi vê-los narrar tudo quanto se há passado desde tempos imemoriais, somente por tradição, porque têm por costume os velhos contar diante dos moços quem foram seus avós e antepassados, e o que se passou no tempo deles; fazem isto na *casa grande*, algumas vezes nas

suas residências particulares, acordando muito cedo, e convidando gente para ouvi-los, e mesmo fazem quando se visitam, porque abraçando-se com amizade, e chorando, contam um ao outro, palavra por palavra, quem foram seus avós e antepassados, e o que se passou no tempo em que viveram (Yves D'Evreux, *Viagem ao norte do Brasil*, p. 122-123).

20 – Panegíricos dos mortos

1) Entre os selvagens americanos, se morre algum chefe de família, seus parentes próximos e amigos conservarão um estranho luto, que não dura o espaço de três ou quatro dias, mas de quatro a cinco meses. Há um luto fechado, todavia, que se guarda apenas nos quatro ou cinco primeiros dias após o falecimento. Nessa ocasião, ouvi-los-eis levantar tal ruído e harmonia quais os que fazem cães e gatos. Isto é, homens e mulheres alguns estendidos em suas redes, outros acocorados em terra e abraçados uns aos outros, exclamam em sua língua: *Como nosso pai e amigo foi um homem de bem! Como combateu na guerra! Como era forte e possante, trabalhando bem os campos e apanhando caças ou peixe para o nosso alimento! Morreu! Nunca mais o veremos, senão após a morte, junto aos nossos amigos, na região onde já os viram os pajés, segundo nos contam!* E dizem outras palavras mais nesse mesmo tom, que repetem, em seus lamentos, mais de dez mil vezes, dias e noites, por espaço de quatro ou cinco horas cada vez [...]. Esses costumes, segundo fui informado, têm por objetivo elevar o ânimo dos jovens, incitá-los à guerra e encorajá-los contra os seus adversários (André Thévet, *Singularidades da França Antártica a que outros chamam de América*, p. 260-262).

2) Depois de muitas lamentações, o principal da aldeia ou o principal dos amigos fazia um grande discurso muito comovente, batendo muitas vezes no peito e nas coxas, e então contava as façanhas e proezas do morto, dizendo no fim – *Há quem dele se queixe? Não fez em sua vida o que faz um homem forte e valente?* (Yves D'Evreux, *Viagem ao norte do Brasil*, p. 166).

21 – Dominação gerontocrática e tradicionalista

Então, aos bons e santos conselhos, assim respondeu Japiaçu: "Bem sei que esse costume é ruim e contrário à natureza, e por isso muitas vezes procurei extingui-lo. Mas todos nós, velhos, somos quase iguais e com idênticos poderes; e se acontece um de nós apresentar uma proposta, embora seja aprovada por maioria de votos, basta uma opinião desfavorável para fazê-la cair; basta alguém dizer que o costume é antigo e que não convém modificar o que aprendemos dos nossos pais. Só um morubixaba como tu tem o poder de abolir um costume tão mau. Como nos submetemos à tua vontade, faremos o que quiseres que se faça (Claude D'Abbeville, *História da missão dos padres capuchinhos na ilha do Maranhão e terras circunvizinhas*, p. 234).

22 – Adaptação às situações novas pela dominação tradicionalista

[...] Na *casa grande*, à noite, fez o Sr. Des Vaux seu discurso habitual, asseverando-lhe que por ocasião de nosso regresso de França lhes daríamos um *paí* para instruí-lo, e que não fazíamos agora por causa do número diminuto de padres. [...] Mostraram-se satisfeitos com a explicação, mas exigiram que erguêssemos a cruz, certos de que assim nos abrigaríamos ao restante. [...] Depois de erguida a cruz, houve nova reunião na *casa grande*, onde o dito velho, de mais de 180 anos e que tinha por nome *Mombo reuaçu*, usando da palavra em presença de todos os principais da aldeia, disse o que se segue ao Sr. Des Vaux:

Vi a chegada dos peró (portugueses) em Pernambuco e Potiú; e começaram eles, como vós, franceses, fazeis agora. De início, os peró não faziam senão traficar sem pretenderem fixar residência. Nessa época, dormiam livremente com as raparigas, o que os nossos companheiros de Pernambuco reputavam grandemente honroso. Mais tarde, disseram que nos devíamos acostumar a eles e que precisavam construir fortalezas para se defenderem, edificar cidades para morarem conosco. E assim parecia que desejavam que constituíssemos uma só nação. Depois, começaram a dizer que não podiam tomar as raparigas sem mais aquela, que Deus somente lhes permitia possuí-las por meio do casamento e que eles não podiam casar sem que elas fossem batizadas. E para isso eram necessários *paí*. Mandaram vir os *paí*; e estes ergueram cruzes e principiaram a instruir os nossos e a batizá-los. Mais tarde afirmaram que nem eles nem os *paí* podiam viver sem escravos para os servirem e por eles trabalharem. E, assim, se viram constrangidos os nossos a fornecer-lhes. Mas não satisfeitos com os escravos capturados na guerra, quiseram também os filhos dos nossos e acabaram escravizando toda a nação; e com tal tirania e crueldade a trataram, que os que ficaram livres foram, como nós, forçados a deixar a região.

Assim aconteceu com os franceses. Da primeira vez que vieste aqui, vós o fizestes somente para traficar. Como os peró, não recusáveis tomar nossas filhas e nós nos julgávamos felizes quando elas tinham filhos. Nessa época, não faláveis em aqui vos fixar; apenas vos contentáveis em visitar-nos uma vez por ano, permanecendo entre nós somente durante quatro ou cinco luas. Regressáveis então a vosso país, levando os nossos gêneros para trocá-los com aquilo de que careciamos.

Agora, já nos falais de vos estabelecerdes aqui, de construirdes fortalezas para defender-nos contra os nossos inimigos. Para isso, trouxestes um morubixaba e vários *paí*. Em verdade, estamos satisfeitos, mas os peró fizeram o mesmo.

Depois da chegada dos *paí*, plantastes cruzes como os peró. Começais agora a instruir e batizar tal qual eles fizeram; dizeis que não podeis tomar nossas filhas senão por esposas e após terem sido batizadas. O mesmo diziam os perós. Como estes, vós não queríeis escravos, a princípio; agora os pedis e os quereis como eles no fim. Não creio, entretanto, que tenhais o mesmo fito que os peró; aliás, isso não me atemoriza, pois velho como estou nada mais temo. Digo apenas o que vi com meus olhos".

O discurso do velho abalou a maior parte dos presentes e espantou um pouco o Sr. Des Vaux que imediatamente lhe respondeu. [...] (Claude D'Abbeville, *História da missão dos padres capuchinhos na ilha do Maranhão e terras circunvizinhas*, p. 114-115).

Capítulo III

Tiago Marques Aipobureu: Um Bororo Marginal[1]

1 – O conceito de marginalidade

O marginal é um homem que se situa na divisa de duas raças, na margem de duas culturas, sem pertencer a nenhuma delas.[2] ... É o "indivíduo que por meio de migração, educação, casamento ou outras influências deixa um grupo social ou cultura, sem realizar um ajustamento satisfatório a outro, encontrando-se à margem de ambos e não estando integrado em nenhum".[3]

---

1 Trabalho escrito em 1945 para o *Seminário sobre os índios do Brasil*, do Dr. Herbert Baldus (Escola de Sociologia e Política) e por ele publicado em *Revista do Arquivo Municipal* (São Paulo, 1946, vol. CVII). O apêndice é constituído pelo texto de um artigo publicado sob o mesmo título em O *Estado de S. Paulo* (7/5/1949). Tiago Marques Aipobureu faleceu em 1958. Transcrito de *Mudanças sociais no Brasil*, São Paulo, Difel, 1960, p. 311-313.
2 Robert E. Park, "Human migration and the marginal man", *The American Journal of Sociology*, vol. XXXIII, maio 1928.
3 Everett V. Stonequist, *The marginal man*, New York, Charles Scribner, 1937, p. 3.

Diante de cada situação, pois, o homem marginal defronta-se com um problema: deve escolher entre padrões incompatíveis uma solução conveniente. Por causa da escolha, as situações que deve enfrentar são situações problemáticas. E em consequência sua conduta revela sérias alternativas, ora aceitando, ora repelindo um determinado padrão de comportamento ou um valor qualquer. O próprio indivíduo avalia-se sob dois pontos de vista diferentes e sofre as consequências do embate da lealdade que devota ou julga que deve devotar relativamente a cada grupo em presença. Emoções e sentimentos se combatem, conhecimentos e valores adquiridos anteriormente entram em conflito com novos sentimentos ou valores.

É pois uma crise psíquica, que ocorre nas esferas da personalidade, na "consciência individual". Antes, mesmo de o conceito ser apresentado sob a forma sociológica atual, por Park, um crítico literário, Charles Saroléa,[4] usou, para designar "os conflitos do indivíduo consigo mesmo, determinados pelos diversos círculos sociais aos quais ele pode pertencer e pelas influências sociais contraditórias às quais ele pode se encontrar submetido", a expressão *conflitos individuais*. E como crise psíquica, individual, é preciso assinalar que não se trata de um fenômeno permanente. Dura apenas enquanto ao indivíduo se apresenta como problema pessoal o conflito grupal, isto é, enquanto o ajustamento a um dos grupos não se processa de modo completo e definitivo.[5]

Até que isso se dê, contudo, o indivíduo observa continuamente sua instabilidade, vivendo um terrível drama psicológico. Sente de forma aguda os efeitos da própria instabilidade e julga, através dela, a conduta dos outros para consigo mesmo, vendo desaprovações e procurando descobrir significados nas atitudes normais dos demais membros da sociedade. Torna-se demasiadamente autoconsciente e supersensível. Ambivalência de atitudes, sentimentos de inferioridade, recalcamentos, psicoses, certas compensações, suicídios, crime etc. constituem os sintomas da crise, manifestando-se com maior ou menor intensidade em sua duração.

2 – Delimitação do campo de trabalho

Para este trabalho foi proposto um caso concreto: a crise de personalidade revelada em sua conduta pelo índio Bororo Tiago Marques Aipobureu,

---

4 *Henrik Ibsen et son oeuvre*, p. 71; apud G. Palante: *Précis de sociologie*, Paris, Félix Alcan Editeur, 1901, p. 6.
5 Seria possível discutir mais profundamente este ponto, sugerindo outras formas de solução de conflitos. Às necessidades deste trabalho, contudo, parece-me o exposto suficiente.

usando o material recolhido por Herbert Baldus[6] e por Antônio Colbacchini e César Albisetti.[7] Na verdade ambos os trabalhos não fornecem todos os dados indispensáveis para um estudo completo, embora o do primeiro autor contenha informações verdadeiramente preciosas. Por isso, devido à falta de certos dados, não foi possível analisar todos os aspectos da marginalidade e nem sempre com a necessária meticulosidade teórica. Além disso, há uma questão preliminar que deve ser discutida: até que ponto é válido, cientificamente, o estudo de um único caso? Não há risco de se fazer menos um trabalho de pesquisa original e de revisão teórica, que uma simples ilustração? Compreende-se que o valor científico de uma análise deste gênero é bastante relativo e que de fato não pode ter outras pretensões senão a de ser uma espécie de aplicação da teoria aos fatos. Talvez seja possível um procedimento científico mais rigoroso, orientando-se no sentido inverso, que é normal. Contudo, o número de casos deveria também ser maior e mais variado e o material precisaria ser recolhido por meio de técnicas especiais, a fim de evitar lacunas e obter um rendimento teórico máximo.

Resta, pois, ao trabalho, apenas uma qualidade: a de colocar em termos objetivos um problema que ainda não foi estudado pelos etnólogos que têm trabalhado nas tribos de índios localizadas no território brasileiro – os efeitos dos contatos com os brancos do ponto de vista da organização de sua personalidade. Mudança social e marginalidade são dois campos importantes das modernas ciências sociais. Qualquer contribuição, nesse sentido, tem seu valor.

Na exposição procurarei ser o mais completo possível, ainda que com o risco de parecer prolixo. Por isso, em vez de discutir o assunto de modo geral, apresentarei nos itens seguintes todos os dados disponíveis de algum valor analítico. Destes dependerão, é claro, as poucas conclusões a que puder chegar.

3 – Esboço biográfico do Prof. Tiago Marques Aipobureu

Baseando-me em informações de Herbert Baldus,[8] calculo que Akirio Bororo Keggeu – mais tarde o Prof. Tiago Marques Aipobureu – nasceu mais ou menos em 1898, na tribo dos Bororo (Orarimogodoque do planalto oriental de Mato Grosso). Descendia de chefes pelo lado paterno e era bastante

---

[6] *Ensaios de etnologia brasileira*, São Paulo, Companhia Editora Nacional, 1937; todo um capítulo, p. 163-186.
[7] *Os Bororo Orientais, Orarimogodoque do Planalto Oriental de Mato Grosso*, São Paulo, Companhia Editora Nacional, 1942 (p. 25-26, 27-28; p. 140; p. 238-261 etc.).
[8] Op. cit., p. 165.

vivo e inteligente. Aos salesianos, pareceu desde logo indicado como "figura de propaganda para as missões".[9]

Em 1910, com 12 anos, aproximadamente, por disposição de D. Antônio Malan, foi enviado ao colégio de Cuiabá, onde recebeu esmerada educação.[10] Seu curso foi brilhante, competindo vantajosamente com os companheiros brancos do colégio. Após três anos, em 1913, Tiago viajou pela Europa, indo a Roma e Paris, "vivendo lá no seio das melhores famílias e fazendo-se querer por todos".[11] Em 1915 voltou, pois sentia saudades da terra.

Casou-se então com uma índia Bororo em Sangradouro. Nas missões deram-lhe os salesianos o lugar de professor e o Prof. Tiago Marques traduziu para o bororo a "bíblia pequena" e um livro didático de história do Brasil.[12] Mas não apreciava esse tipo de vida e precisaram dar-lhe outro. Encarregaram-no do observatório meteorológico, que ele abandonou logo. Preferia a caça, sua casa e o trabalho no campo, de enxada. Mais tarde, à nova oferta, exigiu um ordenado muito elevado para tomar a seu cargo a direção do observatório.

De Sangradouro, mudou-se para Meruri, mais afastada da civilização, tendo novas oportunidades de voltar à antiga vida bororo. Lá pretendeu, de fato, ser um verdadeiro Bororo e sobretudo um bom caçador. Sua educação não recomendava a experiência – Tiago Marques perdera as habilidades que deve ter um bom Bororo. Não era um bom caçador e, por isso, "muitas vezes passa com a família grande miséria".[13] Sua mulher chegou a abandoná-lo, indo morar com outro homem de quem teve um filho. O Padre Colbacchini conseguiu reconciliá-los. Tiago Marques gostava muito da mulher e dos filhos, mas nada podia fazer. Fora educado para viver entre brancos e não para enfrentar os perigos do mato e a dura vida de sua tribo, sem os menores recursos e o conforto da civilização.

4 – Integração na cultura bororo

Tiago Marques casou-se com uma Bororo e constituiu família no seio da tribo. Este é um laço importante, que o prende à sociedade e à cultura bororo. Com o estilo de vida, aceitou também as crenças e a religião da tribo. Entretanto, é lamentável que os dados não permitam saber a importância

---

9 Herbert Baldus, idem, ibidem.
10 Pe. Antonio Colbacchini e Pe. César Albisetti, op. cit., p. 25.
11 Herbert Baldus, op. cit., p. 165.
12 Idem, p. 171.
13 Idem, p. 167.

que tiveram nessa aceitação suas experiências negativas com os brancos e também com os próprios companheiros da tribo. É provável que as rejeições que partiram dos Bororo devam ter exercido muito mais influência em seu ânimo, obrigando-o a aproximar-se o mais possível, consciente ou inconscientemente – via de regra, o processo é inconsciente – do normal, do admitido e esperado de um Bororo pelos outros Bororo. Para um homem que fora arrancado à vida e à tradição bororo e depois voltara, esse seria um ótimo começo de solução. Revelando comportamentos esperados, é óbvio que contribuía para diminuir os ressentimentos recíprocos e para relaxar, até certo ponto, os efeitos de uma avaliação negativa de sua pessoa, por parte do grupo. A evidência de uma conduta rigorosamente conformada, em suas manifestações exteriores e mais visíveis, aos padrões tradicionais de comportamento, auxilia a tolerância de outras inobservâncias, atenuando os rigores do sistema coercitivo tribal. Os esforços que fez para voltar à vida típica de um Bororo, mudando-se para Meruri, querendo tornar-se um caçador, revelando fidelidade à religião, à crença e às autoridades da tribo – ao cacique e ao médico-feiticeiro, o *bari*[14] – devem ser encarados desse ponto de vista. Tiago Marques precisava mostrar-se um Bororo como os outros e assim Herbert Baldus pôde verificar que ele "é Bororo pio".[15]

Colbacchini e Albisetti, aliás, consideram que pode "compenetrar-se da mentalidade e da vida dos Bororo tão profundamente que é hoje considerado um dos melhores conhecedores e intérpretes da tradição bororo".[16] Essa mentalidade de Bororo, em Tiago Marques, transparece no discurso que vem reproduzido no livro de Colbacchini e Albisetti (p. 25-26 e 27-29), feito ao anoitecer para os seus companheiros de Sangradouro. É um discurso místico, de grande valor analítico, e que tem sérios pontos de contato com os de Ukeiuwaguúo,[17] indicando uma conformação à norma. A única diferença sensível é a relativa ao aspecto formal, pois suas frases são mais longas e estão mais concatenadas que as do chefe Bororo. "Sim! Sim! É verdade, mas não é verdade. Eu cheguei por primeiro, mas não fui eu que cheguei primeiro, eu cheguei por último, porém fui eu que primeiro gritei, falei quando assim que saiu vozeria e barulho quando gritei quando falei".[18] É uma forma sincrética

---

14 Ver em Colbacchini e Albisetti, op. cit., p. 247, como se refere a Ukeiuwaguúo – "o nosso cacique, o querido..." etc.
15 Op. cit., p. 173.
16 Op. cit., p. 25.
17 Ver os dois fragmentos do discurso desse chefe, reproduzidos por A. Colbacchini e C. Albisetti, op. cit., p. 349-350.
18 C. Albisetti e A. Colbacchini, op. cit., p. 27.

de pensamento, contudo, que concebe a afirmação e a negação ao mesmo tempo. Seu valor é grande porque mostra até que ponto Tiago Marques é Bororo nessas situações, revelando uma mentalidade distinta da do cristão letrado ao apelar para símbolos desconhecidos por este e nas suas atitudes de Bororo. De um ocidental letrado, o máximo que se poderia esperar, no começo do discurso, seria uma paráfrase da parábola evangélica.

Nesse mesmo discurso, entretanto, deste ponto de vista, há outros dados que permitem constatações de maior importância. Assim, à ênfase com que Tiago se refere aos seus conhecimentos de Bororo, que ele transmitiu aos etnólogos salesianos: "Digo, falo e faço, mas o motivo é que assim falo e digo as coisas que faziam os Bororo, que falavam os Bororo".[19] Atribui os seus conhecimentos à tradição tribal, parecendo um indivíduo fortemente integrado. E adiante, reconhecendo talvez a sua situação de filho pródigo, fala que "não todas as coisas pude dizer e mencionar, mas todas as coisas que sabia lhe ensinei". Tem consciência da riqueza da tradição tribal e reconhece explicitamente a impossibilidade dele, um Bororo letrado, ter um conhecimento completo dessa tradição. Em todo o caso, é singular a sua preocupação de fidelidade aos elementos tradicionais da tribo, que relatou aos missionários salesianos. "Tendo sido eu Bororo civilizado que escrevi estas informações, alguém poderia pensar que foram escritas debaixo da impressão das coisas vistas e ouvidas entre os civilizados; mas não é assim. Nos meus dizeres nada foi alterado dos tradicionais costumes dos Bororo."[20] A primeira vista, é uma reação de civilizado; mas, no fundo, é também uma manifestação bastante forte de um Bororo, orgulhoso dos "tradicionais costumes" dos seus.

E Tiago Marques conhece bastante as tradições bororo. O livro de A. Colbacchini e C. Albisetti é uma ilustração disso, embora um defeito de sistematização da obra não permita saber quais as informações, as lendas etc., transmitidas por Aipobureu. Além disso, os textos são de redação dos autores.[21] Por isso e porque não tenho elementos para avaliar o grau de congruência das lendas relativamente à mitologia bororo e não sei quantas lendas sabe de cor, habitualmente, um índio Bororo, não me utilizei das 27 lendas das

---

19 Idem, p. 28.
20 Idem, p. 140; sobre o mesmo assunto, consultar também p. 247. É bom notar como este trecho, destinado aos brancos, difere dos trechos do discurso, aqui citados, feitos para os Bororo.
21 A lenda do dilúvio e especialmente a de Itubory e Bacororo, op. cit., p. 200-201 e 189-196 respectivamente, apresentam marcadas variações formais e de conteúdo, quando comparadas com as variantes colhidas por A. Colbacchini e reproduzidas por Herbert Baldus, op. cit., p. 176-185.

orarimogodoque, relatadas por Tiago Marques.[22] Quantitativamente, porém, é um índice de sua participação da cultura bororo.

É provável que haja algumas modificações nas lendas recolhidas através de Tiago Marques. Mas, mesmo que fosse materialmente possível assinalar as modificações, estas teriam um valor analítico muito relativo, pois Colbacchini e Albisetti constataram que a cultura bororo está em mudança. Por isso, "embora todas (as lendas) tenham origem de uma só tradição, rígida e religiosamente conservada entre os Bororo como coisa sagrada, contudo se apresentam nos lábios de um e outro com pequenas divergências".[23] Seria muito arriscado, pois, atribuir certas modificações exclusivamente ao próprio Tiago Marques Aipobureu.

Nas duas lendas, recolhidas de Tiago Marques por Herbert Baldus, fielmente transcritas pelo autor,[24] há algumas modificações que provavelmente correm por sua conta. Além de um relativo esquecimento pode-se verificar uma reinterpretação de alguns acidentes das lendas, sensivelmente de um homem letrado. Na lenda do "Ké-Marugodu" o esquecimento é mais acentuado, mas na lenda do "Homem com o Veado" há um lapso muito mais grave, pois Tiago deixa de fazer referência às duas divisões exógamas da tribo.[25] Na lenda "Homem com o Veado", talvez devido a uma influência da civilização, introduz um conceito de caráter evolucionista, que é a supressão física dos descendentes intermediários entre o homem e o veado, que não existe nas outras duas versões da mesma lenda que eu conheço. É, porém, na lenda do "Ké-Marugodu" que essas modificações são mais evidentes. Na versão escrita por Tiago Marques, o desejo de maior coerência fez com que ele introduzisse um homem na lenda. De forma que a observação de Herbert Baldus[26] parece-me justa: o jaguar recomenda à mulher que não ria para o Marugodu-Bacororo porque tem ciúmes dele. A modificação mais importante, a meu ver, entretanto, não é essa. Para mim está no trecho em que se trata da morte da mãe: as crianças são tiradas já completamente desenvolvidas do ventre da mãe pelo pai, o Adugoedu. Ao contrário do que acontece nas outras duas versões, em que o desenvolvimento intrauterino não é dado por completo, devendo o pai fechá-las numa caverna e esperar que acabassem seu desenvolvimento lá. Isto é uma coisa inconcebível para um ocidental

---

22 A. Colbacchini e C. Albisetti, op. cit., p. 238-261.
23 Idem, ibidem, foi escrito a propósito das lendas relatadas por Tiago Marques.
24 Op. cit., p. 174-176.
25 Ver em A. Colbacchini e C. Albisetti a lenda de Itubory Bacororo, p. 189-196.
26 Op. cit., p. 181; nota de rodapé.

letrado e penso que Tiago Marques – consciente ou inconscientemente – transformou esse trecho da versão tradicional por este motivo.

Apesar das reservas indispensáveis, parece que sua integração não era absoluta, que Tiago Marques agia como Bororo até onde sua mentalidade de cristão letrado o permitia. Havia uma série de fatores externos que o obrigavam a se conformar aos padrões tradicionais da tribo. Mas, ao mesmo tempo, as suas antigas experiências, os seus velhos conhecimentos e o senso de civilizado contrabalançavam essas imposições do grupo, provocando ajustamentos específicos e por assim dizer parciais às situações enfrentadas. Em algumas destas, a tendência para a conciliação de elementos culturalmente distintos – como nas lendas e em seu discurso – torna-se evidente.

Os dados de que disponho são pobres para aprofundar a análise. Todavia, parece-me que o seguinte trecho do seu discurso é bastante esclarecedor: "É para que eu disse assim a eles (os missionários), assim falasse a eles, para os meus chefes ou padres é que aquele que me olha, que me guia, o meu chefe do céu, o Deus, o que ele me fazia ensinar, ficava logo gravado nos meus olhos, nos meus ouvidos, na minha cabeça e por isso fiquei descansado assim de ver que eu lhes mostrei tudo o que diziam e faziam os Bororo".[27] Aí, o poder divino transforma as suas informações aos missionários em uma espécie de revelação. Há uma contradição, é claro, pois ficou visto que atribui, primeiramente, os seus conhecimentos à tradição tribal, enquanto depois, para os explicar, apela para uma força sobrenatural, o Deus dos cristãos. Mas essa é uma contradição resolvida, porque o choque entre a civilização cristã e a tradição tribal aparece sob a forma de sincretismo. É um efeito da catequese, da ação das missões e provavelmente muitos elementos culturais, relacionados ao cristianismo, foram integrados na cultura Bororo, provocando mudanças a que se referem A. Colbacchini e C. Albisetti. Por isso os padres podem ser apontados como chefes – e Tiago Marques reconhece como seus chefes o cacique e o bari – e Deus pode entrar em competição com as divindades e forças das crenças tradicionais. Elementos culturais de origem diversa e de natureza diferente surgem ligados, superpostos, coordenados numa mesma exposição.

Apesar disso e por causa disso, talvez, Tiago Marques reaja como um Bororo típico. Fala como um legítimo Bororo e liberta-se de ressentimentos e de recalques que são de toda a tribo. Verifica-se que é também capaz de sentir emotivamente os padrões tradicionais da tribo, o passado dos Bororo. É a memória coletiva que fala em Tiago Marques Aipobureu, quando diz "lembrei os meus velhos chefes. Lembrei aquele bendito e bondoso padre

---

27 A. Colbacchini e C. Albisetti, op. cit., p. 28.

João Bálzola, aquele D. Antônio Malan, deles eu me lembrava. *Destes os Bororo nunca se esquecerão.* Eu desejaria que não houvesse fogo (inferno), que não existissem os diabos, que a gente corresse só para o céu e assim todos veriam a eles novamente".[28] Pode-se perceber, de novo, a interpretação das duas tradições bororo e cristã. O mais importante, contudo, é o ressentimento contra os brancos, referidos coletivamente em forma restrita.

Em síntese, Tiago Marques procurou, por todos os meios, tornar-se um verdadeiro Bororo. Abandonou-se completamente à tradição tribal, procurando ajustar-se à vida social dos seus. Aceitou os símbolos exteriores que evidenciariam diante do grupo, publicamente, a sua transformação definitiva de letrado cristão em Bororo. E, em diversas situações, o seu comportamento e as suas reações são os de um homem realmente integrado na cultura de sua tribo. Mas os conhecimentos e as experiências anteriores atuam, consciente ou inconscientemente, de modo ativo sobre sua decisão de se tornar um verdadeiro Bororo, projetando-se continuamente em seus atos, atitudes e pensamentos.

Ainda assim, poderia parecer que Tiago tinha conseguido adaptar-se, novamente, ao meio físico e se reajustado à vida tribal. A própria sociedade forneceria os moldes dentro dos quais poderia harmonizar as contradições das duas culturas em contato. Por isso a assimilação teria caminhado no sentido de recuperá-lo definitivamente para os Bororo, entre os quais voltou a viver, perdendo-o de uma vez para os brancos e para a civilização. Apenas certas sobrevivências do seu passado de cristão "culto" facilmente conciliáveis aos novos modos de ser, de pensar e de agir, apareceriam em sua conduta de Bororo. Mas não é isso que parece ter acontecido realmente. Os longos anos em que viveu com os brancos, aqui no Brasil – nas missões e em Cuiabá – e na Europa, ainda muito jovem para reagir convenientemente, e as influências da educação sistemática, recebida dos representantes da "civilização", deixaram marcas profundas em sua personalidade. Tiago Marques está muito longe do homem ideal Bororo: não pôde fazer tudo o que um Bororo verdadeiro é capaz de fazer e prega o abandono das crenças tradicionais pelo cristianismo, até diante dos seus: "E assim suas coisas, seus dizeres, suas palavras – dos missionários – passem sobre nós como o fogo que queima o mato, o campo, o grande capim, o capim-navalha, o taquaral, o cipó cascudo e nós os sigamos no caminho que nos ensinam e assim eles ficarão satisfeitos de ter-nos afastado do que nós pensávamos, do que nós entendíamos de nossa falsa vereda, do nosso falso caminho. Estarão satisfeitos de nos ter tirado de tudo isso".[29]

---

28 Idem, ibidem; grifo é nosso.
29 Do discurso pronunciado em Sangradouro em 19/12/1939 para os seus companheiros, ao anoitecer; in idem, ibidem.

Um indivíduo que pensa, que sente, que deseja e que diz isso, publicamente, não pode estar integrado à tradição do seu grupo, ajustado à sociedade em que vive, ainda que procure se comportar como tal, que se esforce por parecer conformado aos *mores* da comunidade. Em todo o caso, o que foi visto é suficiente para se constatar que ele não é um cristão letrado perfeito, tendo em relação aos valores essenciais do cristianismo uma atitude duvidosa de convertido pagão. Impregna-o de suas próprias concepções de Bororo, mistura-o às crenças tradicionais dos seus. As conciliações, pois, não chegam a constituir uma solução pessoal, sendo, no fundo, mais aparentes ou transitórias que reais e definidas. Tiago Marques vive o drama da escolha: é um homem marginal, localizado entre dois mundos mentais diversos.

5 – Conflitos com os brancos

É evidente que Tiago Marques foi educado para viver entre os brancos letrados, com os "civilizados". Sua educação, mesmo, foi coroada de uma forma só possível a um número muito restrito de indivíduos, de elevado *status* econômico. Mas, de volta ao Brasil, retornou aos seus, tornando-se bruscamente um simples Bororo das missões. Na verdade, o fato de ter constituído família com uma mulher de sua tribo mostra que não estava completamente desligado das tradições tribais e sem dúvida deve ter facilitado bastante as suas diversas tentativas de reajustamento.

Mas, é lógico, a transição entre um estado e outro não poderia processar-se com a mesma rapidez. Entre os Bororo, Tiago Marques inevitavelmente se comportaria como um "branco", pelo menos em algumas situações.[30] E é aqui, exatamente, que está o ponto fundamental da questão: atitudes desse gênero não eram esperadas dele, nem pelos Bororo nem pelos próprios brancos. Daí uma série de conflitos entre Tiago Marques e os Bororo, de um lado, e com os brancos, doutro lado, os quais devem ser encarados como conflitos culturais. E que tiveram, na desorganização de sua personalidade e no desenvolvimento de sua crise psíquica, enorme importância.

Os conflitos tornaram-se tensos, agravados como foram pelas expectativas de comportamento diferentes em presença. Os missionários – que lá representavam os brancos e a "civilização" – esperavam encontrar um Tiago

---

30 Em equipamento cultural era superior, mesmo, a outros brancos das missões: "Possuía muito mais da cultura europeia do que esse novo diretor de Meruri que, apesar do seu sacerdócio, não estava muito longe do analfabetismo" (Herbert Baldus, op. cit. p. 169).

Marques passivo, trabalhador e obediente, franco colaborador e uma espécie de chave-mestra no trabalho de catequese, tanto impressionando e atraindo definitivamente os demais Bororo quanto servindo como um grande exemplo aos brasileiros, na marcha a seguir na conquista dos índios para a "civilização".

Mas o prestígio entre os Bororo não correspondeu às esperanças iniciais dos missionários: perdendo certas qualidades, que caracterizam um Bororo, em vez de subir, Tiago desceu na consideração dos seus e na hierarquia tribal. A sua preocupação imediata, como consequência, foi a de readquirir aquelas qualidades perdidas, que o obrigaram a afastar-se cada vez mais dos brancos e do seu estilo de vida, aproximando-se, inversamente, cada vez mais dos Bororo e dos seus padrões culturais. Doutro lado, adquirindo hábitos e atitudes de branco letrado, Tiago Marques não poderia pensar a mesma coisa que os missionários a respeito de suas atribuições e de seu papel. Os Bororo, conforme se verifica nos fragmentos de discurso de Ukeiuwaguúo,[31] estavam acostumados à retribuição pelos serviços prestados nas missões. Tiago tinha, entretanto, uma noção muito mais precisa de remuneração ao trabalho e do valor relativo deste, aprendida no convívio com os brancos. Por isso, abandonou a direção do observatório meteorológico e, quando foi novamente solicitado pelos missionários, pediu um ordenado grande.[32] É provável que o ordenado não fosse compatível com nível de vida da região, com os recursos econômicos das missões etc., mas o importante aqui não é isso: é o conflito das duas expectativas de comportamento, em virtude de Tiago agir como um "branco" autêntico. Os missionários, decerto, não estavam acostumados a exigências dessa natureza e não supunham possível essa atitude em seu pupilo Bororo. Tampouco perceberam que deviam tratá-lo como um branco letrado e esperar dele o tratamento dispensado aos seus por um branco letrado.

Em consequência, o desapontamento dos missionários foi duplo. Perderam o Akirio Bororo Keggeu e não encontraram em seu lugar um Tiago Marques Aipobureu conveniente. Nada lhes valeu como figura de proa, de propaganda das missões e na catequese dos índios; e como trabalhador revelou-se improdutivo, pelo menos por causa das exigências feitas. O caminho para o aparecimento de ressentimentos recíprocos estava, pois, aberto. E eles se manifestaram profundamente, principalmente do lado dos missionários, que o passaram a considerar como um simples *preguiçoso*, estendendo o atributo e a decepção até a seu filho.[33]

---

31 A. Colbacchini e C. Albisetti, op. cit., p. 349-350.
32 Herbert Baldus, op. cit., p. 167.
33 Idem, ibidem.

Quanto a Tiago, parece-me que o processo foi dos mais complicados, pois devem-se considerar as solicitações do grupo Bororo e a necessidade que ele sentiu de recuperar o *status* perdido de Bororo, concomitantemente com a experiência negativa, representada na repulsa dos brancos. Havia, pois, duas forças sociais centrípetas, da sociedade bororo, atraindo-o para a cultura bororo; uma força social centrífuga do grupo dos brancos, que o repelia do convívio dos "civilizados" e de sua cultura. Todas as forças, portanto, atuavam no mesmo sentido: desenvolver em Tiago Marques Aipobureu o Bororo, em prejuízo do "civilizado". Esse processo já se torna patente, quando Tiago abandonou o seu trabalho de professor, preferindo outras atividades, mais compatíveis com as necessidades e as ambições de um Bororo. Para os padres, pareceu "que ele não tinha as qualidades necessárias para ensinar, por não poder comunicar aos alunos o que havia aprendido".[34] "Mas, na realidade, aqui estão presentes os fatores apontados anteriormente e novamente um conflito cultural. Um professor tem prestígio nas "sociedades civilizadas", porque os conhecimentos adquiridos na escola são necessários. Ora, a função da escola das missões, por maior que seja a boa vontade dos missionários, não pode ser a mesma. A escrita e os conhecimentos correlatos, aprendidos na escola, não são indispensáveis para um Bororo, enquanto os conhecimentos relativos à caça, por exemplo, parecem-lhe fundamentais. A leitura e a escrita, mesmo, como acontece a grande parte de nossas populações rurais, são uma espécie de luxo, porque não correspondem a uma necessidade de fato e não têm, por isso, uma função definida no sistema sociocultural da tribo. Tiago foi-se desinteressando, insensivelmente, da escola, voltando-se para atividades mais congruentes com os padrões culturais de sua tribo. O interesse pela lavoura, por sua casa e pela caça surgiram, levando-o ao abandono de suas atividades de mestre-escola. De qualquer forma, esse era um meio espontâneo de conseguir, por pouco que fosse, maior compreensão e mais prestígio entre os Bororo.

O conflito cultural, por sua vez, é evidente. Constitui outro exemplo da pouca disposição dos brancos em aceitarem atitudes de cristão letrado da parte de Tiago Marques Aipobureu. Suas experiências de antigo aluno de colégios como o de Cuiabá faziam-no encarar a escola e os métodos de ensino de um ponto de vista bastante diferente dos missionários. Pareceu-lhe que com uma ou duas horas de aula, diariamente, nada se poderia conseguir das crianças – "e acrescentou que seria melhor adotar o horário da cidade".[35] E esse motivo – a duração das aulas –, é óbvio, está associado a todo um con-

---

34 Idem, ibidem.
35 Idem, ibidem.

junto de fatores implícitos: organização escolar, equipamento educacional, distribuição de tarefas, hábitos escolares, *status* do professor etc., que dariam lugar a uma escola tal como Tiago conhecera entre os "civilizados".

Esses conflitos com os brancos, todavia, e a premência de tentar um reajustamento mais profundo à vida tribal – inibido até certo ponto pela presença dos brancos – desenvolveram em Tiago a consciência da necessidade de se afastar ainda mais da "civilização". Aí muda-se de Sangradouro para Meruri, onde vai conhecer decepções ainda maiores da parte dos brancos.

A princípio encontrou um ambiente respirável entre estes, graças à compreensão de um missionário-etnólogo, Antônio Colbacchini. Suas necessidades de convívio com os brancos eram satisfeitas, pois nos dias de festa era convidado para ir ao refeitório, tomando café com os missionários. Educado até os 12 anos nas missões, amigo dos missionários (cf. o trecho de seu discurso, citado anteriormente), do padre Antônio Malan, de Colbacchini, tendo confiança e sentindo-se naturalmente igual a eles, agia como um íntimo. Era, aliás, aquele o único ambiente adequado aos seus refinamentos de Bororo civilizado. Procurava frequentemente o convívio dos missionários no refeitório, chegando a ir lá mesmo nos dias úteis. O novo diretor não compreendeu a conduta de Tiago, fechando-lhe a porta por assim dizer na cara. Ele, por seu lado, entrou por outra porta, não dando importância ao fato. Fechada também esta, quando se aproximava, "compreendeu que não o queriam mais no refeitório".[36]

Era a rejeição formal do grupo branco. O resultado de um processo de avaliação cujo mecanismo já foi analisado. Este, porém, foi o conflito mais violento, despertando em Tiago um rancor muito maior pelos brancos e sua cultura. O ressentimento chegou ao auge, envolvendo pessoas e valores, com a subsequente ruptura de laços anteriores. As suas intenções eram amigáveis e correspondiam às suas necessidades de "civilizado"; o missionário, entretanto, descobriu outro motivo para a sua conduta: o café que ele bebia no refeitório. As consequências da ruptura, por sua vez, foram imediatas, acentuando o processo de aproximação de Tiago às pessoas e aos padrões culturais de sua tribo. Tiago reagiu altivamente, passando a comportar-se abertamente como um Bororo autêntico. Até esse momento, conforme Herbert Baldus, aceitava os costumes dos Bororo de modo discreto e velado, "agindo exatamente como um branco de cultura e boa educação".[37] Certos índices revelam a extensão e a intensidade dessa mudança de atitudes: Tiago deixou crescer os cabelos e aceitou a religião de sua tribo. Ambos evidenciam, como sinto-

---

36 Herbert Baldus, op. cit., p. 168.
37 Idem, ibidem.

mas de ressentimento, a violência da crise emotiva, provocada pelos conflitos culturais com os brancos.

Esse afastamento foi acompanhado por um processo inevitável de desnivelamento cultural. À medida que Tiago aceita novos elementos da cultura bororo, perde outros aprendidos com os brancos. Assim, esqueceu as línguas europeias, com exceção da portuguesa, e desinteressou-se por leituras, por certos instrumentos musicais, como a flauta[38] etc. O importante, aqui, é a mudança de mentalidade que essas perdas e as novas aquisições compensadoras indicam. Ela é responsável, em grande parte, pela aceitação de outros traços da cultura bororo e pela consequente manifestação de formas novas de conduta. Mas, é claro, a perda não poderia ser total. E muitas necessidades de "civilizado" aparecem na conduta de Tiago. O convívio com os brancos e o café são bons exemplos. Além disso, pediu a Herbert Baldus um par de calças e um lenço, "manifestação de necessidades refinadas".[39] O mesmo autor notou que, ao contrário dos demais, interessava-se muito pelo emprego e mecanismo da máquina fotográfica.

Esses e outros traços, que definem a sua segunda natureza humana, caracterizando-o como um ocidental letrado, afloram continuamente em seu comportamento, determinando preferências, ações e atitudes, e solapando as suas intenções de voltar a ser um Bororo legítimo. E em consequência "hoje, de novo, aproxima-se do mundo dos brancos".[40] Isso, é óbvio, na medida do possível, pois queira ou não, agora está intimamente preso à sua tribo e por isso as possibilidades que tem de satisfazer suas necessidades de convívio com os brancos são muito restritas.

Perguntando-lhe Herbert Baldus se desejava voltar à Europa, respondeu: "Sim, mas não tenho dinheiro"; e se queria passar umas semanas em Cuiabá, em sua companhia, disse: "Sim, mas não posso deixar minha família".[41]

Imposições econômicas ou sociais reprimem seus desejos de participar outra vez, de um modo mais amplo, da "civilização". Isso, porém, indica duas coisas fundamentais: que as tentativas feitas por Tiago, visando ajustar-se definitivamente ao sistema sociocultural bororo, ainda não chegaram a resultados satisfatórios, deixando de constituir, por ora, uma solução; e que deverá resolver seu problema de reajustamento dentro de limites bastante estreitos e precisos: os brancos das missões e a sua tribo.

---

38 Idem.
39 Idem, ibidem.
40 Idem, ibidem.
41 Idem, ibidem.

Todavia, como resultado de sua experiência negativa com os brancos, já não depositava neles a mesma confiança que antigamente. E os novos elementos culturais, adquiridos na vida tribal, contribuem fortemente para diminuir ainda mais a sua crença em certos valores centrais da "civilização" (pelo menos do ponto de vista de sua formação educacional). Em todo caso, é provável que conflitos mais agudos com os Bororo tenham acentuado suas necessidades de retorno ao mundo dos brancos, determinando novas tentativas de reajustamento.

Mas uma coisa é certa: Tiago nunca mais poderá ser o Bororo letrado que fora, ao voltar da Europa, como também não pudera ser um Bororo autêntico no meio dos seus. Esses anos de participação ativa e intensa da cultura bororo deixaram sulcos profundos em sua personalidade e os ressentimentos de um e de outro lado vão pesar em suas futuras decisões e escolhas. Ainda assim, as diferenças são patentes: hoje, por exemplo, acredita *só um pouco* no que ensinam os padres. Antigamente, ele responderia de outra forma às pessoas e aos valores da "civilização". Todavia, parece-me que a reconciliação com os brancos e com os seus valores culturais processou-se rapidamente, pois em dezembro de 1939 exprimiu seu desejo de uma supressão total das crenças e religião bororo, em favor do cristianismo. Mas as suas concepções estavam, como foi visto, impregnadas de elementos estranhos ao cristianismo. É provável que no fundo se trate, nessa reaproximação, apenas de uma exacerbação de sua crise psíquica, fenômeno característico da marginalidade. Seria uma reconciliação momentânea, não significando por isso uma aceitação definitiva de pessoas e valores da "civilização". Mais tarde, faria outra vez o mesmo movimento, no sentido inverso, reaproximando-se das pessoas e valores que representam o sistema sociocultural bororo.

6 – Conflitos com os Bororo

O professor Tiago Marques Aipobureu, voltando para os seus, perdia-se irremediavelmente para a "civilização". Não seria possível, a ele e a ninguém, ser educado para um meio social e conservar, transferido para um meio social diverso, os mesmos traços de sua personalidade, com a correlata manutenção de habilidades, conhecimentos, técnicas, hábitos e atitudes aprendidos anteriormente. No seu caso, havia ainda uma agravante: a maioria dos elementos adquiridos são verdadeiramente supérfluos, antes prejudiciais que úteis na vida tribal. Ora, Tiago viu-se completamente maduro e numa idade em que os homens já têm definida sua posição na hierarquia tribal, no lugar em que todos geralmente começam. Devia recomeçar o período de aprendizagem e suportar as consequências da sua imaturidade (relativamente ao meio tribal), da sua "incapacidade" manifesta.

A melhor solução para ele seria a de ter ficado num dos centros "civilizados" do litoral, casando-se com uma branca. Voltando para Sangradouro, como fez, tinha uma alternativa: ou ficar no grupo dos brancos, agindo como tal; ou reajustar-se à vida tribal. No primeiro caso, desenvolver-se-iam sérios conflitos com os Bororo, é certo, mas parece que facilmente achariam formas de acomodação. E Tiago se imporia à tribo como o "professor", um Bororo letrado e por assim dizer do grupo dos brancos. Mas é evidente que essa solução parecia-lhe impossível, pois logo se ligou definitivamente à tribo, casando-se com uma Bororo. E, de fato, devemos convir que estava certo – mostrou-o a análise dos dados disponíveis. As suas atitudes de letrado criou sérias incompreensões entre ele e os missionários, dando origem a conflitos culturais e a graves ressentimentos recíprocos.

Portanto, se Tiago Marques não encontrar uma conciliação satisfatória, provavelmente deverá ajustar-se à sua tribo. Aliás, como foi visto, nesse sentido atuaram inicialmente várias forças sociais. E apesar da instabilidade de suas preferências – afastou-se dos brancos e depois reaproximou-se deles –, característica de seu comportamento de marginal, a marcha de sua assimilação se faz em favor do sistema sociocultural bororo. Isso, contudo, não significa ausência de conflitos com os seus, muito ao contrário. Estes ocorreram e suas consequências sobre a personalidade de Tiago provocaram, talvez, ressentimentos muito mais graves, desenvolvendo nele um forte sentimento de inferioridade.

O abandono decidido das atividades de letrado corresponde à compreensão, consciente ou inconscientemente, de que seus conhecimentos e seu trabalho eram inúteis para a tribo, não favorecendo uma definição de *status* na hierarquia tribal e não lhe atribuindo nenhum prestígio. Por isso, voltando as costas aos brancos e à sua cultura, Tiago tinha em mente transformar-se num verdadeiro Bororo e conseguir uma posição na tribo. Ao fazer isso, não avaliou devidamente as dificuldades que deveria enfrentar. Porque, assim como para ser o "professor Tiago" precisou de um longo aprendizado entre os brancos, para ser um caçador deveria receber um treinamento prolongado – que desenvolvesse nele o vigor físico, a agilidade, certos conhecimentos sobre o mato e as caças, as técnicas etc., certas aptidões, como a astúcia, a destreza e a coragem – o qual recebe todo o caçador Bororo desde criança. Poderia ser um caçador, mas pouco ou talvez muito abaixo do ideal da tribo.

Recomeçando, valia tanto para esta quanto qualquer adolescente, embora as expectativas iniciais fossem a de que ele se comportasse e produzisse como um adulto qualquer. As decepções, é óbvio, desenvolveram um processo de avaliação pouco favorável ao Bororo Tiago Marques Aipobureu. Este nunca poderia atingir o *status* e adquirir o prestígio de um caçador educado na própria tribo. E os seus *fracassos* (do ponto de vista bororo) repetidos, ao contrário, em contraste com as expectativas de comportamento tradicionais, contribuíram para uma queda pronunciada no conceito dos demais membros da tribo. Tornou-se evidente que ele estava muito abaixo do ideal tribal de homem. De modo algum poderia, com os recursos habituais de um caçador Bororo, matar uma onça, por exemplo.

Daí, pois, o desprezo que Herbert Baldus notou na mulher, que lhe disse:[42] "Tiago não teria capacidade para isso" (matar uma onça). Assim desempenha um papel medíocre, de "fracassado" na comunidade. Em consequência, é subavaliado e rejeitado pelos companheiros, entre os quais é "malquisto ou desprezado".[43] A própria mulher o abandonou por outro, voltando apenas graças à intervenção de um terceiro.

É preciso que se compreenda isto à luz de sua educação de "civilizado". Do ponto de vista do seu horizonte cultural e da consciência de superioridade, que indubitavelmente deve ter em relação aos outros, sob este aspecto. Não disponho de dados para verificar, mas é provável que, como compensação, Tiago Marques tenha aceito essa superioridade, superavaliando-a diante dos seus companheiros.

Ora, tal estado de espírito, além do agravamento dos conflitos pelas atitudes que provoca, não é compatível com a resposta do grupo. E tampouco lhe favoreceria uma rápida e completa compreensão das próprias condições. Para a tribo vale o caçador perfeito, capaz de matar a onça no mato e de prover suficientemente sua casa de mantimentos; para Tiago, além desses elementos, têm valor os seus conhecimentos e as suas experiências de "civilizado". A avaliação do indivíduo pelo grupo e a avaliação do grupo pelo indivíduo processaram-se sob critérios diferentes, conforme padrões conflitantes e mesmo exclusivos. Se Tiago "provasse" bem como "Bororo", sua situação seria boa, porque ele está em condições de prestar ao grupo, sob forma de compensação, outros serviços (*verbi gratia*, relatar nos discursos noturnos suas experiências na "civilização", as peripécias nas caçadas etc., cooperar no ensino das crianças que frequentam a escola das missões, facilitar os contatos com os brancos etc.). Isso aumentaria o seu prestígio.

Praticamente, porém, colocou-se abaixo do último grau tolerável, do ponto de vista do ideal da tribo. Em consequência, o que na primeira alter-

---

42 Op. cit., p. 170.
43 Idem, ibidem.

nativa seriam qualidades, funcionando como formas de compensação e de aumento de prestígio, na segunda alternativa – que ocorreu de fato – pareceu uma ofensa ao grupo, tornando sua situação entre os Bororo ainda mais difícil. E a exaltação de pessoas e valores estranhos ao sistema tribal, à custa do menosprezo de pessoas e valores da própria tribo nas relações com os seus ou nos momentos da aproximação com os brancos (cf. trechos citados de seu discurso), deve não só ter provocado a desaprovação, mas também o ódio de alguns membros da tribo. Especialmente o de autoridades, como o bari, o médico-feiticeiro.

Além disso, nesse discurso infringiu um padrão tribal básico, porque se elevou acima de todos e da própria tradição tribal, estabelecendo comparação entre ela e a religião dos "civilizados" e formulando juízos de valor a seu respeito. Ora, um Bororo não pode fazer isso, porque "aquele que se levanta sobre o seu companheiro será envergonhado; aquele que se coloca abaixo de seu companheiro, este será exaltado", diz textualmente a tradição bororo.[44] Essas transgressões e infrações devem ter acentuado o desprezo que seus companheiros lhe votavam por suas "incapacidades manifestas". E o desprezo, como pena social, "é muito temido e em várias lendas encontram-se passagens que mostram o grande medo que os índios têm de tal castigo chegando até a mudar-se para outra aldeia".[45]

O processo negativo de avaliação tribal é, pois, extraordinariamente reforçado pela manifestação, por parte de Tiago, de ideias e atitudes desaprovadas. Por isso, consideram-no orgulhoso e "outros provavelmente detestam-lhe o saber adquirido nos meios civilizados".[46] Em síntese, o professor Tiago Marques Aipobureu foi duplamente rejeitado pelos membros da tribo, apesar de suas intenções de se tornar um Bororo. Primeiro, por não revelar as qualidades desejadas. Segundo, por possuir e manifestar, publicamente, atributos desconhecidos no grupo e considerados indesejáveis. Em vista disso, pode-se encarar o discurso de Sangradouro como um resultado extremo da reação provocada em Tiago pela repulsa da tribo. Chegou ao período de conflitos abertos, de grande tensão emocional, com as pessoas e valores do sistema sociocultural bororo. O sentimento inicial de inferioridade já se havia acentuado muito antes, entretanto, conforme sugere uma observação de Herbert Baldus.[47] "Assim tornou-se solitário, solitário entre os seus e estranho aos estranhos." Sentindo-se repelido pelos seus, respondeu com o isolamento.

---

44 A. Colbacchini e C. Albisetti, op. cit., p. 165.
45 Idem, p. 135.
46 Herbert Baldus, op. cit., p. 171.
47 Idem, ibidem.

Mas, à medida que aumentavam os ressentimentos pela intensificação de conflitos, a situação tornou-se intolerável. Então passou lentamente do rancor surdo a conflitos abertos com os Bororo.

7 – Ambivalência de atitudes

Já foi visto como se processaram os primeiros contatos de Tiago Marques Aipobureu com os Bororo, os seus primeiros conflitos com os brancos e suas consequências e quais os resultados de suas tentativas de ajustamento ao sistema sociocultural bororo. Algumas indecisões também foram analisadas de passagem, ao descrever o seu comportamento e certas atitudes de marginal. Portanto, uma boa parte do material que evidencia o seu dualismo relativamente à cultura dos brancos e dos Bororo já foi apresentado. O importante, aqui, não é tanto o fato de Tiago aceitar e mais tarde repelir certas ideias e valores, mas a influência que isso tem sobre sua conduta e no desenvolvimento de sua crise psíquica. Porque, colocado entre duas formas de agir diversas, passa de uma a outra, contudo, sem um ajustamento definitivo. Afasta-se dos brancos, procurando integrar-se no grupo dos Bororo, sem grandes sucessos; aproxima-se, por isso, outra vez dos primeiros. Isto indica que a crise está em pleno desenvolvimento e que é preciso uma análise mais minuciosa de suas ideias e atitudes. Foi visto que, sob pressão do meio, a solução se desenvolveu, até certo ponto, em favor da cultura bororo. Tiago Marques aceitou práticas e crenças tradicionais e tudo mostra que essa aceitação não é simplesmente superficial. Parece que se estabeleceu uma relação emotiva entre Tiago e esses elementos da cultura bororo, pois interferiram em suas antigas ideias e crenças cristãs. Essa interferência culminou no aparecimento de dúvidas, em seu espírito, a respeito de pessoas e valores relacionados ao cristianismo e à civilização, apesar de ter sido educado para eles. Assim, acreditava apenas *um pouco* nos padres e nos seus ensinamentos, revelando também certos ressentimentos dirigidos contra ambos. Em determinado momento, chegou a abandoná-los completamente, entregando-se à religião de sua tribo, e "não olhou mais para os padres nem para os brancos".[48] Foi uma ruptura profunda com pessoas e valores da "civilização", expressa por conflitos abertos e marcada por sinais exteriores e correlatas manifestações subjetivas (crescimento dos cabelos, aceitação de certos hábitos de caçador, da religião bororo etc.) e pelo abandono da conduta de "branco educado". Mais tarde – e é evidente de modo agudo em seu discurso de dezembro de

---
48 Herbert Baldus, op. cit., p. 169.

1939 – volta para os brancos e reafirma, de modo violento, a crença em certos valores da civilização e, com restrições, nos seus portadores. Chega a exprimir a necessidade de uma recompensa ao trabalho destes, expressa em termos do aniquilamento da religião e crenças bororo.

Mas a sua mentalidade já é bastante diferente. Tiago não é mais o antigo discípulo dos salesianos. Em seu lugar reapareceu um homem diferente, que é capaz de refletir em suas palavras um ressentimento de natureza coletiva, que projeta no cristianismo ideias e valores Bororo e que (pelo menos é a sensação que sinto ao ler o fim do discurso) não está firmemente convicto do que diz nem muito entusiasmado com as perspectivas esboçadas. "Estarão (os padres) satisfeitos de nos ter tirado de tudo isto."[49] Um católico militante, interessado na conversão dos Bororo, pensaria de modo diferente.

As mesmas dúvidas, contudo, Tiago revela a respeito da religião bororo. E estas são facilmente compreensíveis, pois ele foi educado e criado noutra religião, aprendendo inclusive a desprezar as crenças dos "índios". Por isso mesmo, a aceitação da religião e crenças dos Bororo não pode ainda ser considerada uma conversão profunda. "A religião cristã, disse, é melhor porque a nossa não tem raiz."[50] Não só concede em compará-la com a "religião cristã", como considera inferior a religião de sua tribo. A um Bororo integrado, deve parecer difícil a possibilidade de que exista outra religião além da sua. Muito mais ainda, parecer-lhe-ia impossível a existência de uma religião melhor que a sua. A ideia da falta de raiz, então, ser-lhe-ia inconcebível. São concepções sacrílegas e desaprovadas pelo grupo.

Tiago conseguiu adquirir conhecimentos e habilidades da cultura bororo. Conseguiu, mesmo, como notam Colbacchini e Albisetti,[51] "compenetrar-se da mentalidade e da vida dos Bororo". Mas é evidente que ainda não conseguiu ele próprio tornar-se um Bororo. Pode ter esquecido, por um processo de desnivelamento cultural, muitos elementos da cultura dos brancos; não ter mais uma concepção do deus dos cristãos e do destino destes após a morte; e, a respeito das almas, as concepções dos Bororo, acreditar no bari, nas forças mágicas do bari, que os bope – os demônios – vivem nos jatobás, nas pedras;[52] e conhecer profundamente as lendas e os costumes bororo, comportar-se publicamente como um Bororo; ele mesmo, porém, é um "branco" em grande parte. Um índio letrado capaz de ter diante de valores da cultura bororo uma atitude profana, independente – crítica em certas circunstâncias

---

49 Colbacchini e C. Albisetti, loc. cit.
50 Herbert Baldus, op. cit., p. 173.
51 Loc. cit.
52 Op. cit., p. 172-174.

e noutras também valorativa. Servem-lhe de padrão comparativo os elementos adquiridos no convívio com os "civilizados". Mesmo quando se refere aos seus, relatando suas lendas, por exemplo, manifesta a sua segunda natureza ao dizer que não se devem atribuir modificações intencionais nas mesmas à sua condição de *Bororo civilizado*. No fundo Tiago Marques é um homem que nasceu e viveu alguns anos com os Bororo. Mais tarde voltou, mas como um "civilizado" – tal como ele se refere a si próprio – que precisa ser assimilado aos modos de ser, de pensar e de agir de sua tribo. As crises atuais apenas indicam a marcha desse processo de assimilação. Embora um reajustamento definitivo não tenha sido encontrado até agora.

Os dados apresentados revelam – de modo rudimentar é verdade – a intensidade dos conflitos travados em sua mente entre valores diversos e incompatíveis, permitindo-nos uma representação aproximada do seu drama psíquico. Por enquanto, Tiago se encontra diante de cada situação como se estivesse diante de um problema, podendo escolher entre duas formas de conduta diferentes – a de "civilizado" ou a de "Bororo". Durante certo tempo agiu como um branco educado; depois passou a agir como um "verdadeiro Bororo"; e é possível que agora ainda se esteja comportando mais ou menos como um "branco". E, numa mesma situação, mostra em suas atitudes esse choque de valores diferentes como no discurso de Sangradouro e nas respostas que deu a Herbert Baldus sobre as crenças dos Bororo e dos cristãos. No fundo, Tiago *acreditava em ambas*. Daí a labilidade de suas preferências, alguns lapsos e certas modificações apontadas nas duas lendas, e principalmente suas atitudes diante dos brancos e dos Bororo.

Respondendo a uma pergunta daquele etnólogo, Tiago fez, num melancólico resumo, uma exposição dos antigos atributos e costumes dos Bororo, irremediavelmente perdidos para ele. Essa evasão para o passado e concomitante análise do presente em termos do pretérito – quase sempre resulta numa superavaliação mística de certos valores tradicionais – é a característica dos marginais. É um tipo de compensação psíquica, encontrada no aguçamento da crítica às causas de certas formas de conduta e dos motivos que conduzem o homem à ação. Essa crítica tem, por sua vez, outros objetivos: a descoberta de uma saída para o indivíduo e uma explicação para sua situação singular na sociedade. Há uma saída, que se poderia chamar de solução passiva, em que o indivíduo se explica a si próprio o seu "fracasso" na vida social, evidenciando a impossibilidade de serem postas em prática certas formas tradicionais de conduta, possíveis só no passado, e porventura os ideais supremos da comunidade. Há outra saída que se poderia chamar de solução ativa, em que a generalização da crise – por causa da ação permanente das mesmas causas sobre vários indivíduos torna possível uma luta libertária, a qual se inspira na consciência da necessidade social de determinados ideais e dá origem ao aparecimento de correntes sociais.

É óbvio que a situação de Tiago Marques corresponde ao primeiro caso. Ele constitui um fenômeno singular na sociedade tribal. As próprias condições desta não favorecem o aparecimento em massa de casos semelhantes ao seu, embora esteja em mudança. Isso parece-me importante, porque indica que não existem precedentes na vida tribal e porque dá algumas indicações sobre algumas predisposições psicológicas de Tiago Marques. A falta de precedentes torna o seu um caso único, que deve ser resolvido pessoalmente, com o risco de desaprovação por parte do grupo. As possibilidades de uma conciliação ou de uma solução intermediária, por isso, têm tanto valor e estão sujeitas às sanções da tribo quanto uma escolha definitiva. Para escapar à desaprovação desta é que Tiago, após alguns fracassos de tentativas de ajustamento, retornou aos brancos, manifestando até o desejo de desaparecimento da cultura bororo. Seria uma solução para o seu caso e assim poderia libertar-se da opressão do controle tribal.

Mas essa é uma atitude que suponho passageira, que aflorou num momento agudo de descontentamento contra o grupo que, sem lhe oferecer uma solução viável, reserva-se o direito de controlar os seus atos. Parece que desde o começo ele se tem esforçado por encontrar uma solução pacífica, submetendo-se passivamente a muitas imposições do grupo e aceitando publicamente os valores fundamentais da cultura bororo. Com exceção da manifestação verbal aludida anteriormente, tenho a impressão de que a crise de Tiago não provoca respostas exacerbadas e atitudes violentas. E as breves referências, feitas por Herbert Baldus, sobre sua conduta e modo de ser, coincidem com essas apreciações.[53]

Aqui se descobre um novo motivo e outra explicação para o seu retraimento, além dos ressentimentos recíprocos e da repulsa mais ou menos decidida por parte do grupo. A concepção de que é impossível pôr em prática certas formas fundamentais de conduta antigas dá um certo tom de desalento, ao marginal "passivo". Atribui um forte sentimento de inutilidade aos seus atos e às suas tentativas de ajustamento, sempre encarados e analisados sob este prisma. Por isso, o isolamento e a ação restrita chegam a parecer-lhe desejáveis. Esse motivo interno, o desejo de isolamento, todavia, pode desempenhar uma função muito importante, pois cria uma explicação subjetiva para o próprio isolamento. Torna tolerável e até insensível o afastamento de certas pessoas e menos dolorosa a ruptura com o grupo, enquanto não surge uma compensação mais forte. Mas, é claro, o indivíduo

---

53 Op. cit., p. 166-167, 171-172 e 185.

não pode viver sempre isolado! Tiago foi um solitário durante certo tempo, porém depois voltou ao convívio dos homens, tentando novos reajustamentos (reaproximação com os brancos etc.). Então se fazem sentir, com toda a sua força, as suas ideias sobre os atos humanos e sobre os seus próprios atos.

Esse processo é visível nas seguintes palavras de Tiago Marques[54] "Antigamente, o homem agarrava com as mãos a onça pela boca, separando-lhe as queixadas. Hoje não é mais capaz. Antigamente homem e mulher jejuavam muito. Depois do nascimento de um filho jejuavam durante uma semana, trabalhando, apesar disto. Também em outro tempo jejuavam. Isto aguça os sentidos: a vista e o ouvido. Naquele tempo, o homem, apesar da caça e do trabalho, nunca ficava cansado. Às vezes, a gente comia e bebia durante o tempo de jejum, indo, porém, depois ao mato para vomitar o consumido. Também naquela época, o homem, só raramente, deitava-se junto à mulher porque tal união ataca muito o sangue. E, para não estragar os dentes, a gente tomava água morna e nunca fria e comia quando a comida não estava mais quente". A mudança, pois, aos seus olhos, afetou a cultura e a vida tribal dos Bororo de uma forma profunda, que os demais membros da tribo ignoravam. Ele observa e analisa sofregamente os padrões tradicionais de comportamento, porque procura uma solução, uma forma de ajustamento – ao contrário de seus companheiros da tribo, que perdem em perspectiva o que ganham em integração. Por isso, no fundo, além de encontrar uma explicação para a sua conduta de desajustado, descobre falhas nos outros que, sem perceberem as mudanças, não sabem que seu comportamento está bastante distanciado dos padrões tradicionais da tribo. As condições modificam-se, os homens não podem ser sempre os mesmos – uns em maior, outros em menor grau. É outra forma de compensação desenvolvida pelo marginal, que Tiago revela de modo acentuado.

Entretanto, na realidade, há entre os Bororo de ontem e os Bororo de hoje a mesma distância, que nas primeiras tentativas de ajustamento ele quis transpor, tornando-se um verdadeiro Bororo; "mas é bastante inteligente para compreender que agora não pode mais alcançar esse ideal."[55] Contudo, deve procurar uma forma de ajustamento e é na escolha de uma solução possível que vai revelar-se, então, o grau de labilidade de suas preferências e de ambivalência de suas atitudes. Perguntando-lhe Herbert Baldus se não preferia morar com os Bororo que vivem afastados das missões, longe de Sangradouro e Meruri, os quais provavelmente estão mais próximos dos antigos Bororo e dos seus antigos ideais de vida social, Tiago respondeu: "Não, lá eles tratam

---

54 Herbert Baldus, op. cit., 185-186.
55 Idem, p. 171.

uns aos outros como os brancos se tratam entre si, matando-se reciprocamente. Em geral matam o outro com veneno. Tais coisas antigamente eram raras".[56] Portanto, as preocupações pelos padrões tribais dos antepassados Bororo, em Tiago, não têm um caráter prático. Elas visam mais fornecer-lhe uma racionalização para uso pessoal, que encaminhá-la imediatamente no sentido de uma solução definitiva. Porque, se ele desejasse, de fato, ser novamente um verdadeiro Bororo e tivesse consciência de que isso seria possível, tentaria seu reajustamento aos outros, longe das missões e do mundo dos "civilizados". A solução, contudo, parece-lhe inaceitável, apesar do rancor, do ressentimento que revela na frase contra os brancos.

Além disso, pensa que aos Bororo é impossível voltar ao estado antigo: "Hoje a gente não pode mais andar como dantes enfeitado de penas".[57] O seu mundo mental é ainda o dos brancos. E os valores correspondentes insinuam-se em seus atos, ideias e atitudes, dando-lhes uma cor própria. As suas considerações sobre os Bororo são, de fato, as de um branco letrado. Mas, ao mesmo tempo, indicam uma aceitação e uma repulsa por valores de cultura dos brancos e por valores da cultura dos Bororo. A indicação mais importante de todos esses dados, entretanto, é que o seu propósito de ficar nas missões corresponde a uma necessidade de não se afastar demasiadamente – mais do que já se distanciou – da "civilização" e dos brancos. É patente que os laços que o prendem ao mundo destes são ainda muito fortes e que o próprio Tiago, até agora, não se mostrou disposto a rompê-los. Apesar dos conflitos com os brancos, dos ressentimentos recíprocos e dos avanços da cultura bororo, que fatalmente o ganhará para si.[58] E também é claro que, nas circunstâncias analisadas, deverá resolver o problema e encontrar uma solução em condições bem definidas: entre os Bororo e os brancos de Sangradouro e Meruri.

8 – Conclusões

O material exposto é suficiente para que se verifique a natureza dos ajustamentos de Tiago Marques Aipobureu, evidenciando que se trata de um homem marginal. Foram analisados os principais aspectos de sua crise psíquica, as causas prováveis dela e o seu desenvolvimento. Se não foi possível fazer um estudo exaustivo – devido à limitação imposta pelos dados disponíveis – parece-me que quanto aos seguintes aspectos: ajustamento ao sis-

---

56 Idem, p. 186.
57 Idem, ibidem.
58 Mantendo-se, é óbvio, as mesmas condições.

tema sociocultural bororo, conflitos culturais com os brancos e com os Bororo, o aparecimento de ressentimentos recíprocos e de certas formas pessoais de compensação, a ambivalência de atitudes e o desenvolvimento geral do processo de marginalidade em seu caso, com as correspondentes tentativas de ajustamento ao grupo dos brancos e dos Bororo, a análise não deixou muito a desejar. É interessante, todavia, que se debatem ainda, como conclusões gerais, mais dois problemas: o primeiro diz respeito à própria caracterização do caso de Tiago, envolvendo uma reapreciação do processo estudado; o segundo chama a nossa atenção para os aspectos condicionantes, exteriores, dos contatos dele com os brancos e os Bororo.

Quanto ao primeiro, deve-se lembrar que a possibilidade de conciliação de padrões incongruentes sempre existe. O comportamento "é muito mais flexível que os padrões que o influenciam"[59], adaptando-se por isso a estes e às situações em que se encontram os próprios indivíduos. Os conflitos de padrões devem ser considerados como índices de desorganização da personalidade quando implicam conflitos emocionais, subjetivos, nos indivíduos, ou chocam o grupo, provocando nos demais membros da coletividade uma reação mais ou menos intensa e imediata de desaprovação. Geralmente, estes constituem dois aspectos de um mesmo fenômeno, um quanto ao indivíduo e outro quanto ao grupo.

Portanto, apenas pode-se falar em marginalidade desde o momento em que padrões novos, insinuando-se na vida afetiva do indivíduo, entram em choque com sentimentos e emoções anteriores.[60] A existência de crenças contraditórias, simplesmente, não significa marginalidade. Um homem normal revela, em seu comportamento, que se orienta por um número relativamente elevado de padrões incongruentes. Assim, em nossa sociedade, um indivíduo qualquer recebe na escola explicações científicas sobre a cura de moléstias, por exemplo, e, informalmente, adquire outros conhecimentos incompatíveis com os primeiros. Entretanto, acredita em ambos, podendo usá-los alternada e até concomitantemente, em certas ocasiões. Mas, quando os padrões, relacionados a determinadas crenças, entram em choque, a possibilidade de harmonização e de conciliação desaparece. A desorganização da personalidade torna-se inevitável, como consequência direta do desequilíbrio cultural.

Ora, tanto entre os Bororo como entre os brancos das missões, deve haver muitos casos de gênero apontado anteriormente.[61] Os Bororo recebem

---

59 Ralph Linton, *O homem*, São Paulo, Livraria Martins, 1943, p. 391.
60 Emílio Willems, *Assimilação e populações marginais no Brasil*, São Paulo, Companhia Editora Nacional, 1940, p. 108.
61 Sobre os resultados de contatos de sociedades culturais diferentes e a formação de culturas híbridas, ver Milton M. Goldberg, "A qualification of the marginal man theory", *American Sociological Review*, vol. 6, nº 1, 1941, p. 53.

ideias, práticas e conhecimentos dos "civilizados" e estes, por sua vez, adquirem muitos elementos da cultura daqueles, no decorrer de um processo aculturativo que dura já alguns anos. Entretanto, poder-se-ia falar em marginalidade, relativamente a esses casos? É óbvio que não, embora os contatos tenham provocado mudanças sensíveis, que puderam ser apreciadas nas referências de Tiago Marques e na constatação de A. Colbacchini e C. Albisetti, citadas anteriormente. Os problemas de ajustamento e o desenvolvimento da crise de Tiago tornam patente a inexistência de precedentes no grupo e que as modificações, por profundas que sejam, não afetaram ainda os valores centrais do sistema sociocultural bororo. Os elementos aceitos porventura dos missionários foram integrados na cultura bororo. Por isso, torna-se possível a conciliação de padrões novos e padrões tradicionais no comportamento dos Bororo das missões, evitando os riscos dos conflitos emocionais profundos. Ao contrário, pois, do que aconteceu com Tiago, em que esse processo de conciliação não foi possível, devido ao fato de ser ele portador de uma cultura diferente da cultura dos Bororo.

O segundo problema coloca-se exatamente aqui. Os conflitos entre Tiago Marques Aipobureu com os brancos, de um lado, e com os Bororo, de outro lado, devem ser encarados como uma consequência direta do fato de ser ele portador da cultura dos "civilizados". Em todas as tentativas de ajustamento, ele foi prejudicado por causa desse fato. Para os brancos, manifestava atitudes e praticava atos que não eram esperados, pois viam nele apenas um Bororo, igual aos outros das missões. Para os Bororo, a mesma coisa, mas no sentido inverso, e mais as suas insuficiências em face dos padrões da tribo, em vista dos quais foi avaliado e provisoriamente rejeitado. No fundo, pois, por ser um *Bororo civilizado*, não "serve" para ambos os grupos. Pela análise evidencia-se que a crise ainda está em desenvolvimento. Tiago não conseguiu uma saída conveniente, ajustando-se a um dos grupos e encontrando uma fórmula intermediária e suasória de solução de conflito. O último período de sua crise (até dezembro de 1939, data do discurso de Sangradouro) caracterizou-se por uma reaproximação com os brancos e por uma reconciliação com os "civilizados" e os valores de sua cultura. Mas muitos valores da cultura bororo foram incorporados à sua personalidade e em consequência modificaram profundamente sua mentalidade. As tendências do processo indicam que, nas atuais condições (precisa encontrar uma solução entre os Bororo de Sangradouro e Meruri e os brancos das Missões), é bastante provável o seu reajustamento no sistema sociocultural dos seus antepassados com a correlata conservação de certas emoções, ideais e conhecimentos de "civilizado", integrados em sua personalidade.

Apêndice[1]

Graças ao estudo de Herbert Baldus, de Antônio Colbacchini e de César Albisetti, a figura do Bororo Tiago Marques Aipobureu ficou bastante conhecida nos círculos etnológicos brasileiros. Sua vida dramática, rica de peripécias e de aventuras, atraiu a curiosidade de leitores das obras daqueles etnólogos e chamou a atenção dos "civilizados" para os efeitos desastrosos da catequese e da assimilação dos índios, quando desenvolvidas sem nenhum plano racional e sem nenhuma preocupação pelo destino pessoal das personalidades nativas, "cristianizadas" ou "abrasileiradas" pelos brancos. Há tempo, por sugestão do Dr. Herbert Baldus, tentei estudar o drama moral desse personagem. Nesse estudo, pretendia sugerir, através de um caso concreto, o que acontece aos índios, nossos contemporâneos, quando recebem uma educação do tipo da nossa, sendo depois abandonados a si mesmos, entregues às condições de existência das sociedades tribais a que pertencem. É claro que a falta de adestramentos especiais incapacita tais indivíduos para enfrentar com sucesso semelhante experiência. Por isso, tornam-se desajustados e podem revelar comportamentos marginais.

Entre as pessoas que se interessaram pelo pequeno estudo encontra-se o Sr. Manuel Cruz, amigo e admirador de Tiago Marques Aipobureu (cf. "A vida de Tiago Marques Aipobureu", artigo publicado em O *Diário de São Paulo*, 27/7/1947).

Neste artigo, o Sr. Manuel Cruz revela acentuada antipatia pelo conceito de marginalidade e afirma categoricamente que o índio Bororo não é

---

[1] Artigo publicado em O *Estado de S. Paulo*, 7/5/1949.

nenhum "homem marginal". "Tiago Marques Aipobureu, escreve, não é, como diz Florestan Fernandes, um 'marginal'. A designativa científica peca por inadequada se levarmos em conta a vida e a atividade de Tiago. Tiago é um abandonado, vítima da civilização que o encontrou feliz em plena selva de onde o agarrou pela gola atirando-o ao convívio das Missões para, posteriormente, com o maior descaso de sua sorte, deixá-lo à penúria, longe dos centros urbanos, sem nenhuma possibilidade de aproveitamento".

Todavia, tanto neste trecho de seu artigo, como no seguinte, pinta-o incisivamente como um *marginal*: "No meu modo de entender, Tiago Aipobureu é uma vítima da civilização, como disse alhures. Esta o preparou para grandes destinos, e antes que pudesse pôr em prática seu preparo e experiência, eis que foi alvo da injustiça...".

O Sr. Manuel Cruz possui, evidentemente um conceito todo pessoal de marginalidade. Pois toma o termo "marginal" como equivalente de "pessoa deliberadamente posta à margem da vida social ou de "escória social". Bastaria a leitura da conceituação do vocábulo, feita no meu próprio trabalho ou em cem obras de autores nele citados, para dissipar semelhantes dúvidas. Aliás, mesmo no *Pequeno dicionário brasileiro da língua portuguesa* poderia encontrar uma conceituação do vocábulo, no verbete "marginal": "Indivíduo que, em consequência de conflito de duas culturas, fica à margem da cultura de que proveio e da nova cultura, em que não se integrou" (op. cit., p. 795).

Ao contrário do que pensa o Sr. Manuel Cruz, o especialista, quando emprega o conceito, não pretende identificar as capacidades pessoais das personalidades estudadas aos desajustamentos evidenciados em seu comportamento. Quiproquós deste tipo, sobre o emprego de conceitos científicos, manipulados por não especialistas ao pé da letra ou de acordo com o senso comum, são inevitáveis e compreensíveis. Fora disso, o artigo do Sr. Manuel Cruz contém informações preciosíssimas a respeito de Tiago Marques Aipobureu, cuja importância para a análise de sua situação de "homem marginal" eu gostaria de indicar aqui. Antes, porém, parece-me necessário fazer uma retificação: em parte alguma do meu trabalho considerei Tiago Marques Aipobureu como "preguiçoso". Na análise que fiz de sua situação de marginal limitei-me a constatar que, em consequência das avaliações negativas do seu comportamento, ele nem correspondia ao ideal de personalidade masculina dos Bororo, nem às expectativas dos salesianos, que então o qualificaram de "preguiçoso", estendendo o atributo e a decepção até a seu filho.

Uma informação refere-se aos conflitos iniciais com os brancos. Os salesianos aproveitaram a cooperação de Tiago Marques Aipobureu em campanhas destinadas ao levantamento de fundos financeiros para as missões. As expectativas de aproveitamento prático dos resultados eram, naturalmente, distintas: os missionários tinham, a respeito, ideias opostas às de Tiago Aipobureu.

Eis como o Sr. Manuel Cruz descreve esses fatos: "A primeira decepção, disse-me Tiago, foi quando acompanhou a D. Malan que dele fez o chamariz para a obtenção de donativos para as missões. "Conta Tiago, com sua simplicidade, que D. Malan o apresentou a figuras importantes do comércio e da indústria de São Paulo e do Rio, e sempre o resultado dessas apresentações era o pedido de auxílio financeiro destinado à melhoria do padrão de vida dos Bororo, e consolidação das colônias. Ora, D. Malan nunca forneceu auxílio aos Bororo, isto é, nunca lhes deu animal para transporte, nem gado, nem nada. O nativo viveu à custa do seu trabalho."

Segundo o informante, as decepções de Tiago Aipobureu intensificaram seus conflitos com os brancos, conduzindo, mesmo, a fortes manifestações de antagonismo. "Certamente ao espírito vivo de Tiago não escapou um retrospecto àquelas cenas de promessas e de enxotamento. Esses dois fatos causaram-lhe profundo desgosto e consequentemente a volta de Tiago ao convívio dos seus patrícios, aos quais apontou, em arengas inflamadas, nas noites enluaradas, as falhas das missões e as ingratidões que vinha de receber se não dos missionários, pelo menos do novo diretor de Meruri." "A esse gesto, o padre diretor de Meruri, que não tinha o tato político do padre Colbacchini, deu começo às suas represálias contra Tiago."

Outro aspecto interessante do depoimento do Sr. Manuel Cruz refere-se às atitudes de Tiago Marques Aipobureu diante dos valores da civilização ocidental e dos valores da cultura bororo. Embora não deixasse de ser *cristão*, "posto seu cristianismo sofresse a influência de fresco atavismo", compreendia e aceitava como Bororo os valores e as instituições tribais. Essas atitudes foram largamente analisadas em meu trabalho. Em virtude do seu caráter confirmatório, as explicações do Sr. Manuel Cruz merecem ser transcritas aqui. Quanto às relações com os brancos, afirma nosso informante: "Tiago tem raciocínio pronto, compreensão clara e lógica. É o primeiro a reconhecer a importância dos missionários na fortificação e no respeito à família, no preparo dos índios nos misteres da lavoura e da pecuária e finalmente no interesse para torná-lo alfabetizado e útil se o círculo da atividade do nativo não se circunscreve à volta das colônias". [...] Apesar disso, Tiago Aipobureu "não atacou o poder dos *baére* ou sacerdotes, não desrespeitou a autoridade dos *boe imigéra gue* (caciques). Seu desejo foi, antes de tudo, o que faria um estudioso da sua gente: o esforço por tomar pé na história, nos mitos, nos cantos e na cultura material de uma tribo ciosa do seu passado e das suas tradições gloriosas".

A informação mais importante, fornecida pelo Sr. Manuel Cruz, diz respeito, no entanto, à competição por prestígio entre Tiago Marques Aipobureu e outros membros da tribo. Compreende-se, por meio dela, o significado do interesse de Tiago Aipobureu pelos valores tribais, obtendo-se assim uma explicação bastante razoável dos motivos que levaram o índio Bororo a acumular conhecimentos tão amplos sobre a mitologia tribal e o passado dos Bororo. As informações confirmam completamente a interpretação que fiz do comportamento de Tiago Marques Aipobureu, ampliando além disso a base empírica da mesma. Apesar da extensão do excerto, parece-me indispensável citá-lo neste artigo: "Tiago se aborreceu e com muita razão. Ele me contou muita coisa que não vem ao caso narrar aqui. Para julgá-lo justamente convém somar a tudo a luta que sustentou sozinho com seus próprios patrícios. Sendo superior a estes em educação e no conhecimento das coisas indígenas já liberto dos preconceitos tribais, era justo que, ao voltar às selvas, procurasse encaminhar os índios, de acordo com sua nova concepção de vida. Porém o índio quis abrir mão de suas prerrogativas sociais e religiosas e quando Tiago os quis conduzir, encontrou à sua frente uma muralha inexpugnável de resistência. Sentiu Tiago pela terceira vez, em sua vida, outra desilusão. Ele se tornava dentro da comunidade de sua gente um índio como outro qualquer. Pertencia à linguagem dos *bokodóri exeráe*, portadora de grande riqueza na cultura material, porém lhe falecia autoridade para o comando político-social da tribo, privilégio só cabível ao clã dos *baadagêbá gue*". "E essa resistência contra a influência de Tiago era manifesta na precaução que tinha os membros da comunidade em nada revelar sobre o assunto de história, de mitos e de cantos da tribo em presença de Tiago. Eu sou testemunha ocular. Para diminui-lo chegavam até a inventar que Tiago era bisonho em assuntos das coisas dos Bororo." "Apesar das reações levadas a efeito contra a esfera de influência de Tiago, conseguiu este formar no seio da geração nova largo círculo de admiradores. Infelizmente esse grupo em nada poderia modificar sua condição de vida. Tiago vive hoje em dia a vida do desamparado, travando consigo mesmo uma luta tremenda cujas consequências, dada sua idade já bem avançada, parecem ser-lhe cada vez mais adversas, salvo se mão providencial o amparar a tempo.

Como se vê, o Sr. Manuel Cruz apresenta uma valiosa contribuição para o conhecimento da personalidade de Tiago Marques Aipobureu. Essa contribuição, apesar das críticas do informante ao conceito de marginalidade, descreve claramente o caráter do drama do "homem marginal" vivido pelo simpático índio Bororo, chegando mesmo a elucidar alguns pontos obscuros até agora, como seja o das causas sociais dos conflitos de Tiago Aipobureu com os membros da tribo. O mesmo informante salienta, ainda, que o índio Bororo mantém certas expectativas – que provavelmente serão frustradas, em virtude das próprias condições sociais da situação de contato dos

Bororo com os brancos – de aproveitamento de suas capacidades pessoais por parte dos "civilizados". Porém, Tiago tem esperanças de que algum dia possa vir a ser aproveitado pelos "civilizados". Anseia ele por uma possibilidade. Não a procura porque teme que, novamente, as portas da esperança lhe sejam fechadas. Por isso, não se arrisca a enfrentar a vida, até porque se acha desambientado do burburinho das cidades e do trato com os homens. Isso evidencia que o processo descrito em meu trabalho, como supunha, não terminou: Tiago Marques Aipobureu ainda não conseguiu desenvolver um ajustamento satisfatório a um dos (ou a ambos os) grupos que disputam a sua lealdade, e a reaproximação com os brancos continua a marcar as suas atitudes e as suas ações.

Segunda Parte

*O Conhecimento Etnológico
da Realidade*

Capítulo IV

Tendências Teóricas da Moderna Investigação Etnológica no Brasil[1]

1 – Introdução

A Etnologia se desenvolveu no Brasil, até o primeiro quartel do presente século, principalmente através das obras e das realizações de investigadores estrangeiros. Graças à criação do ensino universitário de ciências sociais, ao contrato e permanência de mestres estrangeiros, para lecionar essas disciplinas nos principais centros universitários, e à nova orientação no preenchimento de cargos de direção em instituições devotadas ao labor etnográfico ou à política indigenista, com o aproveitamento de especialistas no campo da etnologia, surgiram certas possibilidades de desenvolvimento autônomo do ensino e da pesquisa dessa matéria. Ainda que tais possibilidades não alimentem, por enquanto, muitas ambições, parece pacífico que elas traduzem um estado de coisas bastante promissor e permitem encarar

---

[1] Publicação prévia: *Anhembi*, nos 72, 73 e 74, 1956-1957; transcrito por *Revista Filosófica*, Coimbra, nos 18 e 19, 1957. Incorporado a *A etnologia e a sociologia no Brasil*, São Paulo, Anhambi, 1958, como cap. I (p. 17-78).

a investigação etnológica no país através dos resultados conseguidos pelos próprios especialistas brasileiros.

É fácil compreender o progresso alcançado em poucos anos pela investigação etnológica no Brasil, quando se comparam as inspirações diretrizes dos trabalhos de Curt Nimuendajú com as que alimentam as pretensões científicas dos etnólogos brasileiros das novas gerações. Curt Nimuendajú continua (e continuará, naturalmente) a ser, sem nenhuma dúvida, a principal figura da etnologia brasileira, nesta primeira metade do século XX. Contudo, dia a dia se evidenciam as limitações de sua produção etnológica, resultantes quase sempre da falta de um sólido preparo especializado. Em contraste com determinados representantes das novas gerações de etnólogos, tendia a cuidar mais da consistência empírica e da limpidez etnográfica de suas contribuições, que do grau de elaboração interpretativa dos materiais apresentados. Qualquer uma de suas monografias mais importantes já não oferece um ideal de trabalho a se atingir, representando o mínimo que um especialista procurará realizar.

Por isso, um balanço crítico, embora despretensioso e incompleto, das tendências teóricas que prevalecem atualmente na moderna investigação etnológica no Brasil, possui algum interesse científico. A maturidade de uma disciplina qualquer, não importa em que meio intelectual, se revela melhor pelo exame dos fundamentos e do sentido teóricos das pesquisas efetuadas. Como salienta Claude Bernard, "a acumulação indefinida de observações não conduz a nada".[2] O levantamento dos dados e a sua elaboração descritiva ou interpretativa, na etnologia como em qualquer outra disciplina científica, deve submeter-se a fins teóricos precisos. Não se poderia esperar que os etnólogos brasileiros, a esse respeito, procedessem com maior rigor que os seus colegas de outros países... No entanto, procuram combinar, em suas pesquisas, os dois ideais da ciência, que consistem em conhecer empiricamente a realidade e em explicá-la através de categorias universais? Formulam-se em suas contribuições, de modo explícito, propósitos definidos de associar a investigação de uma realidade particular ao progresso de determinados setores da teoria etnológica?

É claro que um tema dessa ordem é demasiado complexo para um curto artigo. Podemos examiná-lo, porém, em seus aspectos fundamentais. Primeiro, no que diz respeito ao cosmos moral que estimula e orienta o labor intelectual dos etnólogos brasileiros. Segundo, naquilo em que as contribuições individuais possuírem algo de relevante ou de inconfundível. Assim,

---

2 Claude Bernard, *Introduction à l'etude de la médecine expérimentale*, Genebra, Les Editions du Cheval Ailé, 1945, p. 83.

delineiam-se à análise três questões básicas: as impulsões que levam a explorar a etnologia como um instrumento cognitivo, adequado à descrição (e às vezes também à interpretação) de segmentos de um mundo cultural tão heterogêneo e complexo como o Brasil; as influências e os incentivos à formação de um padrão científico de labor etnológico, suficientemente elaborado para ligar as pesquisas, de campo ou de reconstrução histórica, a alvos teóricos precisos; os focos teóricos do labor etnológico, como eles podem ser entendidos através dos resultados das investigações realizadas. Muitas questões importantes foram postas deliberadamente de lado. Inclusive, não examinamos nem a significação nem a influência construtiva de obras como o *Dicionário de etnologia e sociologia*, de Baldus e Willems, as leituras sobre ecologia humana e organização social, editadas por Pierson, algumas bibliografias críticas excelentes, como as de Baldus e Plínio Ayrosa, as traduções de contribuições de autores como Linton, Redfield, Herskovits, Summer, Durkheim, Thurnwald, Wilhelm Schmidt etc. Apesar do interesse que semelhantes questões apresentam, sua discussão sistemática nos afastaria dos objetivos centrais do presente estudo.

2 – Estímulos ao "conhecimento da situação"

A autonomia do investigador, no campo da ciência, varia com a natureza dos fenômenos investigados e com os tipos de pressão, diretos ou indiretos, exercidos sobre ele através de controles e de valores sociais. A institucionalização da investigação científica e a especialização são variáveis muito importantes nesse condicionamento, porque organizam a pesquisa científica de modo a garantir econômica, cultural e socialmente o grau de autonomia moral indispensável à realização das atividades positivas de investigação e à divulgação dos resultados descobertos. Dessa maneira, a própria ciência dá origem a mecanismos organizatórios capazes de reagir, dentro de certos limites, às pressões das ideologias, dos controles e dos valores sociais, que possam colidir ou prejudicar frontalmente a própria natureza da investigação científica. Ora, é sabido que as ciências sociais, mesmo nos países onde elas se encontram mais desenvolvidas, não conseguiram atingir um nível de institucionalização das atividades de pesquisa suficiente para proporcionar ao investigador plena autonomia na escolha de temas a serem estudados ou à constituição de uma carreira científica. Isso se reflete particularmente em dois setores: 1) no da investigação dos problemas sociais cuja análise afete, de forma explícita, os fundamentos da ordem social vigente; 2) no das possibilidades de conduzir as atividades de investigação para fins especificamente teóricos. Quanto à segunda consequência, que nos interessa no momento, ela se justifica pela aparente falta de perspectivas compensadoras da investigação teórica nas ciências sociais. As ciências de laboratório se beneficiam das expectativas, muito fortes em nossa civilização, de que a pesquisa teórica, por mais cara e laboriosa que seja, acelere o progresso dos conhecimentos científicos e redunda, por isso, na ampliação dos recursos da ciência aplicada ou da tecnologia. Como isso não parece evidente, com relação às ciências sociais, o trabalho teórico tende a ser encarado, fora dos círculos especializados, como uma espécie de consumo ocioso ou "acadêmico" de inteligência, de dinheiro e de energias humanas. Em outras palavras, o grau de especialização alcançado por essas disciplinas oferece parcos incentivos e escassa cobertura à investigação teórica.

Em consequência, o investigador fica relativamente desarmado diante das pressões que acaba sofrendo. No ajustamento a seus papéis intelectuais, pouca resistência pode oferecer às expectativas extracientíficas, que aguardam do seu trabalho de investigação o esclarecimento de questões ou de problemas relevantes para a coletividade. O próprio investigador, como fruto do seu meio, com frequência considera legítimas aquelas expectativas, propondo-se como ideal de trabalho o estudo das questões ou dos problemas que se elevam socialmente à esfera da consciência. Esse processo não afeta nem a integridade do investigador, nem os seus propósitos de se devotar às investigações segundo as técnicas e os métodos científicos. Reduz, apenas, o alcance da elaboração dos materiais e a natureza dos alvos científicos visados. Empenhando em contribuir para o conhecimento de determinada realidade, o investigador negligencia certas obrigações que poderia ter perante a comunidade de especialistas, a que também pertence, deixando de explorar os prováveis resultados das investigações, úteis para o progresso da teoria científica. Tudo se passa como se os seus papéis intelectuais fossem solicitados por dois polos diferentes: as impulsões procedentes da coletividade (ou de seus círculos letrados) e os incentivos provenientes dos padrões de trabalho científico, e como se as primeiras conseguissem predomínio acentuado sobre os segundos.

Isso é facilmente perceptível com referência ao Brasil.[3] Já se disse que a *sociedade brasileira* é um imenso cadinho de raças e de culturas. Os mais complicados problemas desafiam a ação do homem, perturbam a formação de uma consciência histórica autônoma e ameaçam o futuro da nação.

---

3 Sobre a formação e o desenvolvimento das ciências no Brasil, ver *As ciências no Brasil*, organizada por Fernando de Azevedo, São Paulo, Melhoramentos, [s.d.], 2 vol. (especialmente introdução de F. Azevedo).

E são problemas mal conhecidos; quando conhecidos, insuficientemente interpretados. Formou-se, por isso, nos círculos letrados e nas camadas dirigentes um conjunto de expectativas a respeito das ciências sociais. O que lhes interessa é o conhecimento da sociedade brasileira e dos processos étnicos, econômicos, culturais e sociais que se desenrolam ou que se desenvolvem dentro dela. Todo trabalho de investigação, seja do historiador, do geógrafo, do economista, do etnólogo, do sociólogo, encontra público e reconhecimento de valor quando se concentra na análise de um daqueles problemas e contribui de forma notória para sua explicação.[4] O exemplo em face da etnologia pode ser encontrado no sucesso de certas obras, como as de Couto de Magalhães, Nina Rodrigues, Arthur Ramos e Estêvão Pinto, ou de Euclides da Cunha, Oliveira Viana e Gilberto Freyre, naquilo que possuem de especificamente etnológico. Alguns desses autores alcançaram repercussões duradouras e exerceram profunda influência, em grande parte por causa de descobertas que permitem explicar de forma inovadora a situação racial e cultural do Brasil.

A transformação de recursos da investigação etnológica em meios racionais de autoconsciência das condições de existência faz-se acompanhar de um padrão peculiar de análise positiva. O alvo central da análise não é nem o conhecimento exaustivo da realidade, nem a natureza dos processos descritos, mas a própria situação concreta, que constitui objeto da investigação. No plano empírico, o levantamento dos dados termina na descrição daquilo que é encarado como "relevante" e "significativo" pelo sujeito investigador; no plano lógico, a elaboração interpretativa se restringe à "explicação" da situação concreta investigada, mediante a imputação de efeitos, identificados *ex eventu*, a processos que os poderiam produzir nas condições consideradas. Daí decorre a dupla vinculação desse tipo de análise com a pesquisa e com a teoria. De um lado, envolve a formação seletiva de coleções de dados. De outro, o recurso contínuo a conceitos e a conhecimentos acumulados previamente pela etnologia. Veremos, a seguir, alguns exemplos da exploração do referido tipo de análise por etnólogos brasileiros e como se podem situar suas consequências em face dos fundamentos indutivos da explicação etnológica.

---

4 Sobre as condições sociais da formação do estudo científco do comportamento humano no Brasil, cf. Florestan Fernandes. "O desenvolvimento histórico-social da sociologia no Brasil", *Anhembi*, vol. VII, nº 75 e 76, fevereiro e março de 1957; ou sua versão condensada: "Die Sozialgeschichtliche Entwicklung der Soziologie in Brasilien", publicada por *Sociologus*, 1956, vol. VI, nº 2, p. 100-15. Quanto à supervalorização das referidas aplicações das ciências sociais, ver Guerreiro Ramos, *O processo da sociologia no Brasil (Esquema de uma história de ideais)*, Rio de Janeiro, 1953.

Toda interpretação do processo histórico-cultural de formação e evolução da sociedade brasileira esbarra na necessidade de conhecer os povos aborígines, que habitavam o Brasil na época da conquista, e suas possibilidades socioculturais de reação à colonização portuguesa. Esse estudo, do ponto de vista monográfico, representaria um empreendimento complexo, a ser desdobrado em diversas pesquisas parciais e a exigir o concurso de especialistas de gerações diferentes. Contudo, se o investigador se interessa apenas em estabelecer o quadro de influências presumivelmente exercidas pelos nativos na vida material e social dos colonizadores, ele é capaz de atingir o objetivo com reduzido esforço de pesquisa. Tomem-se, como pontos de referência, o que realizam Gilberto Freyre, em *Casa grande & senzala*,[5] e Estêvão Pinto, em *Os indígenas do nordeste*.[6] Ambos os autores enfrentaram temas (respectivamente: "o indígena na formação da família brasileira" e "o indígena e o colono") que não podiam ser examinados mediante o simples aproveitamento dos resultados de investigações anteriores. Por isso, tiveram que proceder a um levantamento próprio de dados e de esclarecer, à luz deles, as questões sugeridas pelo modo de encarar a situação de contato dos portugueses com os indígenas.

Exemplo de ordem diferente se oferece em um opúsculo de Emílio Willems, sobre *O problema rural brasileiro do ponto de vista antropológico*.[7] Nele se evidencia como o recurso adequado a categorias científicas pode favorecer o aproveitamento de experiências informais do investigador, que desfruta naturalmente das possibilidades cognitivas abertas pela "observação

---

[5] Gilberto Freyre, *Casa-grande & senzala*, Rio de Janeiro, Schmidt, 1938, 3ª ed., cf. cap. II, O indígena na formação brasileira, p. 57-128. Outros aspectos das contribuições de Gilberto Freyre não serão considerados, por caírem no campo da história social ou da sociologia.

[6] Estêvão Pinto, Os *indígenas do Nordeste*, São Paulo, Companhia Editora Nacional, 1935 (1 vol.) e 1938 (2 vol.), especialmente vol. I, cap. III, p. 167-246.

[7] Emílio Willems, *O problema rural brasileiro do ponto de vista antropológico*, São Paulo, Secretaria da Agricultura, Indústria e Comércio, 1946. Outros aspectos das contribuições de Emílio Willems serão considerados adiante. A ligação deste trabalho com a explicação fundada na elaboração de evidências circunstanciais é clara, pois o problema da mudança provocada em culturas caboclas brasileiras envolve aspectos e soluções que não foram examinados e ele não poderia ser discutido objetivamente sem o recurso extenso a dados de fato, a serem obtidos pela combinação de pesquisa de reconstrução histórica com a pesquisa de campo. Merecem particular atenção as lacunas resultantes da negligência, pelo autor, de possíveis soluções baseadas em planos de desenvolvimento regional de comunidades pela intervenção simultânea na economia, na educação, nas condições de existência etc.

participante", e dentro de que limites o próprio método etnológico pode servir como uma "perspectiva de interpretação do mundo", nas reações do especialista aos problemas da coletividade em que vive. O autor deixa escrupulosamente claro que não dispunha de materiais para um diagnóstico e que este, portanto, nascia de convicções pessoais, fundadas na capacidade do etnólogo de redefinir racialmente as exigências da situação: "À vista da nossa ignorância quase total acerca da cultura cabocla, qualquer tentativa para solucionar o 'problema rural' é uma aventura com êxito extremamente incerto. Tão incerto quanto a intervenção médica num organismo que não foi submetido a nenhum exame prévio..."[8] O que não o impediu de tratar de temas muito complexos e delicados, quais sejam os da descontinuidade cultural na sociedade brasileira e das possibilidades de intervenção deliberada nas culturas caboclas.

Passemos, agora, a um exemplo que permita verificar como o referido tipo de análise foi explorado em empreendimentos mais ambiciosos. Nada mais candente, para os círculos ilustrados brasileiros, do que o problema da "fusão" das raças e das culturas no Brasil. Trata-se, de fato, de um "problema": seja por causa das condições sociais, em que se processaram os contatos raciais e culturais, as quais legaram algumas tensões em estado latente e outras em efervescência; seja porque, em um povo racial e culturalmente heterogêneo, questões dessa natureza criam confusões íntimas, sentimentos contraditórios e inseguranças quanto ao futuro. Como as investigações de antropologia física, etnológicas e sociológicas são recentes no Brasil, faltam-nos material seguro para um estudo comparativo das diferentes situações de contato, que se sucederam no passado ou que coexistem no presente. Amparando-se nos dados e conhecimentos disponíveis, de valor positivo extremamente desigual, Arthur Ramos redigiu uma obra que pode parecer arrojada, mas que, sob vários aspectos, é meritória: *Introdução à antropologia brasileira*, em cujo primeiro volume examina as culturas dos povos aborígines e africanos e em cujo segundo volume analisa as culturas europeias ou de outros povos colonizadores e os contatos raciais e culturais.[9] No conjunto, uma obra dessas proporções, tendo-se em vista as condições desfavoráveis apontadas, só poderia corresponder a expectativas extracientíficas. Apesar de argumentos lançados aqui e ali pelo autor, para justificar antropologicamente a sua obra, parece que ela se legitima por si mesma como uma ampla história cultural das relações raciais no

---

8 Idem, p. 3.
9 Arthur Ramos. *Introdução à antropologia brasileira* (vol. I, As culturas não-europeias; vol. II, As culturas europeias e os contatos raciais e culturais), Rio de Janeiro, Casa do Estudante do Brasil, 1943 e 1947.

Brasil. Nela se responde aos mais variados dilemas que os brasileiros se vêm colocando há muito tempo, de modo compatível com valores centrais da ideologia racial brasileira, mas sem constranger o relativismo do espírito científico. Afirmações como as seguintes ilustram esta ressalva: "no Brasil agrário dos séculos passados, não havia propriamente, como não há hoje, um preconceito de raça, mas não se pode deixar de observar que as classes sociais, embora não estanques, acompanham uma graduação na escala da coloração" ou "... a pequena linha de cor, apenas se observa entre os pontos extremos da escala social. Em outros termos: a linha de casta tende a confundir-se com a linha de classe".[10]

Em uma disciplina científica indutiva, na qual os principais alvos da investigação teórica são a acumulação de conhecimentos intensivos e exaustivos sobre totalidades culturais e a descoberta de explicações sobre a natureza dos processos culturais, semelhante tipo de análise constitui um procedimento interpretativo pouco consistente. As inconsistências não derivam da liberdade do sujeito-investigador na seleção dos aspectos "relevantes" o "significativos" da realidade, nem da consideração fragmentária das situações de existência e dos processos que nelas operam, mas do modo de construir as inferências e de explorá-las em fins descritivos ou interpretativos. Há três pontos negativos, que merecem ser postos em relevo. O primeiro diz respeito à técnica de formação da inferência. No processo de abstração e de generalização, a etnologia procede, predominantemente, por meios qualitativos. Os principais procedimentos empregados visam a pôr em evidência: a) conexões e relações de sentido; b) conexões e relações funcionais; c) conexões e relações causais, descobertas através de diferentes técnicas de construção empírica de tipos. Ora, a espécie de análise considerada não comporta nenhuma das modalidades de construção de tipos (ideais, médios e extremos ou modais), porque seus alicerces empíricos são insuficientes para isso. Em consequência, as inferências são elaboradas mediante técnicas inadequadas de interpretação e torna-se impraticável estabelecer com rigor a comprovação material da veracidade das premissas, em que se fundem as inferências. É importante salientar que as dificuldades emanam do modo de manipular as instâncias (sem o recurso aos métodos de interpretação adequados), e não do seu número. E que a aceitação das "interpretações" descobertas através do referido tipo de análise, nos círculos de especialistas ou fora dele, dificilmente se poderá basear na convicção de que elas tenham sido submetidas à prova.

Os outros dois pontos se referem à exploração do conhecimento intuitivo e ao uso das hipóteses. Os autores que atribuíram maior importância

---

10   Idem, vol. II, p. 566-567.

à intuição, como fonte de conhecimento de conexões de sentido e de explicação do comportamento humano, seja na historiografia (Dilthey, Cassirer e os historiciastas), seja na etnologia (Frobenius), seja na sociologia (Simmel), não recomendam de modo algum a livre utilização do conhecimento intuitivo. Ao contrário, ela se sujeita a uma disciplina comparavelmente tão rigorosa quanto os procedimentos positivos das ciências experimentais. Todavia, no tipo de análise que consideramos, a convicção subjetiva do sujeito-investigador é facilmente transformada em critério de verdade. Quanto ao uso de hipóteses, o referido tipo de análise oferece campo pouco frutífero para a consideração crítica senão de todas, pelo menos das principais explicações plausíveis de determinada ocorrência, comportamento ou processo. É que isso exigiria um conhecimento exaustivo da situação como um todo, e suficiente base empírica para levantar hipóteses concorrentes.

Tomemos um ou dois exemplos, para situar tais consequências na própria trama das explanações. Tratando da forma de reação dos povos indígenas aos colonizadores europeus, escreve Gilberto Freyre: "Mas entre indígenas das terras de pau-de-tinta outras foram as condições de resistência ao europeu: resistência não mineral mas vegetal". [...] "A reação ao domínio europeu, na área de cultura ameríndia invadida pelos portugueses, foi quase a de pura sensibilidade ou contratilidade vegetal, o índio retraindo-se ou amarfanhando-se à nova técnica econômica e ao novo regime social e moral." Adiante, completando a explicação do mesmo processo, afirma: "Enquanto o esforço exigido pelo colono do escravo índio foi o de abater árvores, transportar os toros aos navios, granjear mantimentos, caçar, pescar, defender os senhores contra os selvagens inimigos e corsários estrangeiros, guiar os exploradores através do mato virgem – o indígena foi dando conta do trabalho servil. Já não era o mesmo selvagem livre de antes da colonização portuguesa; mas esta ainda não o arrancara pela raiz do seu meio físico e do seu ambiente moral; dos seus interesses primários, elementares, hedônicos; aqueles sem os quais a vida se esvaziaria para eles de todos os gostos estimulantes e bons: a caça, a pesca, a guerra, o contato místico e como que esportivo com as águas, a mata, os animais. Esse desenraizamento viria com a colonização agrária, isto é, a latifundiária; com a monocultura, representada principalmente pelo açúcar. O açúcar matou o índio".[11]

Essas explanações demonstram o que ocorre na interpretação de uma situação qualquer quando o sujeito-investigador utiliza insuficientemente os

---

11 Gilberto Freyre, *Casa-grande & senzala*, trechos extraídos das p. 58 e 125. Suas interpretações são endossadas por Estêvão Pinto, cf. *Indígenas do Nordeste*, vol. I, p. 194s.

recursos da análise etnológica para explicar um processo histórico-social. O padrão descrito de reação dos povos indígenas à conquista, o de *reação vegetal do índio ao branco*; e a reação estabelecida entre a estrutura econômica e a destribalização, o *açúcar mata o índio* – representam duas ideias formadas por vias tipicamente intuitivas. Esquematicamente, são duas fórmulas brilhantes e cada uma contém a sua parcela de verdade. Mas elas explicam, realmente, a dinâmica da complexa situação de contato dos índios com os brancos no Brasil do século XVI? A hipótese que lhes é subjacente de que os fatores dinâmicos do processo de colonização e, por consequência, do de destribalização, se inscreviam na órbita de influência e de ação dos brancos, seria a única etnologicamente relevante? Não seria necessário estabelecer uma rotação de perspectiva; que permitisse encarar os mesmos processos do ângulo dos fatores dinâmicos que operavam a partir de instituições e de organizações sociais indígenas? Reformulando-se o problema, não seria difícil descobrir que a reação do indígena à conquista e à colonização nunca chegou a ser "vegetal" mas sempre foi humana e, dentro dos limites de suas possibilidades culturais, contínua e terrível. E, o que nos parece mais importante, que o seu insucesso na reação ativa ao branco se explica menos pelo nível da técnica, que pela incapacidade institucional de evoluir para novos padrões de organização social, suscetíveis de integrar socialmente grupos tribais contíguos, pertencentes ao mesmo estoque linguístico e cultural. Doutro lado, não foi, positivamente, o açúcar que matou o índio. O processo de destribalização, no decorrer dos séculos XVI e XVII, foi condicionado pela expropriação territorial das populações indígenas e pelos processos decorrentes, que expuseram os indígenas, que não conseguiram se retrair além das fronteiras móveis do "sertão", a condições heteronômicas ou anômicas de existência, nas relações com os portugueses.

É preciso que se entenda, porém, que os argumentos aqui expostos não visam subestimar a importância da contribuição científica, trazida por autores que exploraram a análise etnológica na interpretação dos grandes processos histórico-culturais ou dos graves problemas étnicos da sociedade brasileira. Tal contribuição, desde figuras pioneiras, como Sílvio Romero, Nina Rodrigues, Euclides da Cunha ou Oliveira Viana até especialistas de envergadura reconhecida, como Gilberto Freyre ou Arthur Ramos, é das mais relevantes – tanto para o conhecimento da sociedade brasileira quanto para o estímulo das investigações etnológicas no Brasil. O que pretendemos, pura e simplesmente, foi pôr em evidência o grau de significação teórica que ela poderá ter para a etnologia.

3 – Formação de um padrão intelectual de trabalho científico

A formação de um padrão intelectual de investigação científica constitui um processo institucional complicado. As influências externas, que podem ser exercidas através de centros de difusão do pensamento e de conhecimentos científicos, apenas oferecem técnicas ou ideais de trabalho e um complexo de valores fundamentais para a motivação da atividade científica. Esses elementos, porém, para se incorporarem e preencherem funções dinâmicas na cultura que os "importa", precisam se integrar em um sistema institucional, cuja criação depende de possibilidades internas de mudança cultural e social. Na fase atual de desenvolvimento das ciências no Brasil, é facilmente perceptível a conjugação de efeitos dos processos de difusão e de mudança sociocultural interna, e pode-se, por assim dizer, acompanhar *pari-passu* como a sociedade brasileira reage às transformações do mundo moderno e se aparelha para reconstruir, dentro dela, as bases da chamada "civilização científica". Através desse processo histórico-cultural se criam instituições novas, constituídas para desempenhar funções predeterminadas no campo da investigação científica e para servir, especificamente, aos alvos centrais do conhecimento científico. Por isso, teremos que lhe devotar alguma atenção, na medida em que ele atinge e reorganiza os objetivos das atividades de pesquisa dos etnólogos brasileiros.

Neste passo do artigo é preciso que se tenha em mente que não se deve confundir o nível alcançado pelas pesquisas etnológicas sobre agrupamentos indígenas brasileiros, a partir dos meados do século passado, com o estado contemporâneo das investigações etnológicas no Brasil. As referidas pesquisas foram realizadas por especialistas estrangeiros – Karl Friedrich, Philipp von Martius, Karl von den Steinen, Henri Coudreau, Paul Ehrenreich, Max Schmidt, Theodor Koch-Grundberg, Fritz Krause, Antônio Colbacchini e, mais tarde, César Albisetti, Alfred Métraux etc.[12] e de modo algum traduzem as possibilidades intelectuais de autores brasileiros da época. Adiante,

---

12   Sobre a contribuição desses e de outros autores à etnologia brasileira, cf. Herbert Baldus, *Bibliografia crítica da etnologia brasileira*, Comissão do IV Centenário da Cidade de São Paulo, 1954 (introdução e verbetes); Egon Schaden, "O estudo do índio brasileiro – ontem e hoje", *Revista de História*, São Paulo, 1952, nº 12; Estêvão Pinto, *A antropologia brasileira*, Recife, Editora Nordeste, 1952; Fernando de Azevedo, "A antropologia e a sociologia no Brasil", *As ciências no Brasil*, vol. II, p. 355-399; Arthur Ramos, *Introdução à antropologia brasileira*, vol. I, p. 10-19; Estêvão Pinto, *Os indígenas do Nordeste*, cap. II; uma bibliografia mais extensa poderá ser encontrada nessas fontes.

voltaremos a este assunto, para assinalar em que sentido tais pesquisas exerceram uma influência dinâmica na história da etnologia brasileira. Esclarecido esse ponto, também é indispensável deixar claro que, na presente discussão, pretendemos nos limitar aos aspectos fundamentais do tema, como sejam: a formação de meios de preparação e de adestramento de etnólogos; a emergência da organização financeira e institucional da pesquisa etnológica; a objetivação de ideais de investigação etnológica e sua projeção no labor intelectual dos etnólogos brasileiros: as tendências de diferenciação do público consumidor de publicações etnológicas.

O treinamento sistemático do pesquisador é a primeira condição, e a mais importante de todas, para a constituição e o contínuo aperfeiçoamento de padrões intelectuais definidos de investigação científica. Tal treinamento repousa no ensino universitário, mas só se completa depois dele, nas experiências concretas de pesquisa. A esse respeito, o adestramento do etnólogo não parece menos demorado e complexo que o de qualquer outro especialista: o preparo geral, que fornece ao candidato certo domínio sobre seu campo e sobre matérias afins, deve ser seguido de um treinamento intensivo, de aprendizagem no setor das pesquisas, o qual desenvolverá suas capacidades de ajustamento aos papéis do investigador na etnologia.[13] Com isso, o ensino universitário se torna a pedra de toque da formação científica do etnólogo e o elo fundamental da cadeia de influências, que podem dar menor ou maior relevo aos alvos teóricos da investigação etnológica.

Ora, o ensino universitário das ciências sociais é recente, no Brasil,[14] e, mesmo nos centros onde ele se processa com relativa eficiência, são limitadas as possibilidades de preparo geral e de treinamento dos estudantes nas tarefas de pesquisa (de campo ou de reconstrução histórica). As dificuldades da etnologia são comparativamente maiores que as de outras disciplinas, por causa da má organização do currículo, que é obsoleto, e dos obstáculos inerentes à realização de pesquisas etnológicas de campo. Não obstante, o jovem etnólogo brasileiro tem oportunidade de receber um ensino sistemático e, graças à cria-

---

13 Tomem-se em consideração, por exemplo, as condições de formação do etnólogo na universidade de Oxford (cf. E. E. Evans-Pritchard, *Social anthropology*, London, Cohen & West, 1951, p. 55-57).

14 O ensino de etnografia e de antropologia, com outras disciplinas como a sociologia, a economia etc., adquire padrões científicos com a instituição das Universidades de São Paulo (1934) e do Distrito Federal (1935), bem como com a fundação da Escola Livre de Sociologia e Política, em São Paulo (1933). Sobre as consequências da criação das universidades no desenvolvimento das pesquisas etnológicas, cf. especialmente Fernando de Azevedo, *A antropologia e a sociologia no Brasil*, op. cit., p. 384s.

ção dos cursos de especialização,[15] de iniciar suas pesquisas sob a orientação de algum professor mais experimentado. Isso permite simplificar e organizar a transmissão de ideais de trabalho na investigação etnológica pelo menos em um ponto: o da significação da pesquisa, tanto no plano empírico quanto no plano lógico, no labor intelectual do etnólogo. Isso conduz a um conjunto de polarizações que, por enquanto, se manifestam de forma negativa: evitar a mera acumulação de dados, não conduzir as investigações para fenômenos ou problemas irrelevantes e, especialmente, não divorciar as pesquisas pelo menos dos recursos e conhecimentos teóricos já acumulados pela etnologia.

Vê-se, portanto, que o ensino universitário está contribuindo para criar novas disposições de espírito diante das tarefas e dos objetivos do labor intelectual do etnólogo no Brasil. Conseguiu, mesmo, difundir uma constelação de aspirações e de ideais de trabalho que são altamente favoráveis a desenvolvimentos mais fecundos, na combinação da pesquisa à elaboração teórica. Diversas contribuições etnológicas, escritas para satisfazer as exigências da carreira universitária,[16] comprovam que são poucos os especialistas que se contentam com a descrição pura e simples da realidade. O esforço interpretativo, às vezes associado às ambições teóricas bem definidas, está quase sempre presente, em menor ou maior escala, nessas contribuições. Em conjunto, pois, é legítimo admitir que o ensino universitário está estimulando a emergência de um padrão de labor intelectual propriamente científico na etnologia brasileira e auxiliando a alargar o âmbito das pretensões teóricas das investigações.

A segunda condição fundamental para a formação e o refinamento contínuo de um padrão intelectual de investigação etnológica consiste na organização institucional da pesquisa, nos diferentes setores em que elas se possam desdobrar. O exemplo fornecido pela Inglaterra é o mais oportuno. Em menos de meio século se acumularam conhecimentos etnológicos, obtidos por meio da pesquisa de campo e de reconstrução histórica, sobre áreas geográfica, cultural e socialmente diversas, constituíram-se equipes de inves-

---

15 O curso de especialização em política, antropologia e sociologia foi instituído, oficialmente, pela portaria nº 497, de 15 de outubro de 1947. Contudo, ele já existia na Escola de Sociologia e Política, sob a forma de estudos pós-graduados, associados à obtenção do grau de mestre em ciências sociais.
16 Ver, especialmente, Antonio Candido, "Informação sobre a sociologia em São Paulo". O *Estado de S. Paulo*, 25 de janeiro de 1954, caderno V, no qual são mencionados os principais trabalhos apresentados como teses de mestre ou de doutoramento à Universidade de São Paulo e à Escola de Sociologia e Política, tanto no campo da etnologia brasileira quanto no da antropologia e da sociologia.

tigadores com objetivos científicos definidos, e surgiram tendências construtivas tanto nas esferas da sistematização teórica quanto nas da reflexão prática.[17] Os estímulos econômicos, políticos e administrativos, que operam na sociedade brasileira são, obviamente, diferentes dos que levaram os ingleses a dar certa expansão e continuidade às pesquisas etnológicas. Contudo, nem por isso tais estímulos são menos ativos no Brasil, guardadas as proporções. O *problema do índio* já se colocara com clareza na época das lutas pela independência do Brasil e da organização político-administrativa do Império, o mesmo ocorrendo com o *problema do negro*, intimamente associado às consequências econômicas e sociais do regime escravocrata, e com o *problema nacional*, que sempre foi concebido pelas elites dirigentes em termos das contradições étnicas da sociedade brasileira. Depois disso, o desenvolvimento das regiões meridionais levantaram novos *problemas*, ligados com a assimilação de imigrantes, com o deslocamento de populações internas e com a industrialização. Em virtude desses estímulos, a pesquisa etnológica foi sendo transferida, lentamente, da área das atividades conspícuas, para a arena em que se colocam os grandes temas nacionais e a discussão dos problemas brasileiros. O melhor exemplo a respeito dos efeitos desse processo é o que nos oferece o Serviço de Proteção aos Índios,[18] no qual a pesquisa etnológica encontrou amparo financeiro regular e é realizada, atualmente, tendo em vista objetivos empíricos, teóricos e práticos.

É óbvio que um país como o Brasil não pode desviar grandes somas de dinheiro das inversões economicamente produtivas. Todo o sistema científico brasileiro se ressente de limitações surgidas nesta esfera. Todavia, tendo-se em mente a situação econômica do país, o Brasil já possui uma organização institucional da pesquisa etnológica que está, sob muitos aspectos, acima de suas possibilidades financeiras. É preciso insistir neste ponto, porque o financiamento da pesquisa científica representa a condição essencial da continuidade e eficiência das investigações. Se é verdade que não dispomos de uma organização institucional suficientemente complexa e plástica para atender à multiplicidade de projetos de pesquisa, imposta pelas diferenciações regionais, parece evidente que, em compensação, contamos com o elevado número de instituições que concorrem, aqui e ali, para o amparo e fomento das atividades de pesquisa, de formação de coleções etnográficas, de divulgação de

---

17 Tendo-se em vista, naturalmente, os desenvolvimentos recentes, inspirados pelo funcionalismo. Sob outros aspectos, é óbvio que havia uma longa tradição dos estudos etnológicos na Inglaterra.
18 Sobre a organização, os fins e os serviços do museu ou de pesquisas etnológicas do Serviço de Proteção aos Índios, ver *S.P.I.*, edição oficial, Rio de Janeiro, 1953.

obras etnológicas etc.[19] Tais instituições, inclusive as governamentais, estão longe de poderem manter equipes numerosas de investigadores, de suportar financeiramente projetos ambiciosos de trabalho e de aproveitar adequadamente a mão de obra formada pelas universidades. Mas são eficientes no amparo de pesquisas custosas e de projetos individuais de investigação, na subvenção parcial de atividades de pesquisa e, às vezes, na divulgação dos resultados das investigações. O que merece relevo, porém, é o que elas próprias significam como ponto de partida de uma situação mais promissora.

Em síntese, a atual organização da pesquisa etnológica no Brasil apresenta diversas insuficiências, tanto no plano financeiro quanto no plano da institucionalização das atividades dos pesquisadores, na medida em que se revela inconsciente com os fins de projetos que envolvam equipes numerosas de especialistas e planos complexos de investigação. Por isso, existem poucas possibilidades para que as pesquisas contribuam, por si mesmas, para alargar o âmbito e os propósitos teóricos dos projetos de investigação, atualmente realizáveis na etnologia brasileira. Graças ao ensino universitário, entretanto, estabeleceu-se uma vinculação entre a pesquisa e o padrão intelectual de labor etnológico, que é bastante fecunda, no presente estado de financiamento e de organização das investigações etnológicas. O amparo e o estímulo a realizações pessoais permite consolidar o padrão de trabalho alcançado mediante a influência do ensino universitário, contribuindo assim para pôr a própria pesquisa a serviço das preocupações e dos alvos teóricos, que são reconhecidos como relevantes pelos etnólogos brasileiros das novas gerações.

A investigação científica, como toda atividade humana, depende naturalmente de fatores dinâmicos internos, que orientem subjetivamente o ajustamento dos investigadores ao seu mundo social restrito. Sem dúvida, certas normas e ideais do trabalho científico são universais e deles compartilham, de uma forma ou de outra, todos os que se devotam profissionalmente a qualquer uma das modalidades do labor científico. Contudo, tais normas e ideais operam através de condições de trabalho que são variáveis de um país para outro, assumindo especial importância o clima dominante da produção científica em cada especialidade e os valores que motivam, através dele, o comportamento dos investigadores. É claro que ainda é cedo para se falar em clima de produção científica na etnologia brasileira. Pode-se notar, porém, certas tendências de ajustamentos dos etnólogos brasileiros às suas situações de trabalho, as quais indicam, indiretamente, que espécie de valores intervêm na delimitação do horizonte intelectual daqueles especialistas.

---

19 Sobre as instituições que prestam serviços na área da pesquisa etnológica, cf. L. A. Costa Pinto e Édison Carneiro, *As ciências sociais no Brasil*, Rio de Janeiro, Companhia Nacional de Aperfeiçoamento de Pessoal de Nível Superior, 1955.

Ao ensino universitário das ciências sociais cabe um papel ativíssimo na seleção e objetivação de ideais de trabalho aplicáveis às condições da investigação etnológica no Brasil. É preciso que se diga que esse papel é menos importante pelo que supõe quanto à transferência de conhecimentos etnológicos da Europa e dos Estados Unidos para o Brasil, que pelo que significa quanto à forma de compreensão da natureza e dos recursos da etnologia como disciplina científica. Com exceção de Radcliffe-Brown, os professores que desempenharam alguma influência no ensino da etnologia no Brasil, como Herbert Baldus, Emílio Willems, Claude Lévi-Strauss, Kalervo Oberg, Arthur Ramos e Roger Bastide (nos limites em que a sociologia entra em confluência com a etnologia, no estudo das culturas africanas), assumiram uma atitude eclética diante das teorias etnológicas e de seus fundamentos metodológicos.

Tomemos como ponto de referência antigos cursos de Lévi-Strauss e de Herbert Baldus: o primeiro dava grande atenção às possibilidades teóricas de descrição das comunidades humanas e às diretrizes metodológicas em que elas repousavam, procurando descobrir em que consistia a contribuição positiva e as limitações de cada uma delas;[20] o segundo, como antigo aluno de Thurnwald, nunca defendeu intransigentemente o funcionalismo, esforçando-se, ao contrário, para pôr em evidência as vantagens e as desvantagens de outras orientações metodológicas, como a "concentrista" e a "difusionista", no estudo de comunidades indígenas brasileiras.[21] Essas disposições didáticas

---

20 Cf. professor Lévi-Strauss, *Sociologie générale – méthodologie sociale*, edição mimeografada de resumos de cursos, Faculdade de Filosofia, Ciências e Letras, [s.d.].

21 Em cursos professados na Escola de Sociologia e Política, em particular nos debates travados nos *Seminários de Etnologia Brasileira*. Ideias e materiais apresentados dessa forma foram aproveitados em artigos publicados principalmente na revista *Sociologia* (cf. Herbert Baldus; "Difusionismo, concentrismo e funcionalismo", *Sociologia*, 1941, vol. III, nº 2, p. 128-140; "Comunicação e comércio entre os índios do Brasil", *Sociologia*, 1944, vol. VI, nº 3, p. 237-249; "Aquisição do sustento entre os índios do Brasil", *Sociologia*, 1948, X, nº 4, p. 283-302; "A alimentação dos índios do Brasil", *Sociologia*, 1950, vol. XII, nº 1, p. 44-58; "Bebidas e narcóticos dos índios do Brasil", *Sociologia*, 1950, vol. XII, nº 2, p. 161-169; cf. também: "Instruções gerais para pesquisas etnográficas entre os índios do Brasil", *Revista do Arquivo Municipal*, São Paulo, 1940, vol. LXIV, p. 253-272; "Possibilidades de pesquisas etnográficas entre os índios do Brasil", *Acta Americana*, 1945, vol. III, nº 4, p. 51-54). Seria importante mencionar, ainda, que a sistematização da bibliografia etnológica, relativa aos índios do Brasil, foi feita por Herbert Baldus tendo em vista as necessidades dos seus alunos nos referidos cursos; dos trabalhos daí resultantes seria preciso ressaltar: *Fontes primárias para o estudo dos índios do Brasil quinhentista*, Instituto de Administração da Universidade de São Paulo, 1948, publicação nº 28; e *A bibliografia crítica da etnologia brasileira* (op. cit.), obra paciente, meticulosa e de grande significação didática, pois coloca ao alcance dos estudiosos, de modo ordenado e crítico, indicações a respeito de 1.785 contribuições sobre populações indígenas brasileiras.

possuíam, é óbvio, um sentido crítico e favoreciam, por isso, a criação de ambições teóricas e metodológicas integrativas nos jovens estudiosos de etnologia. Possibilidades da descrição etnológica da realidade deixavam de ser vistas com a intransigência dos componentes de "escolas", para serem apreciadas em sua justa significação, como instrumentos de trabalho e como alvos positivos da investigação de campo ou histórica.

As preocupações e as contribuições dos etnólogos estrangeiros, que realizaram expedições no Brasil a partir dos meados do século passado, encontraram ambiente intelectual propício para serem incorporadas de maneira crítica às ambições científicas dos modernos etnólogos brasileiros. Tornou-se evidente que eles criavam modelos de trabalho, altamente apreciáveis nalguns pontos: valorização da pesquisa de campo, importância atribuída à descrição sistemática da realidade observada pelo sujeito-investigador (na qual foram atingidos níveis ideais na descrição de certos aspectos da cultura, como dos implementos e artefatos materiais, da mitologia, de aspectos da vida econômica ou da estrutura social etc.), constituição de coleções etnográficas e análise comparativa de situações tribais diferentes. Mas também se patentearam as consequências negativas de interpretações unilaterais, que procuravam no estudo dos indígenas brasileiros esclarecimentos que ele não poderia fornecer, a propósito de estados anteriores da Humanidade, por exemplo, e as insuficiências de todo trabalho de investigação etnológica que não repousar em fundamentos metodológicos bastante sólidos. A esse respeito, a seguinte explanação de Egon Schaden traduz, com vigor, como o moderno etnólogo brasileiro reage a essa riquíssima herança intelectual: "Encontramo-nos, portanto, num ponto em que já não se encaram as culturas aborígines através do prisma de teorias unilaterais. Todo meio de conhecimento com base metodológica racional poderá integrar a síntese que, pela multiplicidade das perspectivas teóricas judiciosamente coordenadas, seja capaz de proporcionar a visão do que é certo e verdadeiro. Se a etnologia moderna desenvolver e firmar essa síntese, sem perder-se em estéril ecletismo, ela nos permitirá discernir o aborígine brasileiro tal qual ele se apresenta na realidade".[22]

Por fim, é preciso considerar as influências exercidas pelo poder do exemplo e da competição. Embora ainda não exista um padrão definido de "carreira", entre os etnólogos brasileiros, os que são bem-sucedidos, em suas atividades de pesquisa ou de sistematização dos dados, impõem aos outros certos mínimos de realização. Sob esse aspecto, avultam a figura e a contribuição de Curt Nimuendajú, o primeiro investigador que fez uma *carreira*

---

22 Egon Schaden, *O estudo do índio brasileiro*, op. cit., p. 399.

etnológica no Brasil, e de cujos trabalhos já se disse que "inauguram nova fase no desenvolvimento da etnologia brasileira".[23] A infatigável dedicação ao índio, a devoção aos estudos etnológicos, o paciente esforço de autoaperfeiçoamento científico, os recursos de pesquisador e a capacidade de comunicação com o indígena, a visão de conjunto dos problemas da etnologia brasileira, a conjugação de interesses científicos e fins práticos fazem dele um investigador-modelo, cujo exemplo compele os demais a aceitarem e a defenderem uma noção tão complexa quão elevada das tarefas e dos deveres do etnólogo brasileiro. Apesar das limitações empíricas e teóricas inegáveis de sua obra, deve-se à sua influência um novo estilo de trabalho etnológico, baseado na permanência prolongada nas comunidades investigadas, no uso das linguagens nativas como meio de comunicação e na compreensão da interdependência fundamental dos componentes da personalidade, da cultura e da sociedade, bem como um padrão preciso de descrição monográfica.

Existem, portanto, influências convergentes, que tendem a projetar ou a redefinir centros de interesse teórico no horizonte intelectual dos etnólogos brasileiros. Esses centros de interesse teórico ainda são, presentemente, confinados pelas fronteiras empíricas das investigações monográficas. Mas eles já são suficientemente claros para compelirem os especialistas a tomar consciência dos problemas teóricos, inerentes a qualquer pesquisa de campo ou de reconstrução histórica, e a fazer a crítica dos principais recursos metodológicos da etnologia, que permitam resolvê-los. Com a acumulação dos resultados das investigações empírico-indutivas, será inevitável o aparecimento de problemas teóricos mais complexos e a realização de análises etnológicas de escopo especificamente teórico.[24] Por aqui se vê que o padrão de labor etnológico emergente contém, dentro de si, tendências dinâmicas suficientemente fortes para conduzir a novos esquemas de combinação da sistematização teórica às investigações empírico-indutivas.

---

23 Sobre Curt Nimuendajú, consulte-se: Herbert Baldus, *Bibliografia crítica da etnologia brasileira*, p. 16, e Curt Nimuendajú, 1883-1945, *American Anthropologist*, abr.-jun. de 1946, vol. 48, nº 2, p. 238-243; Egon Schaden, Curt Nimuendajú, *Anales del Instituto de Etnologia Americana*, Mendoza, Universidad de Cuyo, 1946, tomo VII, p. 193-195; Nunes Pereira, *Curt Nimuendajú (Síntese de uma vida e de uma obra)*, Belém do Pará, 1946. A citação acima é de Herbert Baldus.

24 Sobre as áreas nas quais estão surgindo problemas que impõem novas tentativas de sistematização teórica, cf. Egon Schaden, "Problemas fundamentais e estado atual das pesquisas sobre os índios do Brasil", Symposium etno-sociológico sobre comunidades humanas no Brasil, *Anais do XXXI Congresso Internacional de Americanistas*, São Paulo, 1955, p. 297-311.

Por fim, nenhuma disciplina científica prescinde da racionalização dos meios de comunicação dos especialistas entre si ou da divulgação dos conhecimentos obtidos em círculos intelectuais mais vastos. Semelhante divulgação confere às diversas disciplinas a possibilidade de contribuírem para a construção do sistema científico de concepção do mundo, para a renovação dos fins e dos meios da educação e para a solução dos problemas técnicos, econômicos e humanos da civilização moderna.[25] É preciso mencionar esse fato porque os recursos financeiros e os pontos de apoio institucionais das pesquisas científicas dependem diretamente da importância que cada disciplina científica alcança naqueles três níveis. Por causa das funções limitadíssimas que as ciências sociais conseguem preencher em cada um deles ou em conjunto, elas desfrutam de pouca consideração pública no mundo moderno. Não se poderia esperar que as coisas se passassem de modo diferente no Brasil, em particular com referência à etnologia.

Não obstante, as instituições que concorrem para o ensino ou para a realização de pesquisas no campo da etnologia mantêm publicações periódicas, que estabelecem alguma comunicação entre especialistas localizados em diferentes regiões do país. Atualmente, as principais publicações são editadas em São Paulo: a revista *Sociologia*, dirigida por Oracy Nogueira e Donald Pierson, e patrocinada pela Escola de Sociologia e Política – a qual devota uma seção regular à etnologia; a *Revista do Museu Paulista*, em sua nova série, dirigida por Herbert Baldus – que é uma publicação exclusivamente etnológica; e a *Revista de Antropologia*, subvencionada privadamente por Egon Schaden, que é seu diretor e professor de antropologia da Universidade de São Paulo. Em comparação com as dificuldades do passado, parecem enormes as facilidades editoriais do presente. Em São Paulo, por exemplo, não só a Universidade de São Paulo patrocina a edição de contribuições etnológicas, sob a forma de boletins,[26] como as editoras particulares dão crescente acolhida a obras que pareçam contar com boas perspectivas de venda. Contudo, é nesta esfera que a mudança foi mais lenta e contribuiu menos para consolidar as tendências do desenvolvimento da etnologia brasileira. De um lado, as editoras tendem a evitar todas

---

25 Dispensamo-nos de apresentar uma bibliografia sobre os principais trabalhos que procuram analisar a ciência como fenômeno cultural e social, pois isso fugiria aos propósitos de nosso estudo.
26 Só na Faculdade de Filosofia, Ciências e Letras da Universidade de São Paulo, a cadeira de Antropologia concorre com três, a de Sociologia I com quatro e a cadeira de Etnografia e Língua Tupi-Guarani com 30 boletins de interesse etnográfico ou etnológico. Está no prelo o Boletim nº I da Cadeira de Sociologia II, de autoria de Frank Goldman e Aziz Simão, que é um estudo de comunidade – *Itanhaém: contribuição ao estudo sociológico do desenvolvimento econômico e social de uma comunidade litorânea*.

as contribuições que parecem "muito especializadas" ou "difíceis" para o público leigo. De outro, raramente os especialistas qualificados encontram oportunidades para preparar livros didáticos ou de textos.

As limitações fundamentais se erguem, porém, nas condições dominantes de comunicação dos especialistas entre si e na relativa indiferenciação do público intelectual consumidor. Entre os etnólogos, como entre outros especialistas no campo das ciências sociais, prevalecem padrões de trabalho que acentuam o isolamento do investigador individual. O interesse pelo que os colegas fazem é diminuto, o que cria um ambiente intelectual pouco propício à conjugação de esforços nas pesquisas ou à realização de tentativas complexas de sistematização teórica. Quanto às relações com o público leigo, a condição desfavorável mais importante diz respeito à incapacidade dos círculos intelectuais em aproveitarem pronta e fecundamente os conhecimentos descobertos pelas modernas investigações etnológicas. Parece que a passagem do antigo tipo de análise, em que a interpretação etnológica era explorada de forma universalmente acessível, para o novo padrão de análise etnológica positiva, foi demasiado rápida. Não houve tempo para que ocorresse uma diferenciação do público leigo suficientemente profunda para que se constituíssem círculos intelectuais capazes de dar um destino conveniente às contribuições dos etnólogos. Embora as publicações etnológicas encontrem algum público, por causa da curiosidade pelo "índio", pelo "folclore negro", pelos "assuntos brasileiros" etc., as tendências à reelaboração intelectual das descobertas dos etnólogos são quase nulas. Mesmo contribuições cujo sentido supraetnológico seja evidente – para a interpretação histórica do passado ou para o conhecimento do presente – permanecem inaproveitadas ou sofrem severas restrições, o que demonstra o apego de larga parte do público leigo pelos modos pré-científicos de concepção do mundo.

Eis por que alguns progressos foram conseguidos. Mas eles são ainda insuficientes para estimular o padrão de trabalho intelectual inerente à investigação etnológica de caráter rigorosamente científico. Nem se formou um público orgânico, resultante da comunicação dos especialistas entre si e com novas gerações de estudantes. Nem o público leigo sofreu modificações que comportem relações construtivas contínuas com os círculos brasileiros de produção etnológica. Em consequência, são diminutas as possibilidades de promover maior integração nas atividades de pesquisa, principalmente tendo em vista os problemas teóricos que resultam da acumulação de conhecimentos empíricos, e são pouco compensadores os influxos do público leigo, mesmo nos setores mais interessados, em benefício das investigações etnológicas.

A discussão dos quatro aspectos fundamentais, do tema que nos cabia examinar, deixa bastante claro que as transformações sofridas pela etnologia brasileira, no último quartel do século, tendem a produzir o mesmo efeito. Este consiste na formação e consolidação de um padrão intelectual de labor etnológico de natureza estritamente científica. Graças a isso, a investigação etnológica no Brasil passou por dois desenvolvimentos concomitantes: 1) a tendência a focalizar, com rigor e a precisão possíveis, os objetivos empíricos das pesquisas, e a escolher as técnicas ou os métodos de investigação adequados para atingi-los; 2) a tendência a orientar as investigações pelo menos até os problemas teóricos fundamentais para a descrição e interpretação dos fenômenos investigados. O fato de as duas tendências se associarem e se condicionarem apresenta a maior importância, pois aí se encontram as principais garantias da fundamentação empírica das elaborações interpretativas e de que os próximos desenvolvimentos da etnologia brasileira não se farão às custas nem do trabalho de pesquisa nem do trabalho de sistematização teórica. Várias contribuições recentes justificam o cabimento desta interpretação como se verá adiante.

O novo padrão intelectual de labor etnológico conduz à utilização sistemática, com sucesso naturalmente variável de um investigador a outro, das técnicas científicas de construção da inferência indutiva – tanto na manipulação de conexões e de relações explicativas quanto na exploração dos procedimentos de abstração e de generalização. Algumas limitações surgem aqui e ali, seja por causa de defeitos de planejamento e de realização das pesquisas, seja em virtude da pobreza dos alvos teóricos visados ou da insuficiente elaboração interpretativa das instâncias relevantes para a descrição ou para a explicação dos fenômenos investigados. Limitações dessa espécie exigem críticas metodológicas, as quais caem na esfera da etnologia geral e fogem, por isso, dos propósitos do presente artigo.

4 – Focos de interesses na elaboração teórica

Entre os vários critérios que permitem apreciar a consistência e o grau de maturidade de uma disciplina científica qualquer, em determinado país ou em dada época, salienta-se o que indaga a respeito do alcance teórico das investigações. O que caracteriza a marcha do pensamento científico não é a simples realização de pesquisas, nem certos atributos ou condições delas, como a habilidade em conduzi-las, os recursos materiais ou humanos postos à sua disposição, as possibilidades de repeti-las etc. É verdadeiro que a pesquisa ocupa um papel primordial na ciência, sendo por assim dizer a própria *conditio sine qua non* do conhecimento científico. Mas a pesquisa constitui um meio, não um fim em si mesmo. A pesquisa pela pesquisa é tão abominável quanto o pensamento puramente especulativo... A ciência visa a explicar a realidade, o que confere um fim à pesquisa e dá pleno sentido às atividades intelectuais dos cientistas. Por isso, seria legítimo indagar se as investigações, empreendidas presentemente pelos etnólogos brasileiros, contribuem para a explicação dos fenômenos investigados e de que modo isso ocorre. Talvez seja prematuro ou arriscado aventurar-se alguém à discussão de semelhante tema, no estado atual da etnologia brasileira. Todavia, nenhum outro critério completaria tão bem o quadro que procuramos traçar nas duas partes anteriores deste artigo, o que nos obriga a aceitar uma responsabilidade quase acima do nosso poder de imaginação.

A etnologia estuda o condicionamento, as orientações e os efeitos supraindividuais do comportamento humano, que só podem ser descritos e interpretados mediante a consideração de fatores ou de processos que operam em algum ou em vários níveis da cultura. Por isso, o caráter etnológico de uma investigação não repousa no grau de abstração das explanações nem no recurso sistemático ao método comparativo, como pensam os que ainda hoje mantêm a velha distinção entre "etnologia" e "etnografia", mas no modo de conceber e de tratar o objeto da análise. Além das construções que visam a seleção e a ordenação dos conceitos etnológicos fundamentais em uma terminologia precisa, a formulação de uma teoria geral da investigação etnológica e a sistematização das principais descobertas etnológicas, feitas em diferentes áreas geográficas ou atinentes a diversas unidades de investigação, caem no campo específico da etnologia as investigações inspiradas por propósitos explicativos precisos, quer eles sejam ou não evidenciados teoricamente e quer eles conduzam ou não a explanações que transcendem ao universo empírico focalizado. Muito mais importante que estas duas circunstâncias parece ser a realização alcançada pelo sujeito-investigador em face dos dois tipos de explanação, fundamentalmente ligados às tarefas de reconstrução e de explicação de totalidades culturais ou de situações de existência.

Quando o investigador se propõe pura e simplesmente *descrever* uma totalidade cultural, uma situação de existência ou os efeitos de determinado processo em dadas condições histórico-culturais, sua realização deve ser avaliada em termos dos fins da *explanação descritiva*.[27] Ela se baseia principalmente nas instâncias e evidências obtidas de modo imediato pela pesquisa de

---

[27] O termo descrição adquiriu, nas ciências experimentais (especialmente na Física) e na Matemática, uma conotação que não cabe às ciências de observação e às explicações obtidas pela indução qualitativa. Tendo-se em vista as diferentes possibilidades de fundamentação empírico-indutiva da explicação etnológica, pode-se distinguir a *explanação descritiva da explanação interpretativa* de modo a considerar-se: a) ex-

campo ou pela pesquisa de reconstrução histórica. Devido ao fato de que ao etnólogo não interessa a "reprodução" da realidade, mas a sua reconstrução, tendo em vista os aspectos dela que sejam relevantes ou significativos para a etnologia, a "descrição" jamais chega a ser uma mera acumulação de dados. A ela é inerente um paciente e complexo esforço de elaboração interpretativa, que exige a exploração sistemática na análise indutiva, através dos métodos usuais de interpretação etnológica. Assim, a unidade reconstruída constitui uma construção sintética, que retém os aspectos essenciais da realidade, e oferece uma explicação positiva dos efeitos estáticos e dinâmicos dos fatores ou dos processos considerados, *dentro dos limites restritos do universo empírico investigado*. Quando o investigador pretende explorar os resultados de uma investigação ou os conhecimentos previamente adquiridos sobre uma unidade de investigação, para 1) explicar os fatores e os processos responsáveis pela dinâmica interna de um sistema cultural concreto (em estado de equilíbrio instável ou de mudança); 2) caracterizar a totalidade cultural considerada, como se fosse um espécime típico; 3) conhecer a natureza, a função e os efeitos de uma instituição, de um processo ou de um grupo de instituições e de processos, a sua realização deve ser apreciada em termos da *explanação interpretativa*.[28] Por causa dos pressupostos da análise, da natureza das evidências

---

planação descritiva como a modalidade de explicação etnológica na qual a manipulação de inferências indutivas se subordina, empiricamente, aos limites de manifestação do fenômeno observado e, interpretativamente, à reconstrução da totalidade constituída pelo segmento ou pelo sistema cultural investigado; b) a explanação interpretativa como a modalidade de explicação etnológica que toma por objeto a interpretação da natureza e efeitos de processos culturais, nos limites de sistema socioculturais concretos, ou a construção de inferências indutivas baseadas no tratamento analítco de tipos ou na abstração de caracteres elementares, comuns ou gerais, dos fenômenos analisados. O que importa, nessa distinção, é a possibilidade de situar a explicação etnológica nos dois níveis fundamentais de abstração em que ela opera, na análise indutiva, e a demonstração pragmática de que a "descrição" e a "interpretação" são inseparáveis, em graus diversos, de qualquer forma de aplicação da explicação etnológica. Por isso, na explanação descritiva, o etnólogo precisa recorrer aos métodos etnológicos de interpretação, para fins reconstrutivos; e na explanação interpretativa, ele precisa recorrer aos resultados da reconstrução, para fins interpretativos. Essa distinção foi utilizada em trabalho de investigação do autor (Cf. Florestan Fernandes, *A função social da guerra na sociedade tupinambá*, São Paulo, Museu Paulista, 1952, passim, especialmente a discussão do problema na introdução), e encontra fundamentos lógicos na natureza inclusiva da explicação científica (Cf. esp. A. Wolf, *Textbook of logic*, London, George Allen &. Unwin, 2ª ed., 1938, e P. Gardiner, *The nature of historical explanation*, Oxford University Press, 1952, esp. parte I).

28   Conforme referência da nota anterior.

ou das bases empíricas mais amplas, as inferências estabelecidas podem ser generalizadas, dando origem a explicações universalmente válidas: a) nos limites do sistema cultural concreto; b) através de elaborações tipológicas com propósitos conceptuais de caracterização ou classificatórios; c) mediante a delimitação ou na verificação de conceitos, por meios empíricos, e a construção de teorias que tomam por objeto grupos particulares de fenômenos. Da eficiência do sujeito-investigador no terreno teórico em que se empenhar passa a depender o caráter de sua contribuição empírico-indutiva à etnologia e, especialmente, a rapidez com que ela poderá ser incorporada ao *corpus* teórico desta disciplina.

Os dois tipos de explanação contribuem de forma diferente para o progresso teórico da etnologia. O primeiro cria problemas capitais na esfera da pesquisa e produz grande interesse pelo exame crítico dos meios de investigação e de reconstrução da realidade, dominados pelos etnólogos. O segundo levanta as questões teóricas, de cuja solução depende o amadurecimento da etnologia como ciência. Além disso, ambos concorrem para a acumulação e a sistematização de conhecimentos positivos, única via de crescimento de uma disciplina empírico-indutiva. As dificuldades que apresentam, por sua vez, só erguem barreiras insuperáveis no que concerne às aptidões ou à vocação do especialista, como investigador. Daí a possibilidade de se originarem igualmente, embora em proporções desiguais em centros novos e pouco desenvolvidos de investigação etnológica (como o demonstram, aliás, os exemplos da Índia, da China, do México, do Brasil e de outros países, que recentemente conheceram uma fase de renovação científica dos estudos etnológicos).

No estado atual da etnologia brasileira prevalece a tendência à exploração do primeiro tipo de explanação. A combinação de teoria e pesquisa que ele envolve é encarada como uma demonstração satisfatória de capacidade científica e é apontada, mesmo por alguns professores estrangeiros, como o alvo essencial da investigação etnológica. Tendo-se em vista a situação peculiar do Brasil, como campo para as pesquisas etnológicas, isso se torna verdadeiro, mas por outras razões. Há certa urgência em intensificar os trabalhos desse gênero, porque se sabe que as oportunidades perdidas no presente são irremediáveis. A transformação do cenário é rápida, e muitas situações terão que ser descritas agora, ou nunca o serão, o mesmo se podendo dizer sobre a análise dos problemas que elas colocam à investigação etnológica. Tais razões valem tanto para os estudos sobre as culturas indígenas quanto para os que focalizam as sobrevivências africanas, as culturas campesinas, as relações raciais, os efeitos da industrialização e da urbanização etc. Isso faz que se processe, de outro lado, uma seleção quase espontânea dos focos centrais de interesse teórico, expondo os problemas de mudança cultural no primeiro plano das preocupações dominantes nos círculos etnológicos.

Contudo, não foi só a mudança cultural que se impôs à investigação etnológica como um foco de interesses teóricos, primariamente reconhecido de forma empírica. A gênese de outros temas fundamentais da etnologia brasileira é similar. Assim, o segundo foco de interesses teóricos, pela ordem de importância das contribuições, é o que diz respeito ao estudo do xamanismo, da magia, da religião e da mitologia. Esses aspectos da cultura são muito elaborados no seio das populações indígenas e no das populações afro-brasileiras, oferecendo com frequência uma boa perspectiva para compreender as reações de tais culturas a influências modificadoras externas. Eles se impuseram à consideração dos pesquisadores como uma espécie de consequência inelutável do seu ajustamento intelectual às situações de pesquisas. Apenas no terceiro foco de interesses teóricos, que consiste no estudo da organização social, é possível perceber influxos "acadêmicos", que concorrem ainda assim com os estímulos já mencionados. Nas páginas seguintes, procuraremos dar um balanço resumido dos resultados mais relevantes, alcançados pelo desenvolvimento das investigações nesses três focos de interesses teóricos, observando as distinções metodológicas apontadas anteriormente.

As principais unidades de investigação, nos estudos de mudança cultural,[29] têm sido selecionadas nas culturas indígenas, nas culturas afro-brasileiras, nas culturas campesinas e nas culturas transplantadas pelos imigrantes. Embora prevaleça a tendência a dar maior relevo à descrição de mecanismos e de processos aculturativos, os problemas específicos de cada uma dessas unidades de investigação conduziram, naturalmente, à análise de outros aspectos da dinâmica cultural e, mesmo, de mecanismos e de processos que operam na esfera da personalidade, da organização social e de sistemas regionais de acomodação interétnica.

A investigação da mudança cultural em comunidades indígenas se defronta com certas dificuldades teóricas, criadas pelo número de variáveis que intervêm de forma própria em cada uma das culturas ou que produzem efeitos diferentes, conforme as condições regionais de contato dos indígenas com ou-

---

[29] Sobre a bibliografia existente a respeito da mudança cultural e, especialmente, sobre as possibilidades de investigação nessa área, cf. Donald Pierson e Mário Wagner Vieira da Cunha, "Pesquisa e possibilidades de pesquisa no Brasil" (com especial referência à "cultural" e "mudança cultural"), *Sociologia*, 19, vol. IX, nº 3 e 4, 1948, vol. X, nº 1. Ver também A. Guerreiro Ramos e E. da Silva Garcia, *Notícia sobre as pesquisas e os estudos sociológicos no Brasil (1940-1949)* (com especial referência a migrações, contatos de raça, colonização e assuntos correlatos), Rio de Janeiro, Conselho de Imigração e Colonização, [s.d.].

tras populações brasileiras. Desde os estudos de Herbert Baldus[30] em que são comparadas as reações dos antigos Tupi e dos Kaingang, Bororo, Karajá e Tapirapé contemporâneos, se evidenciaram: 1) que as diferenças tribais constituem fatores ativos na motivação de atitudes favoráveis ou desfavoráveis diante do *branco* e da civilização; 2) que o intercâmbio cultural se processa de modo desigual, pois os *brancos* só aceitam elementos ou complexos culturais isolados das culturas indígenas; 3) que a tendência limite, nas condições de contato contínuo e intenso do índio com os *brancos*, consiste na "mudança total" das culturas indígenas, com a desagregação e a progressiva substituição da herança cultural nativa pela cultura das populações brasileiras circundantes. Investigações posteriores, do próprio Baldus,[31] de Charles Wagley,[32] de Fernando Altenfelder Silva,[33] de Kalervo Oberg,[34] de James B. Watson,[35] de Darci Ribeiro,[36]

---

30 Herbert Baldus, "A mudança de cultura entre índios do Brasil", *Ensaios de etnologia brasileira*, São Paulo, Companhia Editora Nacional, 1937, p. 276-330.
31 Herbert Baldus, "Tribos da bacia do Araguaia e o Serviço de Proteção ao Índio", *Revista do Museu Paulista*, n.s., São Paulo, 1948, vol. II, p. 137-168.
32 Charles Wagley, "Os efeitos do despovoamento sobre a organização social entre os índios Tapirapé", *Sociologia*, 1942, vol. IV, nº 4, p. 407-411; "Notas sobre aculturação entre os guajajara", *Boletim do Museu Nacional*, n.s., Antropologia, Rio de Janeiro, 1943, nº 2; "Cultural influences on population: A comparison of two Tupi tribes", *Revista do Museu Paulista*, n.s., São Paulo, 1951, vol. 5, p. 95-104; "Tapirapé social and culture change", 1940-1953, *Anais do XXXI Congresso Internacional de Americanistas*, São Paulo, 1955, vol. I, p. 99-112.
33 Fernando Altenfelder Silva, "Mudança cultural dos Terena", *Revista do Museu Paulista*, n.s., São Paulo, 1949, vol. III, p. 271-379. Este trabalho realmente importante, como os de Kalervo Oberg, insiste nos efeitos dinâmicos do deslocamento espacial combinado a pressões aculturativas ambientes. Do ponto de vista etnológico, envolve os problemas de reconstrução da cultura aborígine estudada, as fases de sua transformação, em conexão com a situação de contato, e as tendências internas de reintegração cultural. Na escolha do trabalho a ser discutido no texto só demos preferência à contribuição de James B. Watson porque este se preocupa mais a fundo com os problemas metodológicos da investigação.
34 Kalervo Oberg, *The Terena and the Caduveo of southern Mato Grosso*, Brasil, Washington, Smithsonian Institution, Institute of Social Anthropology, 1949, publ. nº 9; ver nota anterior.
35 James B. Watson, "Historic influences and change in the economy of a southern Mato Grosso tribe", *Acta Americana*, vol. III, nº 1 e 2, p. 3-25.
36 Darci Ribeiro, "Atividades científicas da secção de estudos do Serviço de Proteção aos Índios", *Sociologia*, 1951, vol. XIII, nº 4, p. 363-385; cf. também "Os índios urubus", *Anais do XXXI Congresso Internacional de Americanistas*, op. cit., vol. I, p. 127-154, pelo qual se verifica que o isolamento pode favorecer a preservação da cultura, mas não impede o contágio e seus efeitos sobre populações nativas.

de Harald Schultz[37] e de Wilhelm Saake,[38] comprovaram que as variáveis operativas, além de numerosas, produzem efeitos heterogêneos, de acordo com as circunstâncias ou condições regionais que presidam à combinação das variáveis entre si. A única variável constante seria, portanto, a pressão exercida pelos brancos, direta ou indiretamente, no sentido da destribalização e da assimilação das comunidades indígenas. Mas ela mesma se manifesta em função de condições e de motivos que não são estáveis sequer nas populações brancas.[39]

Daí a necessidade de submeter os trabalhos de reconstrução e de descrição da realidade a procedimentos que permitissem considerar univocamente os fenômenos estudados, mediante a investigação intensiva dos processos ocorridos numa mesma cultura. Três possibilidades básicas de reconstrução e de descrição poderiam orientar a investigação monográfica: a) a escolha de uma cultura cuja organização interna revelasse os resultados da acomodação ativa com a civilização, em áreas nas quais os contatos com os brancos assumiram continuidade e nas quais as influências mútuas não foram seriamente abaladas por transformações regionais muito bruscas; b) a escolha de uma cultura cujas tendências aculturativas pudessem ser descritas mediante a caracterização de sua configuração interna em estados polares, compreendidos nos extremos de um *continuum* histórico e cultural; c) a escolha de uma cultura cujas reações à civilização pudessem ser descritas e interpretadas homogeneamente pela observação de situações simultâneas variáveis de contato com os brancos.

Dentro da primeira orientação prevalece o interesse pela descrição sistemática da cultura, a qual fornece um critério positivo para a análise dos focos de mudança e de reintegração culturais. Charles Wagley e Eduardo Galvão, em seu estudo sobre os Tenetehara,[40] conseguem explorar com maestria esse critério, evidenciando o sucesso de uma cultura tribal em se adaptar a condições externas de existência, extensa e profundamente modificadas pelos "civilizados", sem perder completamente as características aborígines. Os Tenetehara reagiram às influências modificadoras de forma

---

37 Harald Schultz, *Vinte e três índios resistem à civilização*, São Paulo, Edições Melhoramentos, [s.d.].

38 Pe. Guilherme Saake, "A aculturação dos Bororo do rio São Lourenço", *Revista de Antropologia*, jun. 1953, vol. I, nº 1, p. 43-52.

39 Está sendo preparado para publicação um estudo de Darci Ribeiro, em que tais problemas são encarados tendo em vista as diferentes situações de contato de populações indígenas com os *brancos*.

40 Charles Wagley e Eduardo Galvão, "The Tenetehara indians of Brasil", *A culture in transition*, New York, Columbia University Press, 1949.

pronta e flexível, o que lhes assegurou oportunidades para sobreviverem como grupo cultural autônomo e distinto. Contudo, parece que estão condenados a desaparecer como unidade étnica peculiar, pois as pressões destribalizadoras aumentam tanto interna quanto externamente. O seu destino consiste em transformarem-se em camponeses, diluindo-se demográfica e culturalmente nas populações caboclas circunvizinhas.

A segunda orientação exige uma complexa manipulação interpretativa dos dados, seja para caracterizar a configuração da cultura em diferentes períodos, seja para isolar e explicar os processos responsáveis pela dinâmica interna de cada configuração típica. Em seu rigoroso estudo sobre a aculturação dos Cayuá, James Watson[41] procede dessa forma, primeiro caracterizando os padrões aborígines e atual daquela cultura e descrevendo a evolução da situação de contato até o presente, e depois analisando sistematicamente os efeitos da aculturação, os quais distingue em "efeitos primários ou imediatos" e "efeitos secundários ou derivados". Embora pareça que a aculturação dos Cayuá tenha passado por momentos de crise, eles exemplificaram um caso em que a aculturação se tem processado lentamente, de modo pacífico, sem conflitos profundos, possibilitando a gradual reintegração da cultura, em condições de relativo equilíbrio interno. Tais resultados parecem colidir com as conclusões de Egon Schaden, mas é preciso ter em vista que a análise de Watson incidiu, de preferência, sobre os aspectos da mudança cultural nos quais as influências da civilização tendem a ser aceitas com avidez ou com maior facilidade (artefatos de metal, técnicas de produção, padrões de troca e de relações assalariadas etc.).

A terceira orientação põe ênfase na correlação das condições sociais de existência com o funcionamento da cultura como um todo. Com isso, o foco da análise se desloca das influências externas e dos traços que permitem assinalar os efeitos delas para os próprios mecanismos socioculturais que determinam o modo, o ritmo e as proporções da aculturação na dinâmica interna da cultura. Egon Schaden, em sua inovadora contribuição sobre a aculturação dos Guarani,[42] examina dessa perspectiva o choque de uma cultura de configuração tribal com formas de vida civilizadas. A revolução das condições de existência fez com que antigas solicitações da cultura, como as inerentes à vida religiosa tribal, perdessem seu ponto de apoio institucional e estrutural ou, então, com

---

41 James B. Watson, "Cayuá culture change: a study in acculturation and methodology", *American Anthropologist*, Publ. 73, 1952, vol. 54, nº 2, parte 2.
42 Egon Schaden, *Aspectos fundamentais da cultura guarani*, São Paulo, 1954; cf. também "Uberlieferung und wandel in der religion der guarani", *Actes du IV e Congrès International des Sciences Anthropologiques et Ethnologiques*, Viena, 1955, tomo II, p. 379-384.

que surgissem novas solicitações, que não podem encontrar satisfação prática nos limites dos recursos culturais disponíveis. Configura-se, assim, o que o autor chama de "crise aculturativa", que é agravada pelos efeitos de mecanismos de defesa e de resistência cultural à civilização, especialmente fortes nas esferas da vida religiosa. Em contraste com os Tenetehara, portanto, os Guarani não consideram compensadora a substituição de valores tribais, nas condições em que ela se pode processar com populações caboclas paupérrimas, condenando-se a uma existência terrível, material e socialmente desorganizada.

A investigação da mudança cultural em comunidades afro-brasileiras em seus desenvolvimentos etnológicos recentes[43] tem sido dominada por duas orientações metodológicas diferentes. A maneira de lidar com os problemas das investigações, procurando ligá-las ou não à herança cultural africana, assume aqui uma importância fundamental. É indubitável que as populações negras, transferidas para as Américas, eram portadoras de culturas e que, mesmo nas condições mais adversas de existência, impostas pela escravidão e pela vida nas plantações, alguma continuidade cultural deve ter ocorrido. O estabelecimento desse ponto é da maior importância porque, de outra forma, seria impraticável a descrição etnológica dos padrões de reação das populações negras à *civilização* e faltariam elementos dinâmicos essenciais para a análise do comportamento do negro em face do etnocentrismo dos brancos. Em um livro que se tornou justamente famoso, apesar de algumas intenções polêmicas, Melville Herskovits[44] defendeu com vigor a hipótese da continuidade cultural no seio das populações negras, demonstrando além disso que divergências evidentes na organização ou no funcionamento de instituições sociais, quando se compara a vida social dos negros à dos brancos, só podem encontrar explicação completa à luz de interpretações que tomem em consideração as heranças culturais pré-americanas e sua reintegração nas Américas. Franklin Frazier se opôs a essa orientação, sustentando que as similaridades apontadas por Herskovits não são realmente similaridades no sentido cultural e podem suscitar explicações de outra natureza, baseadas na

---

43 Sobre o desenvolvimento dos estudos sobre as culturas afro-brasileiras até o presente, cf. Roger Bastide, "Etat actuel des etudes afro-brésiliennes", *Anais do XXXI Congresso Internacional dos Americanistas*, op. cit., vol. I, p. 533-554. A seleção que adotamos se explica exclusivamente em termos do interesse das investigações por problemas de natureza teórica.
44 Melville J. Herskovits, *The myth of the negro past*, New York e London, Harper, 1941; "The negro in Bahia: a problem in method", *American Sociological Review*, 1943, vol. 8, p. 394-402; "Problem, method and theory", *Afroamerican Studies*, 1945, vol. I, p. 5-24; em colaboração com F. S. Herskovits, "The negroes of Brazil", *Yale Review*, 1942, vol. XXXII, p. 263-279.

socialização dos negros segundo padrões de comportamento e valores sociais impostos pelas novas condições de existência. Assim, não existiria nenhuma continuidade significativa na organização da família negra norte-americana, em face dos alegados padrões de organização da família africana, e seriam de todo dispensáveis as hipóteses interpretativas baseadas na manipulação de sobrevivência africanas.[45] Como ambos os autores se preocuparam com a situação de contato entre negros e brancos no Brasil e exerceram influências sobre os principais investigadores que trabalham nessa área, seus pontos de vista inspiram, de um modo ou de outro, as modernas investigações sobre a dinâmica das culturas afro-brasileiras.

Em termos estritamente teóricos, as duas orientações seriam antes complementares que inconciliáveis ou contraditórias. Despojadas das conotações polêmicas, cada uma define uma formulação precisa na análise de problemas de dinâmica cultural. A hipótese de Herskovits procura situar os fatores da estabilidade cultural e da renovação das culturas africanas produzidas inevitavelmente pela alteração dos quadros linguísticos, demográficos, ecológicos, técnicos, econômicos, lúdicos, religiosos, sociais e políticos em que elas tiveram de operar; a hipótese de Frazier retém os fatores da revolução cultural, provocada pela transplantação e pela influência ativa e contínua de forças desagregadoras, que promoviam e aceleravam ao mesmo tempo a integração do negro a um novo sistema sociocultural. Por isso, é plenamente justificável a posição tomada por Roger Bastide diante das duas orientações. Compreendendo e ressaltando os méritos da metodologia proposta por Herskovits, não deixou de assinalar a conveniência de completá-la, pela análise comparativa, e de retificá-la, na pesquisa de campo ou nas elaborações interpretativas, para captar os fenômenos labiais ou instáveis mais complexos, condicionados pela alteração de estrutura social ou por influxos sociopsíquicos, vinculados a elementos dinâmicos da situação de contato.[46]

---

45 E. Franklin Frazier, *The negro in the United States*, New York, MacMillan, 1939, especialmente p. 12-21; "The negro family in Bahia, Brasil", *The American Sociological Review*, 1942, vol. VII, nº 4, p. 465-478; "A comparison of negro-white relations in Brasil and in the United States", *Transactions of the New York Academy of Sciences*, 1944, séries II, vol. 6, p. 251-269.

46 Roger Bastide, especialmente "Estudos afro-brasileiros", *Revista do Arquivo Municipal*, São Paulo, 1944, n. XCVIII, p. 83-103; "Dans les amériques noires: Afrique ou Europe", *Annales*, 1948, nº 4, p. 3-20; *Imagens do nordeste místico em branco e preto*, Rio de Janeiro, O Cruzeiro, 1945; "Contribuição ao estudo do sincretismo católico-fetichista e Macumba paulista", in *Estudos afro-brasileiros*, 1ª série, Boletim nº 1, Cadeira de Sociologia I, Faculdade de Filosofia, Ciências e Letras da Universidade de São Paulo, 1946, p. 11-43 e 51-112, respectivamente; "Structures sociales et religions afro-brésiliennes", *Renaissance*, 1944-1945, vol. II e III, p. 13-29.

As implicações teóricas das alternativas metodológicas discutidas pressupõem a mesma consequência empírica: definição precisa dos problemas a serem investigados e sua solução mediante os resultados das pesquisas intensivas de grupos delimitados de fenômenos. Essa tendência se estabeleceu com nitidez, tomando como unidade básica de investigação a herança cultural religiosa. Parece que isto se deu porque a religião se tornou o principal núcleo de defesa e de preservação das culturas originárias. Pelo menos, Herskovits salienta que nela, como em outras esferas da cultura espiritual, os interesses dos escravos e dos senhores convergiam, de modo a favorecer os processos de conservantismo cultural.[47] A religião se afirmou assim, como um florescimento viçoso e exótico, aos olhos dos leigos, e se impôs aos estudiosos da cultura afro-brasileira, desde Nina Rodrigues[48] e Manoel Querino[49] até Arthur Ramos,[50] Édison Carneiro[51] e Gonçalves Fernandes.[52] Duas técnicas de reconstrução e de análise encontraram aplicação predominantes: a) a consideração de manifestações da vida religiosa afro-brasileira, feita com o propósito de reter os efeitos aparentemente estáveis ou marcantes dos processos aculturativos; b) a observação das condições atuais de ajustamento interétnico, realizada com o fito de descobrir a natureza e o sentido dos processos de aculturação ou de acomodação racial.

A primeira técnica foi muito explorada nos estudos de sincretismo religioso. Arthur Ramos pôs em evidência, por meio dela, que as religiões africanas já se interinfluenciavam na África e que esse processo continuava no Brasil, sendo complicado por outras influências católico-caboclas e

---

47   M. J. Herskovits, *The myth of the negro past*, cap. V, especialmente p. 137; cap. VII (passim) e p. 294.
48   Nina Rodrigues, *O animismo fetichista dos negros baianos*, reedição de A. Ramos, Rio de Janeiro, Civilização Brasileira, 1935; cf. também *Os africanos no Brasil*, 3ª ed., São Paulo, Companhia Editora Nacional, 1945.
49   Manuel Querino, *Costumes africanos no Brasil*, coletânea de trabalhos publicados entre 1916-1928, organizada por A. Ramos, Rio de Janeiro, Civilização Brasileira, 1938.
50   Arthur Ramos, especialmente *O negro brasileiro*, v. I; *Etnografia religiosa*, 2ª ed., São Paulo, Companhia Editora Nacional, 1940; *O folclore negro do Brasil. Demopsicologia e psicanálise*, Rio de Janeiro, Civilização Brasileira, 1935; *Introdução à antropologia brasileira*, 2 vol., op. cit.; *A aculturação negra no Brasil*, São Paulo, Companhia Editora Nacional, 1942.
51   Édison Carneiro, *Religiões negras*, Rio de Janeiro, Civilização Brasileira, 1936; *Negros bantus*, Rio de Janeiro, Civilização Brasileira, 1937; *Candomblés da Bahia*, S. Salvador, publ. do Museu do Estado, 1948.
52   Gonçalves Fernandes, *Xangôs do Nordeste*, Rio de Janeiro, Civilização Brasileira, 1937.

espíritas.⁵³ Coube a Nunes Pereira⁵⁴ indicar que, mesmo quando estas duas influências são neutras, ocorre algum grau de fusão de elementos variáveis de diversas religiões africanas. Isso coloca, naturalmente, um problema central, que é o da própria natureza do sincretismo afro-brasileiro como fenômeno anímico-cultural. Em um trabalho de documentação insuficiente, mas muito rico de hipóteses interpretativas e de sugestões, Roger Bastide lançou as bases da solução desse problema.⁵⁵ O sincretismo inerente às religiões afro-brasileiras possuiria uma natureza dúplice, graças à convergência de concepções religiosas e de concepções mágicas nas avaliações de elementos ou complexos de outros sistemas religiosos. Por isso, ele é capaz de produzir, no plano místico: seja a assimilação de entidades ou divindades estranhas, que podem ser classificadas no sistema religioso tradicional; seja a aceitação de técnicas e de procedimentos religiosos, que deem margem à presunção de que representam um aumento potencial ou efetivo de poder. Semelhante interpretação sugere que a vitalidade cultural das religiões afro-brasileiras repousa em um padrão de equilíbrio interno que pode ser rapidamente esfacelado. Em condições pouco propícias à transferência de sistemas religiosos tradicionais, por exemplo, especialmente quando a estrutura formal das religiões é pouco elaborada, o sincretismo pode acarretar a substituição progressiva de conhecimentos e de valores da herança religiosa aborígine. Roger Bastide ilustra esta possibilidade, através de um paciente estudo sobre a macumba em São Paulo.⁵⁶

A segunda técnica de reconstrução e descrição da realidade foi utilizada em investigações que se beneficiaram da combinação, em maior ou menor intensidade da pesquisa de campo com a pesquisa de reconstrução histórica. Na análise mais compreensiva que possuímos de exemplares da cultura afro-brasileira, considerada como um todo, feita por Octávio da Costa Eduardo,⁵⁷ revela-se que as populações negras encontraram no Brasil, de fato, condições

---

53   Cf. *O negro brasileiro*, especialmente cap. V.
54   Nunes Pereira, *A casa das minas, contribuição ao estudo das sobrevivências daomeianas no Brasil*, Rio de Janeiro, publ. da Sociedade Brasileira de Antropologia e Etnologia, 1947, cap. VI.
55   Roger Bastide, *Contribuição ao estudo do sincretismo católico-fetichista*, passim; cf. também *Structures sociales et religions afro-brésiliennes*, no qual são examinadas as bases sociais do referido processo.
56   "A Macumba paulista", op. cit.; cf. também "Le batuque de Porto Alegre", in Sol Tax (ed.), *Acculturation in the Americas*, v. II, *Proceedings of the 29ᵗʰ International Congress of Americanists*, The University of Chicago Press, 1952.
57   Octávio da Costa Eduardo, *The negro in Northern Brasil. A study in acculturation*, New York, J. J. Augustin Publisher, 1948; cf. também "Three ways of religious acculturation in a North Brazilian city", *Afroamérica*, 1946, vol. II, p. 81-90; "Aspectos do folclore de uma comunidade rural", *Revista do Arquivo Municipal*, São Paulo, 1951, nº CXLIV.

favoráveis à preservação de seu patrimônio cultural. Muitos padrões africanos, que regem o comportamento sexual, a organização da família ou as atividades religiosas, foram mantidos e integrados em um sistema cultural, de que fazem parte outros padrões, de origem luso-brasileira ou indígena.

Dois resultados teóricos dessa investigação merecem ser postos em relevo. Primeiro, os produtos da aculturação são altamente similares nas duas comunidades observadas, sendo por isso apenas de grau as diferenças condicionadas pela situação urbana ou pela rural. Segundo, a emergência de forças contra-aculturativas não depende apenas das condições favoráveis locais ou regionais da aculturação. Assim, a preservação de africanismos *dahomeianos--yorubanos* se explica também pelo grau de elaboração da vida religiosa na África ocidental, o qual parece ter concorrido para que a religião se tornasse a esfera da cultura mais resistente à mudança.

Contudo, seria possível encarar os mesmos problemas do ângulo específico das pressões exercidas nessa área de mudança cultural pelas forças e processos que organizam e imprimem uma configuração definida à sociedade brasileira. O trabalho mais completo que possuímos no gênero é o de Donald Pierson,[58] de natureza sociológica, não etnológica. Ainda assim, a sua caracterização e interpretação da situação de contato racial na Bahia lança alguma luz sobre tais problemas.

Os resultados de sua investigação demonstram que a preservação da herança cultural africana, nas esferas em que ela se dá, é algo que se processa apesar de fortes pressões à mudança e mesmo à assimilação completa da cultura luso-brasileira.

Como escreve: "É verdade que os descendentes de europeus da Bahia são etnocêntricos como todos os grupos; os brancos compartilham do sentimento de superioridade do seu grupo e alguns deles se mostram contra o comportamento estranho e bizarro (para eles) representado pelo ritual do *candomblé* e outras sobrevivências culturais africanas. Pelo menos em alguns espíritos, esses atos assumiram caráter repugnante, ofensivo, e podem mesmo ter provocado antipatias profundas. [...] Estes antagonismos, entretanto, dirigem-se mais a variações *culturais* que *raciais* e tendem a desaparecer quando o negro, como está acontecendo rapidamente, abandona sua identificação com as formas culturais africanas e torna-se completamente assimilado ao mundo europeu."[59] Todavia, os problemas de dinâmica cultural que se colocam nesta área ainda não foram devidamente estudados do ponto de vista etnológico.

---

58 Donald Pierson, *Negroes in Brazil. A study of race contact at Bahia*, Chicago, The University of Chicago Press, 1942; edição brasileira: *Brancos e pretos na Bahia. Estudo de contato racial*, São Paulo, Companhia Editora Nacional, 1945.

59 Idem, p. 336; na edição brasileira, p. 407.

A investigação da mudança cultural em aglomerações campesinas tem encontrado maiores obstáculos teóricos. Faltam-lhe, ao mesmo tempo, as bases fornecidas: a) pela acumulação de conhecimentos positivos, através das investigações anteriores (circunstância que favoreceu grandemente o incremento dos estudos de mudança cultural sobre populações indígenas e afro-brasileiras); b) por conceitos, técnicas e métodos de investigação precisos e eficientes, selecionados pela pesquisa etnológica prévia, desenvolvida em áreas teoricamente relevantes. Em consequência, os centros de interesse sofrem flutuações consideráveis de investigador para investigador.

Alguns investigadores se preocupam mais com os recursos teóricos ou com a formulação dos objetivos teóricos das chamadas *pesquisas de comunidade*. Assim, Antonio Candido[60] faz sérias restrições à adoção, sem fundamento empírico, de conceitos e tipologias elaboradas pelos etnólogos, tendo em vista situações que, presumivelmente, não se reproduzem no Brasil. A escolha de unidades básicas de investigação e sua delimitação conceitual precisam se basear, primariamente, na significação que elas tiveram como forma nuclear de sociabilidade e como foco dinâmico de integração cultural. O "bairro", por exemplo, deveria reter de modo mais intenso a atenção dos pesquisadores.

Essas considerações encontram, segundo pensamos, sólido apoio nos resultados a que chegou T. Lynn Smith em suas análises sobre a estrutura e as funções do "grupo de localidade" no Brasil.[61]

Como escreve este autor, "justamente com os 'grupos de localidade' dos Estados Unidos e do Canadá, as propriedades rurais, vizinhanças e comunidades do Brasil trazem o carimbo *Made in America*". Isso quer dizer que o especialista precisa resolver, por meios próprios e originais, problemas que não se colocam em outros quadros de investigação.

A alguns desses problemas dá arguta atenção Gioconda Mussolini,[62] focalizando especialmente as questões que pressupõem uma redefinição no

---

60 Antonio Candido, "L'Etat actuel et les problèmes les plus importants des etudes sur les sociétés rurales du Brésil", in Symposium Etno-sociológico sobre Comunidades Humanas no Brasil, *Anais do XXXI Congresso Internacional de Americanistas*, op. cit., p. 321-332.
61 T. Lynn Smith, "Estrutura do grupo de localidade no Brasil", *Sociologia*, 1947, vol. IX, nº 1, p. 22-238 (citação extraída da p. 23).
62 Gioconda Mussolini, Persistência e mudança em sociedades "folk" no Brasil, in Symposium Etno-sociológico sobre Comunidades Humanas no Brasil, op. cit., p. 333-355; "Aspectos da cultura e da vida social no litoral brasileiro", *Revista de Antropologia*, dezembro de 1953, vol. I, nº 2, p. 81-97; "Os pasquins do litoral norte de São Paulo e suas peculiaridades na ilha de São Sebastião", *Revista do Arquivo Municipal*, 1950, nº CXXXIV.

meio usual de encarar as condições estruturais e os efeitos dinâmicos do isolamento e do contato tomando como ponto de referência a cultura cabocla. Três centros de interesses empíricos e teóricos se elevariam em torno: 1) da formação de aglomerações campesinas e rurais em áreas pioneiras; 2) do processo de empobrecimento das funções econômicas e socioculturais de aglomerações campesinas e rurais em áreas decadentes; 3) da escolha e interpretação de variáveis independentes, como o nível da densidade demográfica, a universalidade do equipamento adaptativo de populações caboclas dedicadas ao mesmo gênero de vida etc.

Outros pesquisadores, porém, como Charles Wagley e Eduardo Galvão,[63] dão maior relevo aos processos de formação e de renovação estabilizadora das culturas caboclas. Esses processos podem ser *observados* no presente, em condições aproximadamente similares ao que ocorreu no passado, por causa da descontinuidade social e cultural da sociedade brasileira. Seria possível obter, assim, um conhecimento positivo sobre o padrão de constituição de comunidades e culturas caboclas no Brasil, nas regiões de contato de populações indígenas destribalizadas com populações luso-brasileiras.

Quanto aos objetivos empírico-indutivos, salientam-se duas tendências. Uma, que encaminha as pesquisas de comunidade no sentido do conhecimento e explicação de uma totalidade maior, em que a unidade investigada se inserir, regional e nacionalmente. Wagley formula os problemas que se colocariam preliminarmente aos etnólogos, que pretendessem explorar os resultados das investigações de comunidade em fins empíricos mais amplos.[64] Outra, que tem em vista o estudo da natureza dos processos descritos, projetando-se na esfera das preocupações teóricas mais gerais. Bernard Siegel,[65]

---

63 Conforme a análise de Charles Wagley e Eduardo Galvão, in *The Tenetehara indians of Brazil*, op. cit., cap. VII, onde demonstram que, dentro de uma geração mais ou menos, os Tenetehara se tornarão "camponeses e brasileiros". Consultar também: Charles Wagley, *Amazon Town. A study of man in the Tropics*. New York, MacMillan, 1953, e *Notas sobre a aculturação dos Guajajara*, artigo citado; Eduardo Galvão, *Santos e visagens. Um estudo da vida religiosa de Itá: Amazonas*, São Paulo, Companhia Editora Nacional, 1955; Mudança cultural na região do rio Negro, in *Symposium Etno-sociológico sobre Comunidades Humanas no Brasil*, p. 313-19; "Vida religiosa do caboclo da Amazônia", *Boletim do Museu Nacional*, n.s., Antropologia, Rio de Janeiro, 1953, nº 15; "Panema. Uma crença do caboclo amazônico", *Revista do Museu Paulista*, n.s., São Paulo, 1951, vol. V, p. 221-225.
64 Charles Wagley, "Brazilian community studies: A methodological evaluation", in *Symposium Etno-sociológico sobre Comunidades Humanas no Brasil*, p. 357-376.
65 Bernard Siegel, "Algumas considerações sobre o estudo de uma comunidade brasileira", *Sociologia*, 1950, vol. XII, nº 2, p. 148-160.

por exemplo, escolheu Itapecerica para suas investigações porque essa comunidade correspondia, melhor que outras, a um critério prévio de seleção ("uma comunidade rural brasileira cuja mudança cultural fosse provocada pela expansão de um centro urbano dominante"). Obviamente, os resultados de semelhante investigação poderão ser manipulados também em termos de uma *situação típica*, o que favorece a formação de inferências generalizáveis além do universo empírico restrito da pesquisa.

Já foram publicados os resultados de quatro pesquisas de comunidade, realizadas segundo modelos etnográficos ou etnológicos. Emílio Willems, na sua pesquisa sobre Cunha,[66] teve o cuidado de restringir os propósitos da investigação aos aspectos da *cultura caipira* diretamente vinculados a problemas de dinâmica cultural (de estabilidade ou de mudança). Contudo, as interpretações desenvolvidas param nos limites da caracterização empírica do funcionamento atual da estrutura social e da cultura. Se Redfield ofereceu o paradigma da análise etnológica como Willems sugere, o exemplo dele deixou então de ser imitado de forma completa. Donald Pierson, na pesquisa sobre Cruz das Almas,[67] submeteu-se ao conhecido padrão de descrição intensiva de diferentes aspectos da cultura, do sistema adaptativo à organização social e à cultura não material. O problema central da investigação foi antes o da integração do sistema social e cultural, em condições de relativo isolamento, que o de mudança, embora sejam apontados alguns fatores de instabilidade e de desorganização sociais. Emílio Willems e Gioconda Mussolini, na pesquisa sobre a Ilha dos Búzios,[68] seguiram orientação semelhante, ainda que definissem alguns alvos teóricos, evidentes na análise, infelizmente sumária, de certos processos de homogeneização e de diferenciação da *cultura caiçara*.

Enfim Charles Wagley, na pesquisa sobre Itá, na Região Amazônica,[69] nos oferece uma reconstrução quase estética da vida humana em uma área subdesenvolvida dos trópicos. O seu estudo é o que mais se aproxima da moderna análise etnológica das funções da cultura e das forças que operam ativamente para preservá-las ou para alterá-las. Doutro lado, focaliza

---

66 Emílio Willems, *Cunha. Tradição e transição em uma cultura rural do Brasil*, São Paulo, Secretaria da Agricultura, 1947; "Velhos e novos rumos no estudo das classes sociais", *Sociologia*, 1948, vol. X, nº 2 e 3, p. 76-90.
67 Donald Pierson, com a colaboração de Levi Cruz, Mirtes Brandão Lopes, Helen Batchelor Pierson, Carlos Borges Teixeira, Cruz das Almas, *A Brazilian village*, Washington Smithsonian Institution, Institute Social Anthropology, 1951, publ. nº 12.
68 Emílio Willems e Gioconda Mussolini, *Buzios island. A caiçara community in Southern Brazil*, New York, J. J. Augustin Publisher, 1952.
69 Charles Wagley, *Amazon town*, op. cit.

verdadeiramente o "drama da vida" em regiões nas quais a sobrevivência depende de modo claro da capacidade criadora do homem, na exploração da herança cultural. A intenção de reconstruir uma totalidade cultural também prevê a atuação construtiva de forças externas e a responsabilidade do etnólogo diante de projetos de mudança cultural provocada. Por isso, se Willems realizou a tarefa mais difícil do investigador-pioneiro, coube a Wagley introduzir, nos estudos de comunidade, o impulso que conduz as pesquisas para fins práticos objetivos, tão importantes na sociedade brasileira do presente.

Na investigação das culturas transplantadas pelos imigrantes a contribuição da etnologia tem sido bem menor que a da sociologia. Por enquanto, somente Emílio Willems[70] tentou descrever e interpretar, de forma sistemática, os problemas de dinâmica cultural que caem nesta área. Os focos teóricos de seus trabalhos sobre a aculturação de alemães no sul do Brasil e os sobre a aculturação de japoneses em São Paulo (feitos em colaboração com Herbert Baldus, com Hiroshi Saito e por meio de formulários) são variados e complexos. Alguns dizem respeito à sistematização teórica dos resultados das pesquisas e à definição de conceitos fundamentais e serão discutidos adiante. Outros se referem à descrição da realidade, e poderão ser mencio-

---

70 Emílio Willems, cf. especialmente: *A aculturação dos alemães no Brasil. Estudo antropológico dos imigrantes alemães e seus descendentes no Brasil*, São Paulo, Companhia Editora Nacional, 1946; "Aspectos da aculturação dos japoneses no Estado de São Paulo", *Boletim* n. 3, Cadeira de Antropologia, Faculdade de Filosofia, Ciências e Letras da Universidade de São Paulo, 1948; *Assimilação e populações marginais no Brasil*, São Paulo, Companhia Editora Nacional, 1940; "Problemas de aculturação no Brasil meridional", *Acta americana*, 1945, vol. III, nº 3, p. 145-151; "Some aspects of cultural conflict and acculturation in Southern rural Brazil", *Rural Sociology*, 1942, vol. VII, nº 4, p. 375-384; Alguns aspectos ecológicos da colonização germânica no Brasil, *Boletim da Associação dos Geógrafos Brasileiros*, maio 1944, nº 4. p. 41-58; "Linguistic changes in German--Brazilian communites", *Acta Americana*, 1943, vol. I, nº 4, p. 448-463. Em colaboração com Herbert Baldus: "Casas e túmulos de japoneses no Vale da Ribeira de Iguape", *Revista do Arquivo Municipal*, jun.-jul. 1941, vol. LXXVII, p. 121-135; "Cultural change among japanese immigrants in Brazil", *Sociology and Social Research*, jul.-ago. 1942, vol. XXVI, nº 6, p. 525-537; em colaboração com Hiroshi Saito: "Shindi-Reimei. Um problema de aculturação", *Sociologia*, 1947, vol. IX, nº 2, p. 133-152. Posteriormente, Hiroshi Saito escreveu novos trabalhos sobre a aculturação dos japoneses, entre os quais cumpre salientar: "O suicídio entre os imigrantes japoneses e seus descendentes", *Sociologia*, maio 1953, vol. XV, nº 2, p. 95-108; "O cooperativismo na região de Cotia: estudo de transplantação cultural, *Sociologia*, ago. 1954, vol. XVI, nº 3, p. 248-283, em 1955, vol. XVII, nº 1, 2, 3 e 4, respectivamente, p. 56-71, 163-195, 254-268 e 355-370; em colaboração com Seiichi Izumi, "Pesquisa sobre a aculturação dos japoneses no Brasil", *Sociologia*, ago. 1953, vol. XV, nº 3, p. 195-209.

nados aqui. Em um plano mais geral se colocam algumas diretrizes, que deram um sentido teórico construtivo às suas contribuições. Entre elas, seria conveniente ressaltar o modo pelo qual focalizou o próprio problema da integração das culturas nativas e das culturas transplantadas. Graças à sua compreensão etno-histórica dos problemas de dinâmica cultural, escapou à falácia da unidade básica da cultura luso-brasileira ainda hoje sustentada pela velha geração de historiadores, etnólogos e sociólogos brasileiros.

Como escreve: "A história do Brasil é um único processo de aculturação. Esta começou com a chegada dos primeiros povoadores portugueses, tornou-se mais variada com a introdução de escravos africanos e atingiu considerável grau de complexidade no século XIX quando novas correntes imigratórias começaram a canalizar-se para o Brasil". "É importante não perder de vista a continuidade desse processo, pois existe uma tendência para desvirtuar os fatos apresentando a imigração do século XIX como que enxertada em uma população culturalmente homogênea em que os processos aculturativos anteriores já teriam chegado a seu término. Na realidade, a fusão de elementos culturais portugueses, africanos e indígenas estava longe de ser completa e hoje, 122 anos depois, os três tipos de cultura ainda são perfeitamente distinguíveis em não poucas áreas. O investigador que se propõe o estudo da aculturação de qualquer etnia introduzida no século XIX a XX cometeria um erro grosseiro se encarasse a "cultura brasileira" como fator constante. É muito comum a ocorrência de contatos, digamos de alemães ou italianos com populações nativas, em áreas diversas, onde não somente o grau de fusão das três culturas mencionadas é variável mas onde também a contribuição de cada uma delas apresenta diferenças que não devem ser subestimadas."[71]

Doutro lado, também se livrou da falácia inversa, que consiste em se considerar como homogêneas e integradas as culturas transplantadas por imigrantes de um mesmo grupo nacional. Assim, tratando dos imigrantes alemães assevera: "Os imigrantes germânicos abandonam uma cultura em plena mudança e, em grande parte, *por causa* dessa mudança. Cada leva representa não somente um tipo de cultura local, mas também uma certa fase de transformação cujo ritmo acusa variações impressionantes de acordo com as condições regionais ou locais".[72] Em suma, o quadro que se traçou, para situar as condições de reelaboração das culturas transplantadas pelos imigrantes no Brasil, foi o mais complexo possível, permitindo ampla consideração das variáveis em termos de possíveis situações típicas de contato.

---

71 Emílio Willems, "Problemas de aculturação no Brasil meridional", p. 145.
72 Idem, *A aculturação dos alemães no Brasil*, p. 52.

Tais situações típicas puderam ser definidas através de alternativas de ajustamento dos imigrantes às condições de existência que lhes eram reservadas no Brasil. Os imigrantes que se dirigiam para as zonas previamente transformadas pela atividade humana encontraram uma sociedade estratificada a que tiveram de se ajustar. Os imigrantes que colonizaram áreas despovoadas precisaram construir comunidades próprias, valendo-se da herança cultural transplantada. Entre as duas alternativas extremas, colocam-se os casos intermediários, representados pelas zonas de pequena densidade demográfica ou pela colonização de regiões limítrofes com povoações brasileiras. Segundo Willems, São Paulo exemplificaria o primeiro tipo de alternativa; Paraná, Santa Catarina e Rio Grande do Sul, o segundo, ocorrendo em todos os quatro Estados flutuações tendentes para os casos intermediários. Do ponto de vista da reintegração das culturas transplantadas e da marcha da aculturação, influências modificadoras de culturas regionais brasileiras tinham que ser variáveis. "No primeiro caso, a reorganização social dos imigrantes significava-lhes articulação com a sociedade nativa. No segundo caso, a reorganização social dos imigrantes tinha de ser feita, sem que nela a sociedade nativa pudesse ter um papel de importância."[73]

No plano especificamente empírico, os resultados das investigações de Willems podem ser apreciados sob dois pontos de vista. De um lado, quanto às técnicas de pesquisa e aos métodos de interpretação, explorados na reconstrução e na descrição da realidade. Sob este aspecto, os seus trabalhos estão sujeitos a restrições mais ou menos graves. Limitando-nos ao essencial, seria fácil assinalar que a pesquisa de campo nunca chegou a atingir, nessas investigações, proporções suficientes para equilibrar a extensão alcançada pela pesquisa de reconstrução histórica, a qual acabava abarcando maior número de situações em áreas mais amplas. Como os processos são descritos de forma sintética, a continuidade ou a generalidade das condições de sua manifestação são antes presumidas do que comprovadas empiricamente. Também é inegável que o recurso à investigação simultânea de diferentes situações de contato, enfrentadas por um mesmo grupo nacional, simplificou o conhecimento de tendências gerais variáveis da aculturação dos alemães. Mas eliminou as perspectivas de descrição abertas pela investigação intensiva de *uma* comunidade ou de um *número limitado* de comunidades teuto-brasileiras.

Por fim, o ecletismo teórico de Willems se contribuiu para alargar sua compensação da realidade, reduziu a especificidade e às vezes também a necessária fundamentação empírica das elaborações interpretativas. Descrições

---

73 Idem, "Problemas de aculturação no Brasil meridional", p. 146.

magistrais de crises na organização da personalidade, de processos de reintegração de símbolos ou de valores sociais, transplantados ou recebidos de culturas nativas regionais e de processos de mudança social são com frequência prejudicadas pela falta de um sistema de referências unívoco (no qual as interpretações pudessem ser relacionadas *ou* a processos psíquicos, *ou* a processos culturais, *ou* a processos sociais, mesmo considerando todos os níveis do comportamento humano). De outro lado, pelo que aqueles resultados significam, como conhecimentos objetivos sobre os fenômenos investigados. Sob este aspecto, o valor da contribuição de Willems é inestimável, cabendo-lhe não só uma posição pioneira, mas o mérito de ter realizado os mais completos estudos de aculturação de que se podem orgulhar os etnólogos brasileiros. Sem se limitar a um aspecto ou outro da cultura, pôde descobrir como operam conjuntamente os diversos fatores e processos favoráveis ou desfavoráveis à mudança e à reintegração das culturas transplantadas pelos imigrantes alemães.

O segundo foco de interesses teóricos, na etnologia brasileira, se concentra na investigação do xamanismo, da magia, da religião ou da mitologia em diferentes contextos culturais. Já vimos, de passagem, os resultados dessas investigações, quando os centros de interesses se definem na área de mudança de culturas indígenas, afro-brasileiras ou caboclas. Compete-nos apontar, agora, as tendências das investigações diretamente voltadas para a compreensão e a descrição do comportamento mítico, mágico ou religioso.

Com referência às culturas indígenas, são numerosos os trabalhos que tratam de aspectos especiais da mitologia, da magia ou da religião. Assim, Alfred Métraux,[74] Herbert Baldus,[75] Egon

---

[74] Alfred Métraux, "Le shamanisme chez les indiens de l'Amérique du Sud", *Acta Americana*, 1944 vol. II, p. 197-219 e 320-341; "La causa y el tratamiento mágico de las enfermedades entre los índios de la región tropical sud-americana", *América indígena*, 1944, vol. IV, nº 2, p. 157-164; "Ritos de tránsito de los índios sudamericanos, 1 – La pubertad de las mujeres", *Anales del Instituto de Etnología Americana*, Universidad Nacional de Cuyo, 1945, p. 117-128; "Ritos de tránsito de los índios sudamericanos, II – La iniciación de los muchachos", *Anales del Instituto de Etnología Americana*, Universidad Nacional de Cuyo, 1946, p. 149-160; "Mourning rites and burial forms of South American indians", *América Indígena*, 1947, vol. VII, nº I, p. 7-44; "Ensayos de Mitologia Comparada Sudamericana", *America Indígena*, 1948, vol.VII, nº 1, p. 9-30; "El Dios Supremo, los creadores y héroes culturales en la mitología sudamericana", *América Indígena*, 1946, vol. VI, n. 1, p. 9-25; "Twin heroes in South American mythology", *Journal of American folklore*, 1946, vol. LIX, nº 232, p. 114-23.

[75] Herbert Baldus, O culto aos mortos entre os Kaingang de Palmas, e Mitologia Karajá e Terena, in *Ensaios de etnologia brasileira*, op. cit., p. 29-69 e 187-275, respectivamente; *Lendas dos índios do Brasil*, São Paulo, Brasiliense, 1946; "Lendas dos índios Terena", *Revista do Museu Paulista*, n.s., São Paulo, 1950, vol. IV, p. 217-232.

Schaden,[76] Otto Zerries[77] e Harald Schultz[78] têm devotado atenção tanto ao estudo da mitologia quanto da magia e da religião. Outros investigadores se interessaram pela análise do comportamento mágico-religioso, como Fernando Altenfelder Silva,[79] ou pela formação de coleções de mitos, como Mauro Wirth[80] e Estêvão Pinto.[81] Nesses trabalhos, poucos vão além do mero levantamento de dados, para estabelecer relações entre os temas míticos e os valores centrais das culturas ou entre o comportamento mágico-religioso e o funcionamento da estrutura social. A esse respeito, aliás, coube a Egon Schaden introduzir na etnologia brasileira os métodos positivos de reconstrução e descrição sistemáticas da mitologia e das atividades mágico-religiosas.

Não é de admirar-se, portanto, que poucas sejam as obras orientadas segundo propósitos bem definidos de reconstrução. Entre elas, salientam-se as contribuições de Charles Wagley[82] sobre o xamanismo e a monografia de Darci Ribeiro,[83] que trata da religião e da mitologia do Kadiuéu.

O primeiro descreve como o xamanismo se insere no ritmo social de existência dos Tapirapé as funções culturais manifestas por ele desempenhadas e o estado de êxtase analisado também com relação às atividades mágicas

---

76 Egon Schaden, "Fragmentos da mitologia Kayuá", *Revista do Museu Paulista*, n.s., São Paulo, 1947, vol. I, p. 107-123; "Mitos e contos dos Ngúd-Krág", *Sociologia*, 1947, vol. IX, nº 3, p. 257-271; "A origem e a posse do fogo na mitologia guarani", *Anais do XXXI Congresso Internacional de Americanistas*, vol. I, p. 217-227; no livro já citado, *Aspectos fundamentais da cultura Guarani* trata longamente da religião da concepção do mundo e da mitologia Guarani (cf. cap. VIII, IX e X). O outro trabalho de Schaden será considerado adiante.
77 Otto Zerries, "Kurbisrassel und Kopfgeister in Südamerika", *Paideuma*, jun. 1953, vol. V, p. 323-339; "Sternbilder als ausdruck jägerischer Geisteshaltung in Südamerika", *Paideuma*, dez. 1952, vol. V, p. 220-235; "Wildgeistvorstellungen in Südamerika", *Anthropos*, 1951, vol. XLVI, p. 140-160.
78 Harald Schultz, "A criação dos homens. Lendas dos índios Umutina", *Revista do Arquivo Municipal*, 1949, n. CXXVIII, p. 64-68; "Notas sobre magia Krahô", *Sociologia*, 1949, vol. XI, nº 4, p. 450-463; "Lendas dos índios Krahô", *Revista do Museu Paulista*, n.s., São Paulo, 1950, p. 49-164; "Como as moléstias vieram ao mundo", *Revista do Arquivo Municipal*, 1950, nº CXXXVI, p. 97-99.
79 Fernando Altenfelder Silva, "Terena religion", *Acta Americana*, 1946, vol. IV, p. 214-223; "O estado de Uanki entre os Bakairi", *Sociologia*, 1950, vol. XII, nº 3, p. 259-271.
80 Mauro Wirth, "Lendas dos índios Vapidiana", *Revista do Museu Paulista*, n.s., São Paulo, 1950, vol. IV, p. 165-216; "A mitologia dos Valpidiana do Brasil", *Sociologia*, 1943, vol. V, nº 3, p. 257-268.
81 Estêvão Pinto, *Estórias e lendas indígenas*, Recife, publ. da Faculdade de Filosofia de Pernambuco, 1955.
82 Charles Wagley, "Xamanismo Tapirapé", *Boletim do Museu Nacional*, n.s., Antropologia, Rio de Janeiro, 1943, nº 3; O estado de êxtase do pajé Tupi", *Sociologia*, 1942, vol. IV, nº 3, p. 285-292.
83 Darci Ribeiro, *Religião e mitologia Kadiuéu*, Rio de Janeiro, Serviço de Proteção aos Índios, [s.d.].

do pajé Guajajara. Do ponto de vista da investigação da natureza do comportamento mágico-religioso é especialmente importante a interpretação do estado de transe dentro do cerimonial e da mitologia das duas tribos.

Segundo, combinando as possibilidades da reconstrução histórica com as da pesquisa de campo, oferece uma descrição exaustiva da mitologia e da religião dos Kadiuéu, considerando estas duas esferas da cultura separadamente, por motivos de ordem metodológica.

Na descrição da mitologia, Darci Ribeiro tomou uma orientação, que lembra as preocupações de Ruth Benedict em face dos Zuni, em particular no que concerne à evidência das vinculações dos temas míticos com os símbolos e os valores da configuração cultural e da função dinâmica que aqueles temas desempenham na motivação do comportamento humano. Na descrição da religião, procura revelar a importância ou as funções que ela assume como forma de concepção do mundo, como meio de relação com o sagrado e como fonte de controle dos elementos que interferem nas condições presentes ou futuras de existência, no qual avulta a figura do pajé como "guardião do sossego". Vê-se que várias perspectivas de interpretação foram exploradas concomitantemente com o relativo predomínio dos problemas suscitados pela interpretação funcionalista do comportamento religioso.

Assim, se a orientação tomada na análise da mitologia favoreceu a descrição dos processos de aceitação seletiva e de redefinição dos temas míticos recebidos de outras tribos, a perspectiva funcionalista dirigiu a descrição da vida religiosa dos Kadiuéu, do xamanismo em especial, para os efeitos de processos que preservam as condições da economia social.

No que respeita às culturas afro-brasileiras, além dos trabalhos mencionados anteriormente, cumpre-nos considerar as contribuições de Melville J. Herskovits,[84] René Ribeiro[85] e de Roger Bastide.[86] Em sua importante comu-

---

84 Melville J. Herskovits, "The social organization of the candomblé", *Anais do XXXI Congresso Internacional de Americanistas*, vol. I, p. 505-532.
85 René Ribeiro, "Cultos afro-brasileiros do Recife: um estudo de ajustamento social", Recife, *Boletim do Instituto Joaquim Nabuco*, 1952, número especial; "O indivíduo e os cultos afro-brasileiros do Recife", *Sociologia*, vol. XIII, nº 3 e 4, p. 195-208 e 325-340, respectivamente. "Novos aspectos do processo de reinterpretação nos cultos afro-brasileiros do Recife", *Anais do XXXI Congresso Internacional de Americanistas*, vol. I, p. 473-491.
86 Roger Bastide, especialmente "Cavalos de santo", "Algumas considerações em torno de uma 'lavagem de contas'" e "O ritual angola do axêxê", *Estudos Afro-brasileiros*, 3ª série, Boletim nº 3, Cadeira de Sociologia I, Faculdade de Filosofia, Ciências e Letras da Universidade de São Paulo, 1955, p. 29ss; *Imagens do Nordeste místico em branco e preto*, caps. II e III; "Medicina e magia nos candomblés", *Boletim Bibliográfico*, São Paulo, Departamento de Cultura, vol. XVI, 1950, p. 7-34; "L'axêxê", *Mémoires de l'Institut Français d'Afrique Noire*, Ifan-Dakar, 1953, nº 27, p. 105-110; em colaboração com Pierre Verger: "Contribuição ao estudo da adivinhação no Salvador (Bahia)", *Revista do Museu Paulista*, n.s., São Paulo, 1953, vol. VII, p. 357-380.

nicação ao XXXI Congresso de Americanistas, Herskovits deixou evidente que o grupo de culto constitui a principal manifestação organizada da subcultura afro-brasileira e que, por isso, a "análise microetnológica" de seus aspectos não religiosos poderia ser uma estratégia frutífera para a investigação, seja da vida religiosa, seja do comportamento sociopsíquico do negro no Brasil.

O lado positivo e criador dessa orientação metodológica não se patenteia apenas naquela comunicação. É na obra de seu discípulo René Ribeiro que ela mostra todas as suas consequências fecundas. De fato, cabe-lhe o mérito de ter posto em relevo uma espécie de explicação genética dos fundamentos sociopsíquicos da continuidade cultural e da perseverança de africanismos no comportamento religioso do negro brasileiro. Focalizando desse ângulo a vida religiosa afro-brasileira pôde descobrir que as necessidades sociopsíquicas imanentes ao comportamento religioso do negro, em parte devido às compensações limitadas oferecidas pelas outras esferas de sua subcultura, não são de ordem exclusivamente místicas.

Assim, a participação do mesmo culto envolve algum grau de solidariedade social, a possessão produz descargas de tensões emocionais e proporciona prestígio dentro do grupo, a ligação com divindades estipula obrigações morais, a proteção de espíritos de ancestrais regula direta ou indiretamente o sucesso na vida prática, as relações mágicas ou religiosas com o sagrado aumentam o poder de autodeterminação ou a segurança de cada um etc. A integração ao culto pode servir, pois, como mecanismo de defesa da pessoa e como fator de ajustamento às situações de existência. Em resumo, a "participação nesses grupos organizados diferentemente daqueles outros que se contêm em nossa sociedade urbana, bem como a obtenção aí de posições e de prestígio (implicando novo *status*, frequentemente superior), constituem experiências mais satisfatórias do que quaisquer outras que lhes possam ser proporcionadas em nossa sociedade".[87]

De outro lado, confirmando e completando resultados anteriores da pesquisa de Octávio da Costa Eduardo, essas complexas vinculações demonstram que, em várias regiões do Brasil, a situação de contato entre negros e brancos nem sempre determina a seleção negativa de valores essenciais da herança cultural africana. O grau relativo de isolamento cultural, sem interferir por si mesmo na criação de conflitos com a ordem social estabelecida, é suficiente para preservar a continuidade estrutural e funcional de um grupo, como o de cultos, que parece exercer influências tão amplas e profundas.

A Roger Bastide o que interessa é o estudo da natureza do comportamento religioso africano e afro-brasileiro. Como escreve num de seus trabalhos,

---

87 René Ribeiro, "Cultos afro-brasileiros do Recife", p. 143.

o que pretende conhecer "é a própria estrutura da mística africana, em oposição à mística cristã".[88] Todavia, para atingir esse objetivo escolheu meios de investigação comumente empregados pelos etnólogos (como a pesquisa de campo, a pesquisa de reconstrução histórica, a comparação etc.), os quais não prescindem da delimitação empírica dos problemas a serem examinados. Por isso, não é raro que suas contribuições possuam teor etnológico (como as descrições de candomblés, dos rituais funerários, da macumba paulista etc., ou o excelente artigo sobre a adivinhação, feito em colaboração com Verger). E, mesmo quando tal coisa não ocorre, os resultados dela quase sempre caem em campos limítrofes de investigação, sendo igualmente importantes para os sociólogos, empenhados no estudo das religiões africanas e afro-americanas.

A explicação de Bastide sobre a natureza religiosa do comportamento dos "cavalos de santo" é particularmente rica de consequências. Já se considerou a possessão ou transe místico como conduta psicopatológica. E é sabido que foi relativamente fácil a Herskovits demonstrar, do ponto de vista etnológico, as inconsistências de semelhante interpretação.

Contudo, faltava completar a argumentação crítica com dados relativos aos mecanismos inerentes ao círculo estabelecido entre o deus e seu cavalo, através das cerimônias religiosas. Através de provas que não parecem contestáveis, Bastide pôs em relevo que o transe místico faz parte de uma *religião normal*; é frequentemente experimentado por *pessoas normais* e é ele próprio uma *experiência religiosa normal*. Ele se produz não só por causa de uma educação religiosa prévia, mas devido ao concurso concomitante de condições cerimoniais, de necessidades do culto, de exigências imperativas dos deuses (reveladas de modos diversos) e de aspirações profundas do crente (motivadas de maneiras variáveis).

Daí ser a possessão, nas religiões afro-brasileiras, a um tempo imposta e desejada, como produto de impulsões imanentes a essa forma regular e invariável de relação religiosa com o sagrado, capazes de satisfazer as necessidades psíquicas da coletividade e do indivíduo.[89]

Não menos importante, e complementar a essa, é a contribuição de Bastide ao conhecimento das relações entre a magia e a religião nos

---

88 Roger Bastide, *Imagens do Nordeste místico em branco e preto*, p. 48.
89 Cf. especialmente *Imagens do Nordeste místico em branco e preto*, cap. II, p. 45ss; "Cavalos de santo", passim; e, também, a comparação indireta, proporcionada pelos ritos de axêxê (cf. "O ritual angola de axêxê" e "L'axêxê"). Sobre o caráter imperativo das exigências dos deuses, para os iniciados, o desenvolvimento da educação religiosa dos crentes e a natureza mística da ligação com as divindades nos candomblés, cf. especialmente "Algumas considerações em torno de uma 'lavagem de contas'", passim.

candomblés, nos catimbós e nas macumbas. Como escreve, "pode-se estabelecer como lei aproximativa, senão obrigatória, que a magia médica vai aumentando à medida que se passa dos candomblés gêgesnagôs aos candomblés bantos, dos candomblés bantos aos caboclos, dos candomblés à macumba. Isto é, o lugar da magia nas seitas africanas varia em razão inversa ao da mitologia".[90]

Esta fórmula, tida como "lei aproximativa", subentende que a importância relativa da magia nos cultos afro-brasileiros se modifica em proporção direta ao grau de sincretismo e em proporção inversa ao grau de persistência da herança religiosa tradicional. Por enquanto, em vista dos conhecimentos que possuímos, parece que de fato o sincretismo dissolve as orientações religiosas transplantadas da África, em benefício de práticas mágicas regionais (exemplo da macumba, em São Paulo; mas um processo semelhante ocorre em zonas rurais do Brasil); e que, onde há maior continuidade da herança religiosa africana, os cultos tendem a se conservar mais puros, principalmente em face da magia (exemplo dos cultos africanos da Bahia, Recife e São Luís).

Por fim, resta mencionar uma consequência metodológica. Diversos trabalhos de Bastide, inclusive esse sobre a medicina e a magia, contêm explanações descritivas exemplares, cuja consistência empírica deriva da combinação, até o limite possível, da pesquisa e da interpretação nas tentativas de reconstrução de totalidades culturais. Tome-se, como ponto de referência, o último trabalho mencionado: nele se estabelecem três estratos ou mundos mentais de exploração da medicina, nos grupos de cultos afro-brasileiros. Cada estrato apresenta, no fundo, uma constelação própria de valores, através da qual a prática médica adquire uma significação e funções correspondentes. A observação pura e simples seria insuficiente para encaminhar o pesquisador a esse resultado, pois os comportamentos descritos são facilmente confundíveis exteriormente. Portanto, uma reconstrução consciente da realidade, mesmo permanecendo no plano das explanações descritivas, não pode prescindir de largo uso de meios interpretativos, pelo menos até onde ele se torna indispensável para o reconhecimento dos aspectos essenciais de uma totalidade qualquer.

As explanações descritivas de Bastide, porém, nem sempre satisfazem os critérios da descrição etnológica da realidade. Dois pontos merecem menção especial. Primeiro, a fundamentação empírica das explanações pode parecer insuficiente para suportar manipulações deveras abstratas das inferências. Por aqui se criam dificuldades sérias de comprovação e de verificação, as quais se complicam pela acumulação de dados e materiais de

---

90 "Medicina e magia nos candomblés", passim; citação extraída da p. 23.

procedência variada. Segundo, raras vezes vem ressaltado o caráter hipotético de certas explanações ou o conjunto de evidências em que se apoia uma hipótese plausível. Isso cria embaraços ao leitor, que poucas vezes possui recursos intelectuais para percorrer as mesmas vias empíricas do investigador, em particular quando se atenta que ele não hesita diante das perspectivas abertas pela comparação de situações similares.

Ao contrário do que se poderia supor, tem sido escasso o interesse pelo estudo etnológico da vida religiosa em comunidades caboclas. Além dos trabalhos mencionados anteriormente, que se referem naturalmente à religião como parte da cultura cabocla, uma ou outra contribuição, como a de Mário Wagner Vieira da Cunha,[91] que examina a repercussão da mudança social em uma festa religiosa tradicional, as de Oswaldo Elias Xidieh,[92] que tratam especialmente dos processos de integração e de difusão de práticas em zonas rurais, e a de Florestan Fernandes,[93] sobre a formação de um culto sincrético em torno de um líder carismático negro, reponta aqui e ali, nos artigos de revistas, tão importantes para fixar os interesses dos especialistas. Os folcloristas brasileiros, desde os fins do século passado, vêm acumulando muitos dados a respeito desse e de outros aspectos da cultura cabocla, mas, devido aos critérios de seleção, obras meramente descritivas não cabem em nossa exposição.

Eduardo Galvão é autor da primeira monografia publicada, que toma por objeto a investigação dos processos de formação e de integração da religião em uma cultura cabocla.[94] Essa contribuição merece ser encarada de dois ângulos diferentes. Primeiro, pelo que significa para o aumento dos conhecimentos sobre uma das áreas mais importantes para a investigação etnológica no Brasil. A comunidade observada, "Itá", está localizada no vale amazônico e oferece uma perspectiva muito boa para investigar a vida religiosa do caboclo no plano propriamente regional. Graças à combinação da pesquisa de campo à investigação histórica, aspectos realmente importantes da formação da cultura cabocla e dos padrões de comportamento religioso que nela impera puderam ser reconstruídos empiricamente. Segundo, pelos resultados da investigação, que

---

91 Mário Wagner Vieira da Cunha, "Descrição da festa de Bom Jesus de Pirapora", *Revista do Arquivo Municipal*, São Paulo, 1937, nº 41, p. 5-36.

92 Oswaldo Elias Xidieh, "Elementos mágicos no folk mogiano", *Sociologia*, 1943, vol. V, nº 2, p. 116-133; "Um elemento ítalo-brasileiro na magia mogiana", *Sociologia*, 1944, vol. VI, n. 1, p. 5-18; "Elementos mágicos no folk paulista: o intermediário", *Sociologia*, 1945, vol. VII, nº 1-2, p. 11-29.

93 Florestan Fernandes, "Contribuição para o estado de um líder carismático", *Revista do Arquivo Municipal*, São Paulo, 1951, vol. CXXXVIII, p. 19-34.

94 Eduardo Galvão, *Santos e visagens*, op. cit.; "Vida religiosa do caboclo da amazônia", op. cit.

lançam nova luz sobre o comportamento religioso do caboclo, especialmente sobre a mentalidade que resultou da agregação da pajelança ao catolicismo.

Os etnólogos que trataram do sincretismo religioso no Brasil, Arthur Ramos em particular, deram preferência à descrição dos efeitos desse processo. Galvão aborda-o, inversamente, ao longo do fluxo histórico da vida cabocla na região. Pode-se perceber, assim, em que condições se processou esse sincretismo, o papel relativo que nele desempenharam a herança mágico-religiosa dos indígenas e a própria Igreja Católica, as forças sociais que operam conservadoramente, associando os padrões estabelecidos de vida religiosa ao calendário religioso tradicional e às formas conspícuas de atividades lúdicas, inseridas na cultura religiosa cabocla, e aquelas forças inovadoras, que modernamente separam as instituições religiosas de acordo com as classes sociais dos agentes e tendem a produzir uma purificação das antigas práticas segundo os padrões do catolicismo oficial. Em face dos resultados dessa investigação, nem sempre elaborados interpretativamente, é inegável que o predomínio do catolicismo não foi suficiente para preservar a natureza da concepção católica do mundo, a qual foi redefinida em termos dos interesses e dos valores dominantes no mundo da magia.

O terceiro foco de interesses teóricos, que tendem a orientar as investigações etnológicas no Brasil, está voltado para os problemas de organização social, como estes podem ser entendidos em face de comunidades aborígines. Algumas contribuições tentam reelaborar materiais acumulados através de investigações etnológicas prévias, como as de Egon Schaden,[95] Maria Isaura Pereira de Queirós,[96] Hans Dietschy,[97] K. G. Izikowitz[98] etc. Em tais trabalhos se evidenciam, especialmente, as ricas perspectivas de interpretação teórica abertas pelas monografias de Nimuendajú. Outras procedem ao levantamento de terminologias de parentesco, como as de Carlos Drummond[99] e Herbert Baldus,[100] ou procuram focalizar temas relativos à organização do

---

95 Egon Schaden, "Relações intertribais e estratificação social entre índios sul-americanos", *Sociologia*, 1948, vol. X, nº 2-3, p. 15.
96 Maria Isaura Pereira de Queirós, "A noção de arcaísmo em etnologia e a organização social dos Xerente", *Revista de Antropologia*, dez. 1953, vol. 1, nº 2, p. 99-108.
97 Hans Dietschy, "La structure des amitiés formelles dans la société canella", *Anais do XXXI Congresso Internacional de Americanistas*, vol. I, p. 211-216.
98 K. G. Izikowitz, "Rhythmical aspects of canella life", *Anais do XXXI Congresso Internacional de Americanistas*, vol. I, p. 195-210.
99 Carlos Drummond, "Designativos de parentesco no tupi-guarani", *Boletim* nº 5, Cadeira de Etnografia e Língua Tupi-Guarani, Faculdade de Filosofia, Ciências e Letras da Universidade de São Paulo, 1944, p. 7-54.
100 Herbert Baldus, "Terminologia de parentesco Kaingang", *Sociologia*, 1952, vol. XIV, nº 1, p. 76-79.

sistema de parentesco, como as de César Albisetti,[101] de Jules Henry Blumensohn,[102] Jürn Philipson,[103] Darci Ribeiro,[104] Charles Wagley e Eduardo Galvão[105] e Virgínia Drew Watson,[106] ou ainda de outros aspectos da organização social, como por exemplo a posição social da mulher na sociedade Bororo, os grupos de comer Tapirapé, a sucessão hereditária dos chefes entre os Terena e a organização dual entre os Kaingang, descritos por Herbert Baldus,[107] aspectos do comportamento masculino associados à instituição da casa dos homens, apontados por Horace Banner,[108] a natureza das práticas sexuais Tupari, cuidadosamente discutida por Franz Gaspar[109] etc. Pondo-se de lado o valor variável das contribuições, esta sumária lista demonstra a amplitude dos centros de interesse na descrição ou na análise de aspectos da organização social de comunidades indígenas. Isso significa que se está formando um clima propício à orientação da pesquisa etnológica para pro-

---

101 César Albisetti, "Estudos e notas complementares sobre os bororo orientais", *Contribuições Missionárias*, publicação da Sociedade Brasileira de Antropologia e Etnologia, Rio de Janeiro, 1948, nº 2-3, p. 3-24.
102 Jules Henry Blumensohn, "A preliminary sketch of the kinship and social organization of the Botocudo indians of the Rio Plate in the municipality of Blumenau, Santa Catarina, Brazil", *Boletim do Museu Nacional*, n.s., Antropologia, Rio de Janeiro, 1956, vol. XII, nº 3-4, p. 49-58.
103 Jürn Philipson, "Nota sobre a interpretação sociológica de alguns designativos de parentesco do Tupi-Guarani", *Boletim* nº 9, Cadeira de Etnografia e Língua Tupi-Guarani, Faculdade de Filosofia, Ciências e Letras da Universidade de São Paulo, 1946; "O parentesco Tupi-Guarani", *Boletim* nº 9, Cadeira de Etnografia e Língua Tupi-Guarani, Faculdade de Filosofia, Ciências e Letras da Universidade de São Paulo, 1946.
104 Darci Ribeiro, "Sistema familial Kadiuéu", *Revista do Museu Paulista*, n.s., São Paulo, 1948, vol. II, p. 175-205.
105 Charles Wagley e Eduardo Galvão, "O parentesco Tupi-Guarani", *Boletim do Museu Paulista*, n.s., Antropologia, Rio de Janeiro, 1946, nº 6; Eduardo Galvão, "Cultura e sistema de parentesco das tribos do Alto Rio Xingu", *Boletim do Museu Nacional*, n.s. Antropologia, Rio de Janeiro, 1953, nº 14.
106 Virgínia Drew Watson, "Notas sobre o sistema de parentesco dos índios Cayuá", *Sociologia*, 1944, vol. VI, nº 1, p. 31-48.
107 Herbert Baldus, *Ensaios de etnologia brasileira*, op. cit., cap. III, IV e V. Cf. também: "Das dualsystem der Kaingang-Indianer", separata das *Actes du IVᵉ Congrès International des Sciences Anthropologiques et Ethnologiques*, Viena, 1952, vol. II, p. 376-378.
108 Horace Banner, "A casa-dos-homens Górotire", *Revista do Museu Paulista*, n.s., São Paulo, 1952, vol. VI, p. 455-459.
109 Franz Gaspar, "Some sex beliefs and practices of the Tupari indians (Western Brasil)", *Revista do Museu Paulista*, n.s., São Paulo, 1953, vol. VII, p. 203-244.

blemas complexos de investigação, que exigem algumas convicções sobre as possibilidades atuais ou futuras da análise comparativa.

Em contraposição a esses trabalhos devem-se considerar as tentativas de descrição monográfica do sistema sociocultural como um todo, que acentuam os aspectos organizatórios da vida social. Entre elas, distinguem-se as contribuições de Kalervo Oberg[110] e de Jules Henry.[111] Parece Oberg ter dispersado demais suas pesquisas, já que em um período relativamente curto de tempo tentou estudar os Terena, os Kaduveo, os Camayurá, os Bacairi, os Nhambiquara e os Umotina. Contudo, algumas de suas contribuições são deveras importantes, por focalizarem empiricamente problemas concernentes à reorganização de sistemas tribais, sob o influxo de fatores ecológicos, econômicos e sociais.

Na produção etnológica de Jules Henry ressalta *Jungle People*, que constitui a monografia mais sugestiva e provocante que algum etnólogo escreveu sobre índios do Brasil. Suas explanações e interpretações quase sempre se ressentem da carência de sólida fundamentação empírica. Em particular, é possível que a extrema hostilidade revelada pelos Kaingang contra o "grupo dos outros" e a complacência ou tolerância excessivas em face dos membros do "nosso grupo" se prendam menos à necessidade de manter um mínimo de coesão e de ordem dentro de pequenos grupos, de parentes consanguíneos ou afins, que à desagregação da configuração cultural aborígine, provocada direta e indiretamente pela colonização europeia do país. Isso não impede que a sua obra tenha introduzido novas preocupações nas pesquisas etnológicas brasileiras, orientando as descrições e as análises para os aspectos mais instáveis e labiais da organização social, ou seja, para os processos biopsíquicos e sociopsíquicos que condicionam a existência humana, encarados à luz das influências dinâmicas da cultura.

Contribuições que visam especificamente a reconstrução do sistema organizatório como uma totalidade foram empreendidas por Lucila

---

110 Kalervo Oberg, *The Terena and the Caduveo of southern Mato Grosso, Brazil*, op. cit.; *Indian tribes of Northern Mato Grosso, Brasil*, Washington, Smithsonian Institution, Institute of Social Anthropology, 1953, publ. nº 15; "Terena Social Organization and Law", *American Anthropologist*, 1948, vol. L, nº 2, p. 283-291; "The Bacairi of Northern Mato Grosso", *Southwestern Journal of Anthropology*, 1948, vol. IV, nº 3, p. 305-319.

111 Jules Henry, *Jungle people. A Kaingang tribe of the highlands of Brazil*, J. J. Agustin Publisher, 1941; cf. também "The Kaingang indians of Santa Catarina, Brazil", *América Indígena*, 1941, vol. II, nº 1, p. 75-79; "The personality of the Kaingang indians", *Character and Personality*, 1936, vol. V, nº 2, p. 113-123.

Herrmann,[112] Antônio Rubbo Müller,[113] Robert F. Murphy e Buell Quain,[114] Estêvão Pinto,[115] Claude Lévi-Strauss[116] e Florestan Fernandes.[117]

Com o fito de pôr em relevo as possibilidades da pesquisa de reconstrução histórica e da pesquisa de campo nesse terreno, vejamos o que caracteriza as preocupações teóricas dos dois últimos autores. A monografia de Florestan Fernandes se prende à intenção de descrever, do mais completo possível, a organização social dos povos Tupi, que entraram em contato com os brancos em certas zonas da costa e cujas condições de existência foram, por isso, registradas com certa abundância.

Dada a natureza da documentação, o estudo global do sistema organizatório das tribos Tupinambá foi deliberadamente mantido no plano estrito de explanação descritiva. Com base nos seus resultados, seriam possíveis investigações posteriores, mais ambiciosas, sobre problemas teoricamente determinados – seja com referência ao funcionamento da sociedade tupinambá, seja na comparação dela com outras unidades tribais.

---

112 Lucila Herrmann, "A organização social dos Vapidiana do território do Rio Branco", *Sociologia*, 1946, vol. VIII, nº 2, 3 e 4, p. 119-134, 203-215 e 282-304, respectivamente, e 1947, vol. IX, nº 1, p. 54-84.

113 Antônio Rubbo Müller, "Um estudo de organização social de tribos indígenas da América do Sul", *Sociologia*, 1953, vol. XIV, nº 2, 3 e 4, p. 166-80, 267-278 e 339-348, respectivamente, e vol. XV, nº 1, 2, 3 e 4, p. 44-83, 166-177, 277-285 e 394-453, respectivamente.

114 Robert F. Murphy e Buell Quain, "The Trunai indians of central Brazil", *Monographs of the American ethnological society*, n. XXIV, New York, J. J. Augustin Publisher, 1955; cf. também Robert F. Murphy, "Matrilocality and patrilineality in Mundurucu society", *American Anthropologist*, jun. 1956, vol. 58, nº 3, p. 414-434.

115 Estêvão Pinto, *Etnologia brasileira (Fulniô – os últimos Tapuias)*, São Paulo, Companhia Editora Nacional, 1956.

116 Claude Lévi-Strauss, "Contribuição para o estudo da organização social dos índios Bororo", *Revista do Arquivo Municipal*, São Paulo, 1936, vol. XXVII, p. 7-8; "La vie familiale et sociale des indiens Nambikwara", *Journal de la Société de Américanistes*, n.s., 1948, vol. XXXVII, p. 1-32; cf. também: "Guerra e comércio entre os índios da América do Sul", *Revista do Arquivo Municipal*, 1942, vol. LXXXVII, p. 131-146; "The social and psychological aspect of chieftainship in a primitive tribe: the Nambikuara of northwestern Mato Grosso", *Transactions of the New York Academy of Sciences*, series II, 1944, vol. 7, nº 1, p. 16-32; "The social use of kinship terms among Brazilian indians", *American Anthropologist*, n.s., 1943, vol. 45, nº 3, p. 398-409; "On dual organization in South America", *América Indígena*, 1944, vol. IV, nº 1, p. 37-47; *Des organisations Dualistes Existent-elles?*, Bijdragen, Tot de Taal-, Land -en Volkenkund, Deel 112, 2º Aflevering, 15-Gravenhage, 1956, p. 99-128.

117 Florestan Fernandes, *A organização social dos Tupinambá*, São Paulo, Instituto Progresso Editorial, 1949.

Em si mesma, porém, a tentativa possui o mérito de procurar descrever, nos limites dos grupos investigados, os padrões pré-cabralinos da vida social aborígine. A documentação permitiu tratar da estrutura dos grupos, quanto à adaptação ao ciclo ecológico e à dinâmica do sistema econômico tribal, do sistema de parentesco, quanto às noções de parentesco e seus fundamentos místicos ou reais, à nomenclatura de parentesco, à escolha dos cônjuges, à organização da família e à ordenação das relações sexuais, das estruturas sociais ligadas ao sexo, à idade e à socialização do comportamento humano, e das formas tribais de controle social e de relação com grupos vizinhos hostis.

Os resultados gerais da reconstrução foram aproveitados para a discussão de temas de interesse teórico, como a consistência da organização ecológica em face das condições materiais de existência, da tecnologia e do sistema integrativo tribal; os complexos estruturais nucleares e aglutinadores da sociedade tribal; as esferas da cultura que estimulavam comportamentos cooperativos e as que incentivavam ações e relações competitivas; o caráter cooperativo-competitivo da configuração organizatória da sociedade tupinambá. No conjunto, o trabalho não está isento de defeitos – alguns nascidos das deficiências da documentação, outros das próprias limitações do investigador – mas atinge o objetivo proposto, que consistia em descrever homogeneamente a organização social dos povos Tupi no "ponto zero" e da colonização europeia do Brasil.

As pesquisas de Claude Lévi-Strauss foram realizadas entre os Bororo e os Nhambiquara. Do ponto de vista teórico, a escolha foi excelente: o mesmo pesquisador poderia manipular, no fim de dois projetos de pesquisa, dados e problemas concernentes a tipos concretos contrastantes de organização social. Para se perceber essa possibilidade é bastante cotejar os Bororo e os Nhambiquara: enquanto os primeiros representam uma modalidade de estrutura social que alcançou complexo grau de formalização, os segundos lembram o que parece *estritamente mínimo*[118] na diferenciação cultural e social. Do ponto de vista prático, porém, ela foi algo arrojada. Ainda hoje seria difícil reunir recursos financeiros e pessoal treinado suficiente para realizar, de forma rigorosa e intensiva, as duas pesquisas. Razões diversas aconselhariam longa permanência, se possível de modo contínuo por lapsos determinados de tempo, tanto entre os Nhambiquara quanto entre os Bororo. Como essa condição não pôde ser preenchida, ambas as pesquisas foram mais ou menos prejudicadas por limitações que o denodo pessoal e o poder da inteligência não podem remover. Apesar disso, elas tiveram um desfecho frutífero

---

118 Claude Lévi-Strauss, *La vie familiale et sociale des indiens Nambikwara*, cf. especialmente p. 49-50.

e figuram na história recente da etnologia brasileira como um verdadeiro marco, no que concerne à investigação, por meio da pesquisa do campo, dos fenômenos e problemas de organização social.

O estudo dos Bororo tornou possível a discussão de aspectos da organização social dessa tribo que antes foram mal observados ou simplesmente negligenciados. Restringindo-se à documentação levantada na aldeia Kejara, Lévi-Strauss procurou pôr em evidência a significação econômica de artefatos artísticos, de símbolos ou de privilégios dos clãs, as obrigações materiais e morais inerentes ao casamento e às atividades cerimoniais, e as relações das formas de casamento com o sistema de metades e suas divisões clânicas. Resultados posteriores sugerem que, presumivelmente, subdivisões de clãs foram consideradas como clãs,[119] mas confirmam as alternativas apontadas a respeito da escolha de cônjuges.

O estudo dos Nhambiquara proporcionou, pela primeira vez, o conhecimento sistemático dos principais aspectos das condições de existência social desse povo. Sendo ela sujeita a dois ritmos distintos – o do período da vida sedentária de outubro a março, durante as chuvas, e o da vida nômade (começa com o início da estiagem) –, o estudo oferece à etnologia discussões sobre problemas empíricos que há tempo preocupam os etnólogos, de Marcel Mauss a Evans-Pritchard. É claro que nem todos esses problemas puderam ser estudados, mas Lévi-Strauss conseguiu estabelecer, com muita argúcia a penetração, as polarizações estruturais e psicossociais envolvidas pelos dois períodos de integração da vida social, nos quais as relações humanas passam do máximo de convivência para o mínimo nuclear e estável, inerente à organização da família e à composição dos bandos nômades. Através desse quadro mais amplo é que analisa as implicações sociológicas da existência miserável, aventureira e heroica dos Nhambiquara. O sistema de parentesco, a função da família como fonte de compensações morais, de segurança econômica e de solidariedade social, as relações de troca, as cerimônias mágico-religiosas, as orientações psíquicas da cultura são descritas em termos desse *background* morfológico.

A convicção de que a vida social dos Nhambiquara pode ser considerada como exemplo de uma estrutura social quase indiferenciada perpassa todas as elaborações interpretativas de importância descritiva. Em alguns pontos ela chega a alimentar suposições segundo as quais haveria uma tendência à constituição de formas masculinas de dominação e à formação de uma organização por metades. A este respeito escreve: "Não obstante, parece que es-

---

[119] Cf. César Albisetti, *Estudos e notas complementares sobre os Bororo orientais*, cap. I e II, com respectivos diagramas.

tamos diante de um caso no qual 'os traços fundamentais da organização clânica se encontram, de certa maneira, pré-formadas nas tribos desprovidas de clã'. Seria suficiente, para satisfazer às exigências da organização dualista, que o novo grupo se fixasse, e mantivesse a lembrança de sua origem ambígua continuando a evitar a confusão entre os dois conjuntos de habitações".[120]

Outras hipóteses são elaboradas com o fito de explicar as atuais condições de existência dos Nhambiquara. Embora reconhecendo a dificuldade do problema e o papel decisivo desempenhado pelas influências mútuas de várias tribos diferentes em contato,[121] Lévi-Strauss revela acentuada preferência pela hipótese segundo a qual os Nhambiquara seriam os representantes contemporâneos de uma cultura antiga empobrecida.[122] A simples transformação da composição do bando ilustra que houve, de fato, perdas culturais, especialmente depois de sua submissão aos brancos: há vinte anos, o bando abrangeria aproximadamente duzentos indivíduos; na época da pesquisa eles se constituíram, variavelmente, de quatro a cinco até trinta ou quarenta indivíduos. É evidente o significado dessa alteração morfológica, como expressão de insucessos adaptativos e como fator negativo de ajustamento às condições de existência enfrentadas pelos bandos nômades. Em consequência, o pesquisador se defrontava menos com os padrões aborígines de organização social, que com os seus escombros.

Duas tendências desintegradoras mereceriam atenção específica: a própria crise interna da cultura e da sociedade; e as pressões culturais, exercidas pelos grupos tribais vizinhos, em contato intermitente, ainda que hostil, com os Nhambiquara. A preferência por uma hipótese genética, entretanto, fez com que questões desta natureza fossem negligenciadas, passando ao primeiro plano cotejos comparativos com os Tupi dos séculos XVI e XVII. Os paralelismos que resultam de semelhante confronto criam pistas a serem examinadas, quando menos por causa do interesse que elas possuem para uma análise de processos de difusão cultural, mas que não conduzem a nenhuma prova substancial com referência à hipótese formulada.

Outra interpretação deveras importante se refere à significação e à função das trocas econômicas com grupos tribais vizinhos. É inegável que o padrão de troca descrito se inscreve em um clima de relações hostis e que os

---

120 Claude Lévi-Strauss, "La vie familiale et sociale des indiens nambikwara", p. 79-80 (entre aspas, citação de R. H. Lowie, "Family and Sib", *American Anthropologist*, n.s., 1919, vol. 21, p. 28-40).
121 Idem, p. 129-130.
122 Idem, cf. p. 13-14, 98, 129-130, e diversas passagens nas quais descreve as condições de extrema indigência em que viviam, material e socialmente, os Nhambiquara, ou nas quais aponta paralelos com grupos Tupi, especialmente p. 49-50, 55, 77-78, 80 e 87.

efeitos da troca, por causa de mecanismos de avaliação dirigidos psicoculturalmente por decepções e por conflitos, podem conduzir a empreendimentos guerreiros. Contudo, parece que as cerimônias que precedem e que circundam a troca propriamente dita possuem outra função social. A circulação de bens, em sociedades primitivas, com frequência traduz e intensifica laços de solidariedade moral. A transição do *comércio mudo* para a troca através de interação pessoal e direta, entre membros de grupos estranhos ou antagônicos, deve ter criado necessidades rituais novas. Aqui não se trata apenas do perigo potencial do contato direto, mas principalmente da neutralização das fontes de obrigação e de solidariedade, inerentes à circulação de bens. Em outras palavras, entre o comércio mudo e as formas elementares de padronização da troca, se acharia a forma de "comércio" descrita por Lévi-Strauss, que poderia ser encarada como um tipo de escambo ritualizado, sem ser preciso defini-la como "guerra potencial pacificamente resolvida".

Esses são os três principais centros de interesses teóricos nas investigações etnológicas que visam à reconstrução de totalidades ou à explanação descritiva da realidade. Todavia, algumas contribuições não cabem precisamente em tais categorias. É o caso, por exemplo, dos estudos etnológicos sobre o preconceito racial no Brasil. Nos projetos de pesquisa da Unesco, tomaram orientação etnológica as pesquisas de Charles Wagley desenvolvidas em colaboração com Harry W. Hutchinson, Marvin Harris, Ben Zimmerman, nas comunidades de Itá, Vila Recôncavo, Minas Velhas e Monte Serrat; a pesquisa de Thales de Azevedo, em Salvador; e a pesquisa de René Ribeiro, no Recife. Já foram publicados os resultados das pesquisas de Wagley e seus colaboradores[123] e os da pesquisa de Azevedo.[124]

O primeiro grupo de pesquisadores utilizou uma técnica de descrição morfológica da estrutura social que oferecia alguma base para a padronização da coleta e da interpretação dos dados. Não obstante, a análise comparativa é menos satisfatória que as pequenas monografias, nas quais são descritas as relações raciais em cada comunidade. Na pesquisa de Azevedo também foi explorado um critério de descrição e de interpretação: a mobilidade social vertical, considerada como índice da ausência do preconceito racial e da discriminação com fundamento na intolerância racial. A significação de semelhante critério, em uma sociedade multirracial em que não existe a segregação racial, deixou de ser examinada, limitando-se o pesquisador a descrever casos concretos, que ora confirmam ora infirmam a hipótese subjacente ao critério de investigação escolhido. Ambas as pesquisas demonstram que a formação

---

123 Charles Wagley, *Races et classes dans le Brésil rural*, Unesco, [s.d.].
124 Thales de Azevedo, *Les elites de couleur dans une ville Brésilienne*, Unesco, 1953.

teórica do etnólogo é ainda insuficiente para equipá-lo, de forma completa, com os conhecimentos e as técnicas de pesquisa a que precisa recorrer, por causa da rápida expansão do campo da investigação etnológica.

Outro centro de interesse teórico, que começa a ganhar autonomia, é o que diz respeito ao estudo etnológico da personalidade. Até há pouco, o tema só era tratado sistematicamente como parte do objeto de análises mais amplas (especialmente nas contribuições já mencionadas, de Jules Henry, Florestan Fernandes, Charles Wagley e Eduardo Galvão; Egon Schaden e Claude Lévi-Strauss; Roger Bastide, René Ribeiro e Arthur Ramos; Emílio Willems).

As duas tentativas de estudo da personalidade, através de técnicas modernas, se prendem a iniciativas de Herbert Baldus. Entre os Bororo, Baldus reuniu um rico material sobre o comportamento ambivalente e os desajustamentos de um personagem célebre na etnologia brasileira, Tiago Marques Aipobureu ou Akirio Bororo Keggeu.[125] Por sugestão de Baldus, esse material, completado com dados contidos na obra de Colbacchini e Albisetti,[126] foi interpretado por Florestan Fernandes, em termos da teoria da marginalidade.[127]

Posteriormente, Herbert Baldus aplicou, entre os Kaingang de Ivaí, testes de Rorschach e de Mira y López.[128] Foram examinados trinta e dois sujeitos (vinte e quatro do sexo masculino e oito do sexo feminino), em condições desfavoráveis de administração das provas, algumas até contraindicadas nas respectivas técnicas. A primeira interpretação dos protocolos de Rorschach foi feita por Aniela Ginsberg;[129] a segunda, mais elaborada, por Cícero Christiano de Souza.[130] A interpretação dos resultados do psicodiagnóstico miocinético foi realizada por Cinira Miranda de Menezes.[131] É óbvio

---

125 Herbert Baldus, "O professor Tiago Marques e o caçador Aipobureau (A reação de um indivíduo bororo à influência da nossa civilização)", *Ensaios de etnologia brasileira* op. cit., p. 163-186.
126 Pe. Antônio Colbacchini e Pe. César Albisetti, *Os Bororo orientais. Orarimodogue do planalto oriental de Mato Grosso*, São Paulo, Companhia Editora Nacional, 1942.
127 Florestan Fernandes, "Tiago Marques Aipobureu: um bororo marginal", *Revista do Arquivo Municipal*, São Paulo, 1946, vol. CVII.
128 Herbert Baldus, "Aplicação do psicodiagnóstico de Rorschach a índios Kaingang: I – Os Kaingang do Ivaí e o emprego do teste", *Revista do Museu Paulista*, n.s., vol. I, p. 75-87; "Psicologia étnica", in Otto Klineberg (Org.), *A psicologia moderna*, São Paulo, Agir, 1953, especialmente p. 439-445.
129 Aniela Ginsberg, "Aplicação do psicodiagnóstico de Rorschach a índios Kaingang: II – Interpretação", in op. cit., p. 88-100 (ver nota anterior).
130 Cícero Christiano de Souza, "O método de Rorschach aplicado a um grupo de índios Kaingang", *Revista do Museu Paulista*, n.s., São Paulo, 1953, vol. VIII, p. 311-341.
131 Cinira Miranda de Meneses, "O psicodiagnóstico miocinético aplicado a índios Kaingang", *Revista do Museu Paulista*, n.s., 1953, vol. VII, p. 343-356.

que a análise dos três especialistas põe em evidência traços da personalidade dos Kaingang que interessam à investigação etnológica.

Contudo, essa experiência pioneira sugere duas coisas. Primeiro, que o uso de testes psicológicos só é realmente produtivo quando eles são empregados para obter conhecimentos que não são acessíveis à etnologia através de suas técnicas regulares de pesquisa e que se torna recomendável controlar e completar os seus resultados por meio destas últimas. Segundo, que é aconselhável recorrer a especialistas também no período de aplicação dos testes.

Por fim, seria preciso mencionar pesquisas desenvolvidas fora do âmbito da sociedade brasileira. Ruy Coelho realizou investigações entre os Caribes negros, que não são destituídas de interesse teórico. Entre os trabalhos que já publicou,[132] as descrições da couvade ou da festa, por exemplo, contêm elaborações interpretativas apreciáveis: seja na integração de significações e de funções do sobreparto masculino, às vezes negligenciadas ou superestimadas em explicações unilaterais do fenômeno; seja da compreensão do sagrado e do profano ou do festivo e do cotidiano como gradações de uma mesma escala, o que oferece ao pesquisador a possibilidade de descrever cerimônias em que essas polaridades se interpenetram sem os prejuízos acarretados pela concepção ainda hoje corrente, que fazia delas categorias inconfundíveis e absolutas.

O segundo tipo de explanação, caracterizada anteriormente como explanação interpretativa, tem sido explorada em um número reduzido de trabalhos. Excluindo-se as obras de Roger Bastide, que neste plano se orientam por propósitos inerentes à análise sociológica comparada da vida religiosa, as contribuições restantes mal permitem exemplificar as possibilidades lógicas da explanação interpretativa. Elas são suficientes, no entanto, para ilustrar as ambições ou os alvos mais complexos que animam as tendências atuais de desenvolvimento das investigações etnológicas no Brasil.

Na primeira possibilidade lógica de manipulação da explanação interpretativa, a diferença que se estabelece entre ela e a explanação descritiva se funda estritamente nos procedimentos de construção e de generalização das inferências. Além disso, ela não prescinde de um objeto concretamente determinado e do recurso frequente à explanação descritiva, pois o seu sucesso depende dos conhecimentos obtidos na reconstrução da realidade. A maneira pela qual os resultados da explanação descritiva são apresentados

---

132 Ruy Coelho, "Le concept de l'âme chez les caraibes noirs", *Journal de la Société des Américanistes*, n.s., 1952, vol. XLI, p. 21-30; "As festas dos caribes negros", *Anhembi*, 1952, vol. IX, nº 25, p. 54-72; "The significance of the couvade among Black Caribs", *Man*, 1949, vol. XLIX, art. 64, p. 51-53.

e explorados varia consideravelmente, inclusive em função das qualidades estéticas dos investigadores. Rivers e Redfield, por exemplo, preferem separar os dois contextos de análise. Já Malinowski estabelece intercalações que facilitam aqui e ali a passagem da reconstrução para a interpretação sistemática.

Outras técnicas se impõem, especialmente quando os alvos da análise são heterogêneos. Em casos desta ordem, tanto pode ser recomendável a gradual exaustação dos fatos a serem examinados, com a retenção seletiva mas contínua das evidências explicativas e sua elaboração final, de forma mais abstrata, quanto pode ser aconselhável o recurso alternativo aos dois tipos de explanação, de acordo com as exigências do objeto da análise ou do progresso das interpretações. Alguns trabalhos de Mauss ilustram o primeiro procedimento; *Naven*, de Bateson, parece exemplificar bem o segundo. Todavia, o propósito de alcançar explicações que retenham conexões de sentido, vinculações funcionais ou relações causais, essenciais para a interpretação da dinâmica interna dos fenômenos investigados, é característico e constante.

Por isso, seria legítimo afirmar que a diferença entre os dois tipos de explanação, no ponto que nos interessa no momento, é apenas de grau e que: 1) a explanação descritiva tem por objeto a reconstrução de uma totalidade, vista como algo integrado, interdependente e dinâmico; 2) a explanação interpretativa opera diretamente sobre a totalidade assim reconstruída e visa isolar, no contexto empírico que resulta da própria reconstrução, as condições e fatores que possuem significação interpretativa para explicar não só o que se passa *na* totalidade considerada, mas ainda o que tende a ocorrer *dentro* dela, pelos efeitos previsíveis (estáveis ou mutáveis), dos processos que produzem o padrão de equilíbrio interno da totalidade.

Daí a importante consequência, sobre a qual é indispensável insistir: na explicação da motivação do comportamento humano, do funcionamento das instituições, da estabilidade ou da mudança cultural, a explanação descritiva se interrompe nos limites da exposição das condições e dos fatores que são essenciais na reconstrução de uma totalidade. Basta-lhe, interpretativamente, identificar e reter as condições nas quais certos motivos são capazes de emergir e de influenciar o comportamento humano; certas instituições podem organizar socialmente o comportamento humano, orientando-o segundo fins suprapessoais; certos fatores chegam a garantir a sobrevivência e a continuidade sociocultural de uma coletividade humana etc.

A explanação interpretativa precisa operar em nível mais abstrato de explicação. Neste, é decisivo saber que probabilidades existem de que as referidas condições possam se renovar ou se alterar, e como tais alternativas repercutem no comportamento dos elementos ou fatores envolvidos, no ritmo ou na qualidade de seus efeitos etc. Como ela manipula dados empíricos previamente selecionados, mediante a reconstrução da realidade, e como só retém evidências que possuem uma significação interpretativa essencial, toda explicação descoberta e verificada pode ser generalizada, nos limites do sistema cultural concreto (ou da totalidade) analisado (ou analisada).

Até o presente, a exploração da explanação interpretativa, tendo em vista descobrir e testar explicações universalmente válidas dentro de um sistema cultural concreto, só foi tentada, na etnologia brasileira, por Florestan Fernandes, em um estudo sobre a guerra na sociedade tupinambá.[133] Por acaso, propósitos interpretativos tão complexos se colocaram diante de uma unidade histórica de investigação e tiveram que ser enfrentados, portanto, através dos recursos da reconstrução histórica. É óbvio que se impunha um balanço prévio e severo da documentação histórica disponível. Por seu intermédio seria possível apurar: a) o conjunto de evidências relativas, direta ou indiretamente, ao comportamento guerreiro e à condução da guerra entre os Tupinambá; b) o grau de consistência deste universo empírico restrito em face da natureza generalizadora da explanação interpretativa, que envolve o recurso sistemático a processos de indução amplificadora (ou analítica, como preferem alguns autores). Este ponto possuía especial importância.

Ao contrário do que acontece com a explicação histórica, que muitas vezes lança mão da indução enumerativa e mesmo de evidências circunstanciais, a explicação na etnologia (como na sociologia e na economia) não exige apenas evidências presumivelmente verdadeiras ou fidedignas, mas também evidências que sejam bastante consistentes para suportar, empírica e logicamente, um tratamento indutivo amplificador. Sem que esta condição se realize, nada pode garantir positivamente os fundamentos empíricos ou a legitimidade lógica das explicações descobertas, independentemente do grau de abstração ou de generalização que elas pressupunham.

Ora, o exame da documentação histórica acessível, sobre os Tupinambá, demonstrou: 1) que as evidências, reconhecíveis como empiricamente consistentes, suportariam um trabalho relativamente exaustivo de reconstrução etnológica das situações de existência, ligadas direta ou indire-

---

[133] Florestan Fernandes, *A função social da guerra na sociedade Tupinambá*, São Paulo, ed. Museu Paulista, 1952; o último capítulo, no qual é tentada a explicação causal do comportamento guerreiro, foi publicado por iniciativa do saudoso A. Métraux no *Journal de la Société des Américanistes* (n.s., 1952, vol. XLI, p. 139-220): "La guerre et le sacrifice humain chez les Tupinambá".

tamente com a guerra; 2) que, entre essas evidências, seria possível selecionar instâncias empíricas suscetíveis de tratamento indutivo amplificador.[134]

Os resultados da investigação revelaram que, de fato, a pesquisa de reconstrução histórica pode, como a pesquisa de campo, servir aos fins da explanação interpretativa. Tudo depende da quantidade e da qualidade das informações disponíveis. Esse resultado metodológico é deveras importante, porque o ponto de vista segundo o qual a pesquisa de reconstrução histórica apresenta limitações insuperáveis, por causa da procedência dos materiais (produtos de atividades intelectuais de leigos), está muito difundido na etnologia e na sociologia.

Ainda que o controle pessoal das fontes dos dados seja de ordem diferente, nos dois tipos de pesquisa (ele é antes "passivo" que "ativo" quando se trata de documentos históricos, pois o investigador não possui meios diretos para corrigir e complementar as informações acessíveis), a pesquisa de reconstrução histórica é tão passível de um padrão de trabalho rigorosamente positivo quanto a pesquisa de campo. Isso, aliás, já fora demonstrado pela própria teoria da investigação histórica, tendo em vista a natureza e os objetivos da explicação histórica.

Que esta constatação pudesse ser transferida, com o devido rigor, para o campo da etnologia, parece ser algo da maior importância. É claro que outros especialistas, como Bachofen, Granet e Bandelier, especialmente, haviam feito uma demonstração prática irrefutável de semelhante possibilidade, sendo que os dois primeiros operaram com materiais verdadeiramente difíceis e aparentemente insondáveis pelo método científico. Contudo, não se preocupam com as consequências metodológicas de suas investigações, legando-nos soluções que ainda precisam ser criticadas e incorporadas sistematicamente à teoria da investigação etnológica.

Outra consequência metodológica relevante diz respeito à aplicação do método de interpretação funcionalista em certas fases do trabalho de reconstrução do sistema guerreiro dos Tupinambá e na seleção de evidências que permitissem explicar funcional e casualmente a motivação, o desenvolvimento e os efeitos imediatos da guerra naquela sociedade tribal. Tal resultado sugere que qualquer documentação empírica, independentemente de sua origem (se provém da pesquisa histórica ou da pesquisa de campo), desde que comporte os procedimentos de crítica e de seleção do universo empírico

---

134 Florestan Fernandes, "A análise funcionalista da guerra: possibilidades de aplicação à sociedade Tupinambá. Ensaio de análise crítica da contribuição etnográfica dos cronistas para o estudo sociológico da guerra entre populações aborígines do Brasil quinhentista e seiscentista", *Revista do Museu Paulista*, n.s., São Paulo, vol. III, p. 7-128.

restrito, no qual se praticará a elaboração interpretativa propriamente dita, poderá ser tratada analiticamente, através de não importa que método de interpretação. No caso, a única limitação evidente se associava à natureza das instâncias empíricas, que constituíam o universo empírico restrito da investigação (o que é óbvio: não se poderia pretender aplicar àquela documentação um método de interpretação adequado à descoberta de uniformidades de sequência, pois ela só fornecia evidências sobre padrões de comportamento, dependências estruturais e uniformidades de coexistência).

No plano de explanação descritiva, os resultados da investigação quase chegaram a ser exaustivos. Os principais aspectos da guerra, ligados com a motivação dos empreendimentos guerreiros, naquilo em que os motivos das atividades guerreiras caíam na esfera de consciência social, com o ritual guerreiro, com a organização do bando guerreiro, com o combate, com a expedição de retorno, ou as dependências estruturais que poderiam ser consideradas básicas – relações entre a guerra e os diversos níveis da sociedade e da cultura, sua importância na diferenciação da sociedade tribal, na classificação social dos homens etc. – puderam ser amplamente descritos e, com frequência, fundamentados com boa documentação empírica.

No plano de explanação interpretativa, algo ficou a desejar, especialmente no que concerne à explicação causal do comportamento guerreiro. As descrições dos cronistas não chegaram a compreender todos os aspectos das cerimônias do sacrifício humano e da antropofagia, sendo mais ou menos lacunosas na ordenação delas no tempo e no relato da atualização concomitante de comportamentos míticos. Apesar disso, como o propósito da análise apanhava essas cerimônias tangencialmente, tais dificuldades puderam ser superadas mediante o tratamento analítico dos motivos e efeitos da guerra, que não caíam na esfera de consciência, mas eram essenciais para a preservação do padrão de equilíbrio da sociedade tupinambá e da forma correspondente de solidariedade tribal.

Assim, graças às possibilidades interpretativas abertas pelo método funcionalista, foi possível chegar a uma explicação causal da guerra. A seguinte fórmula exprime sinteticamente esta explicação: *"a guerra tupinambá era o efeito de uma aplicação mágico-religiosa do princípio de reciprocidade"*,[135] e deixa entrever que a guerra envolvia uma definição social do inimigo, pelos agentes aborígines, a qual era muito importante para a manifestação dos motivos internos, que criavam a necessidade da guerra, para a projeção dos an-

---

[135] Florestan Fernandes, *A função social da guerra na sociedade Tupinambá*, p. 323; grifado no texto. A discussão e fundamentação dessa definição é feita a seguir, cf. p. 323-343.

tagonismos na direção dos *grupos hostis* e para o desenvolvimento da chamada "guerra primitiva"em uma direção *militar* (ou melhor, da "guerra verdadeira"). Como deveria ser de praxe invariável em contribuições desse gênero, todas as evidências explicativas, de interesse teórico mais amplo, foram formuladas explicitamente e enumeradas de modo sistemático, em função do seu valor positivo, sucessivamente: para o conhecimento da guerra na sociedade tupinambá; para o conhecimento da sociedade tupinambá, vista através de uma instituição fundamental em sua dinâmica interna; e para o conhecimento da guerra, como fenômeno social e cultural.[136]

Na segunda possibilidade lógica de exploração da explanação interpretativa, a construção da inferência indutiva e o nível de abstração das generalizações são regulados pela noção de *tipo*. Isso quer dizer que as explicações empiricamente fundadas e logicamente legítimas podem ser válidas para todos os sistemas culturais concretos que apresentem, dentro de certos limites, um determinado número de caracteres essenciais comuns. Seria inútil examinar aqui as orientações metodológicas que têm presidido as tentativas de formação de tipos na etnologia e que ordem de problemas elas visaram de preferência – tanto na delimitação de conceitos e na caracterização do que Burgess chamou de "tipos empíricos" quanto na constituição de gradientes e na classificação de povos e de culturas. Isso porque seria impossível exemplificar os reflexos de tais orientações na etnologia brasileira. De fato, a elaboração tipológica só foi explorada em uma investigação de Egon Schaden, na forma de caracterização de traços da mitologia heroica em algumas culturas indígenas.[137]

É evidente que Schaden se defrontou com certas dificuldades empíricas e que estas delimitaram mais do que seria conveniente os propósitos teóricos de sua investigação. Do ponto de vista que tomou, interessava considerar a mitologia em termos de suas vinculações com a organização social e com a configuração da cultura. Porém, se são muitas as mitologias indígenas conhecidas etnograficamente, poucas poderiam ser tratadas daquele ponto de vista, em virtude de insuficiências da documentação etnológica sobre os demais aspectos do sistema sociocultural a serem considerados. Estavam fora de cogitação, em particular, a seleção racional de culturas cujas mitologias heroicas merecessem ser caracterizadas tipicamente, e toda

---

136 Idem, p. 344-367.
137 Egon Schaden "Ensaio etno-sociológico sobre a mitologia heroica de algumas tribos indígenas do Brasil", *Sociologia*, 1945, vol. VII, nº 4, p. 3-172. Em *Aspectos fundamentais da cultura Guarani*, o mesmo método de caracterização típica foi empregado para reconstruir um sistema sociocultural e evidenciar a configuração cultural correspondente.

espécie de elaboração tipológica de intuitos classificatórios. Daí só restar uma alternativa: a escolha de mitologias heroicas que, além de analisáveis funcionalmente, possuíssem um significado típico presumível, em face da organização social e da configuração cultural nas quais se integrassem. Graças à utilização do método do funcionalista, as possibilidades abertas por essa alternativa foram brilhantemente aproveitadas, seja na elaboração interpretativa dos caracteres típicos diferenciais das mitologias heroicas analisadas, seja no tratamento dos caracteres comuns das mesmas, que revelaram alguma importância explicativa.

Entre os resultados gerais da investigação, cumpre especialmente ressaltar: 1) a explicação dos movimentos messiânicos entre os Tupi e os Guarani, a qual, além de salientar a conexão positiva do messianismo com o mito do herói civilizador, demonstra que os surtos messiânicos se ligavam à atuação de fatores inerentes à vida mágico-religiosa e à tradição mítica daqueles povos; 2) a evidência do caráter recíproco das relações entre a mitologia heroica, a organização e a configuração cultural, comprovada diante de sistemas socioculturais tão diversos (como os dos Kaduveo, dos Bororo, dos Kaingang, dos Apapokuva, dos Munduruku, dos Tukano); 3) a demonstração da hipótese de que os traços tipicamente característicos de qualquer mitologia heroica não depende apenas da herança mítica, mas também – e principalmente – das funções que ela desempenha na dinâmica do sistema sociocultural (o que faz com que, mesmo nos elementos comuns, as mitologias heroicas se distingam tipicamente umas das outras); 4) a identificação da mitologia heroica como uma polarização fundamental da cultura e como uma força construtiva no seio da sociedade.

Eis o que escreve sobre este ponto: "Entre as tribos indígenas sul-americanas, pelo menos na medida em que foram consideradas neste ensaio, os mitos heroicos ocupam uma posição de excepcional relevo no conjunto das tradições tribais. E podem ser considerados como necessidade para o grupo, porquanto cabe a função primordial de exprimir o 'valor social' da cultura peculiar ao grupo e de legitimar, assim, o padrão de comportamento tribal, os valores morais e as instituições fundamentais da sociedade".[138]

A terceira possibilidade lógica da explanação interpretativa abrange a maior parte dos chamados "trabalhos teóricos" na etnologia. Neles é dominante seja a ideia de delimitar ou de verificar empiricamente o sentido de conceitos básicos, seja o propósito de construir teorias válidas para grupos particulares de fenômenos, por meio do método comparativo ou da sistematização teórica de conhecimentos obtidos anteriormente. O *Memorandum on*

---

138 Idem, p. 160.

the study of acculturation, de Redfield, Linton e Herskovits, já se tornou um exemplo clássico para a primeira alternativa. As teorias que tomam por objeto grupos particulares de fenômenos, por sua vez, conduzem a explicações mais gerais e abstratas que as explanações interpretativas concernentes a sistemas culturais concretos ou a tipos. Com frequência, ambos surgem como unidades de investigação nas elaborações teóricas que procedem comparativamente (como, por exemplo, nos estudos de Radcliffe-Brown, de Lévi-Strauss e de Murdock, sobre o parentesco). O mesmo ocorre por outras razões, com a sistematização que vise integrar os resultados positivos de diferentes investigações. O objeto dela ou pressupõe uma sondagem vertical dos diferentes níveis de organização e de integração das atividades humanas, vistas nos aspectos comuns e gerais através da noção de *sistema* (como nos trabalhos de Thurnwald sobre a economia e a psicologia de povos primitivos), ou concentra a atenção do investigador nos processos que podem operar de modo universal, dadas certas condições, produzindo efeitos da mesma natureza ainda que variáveis em suas repercussões na organização dinâmica da personalidade, da cultura e da sociedade (o que pode ser ilustrado pelos ensaios de Linton sobre aculturação). Apenas duas contribuições permitem situar a produção de etnólogos brasileiros em face de semelhantes possibilidades lógicas da explanação interpretativa. Trata-se da análise do conceito de aculturação e suas implicações, realizada por Emílio Willems;[139] e de um estudo de Gioconda Mussolini, sobre as noções de moléstia e morte entre os Kaingang e os Bororo,[140] que cabe aqui em virtude do tipo de tratamento dado às inferências de caráter geral.

Na análise de Willems, é tão importante o esforço pela precisão terminológica quanto a atitude crítica, assumida diante das diversas possibilidades teóricas de combinação de termos básicos em esquemas conceituais. Para isso, contou com um excelente sistema de referências empíricas, pois as situações vividas pelos imigrantes alemães, nas comunidades de origem ou no Brasil meridional, permitem examinar uma gama extremamente variável de condições, fatores ou efeitos da dinâmica da cultura, associados a contatos raciais e culturais. O fulcro da análise convergiu para a delimitação conceitual de três termos básicos: socialização, assimilação e aculturação.

Através do primeiro conceito, é possível descrever o processo psicossocial de formação da *estrutura da personalidade*, mediante o ajustamento dos

---

139 Emílio Willems, *A aculturação dos alemães no Brasil*, p. 11-46.
140 Gioconda Mussolini, "Os meios de defesa contra a moléstia e a morte em duas tribos brasileiras: Kaingang de Duque de Caxias e Bororo oriental", *Revista do Arquivo Municipal*, São Paulo, 1946, vol. CX, 7-152; cf. também "Notas sobre os conceitos de moléstia, cura e morte entre os índios Vapidiana", *Sociologia*, 1944, vol. VI, nº 2, p. 134-355.

indivíduos às situações sociais de existência e a incorporação simultânea de padrões de comportamento e de valores socioculturais. Em contraste, "a assimilação se afigura como processo sociopsíquico que transforma a personalidade".[141] Essa maneira de encarar e de resolver o problema envolve duas consequências: 1) como processo social, a assimilação preenche as mesmas funções dinâmicas que a socialização; 2) mas se desenvolve em condições diversas, pois resulta de necessidades criadas por situações novas de existência, enfrentadas pelos indivíduos em virtude da transplantação, as quais exigem a reeducação da capacidade de reagir aos estímulos externos do meio ambiente, às condições da vida societária e às expectativas de comportamento.

Esse ângulo de focalização de fenômeno favorece sobremaneira duas perspectivas de abordagem da dinâmica cultural. Em primeiro lugar, oferece uma posição frutífera para a observação, descrição e interpretação dos aspectos dinâmicos da mudança social e cultural, especialmente dos relacionados com os fenômenos de desorganização e reorganização da personalidade. Em segundo lugar, permite acompanhar e reter, de modo extremamente vantajoso para o observador, os efeitos das condições emergentes de existência social na preservação, aquisição ou alteração de elementos culturais.

Abstraindo tais efeitos das condições em que se produzem, o investigador pode descrever e interpretar univocamente os processos que se manifestam no nível da reintegração da cultura. Em suma, leva a conceber os dois processos, de assimilação e de aculturação, como simultâneos e complementares.

"Uma vez que toda transmissão de dados culturais através de contatos sociais diretos e contínuos afeta as *atitudes das personalidades* atingidas, está claro que aculturação e assimilação são conceitos coordenativos, correlativos e completivos. Ambas são aspectos do mesmo processo: a assimilação é o seu aspecto 'subjetivo' porque envolve a personalidade; a aculturação lhe representa o aspecto 'objetivo' porque afeta os valores culturais. Ambas são comparáveis a anverso e reverso da mesma medalha. À vista disso parece necessário restringir o conceito de aculturação *às mudanças nas configurações culturais de dois ou mais grupos que estabeleceram contatos diretos e contínuos*."[142]

No trabalho de Gioconda Mussolini se revela a intenção de superar as limitações reconstrutivas do antigo estilo de análise etnológica comparativa, sem pôr em risco, contudo, as perspectivas de explicação generalizadora, que ele continha. Por isso, para conhecer a natureza das representações sobre as moléstias e dos meios empregados para combatê-las, as conexões daquelas e destes com a tecnologia, o pensamento consciente, a magia e a religião, preferiu

---

141 Emílio Willems, *A aculturação dos alemães no Brasil*, p. 31.
142 Idem, p. 37; grifos no texto.

tratar do tema através de duas culturas (a dos Bororo e a dos Kaingang). Mas, na elaboração interpretativa dos materiais, procurou passar gradativamente das tarefas de reconstrução, para as de comparação e finalmente para as evidências capazes de fundamentar explicações generalizadoras. Estas são formuladas de maneira sintética, compreendendo tanto as formas de objetivação cultural dos processos de representação e de cura das moléstias quanto as conexões deles com a estrutura social e com a cultura. Certos resultados acentuam e particularizam noções bem conhecidas, sobre as relações de complexos culturais com a organização da sociedade e da cultura. O mesmo não se poderia dizer de outros, que procuram situar a natureza dos processos terapêuticos ou a função dos rituais de cura.

Quanto ao primeiro ponto, a investigadora salienta que "os conceitos de causação da moléstia e da morte acarretam os processos de diagnose e de prognose e, finalmente, as práticas de cura que, mesmo tendo pouco em comum com os nossos remédios, podem ser encaradas como constituindo um sistema definido de terapêutica".[143] Quanto ao segundo ponto, interpreta as práticas de cura de modo a evidenciar que elas visam remover a condição disnômica, acarretada pela doença, a qual afeta o grupo através da incapacidade da pessoa doente de manter o ritmo regular de participação da vida social.

Depois dessa longa digressão, em que foram examinados os principais focos de elaboração teórica das investigações etnológicas mais recentes no Brasil, parece que seriam demais algumas reflexões de ordem crítica.

A primeira constatação que se impõe: as investigações revelam extrema dispersão. O pior que se trata de uma dispersão que assume a forma de uma rosca sem-fim. Como as áreas passíveis de investigação são mais ou menos virgens, é difícil sopitar a volúpia pela pesquisa dos campos e dos problemas inexplorados ou negligenciados. Isso dá às tarefas de reconstrução uma preeminência que é sempre fatal ao aproveitamento sistemático dos resultados positivos de qualquer investigação.

A segunda constatação dirige nossa atenção para o reverso da medalha: o que existe atrás dessa extrema dispersão? É mais ou menos evidente que a ela não se associa nenhuma tendência séria de integração teórica dos resultados das investigações. Com frequência, cada investigador traz consigo um estoque de ideias novas, sendo-lhe pouco importante a tarefa de ligar suas pesquisas com outras já empreendidas ou em curso.

Doutro lado, os alvos teóricos não são bastante fortes para compelir os investigadores a fazer, das diversas pesquisas que realizam, etapas suces-

---

143 Gioconda Mussolini, "Os meios de defesa contra a moléstia e a morte em duas tribos brasileiras", p. 131.

sivas de uma carreira científica uniforme. Percebe-se que a transferência de uma área de pesquisa para outra pode processar-se com a mesma facilidade com que se substitui um terno velho por um novo. Técnicas e métodos de investigação, propósitos teóricos, até parte do jargão científico, encontram prontos substitutos.

A terceira constatação, por fim, diz respeito à ausência de padrões cooperativos de trabalho científico. A exposição anterior deve ter insinuado que a colaboração de especialistas se realiza sob duas condições: ou nasce de obrigações acadêmicas, e nesse caso é produto da dependência do estudante em face do mestre; ou lança suas raízes em relações acadêmicas prévias, mais ou menos bem-sucedidas. Nem os pesquisadores que lidam com problemas similares ou que trabalham nas mesmas áreas procuram entrosar-se no clima de preocupações dos demais colegas. Em conjunto, esses traços sugerem que o longo caminho, percorrido em tempo tão curto, é ainda insuficiente para colocar a etnologia no estado de uma disciplina científica realmente madura. E que a etnologia brasileira sofre de uma espécie de "moléstia infantil", que só é grave porque os especialistas teimam em ignorá-la, por se acharem identificados com os progressos teóricos conseguidos em outros países.

5 – Conclusões

São evidentes os traços que caracterizam a renovação dos estudos etnológicos no Brasil. Em menos de meio século, a etnologia se tornou uma disciplina integrada à vida universitária, à atividade prática ou de pesquisas de instituições oficiais ou particulares, e um setor regular de produção científica, que absorve a capacidade de trabalho de especialistas nacionais e estrangeiros.

O aspecto mais significativo da renovação dos estudos etnológicos está, porém, no aparecimento de condições favoráveis à difusão e à prática dos ideais e das técnicas positivas de investigação etnológica. Entre os investigadores pioneiros, de nacionalidade brasileira, ela foi explorada como instrumento racional de consciência e de explicação da realidade brasileira. Semelhante preocupação fundamentava um tipo de manipulação dos dados, que prescindia da análise sistemática em benefício da explicação baseada em evidências empíricas circunstanciais.

No presente, os alvos teóricos da análise etnológica são percebidos e aspirados com clareza, revelando-se tanto nas tendências à exploração sistemática da pesquisa histórica e da pesquisa de campo quanto nas disposições à elaboração interpretativa das evidências empíricas, selecionadas através delas. Todavia, os alvos teóricos predominantemente associados à análise etnológica são ainda os que derivam das tarefas de reconstrução e de descrição de totalidades ou de segmentos culturais.

Tomando-se como ponto de referência os dois tipos básicos de manipulação empírico-indutiva da explicação etnológica, verifica-se que as contribuições que tendem para o padrão de explanação descritiva da realidade são mais numerosas e abrangem maior variedade de centros de interesse que as tentativas que se caracterizam pelo recurso rigoroso a alguma das modalidades de explanação interpretativa.

Isso traduz um estado de fato, no qual se patenteia com nitidez um relativo divórcio entre os fins empíricos específicos das investigações e os alvos teóricos mais gerais da explicação científica. Nessas condições a transformação da pesquisa de campo e da pesquisa de reconstrução histórica, pelo influxo do padrão positivo de pesquisa fundamental (que relaciona de forma equilibrada e interdependente os fins empíricos específicos aos alvos teóricos mais gerais das investigações empírico-indutivas), encontra sérios obstáculos no próprio estilo de labor etnológico que logrou decidido predomínio. Na verdade, seria impossível que as coisas se passassem de outro modo e o próprio interesse devotado às consequências teóricas da investigação etnológica sugere que esse estado será vencido lentamente, com o aparecimento de condições mais propícias de trabalho.

A nosso ver, nenhum progresso será duradouro e efetivo se os etnólogos brasileiros não se empenharem diretamente na alteração do estilo dominante de labor etnológico. É óbvio que no terreno do financiamento das investigações etnológicas e da criação de maiores possibilidades de pesquisa eles nada ou muito pouco podem fazer. A mudança, nessa área, se subordina à própria capacidade da sociedade brasileira de se ajustar institucionalmente às exigências da civilização científica e do mundo moderno. Contudo, na esfera da organização da pesquisa científica, eles tudo podem e dependem inteiramente das iniciativas que tomarem: a) o melhor aproveitamento dos recursos financeiros acessíveis e das oportunidades atuais de pesquisa; b) a transformação do padrão dominante de trabalho no sentido indicado. Para atingir este objetivo, que é verdadeiramente essencial, seriam recomendáveis iniciativas renovadoras em três setores concomitantes.

Em primeiro lugar, é preciso intervir no setor universitário, de modo a completar a formação científica do etnólogo e adestrá-la realmente como pesquisador. Para isso, seria indispensável recorrer à experiência inglesa, de recrutamento das vocações mais sólidas e de inclusão, no período formal da aprendizagem, de uma pesquisa completa. Depois de uma prova desta ordem, o candidato bem-sucedido é capaz de se representar melhor os ideais e os alvos da investigação científica no campo da etnologia, adquirindo além disso maior domínio sobre o aparato conceitual e metodológico da investigação etnológica.

Em segundo lugar, exatamente porque não dispõe de recursos e de oportunidades existentes em países ricos e melhor aparelhados para a investigação etnológica, o etnólogo brasileiro enfrenta a necessidade de definir conjuntamente, com igual clareza, todos os alvos e implicações das pesquisas a serem empreendidas. *Os fins empíricos específicos, os alvos teóricos mais gerais e as possibilidades práticas de cada investigação precisam ser postos em relevo, examinados pacientemente e ponderados como objetivos igualmente essenciais.* E isso não apenas como critério de escolha do objeto a ser pesquisado ou dos problemas a serem analisados, mas também, e principalmente, como *critério de realização*. Por aí será possível modificar o padrão dominante de investigação etnológica e encaminhá-lo na direção do modelo positivo de pesquisa fundamental.

Em terceiro lugar, parece necessário assumir uma atitude crítica a respeito da tendência a encarar a etnologia como uma disciplina plenamente constituída. A maior parte das soluções de problemas básicos – relativos à terminologia, às técnicas e aos métodos de investigação, aos métodos de interpretação, aos princípios que devem regular a sistematização teórica etc. – se apresentam com o duplo caráter de aproximações e de tentativas, pondo-se de lado os méritos que possam ter.

Estamos longe das grandes sínteses das matérias científicas mais amadurecidas, sínteses essas que constituem o ponto de partida inevitável das investigações originais. Portanto, seria conveniente que esse fato fosse tomado na devida conta, no planejamento e realização de uma pesquisa ou no aproveitamento sistemático de seus resultados. No estado em que a etnologia se acha, presentemente, o que mais importa é a aplicação construtiva da capacidade criadora e inventiva dos investigadores. Ainda que a comunicação entre os diversos grupos de produção etnológica seja indispensável e deva manter-se em nível elevado de cooperação científica, não há dúvida de que o apego demasiado estrito a uma disciplina intelectual rígida é antes prejudicial que útil ao progresso da etnologia.

Por isso, a tendência a considerar certos especialistas como *autoridades*, a reproduzir pura e simplesmente os procedimentos de investigação por eles recomendados, a tomar os resultados de suas investigações como "metas" a atingir (e não como modelos de trabalho, passíveis de retificação e melhoria) é contraproducente, inclusive para o progresso da etnologia como ciência. Dentro de tal clima de emulação intelectual, o investigador pode perfazer com precisão e com rigor suas tarefas mínimas. Dificilmente poderá realizar, entretanto, os ideais supremos da investigação científica.

Capítulo V

Um Balanço Crítico da Contribuição Etnográfica dos Cronistas[1]

1 – Introdução

O presente trabalho constitui uma tentativa de análise crítica do conteúdo etnográfico das obras dos autores quinhentistas e seiscentistas que deixaram informações sobre a vida social dos Tupinambá. Aproveitando o material que consegui acumular, para um estudo da função social da guerra na sociedade tupinambá, nele pretendo discutir questões raramente tratadas pelos etnólogos e sociólogos, mesmo quando se dedicam a pesquisas de reconstrução histórica. Todavia, uma análise crítica das fontes pareceu-me de grande conveniência e oportunidade. De um lado, ela poderia abrir-me

---

1 Publicação prévia, sob o título "A análise funcionalista da guerra: possibilidades de aplicação à sociedade Tupinambá. Ensaio de análise crítica da contribuição etnográfica dos cronistas para o estudo sociológico da guerra entre populações aborígines do Brasil quinhentista e seiscentista", *Revista do Museu Paulista*, n.s., São Paulo, 1949 (vol. III, p. 7-128, com 8 pranchas fora do texto). Transcrito de *A etnologia e a sociologia no Brasil*, São Paulo, Anhambi, 1958, cap. II, p. 79-175.

perspectivas mais largas de aproveitamento dos dados contidos nas fontes primárias compulsadas. De outro lado, ela colocaria ao alcance dos demais especialistas e, mesmo, dos não especialistas, um conjunto de conhecimentos que, de outra forma, somente seria acessível ao autor ou às pessoas que, como ele, exploram sistematicamente as obras dos cronistas. Ora, as experiências colhidas em uma monografia anterior[2] mostraram que este tipo de esclarecimento do público, quer seja especializado ou não, em nada é prejudicial a uma obra de caráter científico...

Uma análise desta natureza, compreende-se, é necessariamente heterogênea. Em primeiro lugar, impunha-se uma limitação de caráter empírico. Não se tratava, propriamente, de dar um balanço geral ao conteúdo etnográfico das fontes primárias utilizadas, mas de apreciar a variedade e a consistência dos dados, nelas contidos, a respeito da guerra na sociedade tupinambá. Isto equivale a dizer que era preciso tentar algo parecido com o que fazem os historiadores, quando procedem à colação de textos de documentos históricos. A comparação de descrições e informações diferentes constituía uma técnica capital para a apuração de conteúdo positivo das fontes. Contudo, o texto *como peça literária* tinha pouco interesse para mim, pois os objetivos específicos da análise ultrapassam os limites da crítica histórica propriamente dita. O critério de coerência etnológica das informações e a casuística sociológica trouxeram uma contribuição que não se poderia esperar das técnicas manejadas pelos historiadores. Em síntese, à limitação de caráter empírico correspondia uma limitação no emprego de técnicas de crítica das fontes. Os processos da crítica histórica, adequados à presente análise do conteúdo das fontes, foram largamente completadas pelo método etnológico e pela casuística sociológica.

Em segundo lugar, devia resolver questões de ordem metodológica. Tratava-se de descobrir se a base empírica "isolada" prestava-se ou suportaria um tratamento sociológico. Era preciso, portanto, determinar que espécie de tratamento seria preferível dar ao fenômeno (a guerra como fenômeno social); e somente, depois, indagar até que ponto seria possível aplicá-lo ao estudo concreto de uma situação particular (a guerra na sociedade tupinambá). Em resumo, os problemas de ordem metodológica envolviam: 1) escolha de um método para a análise sociológica da guerra; 2) discussão das possibilidades de aplicação do mesmo ao estudo da guerra na sociedade tupinambá. Motivos indicados adiante levaram-me à escolha do método funcionalista.

Em terceiro lugar, a discussão do problema das fontes não poderia ser confinada aos estreitos limites do seu conteúdo etnográfico. Na crítica das fontes, a sociologia do conhecimento, em virtude de considerar as conexões existentes

---

2   *Organização social dos Tupinambá*, São Paulo, Instituto Progresso Editorial, 1949.

entre as técnicas de consciência da realidade histórica e a estrutura social, sempre tem alguma coisa construtiva a sugerir. No caso, parecia-me provável que uma consideração sociológica da crônica teria grande importância para a compreensão objetiva da contribuição dos autores quinhentistas e seiscentistas.

Eis aí, portanto, como um plano de trabalho nasceu das tarefas que a própria análise me impunha. Assim, na primeira parte deste ensaio considero, embora de modo sumário, o estudo da guerra como fenômeno social e as possibilidades da orientação funcionalista na investigação da guerra. Na segunda parte, realizo a apreciação do conteúdo etnográfico das fontes primárias utilizadas e analiso os problemas dela resultantes. Na terceira parte, procuro resumir os principais resultados teóricos da presente análise, assinalando as possibilidades de exploração sociológica das descrições e informações deixadas pelos cronistas.

O presente ensaio foi apresentado à Cadeira de Etnografia e Língua Tupi-Guarani, escolhida como uma das disciplinas subsidiárias na preparação do meu doutoramento. Agradeço ao Dr. Plínio Ayrosa, professor desta disciplina, o interesse dispensado a este trabalho e a colaboração que me prestou, depois da leitura dos originais, de forma tão construtiva. Ao Dr. Herbert Baldus agradeço as sugestões que me forneceu e a publicação do trabalho na *Revista do Museu Paulista*. Recebi também valiosa cooperação intelectual de meus colegas e amigos, Drs. Eduardo Alcântara de Oliveira, Eduardo de Oliveira França e Laerte Ramos de Carvalho, e Drs. Antonio Candido de Mello e Souza, Egon Schaden e Gioconda Mussolini. A todos agradeço as frutíferas discussões que mantivemos, pois graças a elas esclareci problemas técnicos. Pelos serviços de preparação dos originais para publicação, agradeço ainda a colaboração prestada por D. Zilah de Arruda Novais.

2 – A guerra como fenômeno social

A guerra é um fenômeno social. Ela não só tem ocorrido sob formas características em sociedades diferentes, como se inscreve de modo peculiar em cada sistema sociocultural. Além disso, há exemplos de sociedades em que as atividades guerreiras são desconhecidas.[3]

---

3   Cf. Maurice R. Davie, *La guerre dans les sociétés primitives, son rôle et son evolution*, Payot, Paris, 1931, p. 78-79; ver também Ruth Benedict, *Patterns of culture*, The Riverside Press, Cambridge, 1934, p. 30-32. Baseando-se em argumentos semelhantes aos expostos anteriormente, esta autora conclui que a guerra constitui uma elaboração "associal" de um traço cultural. Tais diferenças de apreciação, entretanto, são irrelevantes, pois derivam de maneiras diferentes de entender o social.

O reconhecimento explícito dos caracteres sociais do fenômeno estimulou várias tentativas de explicação sociológica da guerra.[4] Contudo, é fácil verificar os efeitos da "equação pessoal" em tais teorias. As espantosas extensões tomadas pela guerra nas sociedades ocidentais, nas quais acarreta consequências tão destrutivas e o papel excepcional que ela chega a ter nestas sociedades, como técnica de solução de conflitos, transformaram-se "em nosso problema social número-um".[5] A tendência a atribuir à guerra uma importância exagerada liga-se assim fortemente à cosmovisão do homem ocidental, quer seja, quer não um *homem de ciência*. Só encarando o problema deste ponto de vista podem-se explicar as diversas teorias que procuram as raízes da guerra na própria "natureza humana".[6] Seria difícil compreender

---

4   Pode-se encontrar uma exposição sistemática das diferentes "teorias sociológicas" sobre a guerra em qualquer uma das seguintes obras: Corrado Gini, *Problemi sociologici della guerra*, Bologna, Nicola Zanichelli, ed., 1920, p. 71ss; Jean Lagorgette, *Le rôle de la guerre, etude de sociologie générale*, V. Girard & E. Brière, Paris, 1906, passim; Pitirim Sorokin, *Contemporary sociological theories*, New York e London, Harper & Brothers, 1928, cap. VI, p. 309-356; idem, *Society, culture and personality; Their structure and dynamics. A system of general sociology*, New York e London, Harper, 1947, p. 503-507; Mark, A. May, *A social psychology of war and peace*, publ. de The Institute of Human Relations, New Haven, Yale University Press, 2ª ed., 1944, cap. I; Edmundo Silberner, *The problem of war in nineteenth century economic thought*, New Jersey, Princeton University Press, 1946; idem, *La guerre dans la pensée économique du XVI e au XVIIIe siècle*, Lib du Recueil Sirey, Paris, 1939; Morris Ginsberg fornece uma análise sociológica da guerra em termos das ideologias liberal e socialista e da interpretação psicanalítica; cf. *The causes of war, in reason and unreason in society*, Cambridge, Massachusetts, Harvard University Press, London, publ. por The London School of Economics and Political Science, 1948, p. 177-195; ver também as seguintes bibliografias: Robert E. Park e Ernest W. Burgess, *Introduction to the science of sociology*, Chicago, Illinois, The University of Chicago Press, 1942, p. 650-652; Emílio Willems, "Subsídios bibliográficos para uma sociologia da guerra (Aspectos gerais, tecnológicos, econômicos, psicológicos e biológicos)", *Sociologia*, vol. III, nº 3, ago. 1941, p. 227-233.
5   Robert E. Park, "The social function of war. Observations and notes", *The American Journal of Sociology*, vol. XLVI, nº 4, jan. 1941, p. 551.
6   Para a crítica desta interpretação, é fundamental a leitura dos seguintes trabalhos: Bronislaw Malinowski, "An anthropological analysis of war", *The American Journal of Sociology*, vol. XLVI, nº 4, jan. 1941, p. 524ss; idem, "War – past, present and future"; Jesse D. Clarkson e Thomas C. Cochran (Eds.), *War as a social institution. The historian's perspective*, New York, Columbia University Press, 1941, p. 22-23; Margaret Mead, "Warfare is only an invention – not a biological necessity", in *Asia*, vol. 40, nº 8, ago. 1940, p. 402-405; William James, "The moral equivalent of war", in *Essays on faith and morals*, selecionados por R. B. Perry, New York, London e Toronto, Longmans,

de outra forma, outrossim, como sociólogos tão penetrantes, inclusive na análise da guerra, como Simmel, precisassem explicá-la em termos do "instinto de hostilidade".[7] E como, doutro lado, os próprios antropólogos, preocupados com o significado e com a importância dos valores guerreiros, podem-se exprimir com tanta facilidade a respeito da universalidade da guerra e do seu papel nas sociedades humanas.[8]

No estudo sociológico da guerra, seja qual for o aspecto considerado, em nenhum é tão evidente o impacto das representações ocidentais como na própria conceituação e definição do fenômeno. Seria sumamente exaustivo considerar aqui todas as definições de guerra que ocorrem nas fontes compulsadas. Todavia, alguns exemplos mostrarão de modo bastante claro que, em sua maioria, as definições revelam pelo menos uma das três deficiências seguintes: 1) são demasiadamente "preconcebidas", servindo apenas para exprimir o fenômeno segundo a forma assumida pela guerra nas sociedades ocidentais; 2) são demasiadamente gerais, deixando por isso de ter um conteúdo conceitual preciso e perdendo a possibilidade de uma utilização analítica; 3) nem sempre a guerra é distinguida, de modo específico, de outras manifestações de conflito social, em particular algumas que são características das sociedades ocidentais.

1) Em poucas definições é tão evidente a "marca" da sociedade ocidental, como na fornecida por um dos dicionários de sociologia: "conflito armado extensivo entre grupos humanos organizados, considerando-se a si próprios como politicamente soberanos e eticamente habilitados para sustentar pela força os

---

Green, 1943, p. 311- 328; Lawrence Guy Brown, *Social pathology, personal and social disorganization*, New York, F. S. Crofts. 1942, cap. XXXIV; consultar também Pitirim Sorokin, *Contemporary Sociological Theories*, op. cit., p. 354. É preciso notar, doutro lado, que as interpretações "instintivistas" da guerra podem repousar sobre uma tipologia das estruturas sociais. Ver, por exemplo, Henri Bergson, *Les deux sources de la morale et de la religion*, Paris, Presses Universitaires de France, 48ª ed., 1946, p. 283-284 e 305-308. Isso evidencia a complexidade do problema. Por isso, considero bastante fecunda a tentativa de alguns especialistas, entre os quais Dewey e Tarde, de encarar a guerra como uma combinação de padrões de comportamento e atividades instintivas. Cf.: John Dewey, *Human nature and conduct. An introduction to social psychology*, New York, The Modern Library, 1930, p. 110-115: Gabriel Tarde, *Les lois sociales, esquisse d'une sociologie*, Félix Alcan, Paris, 1898, p. 78-79 (evidentemente, isto não implica a aceitação da otimista teoria de Tarde sobre a guerra exposta nesta obra).

7 Georg Simmel, *Sociologia, Estudios sobre las formas de socialización*, trad. J. P. Bances, Buenos Aires, Espasa-Calpe Argentina, 1939, vol. I, p. 258-262.
8 Cf., por exemplo, Clark Wissler, *Man and culture*, New York, Thomas Y. Crowell, 1938, p. 164.

seus direitos, que eles consideram bloqueados ou usurpados por seus oponentes armados."[9] Mesmo sociólogos treinados na investigação do assunto, como Sorokin, não deixam de considerar a guerra de uma perspectiva acentuadamente "civilizada". Se definíssemos a guerra como uma consequência lógica e fatual do estado de desintegração do sistema cristalizado de relações intergrupais, como sugere este autor,[10] precisaríamos abandonar a pretensão de explicar certos tipos de guerra. Especialmente, aquelas situações em que a própria guerra faz parte do "sistema cristalizado de relações intergrupais".[11] A definição proposta por Malinowski merece ser igualmente criticada deste ponto de vista, pois é difícil indicar quais os móveis deliberados da guerra, nestas condições, que podem ser compreendidos como índices de uma orientação estável e definida nas relações intergrupais de certos povos primitivos (como os Tupinambá, por exemplo). Malinowski conceitua a "guerra como disputa armada entre duas unidades políticas independentes, por meio da força militarmente organizada, na prossecução de uma política (*policy*) tribal ou nacional".[12]

2) Os exemplos de definições elásticas da guerra não são menos numerosos. Lagorgette,[13] *verbi gratia*, sustenta que a guerra é "o estado de lutas

---

9   Charles J. Bushnell, "War", in *Dictionary of sociology*, Henry Pratt Fairchild (Ed.), New York, Philosophical Library, 1944, p. 336-337: Alvin Johnson, discutindo as múltiplas aplicações do termo "guerra", salienta que "o pensamento moderno considera como modelo típico de guerra o conflito armado entre Estados que possuem legalmente soberania completa e ilimitada" ("War", in Encyclopaedia of social Sciences, vol. XV, p. 331).
10 Pitirim A, Sorokin, *Social and cultural dynamics*, London, George Allen & Unwin, 1937, vol. III, p. 261.
11 Cf. especialmente: Elliot Dismore Chapple e Carleton Stevens Coon, *Principles of anthropology*, New York, Henry, 1942, p. 343-344; Charles Letourneau, *La guerre dans les diverses races humaines*, L. Battaille, ed. Paris, 1895, p. 136; Georg Simmel, *Sociologia*, op. cit., vol. I, p. 262; e a análise do mecanismo de revindita nas sociedades primitivas, feita por Richard Thurnwald, "Origem, formação e transformação do direito à luz das pesquisas etnológicas", trad. de Emílio Willems, *Sociologia*, vol. IV, nº 1, 1942, p. 74ss; em relação aos Tupinambá, ver A. Métraux, *La religion des tupinambá*, Paris, Lib. Ernest Léroux, 1928, p. 124ss.
12 Bronislaw Malinowski, "The deadly issue", *Atlantic Monthly*, CLIX, dez. 1936, p. 659-669 (apud *An anthropological analysis of war*, art. cit., p. 523, e in "War – past, present and future", op. cit., p. 22); cf. também Bronislaw Malinowski, "Culture as a determinant of behavior", in Harvard Tercentenary Conference, *Factors determining human behavior*, Cambridge Harvard University Press (apud William F. Ogburn e Meyer F. Nimkoff, *Sociology*, Cambridge, Houghton Mifllin, The Riverside Press, 1940, p. 624).
13 Jean Lagorgette, *Le rôle de la guerre, etude de sociologie générale*, p. 10.

violentas, entre dois ou mais grupos de seres pertencentes à mesma espécie, nascido do conflito de seus desejos ou de suas vontades". Do mesmo tipo é a definição proposta 11 anos antes por um etnógrafo evolucionista: "a guerra é a luta selvagem, pela vida ou pela morte, entre grupos de indivíduos pertencentes a uma mesma espécie."[14] Definições dessa natureza têm o condão de se aplicar a várias situações de conflito – inclusive a algumas que se distinguem da guerra – mas é contestável que se ajustem a qualquer uma das formas assumidas historicamente pela guerra. Penso que se deve colocar nesta categoria as diversas definições em que a guerra é caracterizada em função *da concorrência vital*.[15] Maurice R. Davie, por exemplo, escreve que a guerra é "uma contestação pela força nascida entre agrupamentos políticos sob a ação da concorrência vital".[16] A função da guerra nas sociedades primitivas seria, pois, exclusivamente ecológica: "a guerra é na prática o único método que o homem primitivo conhece para regular as disputas nascidas da concorrência entre grupos".[17] Além da confusão de conceitos distintos, como salienta Park, de competição e conflito, tais definições são extremamente vagas e unilaterais. Dependem da conceituação de expressões controvertidas, como "concorrência vital", "luta pela vida" etc., e dão ênfase aos fatores da guerra ligados à posição dos grupos humanos na biosfera.

3) Para exemplificar o terceiro tipo de conceituação, escolhi um autor cuja obra o credencia como um dos especialistas modernos mais qualificados para tratar do assunto. Refiro-me a Corrado Gini, a quem se deve uma importante distinção na análise dos fatores da guerra. Segundo este autor, em virtude da multiplicidade de motivos que podem conduzir à guerra (demográficos, econômicos, políticos, religiosos etc.), deve-se abandonar a pretensão de explicar a guerra pelo simples jogo de um princípio geral. Parece-lhe,

---

14 Charles Letourneau, *La guerre dans les diverses races humaines*, p. 528.
15 Encontra-se uma crítica sociológica deste ponto de vista no trabalho de Robert E. Park, "The social function of war, observations and notes", p. 559ss.
16 Maurice R. Davie, *La guerre dans les sociétés primitives*, p. 78.
17 Idem, p. 89; ver também Edward Van Dyke Robinson, "War and economics in history and in theory", in Thomas Nixon Carver, *Sociology and social progress*, Boston, Ginn, 1905, p. 134-136; Franklin H. Giddings, *Studies in the theory of human society*, New York, The MacMillan, 1922, p. 218-219; Charles A. Ellwood, *The psychology of human society, an introduction to sociological theory*, New York e London, D. Appleton-Century, 1936, p. 66-68; S. R. Steinmetz, "La guerre, moyen de sélection collective", trad. de A. Constantin, in A. Constantin, *Le rôle sociologique de la guerre et le sentiment national*, Paris, Félix Alcan, p. 223.

entretanto, que é possível elaborar uma definição razoavelmente geral do fenômeno adotando-se certas precauções metodológicas. Assim, basta considerar certos motivos, como o rapto de mulheres, a razia, o aprisionamento com finalidade escravizadora etc., *causas aparentes* da guerra, já que lhes falta o caráter lógico de antecedentes necessário da mesma. Somente as *causas essenciais*, ligadas a um complexo mecanismo psicossocial, podem explicar as condições emergentes da guerra e o comportamento manifesto dos seres humanos em tais situações.[18] Ninguém melhor que Gini, pois, para elaborar uma teoria sociológica da guerra, concebida em termos de suas "causas efetivas". Contudo, a explanação proposta pelo autor abrange tanto a guerra quanto outros fenômenos, como a "luta de classes", a "guerra civil", a "revolução". Eis como Gini expõe os resultados de sua investigação: "os conflitos armados entre os povos ou entre as classes sociais são devidos ao açodamento e à exacerbação, em todos ou em alguma classe, da combatividade humana, diante dos obstáculos que a diversidade física e psíquica da população opõem à tendência dos vários elementos sociais a distribuir-se de acordo com sua força natural de expansão".[19] Aliás, é preciso dizer que esta maneira de colocar o problema data do período de formação da sociologia. Montesquieu, provavelmente o mais respeitável e esclarecido precursor do ponto de vista sociológico na análise da guerra, concebia o "estado de guerra" como afirmação dos grupos uns contra os outros e dos indivíduos contra outros do mesmo grupo social.[20]

Apesar das limitações conceituais, o ponto de vista sociológico abre amplas perspectivas à investigação da guerra nas diferentes sociedades humanas. Compreendendo a guerra como um fenômeno social, isto é, como parte de um sistema sociocultural, a sociologia permite esclarecer questões capitais, relativas à motivação e ao condicionamento das guerras, às relações da guerra com a organização social e vice-versa, e, enfim, ao papel desempenhado pelos valores guerreiros na estruturação da personalidade e na determinação do comportamento humano. Resumindo a discussão do problema, eis o que escreve um autor: a guerra "exerce sua influência e reage sobre as outras instituições sociais, ou sobre os outros elementos da cultura, de modo acentuado e às vezes desconcertante. Assim, o simples fato de os homens precisarem defender o seu grupo tem afetado a divisão sexual do trabalho, a educação dos

---

18 Corrado Gini, *Problemi sociologici della guerra*, p. 70-71.
19 Idem, p. 93.
20 Montesquieu (Charles-Louis de Secondat), *De l'esprit des lois*, texto estabelecido, introdução e notas de Gonzague True, Paris, Lib. Garnier Frères, 1944, tomo I, p. 8 e 9.

imaturos, os níveis sociais e o casamento... ela tem aumentado o poder do chefe, influenciado o desenvolvimento do governo, e afetado a religião que, sancionando os costumes, assegura aos homens belicosos um melhor tratamento no outro mundo e eleva alguns guerreiros à posição de Deus".[21] O que caracteriza a abordagem sociológica da guerra é, pois, a preocupação de considerá-la no contexto social em que se manifesta. Como a guerra penetra as demais esferas da vida social e como é por elas influenciada, são dois problemas básicos da investigação sociológica. Em poucas palavras, a abordagem sociológica procura sobretudo pôr em evidência a função social da guerra.

Em uma investigação desta natureza, é fundamental o conhecimento das situações em que a guerra surge como um mecanismo e um tipo de relação intergrupal. Simmel salienta que a guerra, como forma de luta, constitui necessariamente um tipo de socialização. Na esfera das relações entre grupos autônomos, culmina no estabelecimento de um *status quo* entre os agrupamentos armados.

No caso particular das sociedades primitivas, em que a guerra é determinada pelo "*terminus a quo subjetivo*", a importância do sistema de relações intergrupais assim estabelecido é tanto maior quanto ela representa uma das poucas modalidades conhecidas de contato com estranhos. A guerra assume, nestes casos, uma forma típica de relação social. Entretanto, é importante assinalar que a regulamentação nascida deste *status quo* diz respeito apenas às condições objetivas da luta, nada tendo que ver com a motivação propriamente dita da guerra.

Como escreve Simmel, o código de honra observado por ambas as partes, composto pelas normas e regras que ordenam as atividades belicosas, constitui uma técnica sem a qual os combates não poderiam ocorrer. O reverso dessa situação é visível no reforçamento dos laços de solidariedade e das obrigações recíprocas que prendem uns aos outros os membros de uma determinada sociedade. O estado de guerra exerce uma ação galvanizadora, que favorece a coesão interna, eliminando ou neutralizando as divergências pessoais e grupais. Uma das técnicas usadas em tais ocasiões com essa finalidade consiste em desenvolver certa tolerância, que permita a incorporação dos indecisos e, ao mesmo tempo, a eliminação dos refratários. Essa situação também afeta a organização da personalidade, modificando as atitudes dos militantes, alteradas em função dos estímulos emocionais do estado de paz ou de guerra e da própria luta.

Em síntese, a análise da guerra como forma de socialização, partindo dos tipos de relações desenvolvidos por grupos sociais autônomos, culmina

---

21 Maurice R. Davie, *La guerre dans les société primitives*, p. 76.

na apreciação de seus efeitos nas relações intragrupais e na organização da personalidade dos atores. As expressões "solidariedade grupal" e "belicosidade grupal", exprimem de modo satisfatório a correspondência formal desses aspectos funcionalmente articulados da guerra.[22]

Essa situação assume tal importância aos olhos de alguns especialistas, que Tylor, tratando das diferenças entre as relações grupais e intergrupais, escreve o seguinte: "Neste simples contraste entre o próprio povo e os estranhos, o antropólogo deve procurar o fio das ideias de justo e errado que se manifesta através da história antiga".[23] É certo que "todos os homens conhecem alguma lei como 'não matarás', mas a questão é saber como esta lei é aplicada", sendo fundamental, nesse caso, a constatação de que "a tribo estabelece seu direito, não na base de um princípio abstrato, segundo o qual o homicídio é correto ou errado, mas para sua própria preservação".[24]

Summer, por sua vez, opõe o "nosso grupo" ao "grupo dos outros", como fontes de sentimentos e de obrigações recíprocas. A relação de camaradagem e paz no seio do "nosso grupo" e a de hostilidade e guerra em face dos "grupos dos outros" são fenômenos correlatos. As exigências da guerra com os de fora produzem a paz interna, uma vez que a discórdia intestina enfraqueceria o "nosso grupo" para a guerra. Dessas exigências nasceram também o governo e a lei no "nosso grupo", a fim de se prevenirem disputas e de se reforçar a disciplina. Por isso, a guerra e a paz têm agido uma sobre a outra e se desenvolveram conjuntamente, esta no interior de grupo, aquela nas relações intergrupais.[25]

Encarada deste prisma, a guerra aparece como uma técnica através da qual os grupos humanos se esforçam pela conservação ou pela conquista de um *status* determinado em um sistema ordenado de relações intergrupais. Constitui, portanto, uma das modalidades de resolução dos conflitos sociais.

---

22 Cf. especialmente Georg Simmel, *Sociologia*, vol. I, p. 247-301; cf. também: Elliot Dismore Chapple e Carleton Stevens Coon, *Principles of anthropology*, p. 344; Robert E. Park, "The social function of war", p. 566.
23 Sir Edward B. Tylor, *Anthropology: an introduction to the study of man and civilization*, Londres, Watts, 1937, vol. II, p. 140.
24 Sir Edward B. Tylor, *Anthropology: an introduction to the study of man and civilization*, vol. II, p. 139-140; Max Weber distingue os dois tipos de probabilidades de atuação social empregando os conceitos "moral de grupo" e "moral relativa aos estranhos" (cf. *História econômica general*, trad. Manuel Sánchez Sarto, Fondo de Cultura Económica, México, 1942, p. 368).
275 William Graham Summer, Folkways. *A study of the sociological importance of usages, manners, customs, mores and morals*, com introd. de William L. Phelps, Boston, Ginn, 1940, p. 12.

MacIver sugere uma conceituação semelhante do fenômeno: "a guerra é o exercício da força armada, por um grupo social contra outro grupo social. Ela só é possível pela existência de unidade social dentro do grupo e pela ausência ou negação de unidade social entre os grupos. Traz implícita – e causa também – uma completa separação entre uma área social e outra e um perfeito antagonismo de seus interesses conscientes".[26]

É evidente, pois, que a guerra entre dois grupos sociais autônomos é provocada por desequilíbrios ocorridos no sistema de relações intergrupais ou pela atuação de fatores permanentes de antagonismo intergrupal. Torna-se, assim, uma realidade nos momentos críticos do conflito, em que somente o emprego da força armada é encarado, por uma ou por ambas as partes, como reação adequada. O desfecho da guerra é que determina, então, os novos arranjos por meio dos quais se processa a restauração do equilíbrio do sistema de relações intergrupais.[27]

Portanto, os processos de acomodação recíproca desenvolvidos dependem em grande parte dos móveis da guerra e das próprias condições da situação de conflito. As duas soluções extremas estão representadas na seguinte alternativa: o grupo social vencido submete-se ao grupo social vencedor, ou procura subtrair-se à sua dependência, emigrando para outra área. Há ainda uma terceira possibilidade, exemplificada por numerosas sociedades primitivas, inclusive a dos Tupinambá, caracterizada pela obrigação da revindita.

De qualquer modo, a restauração do equilíbrio é assegurada por meio de uma dessas soluções, ou outras intermediárias. Todas estas situações evidenciam como se processa a motivação da guerra quando encarada do ponto de vista do funcionamento de um sistema de relações interssocietárias, ou do processo através do qual este sistema é criado (caso das "guerras de invasão").

Entretanto, a tais movimentos do sistema organizatório das sociedades humanas correspondem, como foi indicado nos parágrafos precedentes, formas típicas de atuação social. O emprego da contenda armada liga-se à intensificação dos laços de solidariedade intragrupal e à exaltação do *Nós* coletivo. Isso quer dizer que é, em semelhantes situações, que se manifestam em mais alto grau a "existência da unidade social dentro do grupo" e a "ausência ou negação de unidade social entre os grupos", como acentua MacIver

---

26 R. M. MacIver, O *Estado*, trad. de M. B. Lopes e A. M. Gonçalves, São Paulo, Livraria Martins, 1945, p. 167. Ver também a definição apresentada por Luther Lee Bernard, *War and its causes*, New York, 1944, p. 27.

27 Cf. especialmente: E. D. Chapple e C. S. Coon, *Principles of anthropology*, p. 342-343; G. Simmel, *Sociologia*, p. 247-249 e 257; R. M. MacIver, O *Estado*, p.168.

em sua definição. Isso não exclui, porém, manifestações de inconformismos social e de frustrações dos ideais coletivos de unidade diante do "inimigo".

Sociedades de organização social pouco diferenciadas, como a dos Tupinambá, conseguem desenvolver de fato, através dos mecanismos de controle social e do monolitismo ideológico (no que se refere à definição do inimigo e à autoconsciência social das causas da guerra), homogeneidade de ação e compacta unidade grupal; tomando-se em consideração sociedades do tipo em que nós vivemos, verifica-se o contrário: a pluralidade de ideologias pode dar origem a atitudes socialmente discrepantes quanto à avaliação da necessidade e do significado da *contenda armada*, restringindo portanto a esfera, e *eo ipsos* o alcance explicativo, da "unidade social do grupo" e do "perfeito antagonismo de interesses" das sociedades conflitantes.[28]

A explicação sociológica da emergência de comportamentos guerreiros precisa, pelo menos à medida que pretenda ser empiricamente exaustiva, compreender os fatores sociais que condicionam a participação da cultura e a socialização das emoções, sentimentos e atitudes dos indivíduos.

Aproveitando as considerações precedentes, ensaiei uma caracterização sintética do fenômeno,[29] em que procurei evitar os defeitos das definições, analisadas anteriormente. Como se verá, tentei observar, dentro dos limites de minha capacidade, o critério de compreensão da guerra sugerido por Corrado Gini. *A guerra constitui um estado das relações de conflito entre duas ou mais sociedades, provocado por comoções virtuais ou reais no sistema de relações interssocietárias, ou determinado pela ausência deste, em que os ideais coletivos de segurança, definidos ideologicamente, projetam-se nas personalidades dos indivíduos em ação, compelindo-os a se submeterem, a aceitarem ou a desejarem a contenda armada na qual se empenham direta ou indiretamente de modo organizado.*

É lógico que uma caracterização como esta:

1) tanto pode ser aplicada à descrição do fenômeno em uma sociedade tribal, como a dos Tupinambá, em que a guerra promovia a distensão das

---

[28] Uma discussão sistemática do problema estaria fora de propósito aqui. Encontra-se em um ensaio de Lênin uma ilustração teórica excelente da observação feita anteriormente (cf. Illich – Lênin, *La guerra y la humanidad*, México, Ediciones Frente Cultural, 1939, p. 13-64).

[29] Emprego o termo *caracterização* porque considero pouco provável que se obtenta algum sucesso razoável na "definição" do fenômeno; pelo menos, enquanto se pretender proceder com o devido rigor lógico. Os especialistas em ciências sociais defrontam-se com as mesmas dificuldades com relação a outros termos (ver, por exemplo, o que escreve Theodore H. Robinson a respeito do termo religião: *Introduction a l'histoire des religions*, trad. G. Roth, Paris, Payot, 1929, p. 13).

emoções coletivas, sem no entanto lograr o estabelecimento de condições de consenso, quanto à descrição do fenômeno em sociedades do tipo das ocidentais, em que isto é conseguido ao mesmo tempo que se fixa o poder relativo e recíproco de supremacia das sociedades beligerantes;

2) o caráter dinâmico do estado de guerra é ressaltado, sem referência, entretanto, à duração do mesmo (esta é um atributo indeterminável sinteticamente, pois varia de sociedade para sociedade, podendo ser reconhecida e qualificada de três modos distintos, como "permanente", "periódica" e "transitória");

3) a definição abrange exclusivamente as relações intersocietárias "à mão armada": os fenômenos societários de "luta armada" resultam das relações de conflito entre segmentos sociais de uma mesma sociedade, designados de forma analógica por alguns autores com termos como "guerra civil", "guerra de classes" etc., foram excluídos da caracterização; do mesmo modo, foram igualmente excluídas da caracterização todas as relações de conflito intersocietárias cujo reajustamento pode se processar, por meios espontâneos ou jurídicos, sem recurso ao emprego organizado da contenda armada, "com objetivos públicos ou quase públicos";

4) por fim, não especifica quais os fatores sociais, como a "economia", a "religião", a "política", que determinam o *estado de guerra*; ao contrário, estabelece como critério básico de investigação a pesquisa da importância desses fatores, isoladamente e em conjunto, na motivação da guerra em sociedades particulares (isto é, em que medida e de que forma os desequilíbrios operados no sistema de relações intersocietárias, ou a necessidade de criação deste sistema, vinculam-se aos fatores sociais enumerados).

Além disso, seria possível conseguir uma clarificação tal na discussão do problema a ponto de estabelecer as modalidades ideais de manifestação do fenômeno? No estudo da guerra é conhecida a tentativa tipológica de Hans Speier, mas podem-se apresentar sérias dúvidas ao alcance teórico da mesma. Este autor acredita ser possível separar três tipos distintos de guerra, de acordo com a "definição social do inimigo": "Os três tipos puros da guerra podem ser chamados: guerra absoluta, guerra instrumental e combate agonístico. A guerra absoluta é irrestrita e não regulada, o combate agonístico é regulado em relação a normas, e a guerra instrumental pode ou não ser restrita, conforme as considerações de conveniência".[30]

---

30   Hans Speier, "The social types of war", *The American Journal of Sociology*, XLVI, nº 4, jan. 1941, p. 445.

Na verdade, pode-se dizer que, como construção especulativa, a teoria do autor está longe de fundamentar-se em uma base empírica consistente. O próprio critério fundamental (a "definição social do inimigo") é pouco significativo. É evidente que a guerra, como fenômeno "puro", não pode ser caracterizada suficientemente por um de seus aspectos. Quando se considera a análise sociológica do fenômeno, levada a efeito por Georg Simmel, verifica-se como a "definição social do inimigo", do mesmo modo que outros aspectos da guerra (regulamentação, objetivos exteriores ou não, mecanismo de motivação etc.) podem ser compreendidos em termos de sua finalidade. E seria legítimo perguntar em que medida uma tentativa como esta representa uma aplicação correta do método tipológico.

Parece-me, portanto, que os resultados desta discussão justificam plenamente a orientação metodológica adotada neste trabalho: pelo menos no estado atual do estudo do problema é muito mais conveniente considerar a guerra como parte de um sistema sociocultural, do que em termos de sua aproximação ou afastamento de categorias puras hipotéticas, elaboradas especulativamente.

Fauconnet situa muito bem a questão quando propõe o problema de classificação da guerra em termos de uma tipologia empírica. Semelhante orientação no estudo sociológico da guerra implicaria a multiplicação das investigações sobre sociedades particulares, com a finalidade precisa de construir os conhecimentos gerais do fenômeno sobre uma sólida base empírica. Tal atitude diante do problema corresponde ao oposto do que se tem feito ou tentado com maior frequência: "A guerra, considerada como fenômeno social, tem sido até o presente pouco estudada: as considerações filosóficas as quais se tiram numerosos sociólogos, sobre a luta ou a guerra na humanidade, são evidentemente insuficientes: porque eles se limitam somente aos aspectos mais gerais do fenômeno. A guerra aparece como uma manifestação da concorrência vital, sempre idêntica sob as formas mais diversas que lhe dá cada sociedade; o estudo destas armas, inútil para a apreciação geral do fenômeno, é relegado a segundo plano".[31] No entanto, escreve o mesmo autor, "é preciso que se analisem igualmente as instituições, os sistemas definidos de representações e de práticas, cujo funcionamento constitui propriamente a guerra; somente esta análise preliminar poderá permitir a classificação dos tipos de guerra e o estudo das causas e da função social do fenômeno.[32]

---

31 Paul Fauconnet, "La guerre", in *L'Année Sociologique*, tomo V, 1900-1901, Paris, Liv. Félix Alcan, 1902, p. 601.
32 Paul Fauconnet, loc. cit. É preciso observar que a afirmação de Fauconnet a respeito do estudo da guerra como fenômeno social conserva ainda grande parte do seu valor e da sua atualidade, especialmente com relação aos "povos primitivos".

3 – Fontes primárias para estudo da guerra na sociedade Tupinambá

Os resultados da discussão teórica precedente são da maior importância para o especialista interessado na investigação do fenômeno no Brasil. A sociologia dispõe, aqui, de um excelente campo para o estudo da guerra. Além dos conflitos ocorridos nas "sociedades civilizadas", tem diante de si todos os problemas criados pelo funcionamento da guerra nas "sociedades primitivas" aborígines e pelas fricções provocadas pelos contatos dos índios com os brancos. Em outras palavras, a orientação metodológica referida anteriormente encontra em nosso país condições favoráveis de aplicação ao estudo de sociedades particulares e de situações histórico-sociais.

Todavia, na proposição do problema do método na investigação sociológica da guerra pode-se introduzir outra questão: a que situações seria possível aplicar, de modo legítimo, a orientação metodológica escolhida? Quando o especialista limita a investigação sociológica à análise da função social da guerra em sociedades particulares, não estará ao mesmo tempo restringindo as possibilidades de conhecimento científico da guerra? Esta questão é de capital significação teórica, pois ela sugere uma apreciação crítica da legitimidade, adequação e "sensibilidade" do aparato metodológico utilizado pela sociologia no estudo da guerra.

Assim, quais são as situações concretas que a *abordagem funcionalista* é suscetível de apreender em toda a plenitude? Radcliffe-Brown, baseando-se nas possibilidades de coleta dos dados sob uma forma técnica, apresenta uma solução pouco satisfatória. De acordo com seu ponto de vista, a abordagem funcionalista só se aplicaria a situações concretas que podem ser observadas diretamente pelo investigador.[33] Contudo, deslocando o ângulo de

---

33 Cf. A. R. Radcliffe-Brown, "On the concept of function in social science", *American Anthropologist*, n.s., vol. 37, jul.-set. 1935, nº 3, Parte I, p. 400, Radcliflle-Brown insiste sobre o estudo direto dos sistemas sociais. Por isso, trata-se, como acentuei, apenas de uma atitude diante da procedência dos dados (obtidos de uma forma técnica ou não). Quanto aos problemas de reconstrução histórica, as críticas de Radcliffe-Brown restringem-se às elaborações de caráter conjetural e não implicam, de forma alguma, uma impugnação do método histórico (cf. especialmente O *desenvolvimento da antropologia social*, ed. mimeografada, trad. Cecília M. Sanioto, São Paulo, Escola Livre de Sociologia e Política, 1941): contudo, neste trabalho, faz uma afirmação categórica afastando assim qualquer dúvida a respeito do seu pensamento sobre o assunto: "reconheceu-se que a observação dos dados de ciência é a tarefa dos próprios antropologistas e isto por duas razões: uma é a segundo a qual as descrições de observadores que não foram treinados nas teorias e métodos da antropologia são geralmente inadequadas aos propósitos científicos. A outra é aquela segundo a qual o antropólogo profissional requer, como uma parte de seu treino, contato direto e íntimo com ao menos uma das sociedades mais simples" (p. 4-5).

fundamentação do método, Malinowski procura legitimar as análises de caráter retrospectivo, confrontando funcionalismo e história.[34] As consequências da confrontação são bastante fecundas, especialmente no que se refere ao próprio funcionalismo enquanto método de investigação. O principal resultado teórico consiste, sem dúvida, na separação de duas coisas que são realmente distintas: o método, como atitude do espírito diante da realidade social, e as probabilidades de aplicação do mesmo ao estudo de situações histórico-sociais. Ou seja, em outras palavras: a procedência e a forma de coleta dos dados não oferecem, por si mesmas, nenhuma limitação à abordagem funcionalista. Esta pode ser aplicada legitimamente tanto a situações sociais contemporâneas, observáveis diretamente pelo investigador, quanto a situações sociais do passado, suscetíveis de serem conhecidas por meios indiretos de investigação (se e à medida que exista documentação consistente).

O método funcionalista não acarreta necessariamente, portanto, limitações de natureza especial. Em um sentido amplo, ele traduz apenas uma orientação ou uma disposição do espírito na análise dos fenômenos sociais. Os resultados da aplicação do método a situações sociais, presentes ou passadas, dependem, ao contrário, da amplitude e consistência da documentação disponível. Evidentemente, a coleta de dados através de técnicas científicas aumenta as possibilidades de conhecimento da realidade social. Mas existem numerosos exemplos de aproveitamento sistemático de informações e descrições deixadas por leigos a respeito de povos primitivos ou civilizados. A própria investigação científica dispõe de recursos técnicos para promover a crítica e a seleção dos dados históricos. De acordo com os princípios da análise histórica, o grau de positividade dos dados assim "peneirados" é comparável aos dos dados obtidos pela observação direta. Nada impede, pois, que a aplicação do método funcionalista à exploração de dados fornecidos por fontes históricas seja coroada de êxito.

Com isto, posso voltar à questão inicial: as perspectivas oferecidas no Brasil à análise sociológica da guerra. Como acontece nas sociedades letradas, dispomos de abundante documentação escrita a respeito da guerra no passado. Em toda essa documentação salientam-se, por sua objetividade, penetração e consistência, as crônicas de viagens e de colonização e os documentos oficiais do Brasil quinhentista e seiscentista. A documentação histórica atualmente disponível põe em evidência vários problemas: a guerra nas sociedades tribais aborígines, a guerra dos brancos com os nativos pela conquista da terra,

---

34 Bronislaw Malinowski, *The dynamics of culture change. An inquiry into race relations in Africa*, ed. por Phyllis M. Kaberry, New Haven, Yale University Press, 1945, cap. III, esp. p. 26-34.

a guerra dos brancos entre si (tentativas francesas de colonização, feitorias espanholas e inglesas, invasão holandesa etc.). Qualquer um destes problemas pode ser delimitado em seus quadros geográficos e sociais; e os dados disponíveis sobre cada um deles são suficientemente consistentes para suportar uma análise funcionalista.

No presente trabalho, pretendo analisar as probabilidades de aplicação do método funcionalista ao estudo da guerra nas sociedades tribais aborígines dos séculos XVI e XVII. A documentação atualmente conhecida sobre os grupos tribais nativos, que entraram em contato com os europeus, obriga a uma dupla limitação.[35] Em primeiro lugar, somente sobre os grupos tribais tupi foram deixadas informações e descrições relativamente completas. Em segundo lugar, esta documentação refere-se especialmente aos Tupi que habitavam as regiões de São Paulo-Rio de Janeiro, Bahia-Sergipe, Maranhão-Pará e Ilha dos Tupinambaranas, descritos pelos brancos sob o nome Tupinambá.[36]

Quanto ao grau de objetividade e de penetração das informações e descrições dos autores quinhentistas e seiscentistas, remeto os interessados às apreciações de Métraux e Lowie.[37] Espero que este trabalho dê, em conjunto, uma ideia precisa a respeito da riqueza e consistência das mesmas. Aliás, é fácil compreender o interesse dos brancos pelo sistema guerreiro da sociedade tupinambá. Três são os fatores psicossociais que explicam esse interesse: a) os aspectos "exóticos" da vindita tribal, associados a temores bem fundados de passarem pela mesma provação, no caso de caírem no desagrado dos índios; e em uma fase mais adiantada e complexa do *continuum* de contato com os nativos; b) o aproveitamento do sistema guerreiro tribal como instrumento de dominação (principalmente por parte dos portugueses: na conquista da terra, na submissão dos grupos tribais e na luta contra as tenta-

---

35 A discriminação das fontes é feita na bibliografia. Ver também: Herbert Baldus, *Fontes primárias para o estudo dos índios do Brasil quinhentista*, São Paulo, publ. do Instituto de Administração, 1948; Almir de Andrade, *Formação da sociologia brasileira*, vol. I: *Os primeiros estudos sociais no Brasil* (Séculos XVI, XVII e XVIII), Rio de Janeiro. Olympio 1941. Terceira Parte.
36 Sobre a distribuição espacial dos povos tupi, cf. Alfred Métraux, *La civilisation matérielle des tribus Tupi-guarani*, Libr. Orientaliste Paul Geuthner, 1928, primeira parte; idem, *Migrations historiques des tupi-guarani*, Paris, Lib. Orientale et Américaine, Paris, 1927; sobre a distribuição espacial dos Tupinambá, cf. ainda, especialmente, meu trabalho *A organização social dos Tupinambá*, cap. I.
37 Alfred Métraux, *La civilisation matérielle das tribus tupi-guarani*. Introdução; idem, *La religion des tupinambá el ses rapports avec celle des autres tribus Tupi-guarani*, introdução; Robert H. Lowie, *The history of ethnological theories*, London, Georg G. Harrap, 1937, p. 6.

tivas de colonização empreendidas por outros países europeus); c) a tendência a focalizar, como objetivos centrais da *política de destribalização*, os valores mágico-religiosos da cultura tribal.

Após o exame crítico das fontes primárias e do fichamento sistemático dos dados positivos por elas fornecidos, suscetíveis de aproveitamento científico, cheguei à conclusão de que é possível analisar noventa e três problemas – exceção feita aos aspectos ergológicos[38] – como parte do ou em conexão com o sistema guerreiro da sociedade tupinambá. Com relação a seis problemas (antropofagia, canoas, relações com o prisioneiro, religião, rituais de renomação e sacrifício ritual), é possível isolar ainda trinta e nove tópicos distintos. Tomando-se a descriminação feita por Murdock e seus colaboradores como ponto de referência,[39] constata-se que os dados fornecidos pelas fontes quinhentistas e seiscentistas abrangem todos os aspectos do sistema guerreiro de uma organização tribal. Evidentemente, não se pode esperar dessas fontes um conjunto de dados de fato comparável ao que se poderia obter tecnicamente através da observação direta. Contudo, a simples indicação de que é possível analisar, através da documentação disponível, os principais aspectos do sistema guerreiro da sociedade tupinambá revela a necessidade de um estudo mais acurado desta parte da contribuição etnográfica dos autores quinhentistas e seiscentistas.

Mas aqui surge um problema: deve-se proceder a uma minuciosa crítica dos *documentos*, ou é suficiente realizar um exame crítico do seu conteúdo etnográfico? Parece-me que a segunda orientação é a única recomendável em um ensaio da natureza presente. A crítica histórica (interna e externa) é uma tarefa que cabe aos historiadores.[40] Doutro lado, já se conseguiu alguma coisa ponderável neste sentido. A determinação da autenticidade dos documentos

---

38   A sistematização dos dados e a análise dos mesmos, com referência à parte ergológica do sistema guerreiro é feita por A. Métraux (*La civilisation matérielle des tribus Tupi-guarani*, op. cit., cap. IX).
39   *Outline of cultural materials*, preparado por George P. Murdock, Clellan S. Ford, Alfred E. Hudson, Raymond Kennedy, Leo Simmons e John W. M. Whiting, New Haven, Imprensa da Universidade de Yale, 1945, p. 34-36 (item 44: *War and peace*).
40   O presente trabalho, de crítica de fontes primárias e de análise das possibilidades de aproveitamento dos dados nelas contidos, orientou-se no sentido de satisfazer as exigências e as necessidades impostas ao sociólogo pela natureza mesma dos estudos de reconstrução histórica. A preocupação fundamental do especialista consiste, neste caso, em determinar a consistência apresentada por um conjunto de dados de fato à análise sociológica. Ao contrário do historiador, cuja contribuição deve naturalmente preceder as investigações de caráter sociológico, e dar-lhe o indispensável fundamento

e a apreciação crítica do seu conteúdo, pelo menos parcialmente, constituiu uma preocupação importante de competentes especialistas, como Varnhagen, Capistrano de Abreu, Rodolfo Garcia, Batista Caetano, Ferdinand Dénis, Paul Gaffarel, Jayme Cortezão, Carolina Michaelis, Malheiro Dias, Esteves Pereira, Lúcio de Azevedo, Edmundo Wernicke, Serafim Leite, Antônio de Alcântara Machado, Plínio Ayrosa, Herbert Baldus, Alfredo do Vale Cabral, Estêvão Pinto, Francisco de Assis Carvalho Franco, Heloísa Alberto Torres, Sérgio Buarque de Holanda, J. F. de Almeida Prado, Afonso de E. Taunay, Carlos Fouquet, Tristão de Alencar Araripe, Cândido Mendes de Almeida, Eugênio de Castro, e outros, como Mello Leitão, Sérgio Milliet, Afrânio Peixoto e Cláudio Brandão.

---

heurístico (na acepção em que o conceito é empregado pelos historiadores, como "conhecimento geral das fontes"), o sociólogo restringe o exame crítico ao conteúdo etnográfico ou sociológico das fontes. Dificilmente opera com a totalidade dos textos, pois interessa-o apenas os que contêm dados e informações suscetíveis de aproveitamento científico, e raras vezes precisa manipulá-las sob o aspecto particular de "textos literários". Em virtude disso, *na comparação das fontes cuida somente dos textos selecionados por meio de uma exploração preliminar qualquer* (feita porém na base do grau de aproveitamento científico presumível de conteúdo empírico dos mesmos), *e procede tendo em vista a natureza do conteúdo etnográfico ou sociográfico dos textos*. Desse modo, as apreciações sobre o "valor" das fontes incidem sobre as relações existentes (ou reconhecíveis), entre o conteúdo positivo de cada uma delas e o conjunto de conhecimentos brutos apurado do exame de todas as fontes exploradas.

Semelhante contraste com a orientação seguida predominantemente pelos historiadores aconselha algumas considerações marginais, a respeito de problemas que não foram tratados, ou o foram de modo pouco satisfatório, para aqueles. Um deles liga-se ao aproveitamento das fontes primárias conhecidas. Como se verificará, neste trabalho somente foi explorada uma parte das fontes primárias sobre os Tupinambá, acessíveis a qualquer tentativa de investigação histórica isso se explica no entanto: o presente ensaio não abrange as fontes primárias quinhentistas e seiscentistas como tais, mas enquanto documentos para o estudo da guerra na sociedade tupinambá (ou de algum outro grupo tribal tupi contemporâneo, bem localizado). Além disso, essa limitação foi ainda mais comprimida, entrando então em linha de conta o presumível teor positivo ou a adequação dos dados e informações. Assim se explica, por exemplo, a exclusão de fontes tão conhecidas e importantes como Caminha, e o limitado aproveitamento da documentação jesuítica.

Mais importantes, contudo, são os problemas relativos à "independência" e à "autoridade" das fontes. A orientação adotada, é óbvio, dando menos ênfase aos textos como peças isoladas que ao conteúdo etnográfico dos mesmos, reduziu o emprego e a importância operativa das técnicas de colação de textos, utilizadas pelo historiador

O critério de autoridade das fontes, evidentemente, é algo que assumira pouco interesse na seleção dos dados positivos, já que fora substituído, à medida do possível, por outros critérios, compatíveis com a manipulação global de um conjunto de informações e de descrições. Encontram-se neste ensaio, não obstante, as explanações relativas ao problema, que o tipo de análise empregada pode facultar. Os resultados deste trabalho, quanto à questão da autoridade das fontes, poderão ser completados, como se sabe, através da leitura das anotações, comentários e introduções, com que especialistas credenciados enriqueceram a maioria das obras compulsadas (cf. bibliografia, item III). Particularmente importantes são as informações referentes à natureza das fontes (por exemplo: se os autores estiveram no Brasil e conviveram intimamente com os nativos, como no caso de Staden, dos jesuítas, de Gabriel Soares etc.); ou se mantiveram contatos diretos, mas episodicamente ou durante um prazo curto, com os grupos descritos, como Thevet, Léry, Abbeville, Evreux etc.; ou por fim, se as informações teriam sido obtidas, em sua totalidade, de terceiros (como acontece com o autor anônimo de *Neue Zeitung* e com Montaigne); as condições de vida dos informantes, no Brasil e no país de origem (quando isto é determinável); e ao "valor" histórico, geográfico, linguístico ou etnográfico das obras quinhentistas e seiscentistas. É preciso ficar bem claro, porém, que preferi evitar deliberadamente, a alternativa oferecida pelo critério da autoridade na colação de textos. Segundo este critério, seria possível determinar o grau de veracidade relativa, embora provável, das fontes primárias, admitindo-se evidências do tipo da seguinte: se a fonte A é, com relação a X situações, mais verídica que a fonte B, que a fonte C etc., em questões controvertidas a fonte A merece maior fé que as fontes B, C etc. O fundamento lógico deste raciocínio é indiscutível e a sua aplicação meticulosa tem levado os historiadores a determinar certas probabilidades da evidência histórica. Seria defícil, contudo, aplicar com os mesmos resultados semelhante critério à análise do conteúdo etnográfico das fontes primárias examinadas. Como se pode inferir do que foi exposto até agora, a seleção dos dados positivos, feita pelo sociólogo, desloca o centro de apreciação de um conjunto de fontes primárias da "autoridade" dos informantes, para a "consistência" recíproca das informações, considerada em termos da "coerência etnológica" das mesmas. Quanto à independência das fontes, parece-me que autores como Staden, Thevet, Gandavo, são realmente independentes. Outras fontes, como Léry, Gabriel Soares, os jesuítas (de uma forma geral), Abbeville, Evreux, Salvador, Jaboatão, Vasconcelos etc., revelam, em grau variável, a influência de outros informantes. Léry, por exemplo, tanto aproveitou as informações de Thevet quanto conheceu, embora depois de editado o seu livro, a obra de Hans Staden, que o impressionou vivamente (cf. Léry, nota 67, p. 43-44). Gabriel Soares revela conhecimento de ampla documentação anterior, inclusive dos escritos de Gandavo. Quanto às cartas e informações dos jesuítas, a função por elas desempenhadas – quer no seio da Companhia, quer com relação à política da Coroa – é responsável por frequentes repetições de dados e indicações, que aparecem de modo sucessivo ou simultâneo em peças distintas, redigidas por membros da ordem (quanto à data, ao lugar e ao responsável pessoal pela informação.

Salvador aproveita-se extensamente das informações reunidas por Gabriel Soares; a mesma coisa se evidencia relativamente aos dados ecológicos e etnográficos, consignados por Jaboatão. Doutro lado, parece-me fora de dúvida o conhecimento, por parte de Evreux e de Abbeville, pelo menos das obras dos autores franceses que estiveram entre os Tupinambá do Rio de Janeiro.

Isto coloca duas questões, intimamente ligadas entre si, como a do caráter probante de tais informações, consideradas as relações conhecidas, existentes entre as fontes, e a do plágio. No primeiro caso, achei desnecessário referir-me a estas conexões das fontes, em virtude das próprias evidências, que elas implicam, de veracidade e de complementaridade. Quando um jesuíta repete a informação prestada anteriormente, em um documento de "circulação interna", por um companheiro; ou quando Frei Vicente do Salvador se refere, nos mesmos termos, a coisas anteriormente descritas por Gabriel Soares, obtém-se nova prova documental, no mínimo de caráter confirmatório, de determinados fatos. Tais informantes estavam em ótimas condições para verificarem a veracidade ou a inexatidão das informações estabelecidas anteriormente, pois possuíam, via de regra, conhecimento direto e íntimo das coisas em questão em particular no que diz respeito à vida social dos aborígenes. O conhecimento de fontes francesas anteriores, por sua vez, deram a Evreux e Abbeville certa vantagem com relação a seus predecessores. Pelo menos, descrevem com maior penetração e objetividade vários comportamentos e instituições tribais, observados por seus compatriotas (é preciso assinalar que certos aspectos discrepantes, como condições de adaptação ao meio natural circundante no Maranhão e no Pará, corte do cabelo etc., são fielmente referidos por eles). Pareceu-me, todavia, que o caráter probatório das informações deveria ser colocado em termos da consistência recíproca das mesmas; nesse caso, é óbvio, a questão seria melhor situada do ponto de vista dos resultados alcançados pela própria investigação etnológica. Assim, a conclusão de Métraux, já mencionada neste trabalho, a respeito da homogeneidade cultural dos Tupinambá, abria perspectivas bem definidas de aproveitamento científico dos dados e informações contidas nas fontes primárias conhecidas. Em particular, precisa ser ressaltada a circunstância segundo a qual esta conclusão permitia considerar o caráter probatório ou complementar dos textos de um ponto de vista basicamente distinto do que seria oferecido pelo conhecimento, completo ou não, de conexões existentes entre as diversas fontes singulares. Por outro lado, os resultados da análise poderiam, e foram de fato, rematados pelo estudo das relações existentes entre a perspectiva dos informantes e o instrumento de consciência da realidade descrita.

Quanto ao "plágio" entre os cronistas, é impossível disfarçar a demasiada importância que se tem dado a evidências (inclusive a pseudoevidências) do mesmo no Brasil. Com relação às fontes narrativas, esse problema é bem colocado, sob uma forma geral, pelos especialistas (consultem-se, por exemplo, as considerações de Calmette sobre a historiografia medieval, inteiramente aplicável, nesse sentido restrito, às obras dos nossos autores quinhentistas e seiscentistas – Joseph Calmette, *Le monde féodal*, Les Presses Universitaires de France, Paris, Nouvelle édition mise à jour, 1937, p. XV).

A análise da contribuição dos autores quinhentistas e seiscentistas para o estudo da guerra na sociedade tupinambá pode ser feita de duas maneiras: 1) através da aplicação da estatística à comparação do conteúdo das fontes; 2) por meio da comparação qualitativa do conteúdo das fontes. As duas técnicas completam-se, pois enquanto uma situa os aspectos quantificáveis do conteúdo das fontes, a outra fornece um conhecimento seguro sobre a natureza, consistência interna e complementaridade recíproca das informações. Em síntese, a primeira técnica oferece a massa de dados de fato, aproveitáveis cientificamente, de uma perspectiva horizontal. A segunda, ao contrário, dá uma visão em profundidade apanhando a base empírica disponível de uma perspectiva vertical. Combinando-as obtém-se um conhecimento preliminar do conteúdo geral das fontes, suficientemente sólido para responder se é possível ou não estudar a função social da guerra na sociedade tupinambá.

A aplicação da estatística à comparação do conteúdo das fontes permite determinar: a) a frequência das informações discriminadas por tópicos gerais, contidas nas fontes primárias atualmente conhecidas; b) a extensão da variedade de informações fornecidas pelas mesmas fontes, sobre cada tópico geral. Fica-se sabendo, dessa maneira, quais eram os principais centros de interesse das fontes e como elas compreendiam a realidade descrita. Os dois quadros estatísticos seguintes* resumem os resultados a que cheguei, *manipulando somente as informações consideradas consistentes*. A referência a especialistas, sob a forma de fontes secundárias, parece-me indispensável. As obras de reconstrução histórica conseguem um conhecimento da realidade superior aos que são oferecidos pelas próprias fontes primárias.

De acordo com a *Tabela I*, cabe a Thevet o número mais considerável de ocorrências. Seguem-no, pela ordem, Léry, Gabriel Soares, Evreux, Staden, Abbeville, Gandavo, Cardim, Anchieta, Brandão, Knivet e Vasconcellos, Nóbrega, Acuña, Barleu, Heriarte, Montaigne, Schmidl, anônimo ("De algumas coisas mais notáveis do Brasil" etc.), Pigafetta, Salvador e os outros, indicados na tabela citada. Evidentemente, com referência ao sistema guerreiro da sociedade tupinambá, as fontes principais são Thevet, Staden, Léry, Gabriel Soares, Evreux, Abbeville, Gandavo e Cardim. Em segundo grupo de fontes, abrange as obras de Anchieta, Brandão, Knivet, Vasconcellos e Nóbrega. As demais fontes têm um valor comparativo (para a crítica do conteúdo etnológico das fontes) ou supletivo. As indicações fornecidas pela Tabela II não são menos interessantes. Staden é o autor que oferece, presumivelmente, descrições mais completas com relação aos fenômenos do sistema guerreiro da sociedade tupinambá, pois apanha maior número de aspectos. Depois dele vêm, pela ordem, Thevet, Gabriel Soares, Léry, Evreux, Abbeville, Gandavo, Cardim, Anchieta, Brandão e Knivet, Nóbrega, Vasconcellos e os outros.

---

*As tabelas encontram-se no fim do livro.

Ainda é possível manter as mesmas distinções referidas anteriormente, com relação ao valor etnográfico das fontes: a) um grupo de autores fundamentais, para o conhecimento da guerra na sociedade tupinambá (Staden, Thevet, Léry, Gabriel Soares, Evreux, Abbeville, Gandavo, Cardim); b) um segundo grupo de autores, cuja contribuição é menos rica, embora apreciável (Anchieta, Brandão, Knivet, Vasconcellos); c) um terceiro grupo de autores, cuja contribuição é relativamente pobre, mas possui seja um valor comparativo (conformatório ou informativo), seja um valor supletivo. Contudo, verifica-se que Thevet, comparado com as outras fontes fundamentais além de Staden, cuja superioridade é indiscutível, revela-se um observador pouco penetrante. A relação entre o número de tópicos gerais e o montante dos aspectos descritos permite considerar Gabriel Soares e Cardim como os dois cronistas mais perspicazes, depois de Staden, na observação e na descrição, em profundidade, do sistema guerreiro da sociedade tupinambá. Seguem-os, pela ordem, Gandavo, Léry, Abbeville, Thevet e Evreux – sendo esta a única fonte fundamental em que a relação entre os tópicos gerais e o montante dos aspectos descritos é inferior à obtida nas informações de Thevet.

Passando da comparação das fontes à análise do próprio material que elas fornecem para o estudo do sistema guerreiro da sociedade tupinambá, constata-se o seguinte:

A) As esferas do sistema guerreiro da sociedade tupinambá que atraíram de modo particular a atenção dos cronistas foram a antropofagia, a situação e o comportamento dos prisioneiros, os rituais de sacrifício, as causas da guerra, os rituais de renomação, e a seleção e o papel do "chefe";

B) Outras esferas da mesma estrutura, que mereceram certa atenção dos cronistas, embora de forma menos acentuada, foram: 1) as canoas, como meio de transporte utilizável com fins guerreiros, a organização das expedições guerreiras, as relações entre a poliginia e o *status* de guerreiro; 2) as técnicas de ataque, a fama guerreira dos e entre os Tupinambá, as relações existentes entre os valores religiosos tribais e a guerra, os símbolos sociais, que distinguiam o guerreiro dos outros membros da comunidade ou que serviam como distintivos tribais, e a *situação intertribal* (relação dos Tupinambá com os grupos tribais conhecidos pelos brancos); 3) as cerimônias funerárias, o funcionamento do conselho de chefes, o direito costumeiro (como forma de controle social que podia evitar relações de conflito entre parentelas), as distâncias percorridas durante as expedições guerreiras, a educação (ideais e valores guerreiros na formação da personalidade tupinambá), a liderança guerreira e a mortalidade (efeitos demográficos da guerra); 4) o casamento (em conexão com o *status* de guerreiro), os combatentes, os combates singulares, o esfacelamento de caveiras, a invasão (migrações e ocupação de novas áreas territoriais), o parentesco (em relação com obrigações guerreiras), a utilização do sangue do inimigo, a saudação lacrimosa, a tecnologia e a guerra;

C) Algumas esferas centrais do sistema guerreiro são documentadas por um número reduzido de fontes (dois, três ou quatro), como: os estímulos da organização tribal, a guerra como forma de relação intercomunitária e tribal, a pregação dos principais, como forma de controle gerontocrático, o repasto coletivo, as armas (como parte da tecnologia guerreira), a idade dos guerreiros, os padrões de heroísmo, a partida para os combates, as danças preparatórias, a duração da guerra, as técnicas de defesa, as épocas de guerra, o prestígio social em conexão com o *status* de guerreiro, o tratamento dos feridos, as tréguas e a violação das sepulturas dos inimigos. Enquanto outras, como o estado psíquico do guerreiro e a fuga em massa do grupo local, são apenas documentadas por uma fonte.

Em resumo, esta primeira apreciação do material mostra que, em *superfície*, as pistas abertas pelas fontes são bastantes amplas. E que, com relação a diversas esferas do sistema guerreiro da sociedade tupinambá, as probabilidades de controle das informações asseguradas pelas fontes (multiplicidade de descrições) garantem a exploração das pistas abertas pela documentação histórica à análise científica.

Entretanto, a Tabela II contém indicações complementares, as quais revelam até que ponto será possível uma análise em profundidade dos problemas acarretados pela reconstrução do sistema guerreiro da sociedade tupinambá. Sem grandes dificuldades, constata-se que a situação e o comportamento dos prisioneiros, a antropofagia e o sacrifício ritual foram descritos com maior penetração pelos autores quinhentistas e seiscentistas.

Depois destas três, as esferas da sociedade tupinambá sobre as quais existe documentação etnológica mais consistente são: os rituais de renomação, a organização das expedições guerreiras, as conexões entre a religião e a guerra, as causas da guerra, as técnicas de ataque, a seleção e o papel dos "chefes", as canoas e sua utilização para fins guerreiros. A documentação etnográfica referente à liderança guerreira, às cerimônias funerárias, às conexões entre o casamento e o *status* de guerreiro, à educação tribal, à poliginia em relação com o *status* de guerreiro, ao retorno ao grupo local, à tecnologia, ao conselho de chefes, à invasão (migração e ocupação de novas áreas territoriais), à pregação dos principais, à saudação lacrimosa e às técnicas de defesa pode, ainda, ser considerada satisfatória.

Muitos dos aspectos importantes do sistema guerreiro de uma sociedade tribal são descritos apenas parcialmente, como por exemplo o número de vítimas nos combates, a partida para os combates, as distâncias percorridas durante as expedições guerreiras, o número de combatentes, os combates singulares, os estímulos guerreiros da organização tribal, a guerra, como forma de relação intercomunitária e tribal, os padrões de heroísmos, as conexões da guerra com as obrigações assumidas em um grupo de parentesco, a aquisição de prestígio social etc., sendo que alguns deles (como a duração da guerra, as épocas de guerra, a idade dos guerreiros, as qualidades guerreiras, as relações entre o repasto coletivo e a responsabilidade pelo derramamento de sangue, o tratamento das feridas, as tréguas, o estado psíquico dos guerreiros quando partiam para o combate, a fuga em massa do grupo local atacado de surpresa pelos inimigos), de modo superficial.

Todavia, o número de tópicos abrangido pela Tabela II sugere que o conhecimento que se obterá através da reconstrução do sistema guerreiro da sociedade tupinambá permitirá ultrapassar os limites do que está descrito explicitamente nas fontes primárias. Por isso, não será difícil à análise sociológica compreender a integração e a função desses aspectos do sistema guerreiro da sociedade tupinambá. Aliás, as tentativas de reconstrução histórica, levadas a efeito por alguns especialistas, como Métraux, especialmente, Friederici e o autor deste ensaio, esclarecem uma série de problemas capitais (cf. Tabela II).

Em síntese, as duas tabelas põem em evidência que a documentação etnográfica sobre o sistema guerreiro da sociedade tupinambá, contida nas fontes quinhentistas e seiscentistas, é bastante rica, consistente e variada. A comparação do conteúdo das fontes, tal como foi feita nas páginas precedentes, conduz ao mesmo tempo à sistematização dos dados disponíveis e à indicação das principais possibilidades de aproveitamento científico dos mesmos. Utilizando aquela documentação, o sociólogo poderá obter um conhecimento sobre a integração e a função da guerra na sociedade tupinambá sob poucos aspectos inferior ao que poderia conseguir através da observação direta. O material disponível sobre os Tupinambá, de acordo com as constatações explanadas anteriormente, permite presumivelmente analisar todos os aspectos da tecnologia guerreira, a integração do sistema guerreiro à organização tribal e a função do mesmo no sistema sociocultural.

Os dados expostos até agora definem um conjunto de possibilidades de aproveitamento científico do material recolhido e transmitido pelos cronistas dos séculos XVI e XVII sobre o sistema guerreiro da sociedade tupinambá. Contudo, do ponto de vista da aplicação da crítica interna ao conteúdo etnográfico das fontes, o simples conhecimento de "possibilidades" é insuficiente. Seria necessário lançar mão de outra técnica, que precisasse melhor a consistência da contribuição etnográfica daqueles cronistas e esclarecesse o alcance das pistas abertas à investigação sociológica pelo conjunto conhecido de possibilidades. Em outras palavras, seria necessário passar do "balanço" quantitativo das fontes, para a apreciação crítica do seu conteúdo etnográfico.

Somente depois de proceder a este novo "balanço" das fontes primárias, de caráter qualitativo, é que se poderá julgar a validade das primeiras constatações indicadas anteriormente. Na verdade, as duas tabelas estatísticas apenas situam o conteúdo das fontes, particularmente e em conjunto, seja com referência aos autores quinhentistas e seiscentistas *conhecidos*, seja com referência a tópicos gerais. A segunda etapa da análise comparativa do conteúdo das fontes envolve problemas de ordem mais especial, pondo menos ênfase na visão global da contribuição etnográfica das mesmas, do que no teor e consistência das informações. Por isso mesmo, abrirá perspectivas mais sólidas à crítica etnológica, desbastando as "possibilidades" através do peneiramento e seleção dos dados positivos, contidos na massa de informações e descrições dos cronistas.

Todavia, esta não é uma passagem que se faça sem certos riscos. Deixando de lado as dificuldades de ordem técnica, evidentes por si mesmas, gostaria de discutir duas questões preliminares. Em primeiro lugar, este ensaio constitui uma tentativa de apreciação crítica do conteúdo etnográfico de fontes históricas. Os problemas que devo enfrentar não dizem respeito à reconstrução histórica propriamente dita, mas sim aos instrumentos ou meios através dos quais se tornaria possível realizá-la. Em segundo lugar, não sei até que ponto seria útil uma análise minuciosa de todo o material fornecido pelas fontes quinhentistas e seiscentistas a respeito da guerra na sociedade tupinambá. O alcance e a extensão da crítica histórica, evidentemente, depende do que se pretenda conseguir através do aproveitamento científico do conteúdo das fontes. O especialista que procura reconstruir, parcial ou totalmente, a vida social em uma sociedade desaparecida, precisa submeter todas as informações disponíveis a um tratamento crítico. É uma condição de trabalho científico que, não obstante, apresenta pouco interesse aos não especialistas e mesmo aos especialistas preocupados com problemas diferentes. Para ambos, são suficientes as evidências estabelecidas pela análise de uma amostra representativa. Por isso limitei-me à análise das informações e descrições deixadas pelos cronistas a respeito da situação do prisioneiro no grupo local inimigo.[41]

---

41 Na análise dos textos, distribui os materiais de acordo com os itens do tópico geral "Prisioneiro" (cf. Tabela II). Todavia, adotei uma coordenação diferente dos mesmos, pois não me pareceu vantajoso seguir a ordem alfabética, empregada na organização da referida tabela. N.B.: No trabalho final, sobre *A função social da guerra na sociedade Tupinambá* (1951), aproveitei o *ms.* inédito de Thevet, que não é mencionado aqui; e utilizei melhor as informações contidas em Salvador, Pero Correia e Brandão.

A escolha do tópico justifica-se plenamente. Não só constitui uma das esferas do sistema guerreiro da sociedade tupinambá que atrairam sobremaneira a atenção e a curiosidade dos cronistas, como ainda é, do ponto de vista teórico, um problema de alta importância. É indubitável que, em torno dele, gravitam as principais questões suscitadas pela reconstrução do sistema guerreiro da sociedade tupinambá bem como pelo estudo da função da guerra nesta sociedade. Doutro lado, a escolha de um exemplo visa menos a oferecer uma ideia da massa de informações de caráter etnográfico, aproveitável cientificamente, do que mostrar ao leitor a consistência das fontes e o tipo de tratamento dispensado ao objeto descrito pelos autores quinhentistas e seiscentistas que nos interessam aqui. Acredito que a comparação quantitativa do conteúdo das fontes já esclareceu suficientemente os primeiros aspectos do problema. A análise quantitativa compete a tarefa específica de pôr em evidência a objetividade, a sensibilidade, e a precisão do aparato intelectual através do qual os cronistas descreveram aspectos da sociedade tupinambá. Um conhecimento desta natureza é representativo tanto com relação a esferas do sistema sociocultural tupinambá minuciosamente descritas quanto com relação a outras partes deste sistema sociocultural que não caíram da mesma forma sob a perspectiva social e o campo de observação direta dos cronistas. Além disso, tem o mérito de colocar em termos gerais e segundo critérios bastante conhecidos da metodologia científica o problema da consistência da contribuição etnográfica contida nas fontes primárias analisadas neste trabalho.

O prisioneiro, ou escravo, para empregar a terminologia sociológica[42] era, em geral, na sociedade tupinambá, um inimigo preso em combate. Contudo, um relato de Hans Staden mostra que se deve considerar, ao lado do

---

42 Muitos especialistas restringem o emprego do conceito "escravidão", quando se trata de "cativos de guerra", às situações em que os prisioneiros participam ativamente da vida econômica da comunidade a que pertencem os seus senhores. De acordo com semelhante ponto de vista, a escravidão surge no momento em que o sacrifício ritual dos prisioneiros é substituído pelo aproveitamento racional do trabalho dos "cativos de guerra" com fins econômicos (cf. William Graham Summer, *Folkways, a study of the sociological importance of usages, manners, customs, mores and morals*. p. 261-262; Richard Thurnwald, *Die menschliche Gesellschaft*, vol. IV, p. 202-207, apud Herbert Baldus e Emílio Willems, *Dicionário de etnologia e sociologia*, São Paulo, Companhia Editora Nacional, 1939, p. 92; Roger Bastide, apostilas, São Paulo, Faculdade de Filosofia, Ciências e Letras, 1948, p. 14-17). Max Weber também adota este ponto de vista identificando a existência de escravos "como classe social" ao desenvolvimento de uma dominação étnica ou de uma organização senhorial (cf. *Historia económica general*, p.74-75).

"prisioneiro de guerra", uma categoria diferente: a do "refugiado". As indicações fornecidas por Staden, que eu saiba, não são nem confirmadas nem infirmadas pelas demais fontes relativas aos Tupinambá. Porém o informante conviveu com um escravo carijó no grupo local Ubatuba, que estava nessa situação, e as descrições que deixou parecem verídicas: "Entre os índios vivia um cativo, da tribo dos Carijós, que também eram hostis aos amigos dos portugueses. Tinha sido servo destes, mas fugira e os selvagens não matam ninguém que se refugia entre eles, a menos que cometa algo de invulgar. O fugitivo é conservado como escravo e deve servi-los".[43]

As informações que dá adiante evidenciam que a situação destes escravos era idêntica à dos cativos de guerra: podiam ser oferecidos de presente pelo seu senhor, deviam ser sacrificados ritualmente e ingeridos no decorrer de cerimônias antropofágicas: "No ano de 1554, por volta do sexto mês do meu cativeiro, ficou o carijó doente, e seu amo pediu-me para ajudá-lo a fim de que sarasse e pudesse apanhar caça para obtermos alguma coisa que comer. Pois eu sabia bem, disse o seu amo, que ele me daria uma parte, se o carijó trouxesse caça. Se porém eu achasse que o escravo não sararia, queria mandá-lo de presente a um bom amigo, para que o matasse e obtivesse uma alcunha com isto".[44] Quando perceberam que o índio carijó estava à morte, disseram, segundo Staden: "Vai morrer. Queremos matá-lo, antes que morra".[45] "Arrastaram-no diante da choça do chefe Guaratinga, e dois o mantiveram, pois estava tão doente que não percebeu o que queriam fazer dele. O homem, a quem haviam incumbido da matança, veio e deu-lhe uma pan-

---

    Contudo, não emprega aí o termo "classe social" em sentido específico, mas como equivalente de "camada social". Como assinala em outra obra, "uma pluralidade de homens cujo destino não esteja determinado pelas probabilidades de valorizar no mercado seus bens ou seu trabalho – como ocorre, por exemplo, com os escravos – não constitui, no sentido técnico, uma classe (mas um estamento)", (cf. *Economia y sociedad*, vol. IV: *Tipos de dominación*, trad. J. Ferrater Mora, México, Fondo de Cultura Económica, 1944, p. 56). No estudo da sociedade tupinambá adotei o ponto de vista de Hobhouse, Wheeler e Ginsberg. Estes autores criticam H. J. Nieboer, em virtude de restringir, segundo a forma indicada, a compreensão do conceito, e admitem como legítima a extensão do mesmo aos casos em que os escravos são destinados ao sacrifício ritual, permanecendo no entanto durante certo tempo na casa dos senhores (cf. L. T. Hobhouse, G. C. Wheeler e M. Ginsberg. *The material culture and social institutions of the simpler peoples, an essay in correlation*, London, Chapman and Hall's, 1930, p. 233-234).

43 Staden, p. 119
44 Idem, ibidem.
45 Staden, p.120.

cada na cabeça, que fez soltar os miolos. Depois o largaram em frente da choça e queriam comê-lo. Adverti que não deviam fazê-lo; tratava-se de um homem que ficara doente, e eles podiam igualmente adquirir a doença. Não sabiam então que fazer, até que chegou um homem da minha cabana e gritou, às mulheres, que deviam acender o fogo perto do morto. Decepou-lhe a cabeça, pois o Carijó tinha só um olho e tinha má aparência, por causa da moléstia que tinha tido. Atirou fora a cabeça, chamuscando a pele do corpo sobre o fogo. Picou-o depois, repartindo com os outros em partes iguais, como é usado entre eles. Consumiram-no todo, menos a cabeça e tripas, das quais tiveram nojo, porque estava doente."[46]

Quanto ao aprisionamento, apenas duas fontes sugerem a relação que poderia existir entre o sexo e a idade, e as possibilidades de cair em mãos do inimigo. Evreux informa que os prisioneiros eram, em geral, velhos, mulheres e crianças – pessoas que não tinham "boas pernas", esclarece.[47] Descrevendo o ataque ao grupo local de Mambucaba, Staden confirma parcialmente esta informação: "os habitantes tinham fugido, salvo um menino pequeno, que foi feito prisioneiro".[48]

As informações são mais consistentes no que toca às técnicas e ao ritual de aprisionamento. Os Tupinambá saíam para o combate dispostos e preparados para fazerem prisioneiros. "Todos envolvem em si cordas para amarrar os inimigos."[49] Contudo, o combate podia ocorrer tanto sob a forma de ataque de uma expedição guerreira a um grupo local inimigo quanto sob a forma de ciladas. Por meio destas, surpreendiam os inimigos e os aprisionavam. Na ilha de Santo Amaro, Staden caiu em poder dos Tupinambá desta forma. Eis como descreve a situação em que se viu envolvido: "Eu tinha um selvagem, da tribo dos carijós, que me pertencia. Apanhava-se caça, e eu ia de quando em quando com ele à floresta... Eu mandara o meu escravo no dia anterior à floresta, onde devia apanhar caça, pretendendo eu mesmo seguir no dia seguinte, para buscá-la, a fim de que tivéssemos alguma coisa para comer, pois lá na terra só havia o que se ia buscar no mato. Como eu caminhasse através da selva, levantou-se de ambos os lados do caminho um grande alarido, como é hábito entre os selvagens. Essa gente correu para mim, e não reconheci que eram índios. Eles cercaram-se, visaram-me com arcos e flechas, e assetearam-me... Entrementes batiam-me alguns com o arco, e por fim dois ergueram-me do chão, onde jazia inteiramente nu; um agarrou-me um braço;

---

46 Idem, p.120-121.
47 Evreux, p. 79.
48 Staden, op. cit., p. 104.
49 Idem, p. 178.

um segundo, o outro; alguns à minha frente, outros atrás, e assim correram eles depressa carregando-me através da mata para o mar, onde estavam as suas canoas".[50]

Referindo-se aos Aimorés, Gabriel Soares confirma as informações de Staden, ao mesmo tempo que sugere ser a referida técnica de aprisionamento aplicada pelos demais grupos tribais que entraram em contato com os brancos: "Mas deu nesta terra esta praga dos *Aimorés* de feição que não há aí jamais que seis engenhos, e estes não fazem açúcar, nem há morador que ouse plantar canas, porque em indo os escravos ou homens ao campo não escapam a estes alarves, com medo dos quais foge a gente dos Ilhéus para a Bahia, e tem a terra quase despovoada, a qual se despovoará de todo, se S. Majestade com muita instância não valer".[51]

Staden descreve além disso outra expedição com a mesma finalidade, organizada pelos Tupinambá contra os moradores da Bertioga (brancos ou seus aliados Tupiniquim): "Tinham intenção de dirigir-se para a região da Bertioga, onde me haviam aprisionado, esconder-se em redor do mato nas vizinhanças da povoação, e levar prisioneiros os inimigos que aí lhes caíssem às mãos".[52] O mesmo autor descreve ainda como os objetivos de uma expedição podiam ser alterados e ajustados automaticamente, através daquela técnica, ao aparecimento imprevisto de inimigos: "Enquanto seguimos ao longo da costa, vimos de fato canoas que vinham de trás de uma ilha ao nosso encontro. Exclamaram então os índios: 'Lá vêm os nossos inimigos, os Tupiniquins!' Quiseram esconder-se com as canoas atrás de uma rocha para deixar que os outros se aproximassem descuidadosamente. Eles nos perceberam porém e viraram em fuga para a sua morada. Remamos a toda força durante bem quatro horas, até que por fim os alcançamos. Eram cinco canoas cheias, todas da Bertioga".[53]

Evreux dá outras informações complementares, através das quais são também confirmadas as descrições de Staden: "Suas guerras são feitas, pela maior parte, por surpresa e astúcias... Também sob o pretexto de negócio, vão eles pelas praias onde moram seus inimigos, prometem-lhes muito, mostram-lhes suas mercadorias em *caramemôs* ou *paneiros*, onde arranjam o que têm de melhor e quando os veem entretidos, lançam-se sobre eles, pobres ingênuos, matam uns, aprisionam e cativam outros...".[54]

---

50 Idem, p. 78, 80 e 81.
51 Gabriel Soares, p. 57; adiante escreve as ciladas postas em prática pelos Aimoré (cf. p. 59).
52 Staden, op. cit., p. 124-125.
53 Idem, p. 128.
54 Evreux, op. cit., p. 79.

De passagem lembro que Léry também se refere ao desfecho violento da troca ocasional. Entretanto, suas descrições não confirmam o emprego sistemático da mesma com a finalidade de fazer prisioneiros.[55] Mas seria ilegítimo concluir delas qualquer coisa a respeito da validade das informações fornecidas por Evreux. Os grupos Tupi descritos por este autor, como se sabe, desenvolveram ajustamentos especiais com relação aos brancos (franceses) e, através destes, com relação a outros grupos tribais nativos.

O aprisionamento modificava profundamente, é claro, a relação entre dois oponentes. Um dos combatentes tornava-se o senhor; o outro, escravo. O estabelecimento formal e o reconhecimento recíproco destes laços processava-se através de um ritual, descrito por Evreux: "Num certo dia repreendi a preguiça de um deles, forte e valente, que me fora dado por um *Tupinambá*, e ele para minha advertência me deu a seguinte resposta, embora branda (...): ei-la 'na guerra não me puseste a mão sobre a espádua, como fez aquele que me deu a ti para agora me repreenderes'. Nasceu-me logo a curiosidade de saber por intermédio do meu intérprete o que ele queria dizer, e então fiquei ciente de ser uma cerimônia de guerra entre estas nações, quando um é prisioneiro do outro bater-lhe este com a mão sobre a espádua e dizer-lhe – faço-te meu escravo – e desde então este infeliz cativo, por maior que seja entre os seus, se reconhece escravo e vencido, acompanha o vencedor, serve-o fielmente sem que o seu senhor ande vigiando-o, tendo liberdade para andar por onde quiser...".[56]

Brandão refere-se muito superficialmente a uma destas informações (a imposição das mãos por parte do vencedor ou vencedores), afirmando: "todo guerreiro, que nela (em batalha) mata inimigo às suas mãos ou ajuda a aferrar nele para o matarem, posto que sejam seis ou sete pessoas, tomam todas nome...".[57]

Os textos de Staden sobre o seu aprisionamento pelos Tupinambá também podem ser aproveitados como uma evidência confirmatória deste aspecto da descrição de Evreux. Além disso, completam o nosso conhecimento a respeito das situações em que o direito de posse podia ser reclamado por vários guerreiros: "... Abateram-me ao solo, atirando sobre mim e ferindo-me a chuçadas. Porém machucaram-me apenas – Deus seja louvado! – numa perna, rasgando-me entretanto as roupas do corpo, um o manteu, outro o sombreiro, um terceiro a camisa, e assim por diante. Começaram então a brigar em torno de mim. Um dizia que havia sido o primeiro a alcançar-me,

---

55 Léry, p. 72.
56 Evreux, op. cit., p. 100.
57 Brandão, p. 285.

outro, que me havia aprisionado".[58] "Eles eram de várias aldeias e alguns estavam desgostosos por ter de voltar à casa sem uma presa. Por isso, disputavam com aqueles que me retinham. Uns diziam que haviam se acercado tão perto de mim como outros, queriam pois ter de mim uma parte e matar-me no próprio lugar."[59] "Lá estava eu, rezando e olhando em torno, porque esperava o golpe. Afinal o chefe, que queria possuir-me, tomou a palavra e disse que deviam conduzir-me vivo para casa, a fim de que suas mulheres também me vissem com vida e tivessem o divertimento que lhes cabia à minha custa. Nessa ocasião haveriam de matar-me a 'cauim pepica', isto é, preparariam bebidas, organizariam uma festa e devorar-me-iam conjuntamente. Assim convieram e ataram-me quatro cordas ao pescoço."[60]

As três fontes mencionadas, especialmente a primeira e a última (Evreux e Staden), consignam importantes informações sobre o ritual de aprisionamento dos Tupinambá, reciprocamente consistentes e complementares.

A principal fonte que possuímos para o estudo dos rituais de integração do prisioneiro à sociedade tupinambá é Hans Staden. Tecnicamente, as esferas do sistema desta sociedade, referidas analiticamente sob o tópico geral "prisioneiro", como recepção no grupo local, renovamento da sepultura, concessão de companheira, ou de companheiro (integração da escrava ao grupo de mulheres do senhor), constituem partes dos rituais de integração do prisioneiro ou prisioneira. A distinção, no entanto, se impunha para uma melhor discriminação e análise da contribuição etnográfica das diversas fontes, e para o reconhecimento da consistência dos materiais disponíveis para o estudo e reconstrução das fases dos rituais de integração do prisioneiro. No trabalho de Staden, embora as descrições sejam muito ricas, deve-se dar particular atenção às vinhetas, que ilustram o texto e fornecem, mesmo, indicações que estes não contêm.

Logo após o aprisionamento de Staden, os Tupinambá trataram da viagem de retorno aos seus grupos locais. O prisioneiro foi, porém, recebido agressivamente pelos demais componentes da expedição: "Quando me trouxeram para a praia, vi estacionadas, à distância de um ou dois lanços de pedra, as suas canoas, que eles haviam puxado para a terra, sob um arvoredo. Próximo daí estava ainda um grande número de selvagens, que correram todos ao meu encontro, logo que viram como eu para aí tinha sido trazido. Estavam, como era seu costume, ornados de penas, e mordiam seus braços, a fim de significar a ameaça de que iriam devorar-me. A minha frente ia um chefe

---

58 Staden, op. cit., p. 81.
59 Idem, p. 81-82.
60 Idem, p. 82.

com o tacape que empregam para abater os prisioneiros. Discursava e narrava que em mim havia aprisionado e feito escravo a um peró – assim chamam eles aos portugueses – e que agora queria vingar em mim a morte de seus amigos. Junto das canoas alguns me deram socos. Depois se apressaram em empurrar a embarcação na água, pois receavam que em Bertioga fosse dado o alarme, o que aconteceu de fato".[61]

Durante a viagem de retorno, essas relações, que exprimem os laços estabelecidos pela captura entre o escravo e os captores continuaram; segundo o informante, estacionando em uma ilha, "eles me rodearam e davam-me a entender, com gestos ameaçantes, como iriam devorar-me".[62] No acampamento, construído pelos Tupinambá no continente, dispensaram a Staden o mesmo tratamento: "As cordas, que eu tinha no pescoço, prenderam-nas ao alto de uma árvore. Deitaram-se em torno de mim, à noite, zombando e chamando-me em sua língua: 'Xé remimbaba in dé', que quer dizer: 'tu és meu animal prisioneiro'".[63] No segundo acampamento que fizeram em Ocaraçu, "trataram-me os índios como no dia anterior, ataram-me a uma árvore, alojaram-se durante à noite à minha volta, e contaram que estávamos agora perto da sua morada".[64]

Todavia, as descrições de Staden tornam-se mais completas posteriormente, quando trata da segunda expedição dos Tupinambá à Bertioga, que ele presenciou. Além disso, desta vez os prisioneiros também eram nativos (índios Tupiniquim), e os rituais podiam se desenvolver estritamente de acordo com o esquema tradicional.[65] O acampamento em Ocaraçu constituiu o cenário de uma das fases de integração do prisioneiro à sociedade tupinambá. Eis como Staden a descreve: "Na mesma tarde ordenou (o chefe Cunhambebe) que cada qual devia trazer o seu prisioneiro a um lugar, que ficava fronteiriço ao bosque, junto do mar.

Assim fizeram. Os índios se reuniram, formaram uma grande roda e colocaram dentro os prisioneiros. Estes deviam todos juntos tocar e matraquear com os ídolos, os maracás. Depois, um após outro, discursava com audácia, dizendo: 'Sim, partimos, como fazem os homens corajosos, a fim de a vós, nosso inimigo, aprisionar e comer. Mas então tivestes a supremacia e nos capturastes. Isso não nos importa. Guerreiros valorosos morrem na terra dos seus inimigos. E a nossa terra ainda é grande. Os nossos logo nos vingarão em

---

61 Idem, p. 81.
62 Idem, p. 84.
63 Idem, ibidem.
64 Idem, p. 86.
65 Cf. idem, p. 129ss; aqui tratarei apenas dos textos mais importantes.

vós'. Ao que respondiam os outros: 'Vós já exterminastes muitos dos nossos. Tal queremos vingar em vós'. Quando terminaram de discursar assim, cada um conduziu de volta o seu prisioneiro ao seu abrigo."[66]

Uma excelente xilogravura documenta iconograficamente as descrições.[67] Está claro que os dois textos, referindo-se à mesma situação, podiam desmentir-se. Contudo, tal não se verifica. Ambos são altamente consistentes, sendo que o segundo ainda tem o mérito de esclarecer aspectos dos rituais de integração, que permaneciam obscuros nas descrições relativas ao aprisionamento do próprio Staden.

As descrições seguintes contêm informações que, em conjunto, só são fornecidas por Staden e referem-se apenas à primeira expedição. Entretanto, considero-as verídicas, pois captam situações vividas pelo autor e não contrastam, do ponto de vista etnológico, com as demais informações relativas aos rituais de integração do escravo à sociedade tupinambá. As descrições anteriores abrangem as relações dos senhores com os escravos e indicam objetivamente como se processava a interferência de um terceiro elemento: os personagens mortos, que deviam ser vingados. A constelação de relações criadas entre os vivos e os mortos permite supor que a função desses ritos consistia em "preparar" os inimigos cativos para serem recebidos pelos componentes dos grupos locais em que precisariam viver, sem que sua presença implicasse riscos nefastos para os vencedores.

Em última análise, as relações entre os vencidos e os vencedores, no decorrer da viagem de retorno, descritas por Staden, tinham por finalidade atribuir aos prisioneiros um *status potencial* dentro dos grupos locais dos segundos. O mesmo informante documenta a transformação operada no *status* potencial, através de ritos especiais de que participavam, além dos cativos, os demais membros dos grupos locais. Quando estes ritos terminavam, o cativo estava incorporado à nova comunidade. Nela poderia viver todo o tempo que fosse necessário, sem constituir quer problema de convivência social, quer de ordem mágica. Os referidos rituais tinham por função, num sentido mais amplo, portanto, garantir o equilíbrio do sistema tribal de relações sociais e a preservação do estado de "eunomia social", ameaçados pela presença de "estranhos". Colocando-se a questão desta forma, obtém-se uma visão geral dos textos, que facilita a compreensão e a interpretação crítica das informações fornecidas por Staden. Elas, de fato, se ajustam às informações contidas nos textos apreciados acima como as esclarecem e completam.

---

66   Idem, p. 132-133.
67   Idem, gravura 28, p. 133.

Assim que chegaram perto do grupo local Ubatuba, para onde se dirigiam, Staden precisou gritar para as mulheres: "Aju ne xé peê remiurama", isto é, "estou chegando eu, vossa comida".[68] Deste momento em diante, de acordo com as descrições de Staden, as mulheres tomam parte ativa dos rituais de integração; receberam-no agressivamente e cuidaram de "prepará-lo" para viver na comunidade: "Fomos à terra. Acudiram então todos, moços e velhos, das cabanas, que ficavam num outeiro, e queriam ver-me. Os homens se retiraram com os arcos e flechas para suas moradias e deixaram-me com as mulheres, que me rodearam. Algumas foram à minha frente, outras atrás, dançando e cantando uma canção que, segundo seu costume, entoavam aos prisioneiros que tencionavam devorar. Assim trouxeram-me elas até o caiçara, fortificação de estacas longas e grossas que rodeia suas choupanas como a cerca de um jardim. Utilizam-na como anteparo contra o inimigo. No interior da caiçara arrojaram-se as mulheres todas sobre mim, dando-me socos, arrepelando-me a barba e diziam em sua linguagem: 'Xé anama poepikáaí!' 'Com esta pancada vingo-me pelo homem que os teus amigos nos mataram'".[69] "Depois introduziram-me elas na choça, onde tive que deitar-me numa rede, e de novo vieram, bateram-me, escarapelaram-me os cabelos e significaram-me, ameaçadoras, como iriam devorar-me."[70] Enquanto isso, os homens participavam de suas próprias cerimônias: "os homens estavam durante este tempo reunidos em uma outra choça. Lá bebiam cauim e cantavam em honra dos seus ídolos, chamados maracás, que são matracas feitas de cabaças, os quais talvez lhes houvessem profetizado que iriam fazer-me prisioneiro". "O canto eu ouvia, mas durante meia hora não houve nenhum homem perto de mim, apenas mulheres e crianças."[71]

As cerimônias continuaram no dia seguinte. Os dois irmãos que o haviam aprisionado, *Nhaêpepô-oaçu* e *Alkindar-miri*, disseram-lhe: "As mulheres agora te conduzirão ao poracé". "Eu ainda não entendia essa palavra então. Significava dança e divertimento. Puxaram-me pelas cordas que eu tinha ao pescoço, fora da choça para o pátio. Acorreram todas as mulheres que estavam nas sete choças, tocaram-me, enquanto os homens se foram. Tiravam-me umas pelos braços, outras pelas cordas atadas ao pescoço, tão fortemente que eu quase não podia respirar. O que tinham em mente, quando assim me arrastavam, não sei."[72] "Elas trouxeram-me diante da

---

68   Idem, p. 87.
69   Idem, ibidem.
70   Idem, p. 88.
71   Idem, ibidem.
72   Idem, p. 89.

choça do chefe *Guaratinga-açu* – em português: a grande garça branca. Diante desta choça jazia um pequeno monte de terra fresca. Para aí me conduziram e colocaram-me sobre ele. Algumas me seguraram. Nada mais pensei senão que queriam sacrificar-me e procurava em torno pelo ibirá-pema, a massa com que executam os prisioneiros. Perguntei também se me matariam logo, mas elas responderam: 'ainda não'. Caminhou então para mim uma das mulheres do grupo. Tinha uma lasca de cristal presa a um instrumento, que parecia um ramo encurvado, e com isso raspou-me as sobrancelhas. Quis cortar-me também a barba, mas nisto não consenti e disse-lhe que deviam abater-me com ela. Responderam as mulheres que ainda não queriam matar-me e deixar-me-iam a barba. Depois de alguns dias, porém, cortaram-na com uma tesoura que os franceses lhes haviam dado."[73]

Antes de ser entregue ao seu amo, o escravo era ainda submetido a cerimônias religiosas. "Do lugar onde me haviam raspado as sobrancelhas, conduziram-me as mulheres em frente da choça em que estavam os seus ídolos, os maracás, e fizeram uma roda em volta de mim. Fiquei no meio. Duas mulheres amarraram-me com um cordel, alguns chocalhos a uma perna e por detrás, no pescoço, de modo que me ficasse acima da cabeça, um leque quadrangular de penas da cauda de papagaios, que eles chamam araçoiá. Depois começaram elas todas a cantar. De acordo com seu compasso, devia eu bater o pé com a perna à qual estavam atados os chocalhos, de modo que chocalhasse acompanhando o seu canto."[74] Assim, terminavam os rituais de adoção do escravo: este podia ser integrado à comunidade e nela viver, até o dia da execução: "Concluída a dança fui entregue ao *Ipiru-guaçu* e lá conservado sob severa guarda. Disseram-me que ainda tinha algum tempo de vida."[75]

Adiante, Staden apresenta de novo informações sobre aspectos dos rituais de integração anteriormente descritos. Com relação à recepção agressiva do cativo no grupo local, por parte das mulheres e das crianças, escreve: "Quando trazem para casa um inimigo, batem-lhe as mulheres e as crianças primeiro".[76] Quanto à "preparação" do prisioneiro, indica que esta se seguia à recepção agressiva: "a seguir colam-lhe ao corpo penas cinzentas, raspam-lhe as sobrancelhas, dançam-lhe em torno e amarram-no bem a fim de que não lhes possa escapar".[77] Ambas as informações coincidem com o que escreveu a respeito das peripécias por que passou, sob as mãos dos Tupinambá.

---

73 Idem, p. 90-91.
74 Idem, p. 91.
75 Idem, p. 93.
76 Idem, p. 179.
77 Idem, ibidem; para não estender demasiadamente esta indicação de textos deixei de analisar a recepção de Staden no grupo local de Araribá (cf. p. 97-100).

Segundo a mesma fonte, somente os prisioneiros que não estivessem gravemente feridos eram conduzidos para o grupo local dos vencedores. Sacrificavam os demais no próprio campo de luta ou nos acampamentos.[78] A documentação relativa à recepção no grupo local dos vencedores confirma os aspectos das descrições de Staden, em que ele se refere ao tratamento dispensado aos cativos na viagem de regresso.

Assim, Léry escreve: "os prisioneiros foram colocados no meio dos vencedores, sendo amarrados para maior segurança, os homens mais robustos".[79] Thevet fornece informações semelhantes: "constitui excelsa honra assaltar o inimigo no próprio solo deste, trazendo, de volta, cativos... Como é de esperar, os prisioneiros são amarrados e garrotados, como se fossem ladrões. E, então, em torno dos que regressam, vitoriosos, aos lares, ninguém pode imaginar quantas festas e alaridos fazem".[80]

Estes aspectos do tratamento dos prisioneiros também são assinalados pelo autor precedente: "estávamos, entretanto, a doze ou quinze léguas de distância, por isso à nossa passagem pelas aldeias de nossos aliados vinham os moradores ao nosso encontro dançando, pulando e batendo palmas. Festejavam o sucesso".[81]

Gandavo por sua vez consigna informações que contradizem parcialmente os textos anteriores: em primeiro lugar, afirma que só amarravam o prisioneiro depois de entrarem no grupo local. Em segundo lugar, assevera que os maus-tratos corporais cessavam quando o prisioneiro se deitasse na rede que lhe estava destinada; contudo, esclarece alguns aspectos da recepção agressiva do escravo (preparação do caminho e rituais de recepção): "Primeiramente quando tomam algum contrário se logo naquele flagrante o não matam levam-no a suas terras para que mais a seu sabor se possam todos vingar dele. E tanto que a gente da aldeia tem notícia que eles trazem o tal cativo, daí lhe vão fazendo um caminho até obra de meia légua pouco mais ou menos onde o esperam. Ao qual em chegando recebem todos com grandes afrontas e vitupérios tangendo-lhe umas flautas que costumam fazer das canas das pernas doutros contrários semelhantes que matam da mesma maneira". "E como entram na aldeia depois de assim andarem com ele triunfando de uma parte para outra lançam-lhe ao pescoço uma corda de algodão que para isso tem feita, a qual é muito grossa, quanto naquela parte que o abrange, e tecida e enlaçada de maneira que ninguém a pode abrir ou serrar senão é o mesmo

---

78 Idem, p. 178.
79 Léry, op. cit., p. 175.
80 Thevet, *Singularidades*, p. 228.
81 Léry, op. cit., p. 175.

oficial que a faz. Esta corda tem duas pontas compridas por onde o atam de noite para não fugir. Dali o metem numa casa, e junto da estância daquele que o cativou lhe armam uma rede, e tanto que nela se lança cessam todos os agravos sem haver mais pessoa que lhe faça nenhuma ofensa."[82]

Todavia, a discrepância é mais aparente do que real. O laço a que se refere Gandavo constituía uma espécie de símbolo da situação e do *status* ocupado pelo cativo dentro da comunidade, e era de fato colocado no prisioneiro depois que o conselho de chefes determinasse a data do sacrifício. Nada tem que ver, portanto, com o tratamento dispensado ao prisioneiro durante a viagem de retorno (imobilização das mãos do prisioneiro, por exemplo).

Quanto à segunda informação, é óbvio que a descrição de Gandavo é incompleta. Este autor deixou de lado os rituais observados pelos Tupinambá e pelos escravos depois da recepção agressiva até a atribuição final a estes de um *status* na comunidade. Por isso, refere-se a um padrão de comportamento que existia, mas que só tinha vigência a integração do prisioneiro ao grupo local (como se pode inferir das descrições de Staden, transcritas anteriormente, e das informações de Thevet a respeito da renovação da sepultura do ancestral a ser vingado).

Tomando-se diante dos textos de Gandavo os cuidados críticos indicados, constata-se que as informações por ele transmitidas são coerentes com as fornecidas pelos outros autores, confirmando-as completamente.

Os textos de Cardim levantam problemas de comparação crítica mais sérios. Como se vê, a descrição que oferece é bastante brilhante: "os que tomados na guerra vivos são destinados a matar, vêm logo de lá com um sinal, que é uma cordinha delgada ao pescoço, e se é homem que pode fugir traz uma mão atada ao pescoço debaixo da barba, e antes de entrar nas povoações que há pelo caminho os enfeitam, depenando-lhes as pestanas e sobrancelhas e barbas, tosquiando-os ao seu modo, e empenando-os com penas amarelas tão bem assentadas que lhes não aparece cabelo: os quais os fazem tão lustrosos como aos espanhóis os seus vestidos ricos, e assim vão mostrando sua vitória por onde quer que passam. Chegando à sua terra, o saem a receber as mulheres gritando e juntamente dando palmadas na boca, que é reconhecimento comum entre eles, e sem mais outra vexação ou prisão, salvo que lhes tecem no pescoço um colar redondo como corda de boa grossura, tão dura como pau, e neste colar começam de urdir grande número de braços de corda delgada de comprimento de cabelos de mulher, arrematada em cima com certa volta, e solta em baixo, e assim vai toda de orelha a orelha por detrás das costas e ficam com esta coleira uma horrenda coisa; e se é fronteiro e pode fugir, lhe põem em lugar de grilhões por baixo dos joelhos uma peia

---

82 Gandavo, *História*, p. 131-132.

de fio tecido muito fraca...".[83] A descrição de Cardim confirma as anteriores, acrescentando-lhes alguns esclarecimentos a respeito do tratamento dispensado ao escravo no grupo local dos inimigos (descrição do colar e do laço). Contudo, é discrepante em um ponto essencial: a preparação do prisioneiro anteciparia a recepção no grupo local. Além dos rituais de integração, descritos por Staden, os Tupinambá também prepariam os escravos nos acampamentos feitos durante a viagem de retorno. Faltam-me elementos para criticar as informações de Cardim, que reputo fidedignas. Resta-nos, portanto, estabelecer hipóteses, capazes de lançar luzes sobre os aspectos discrepantes dos textos. A que acode primeiro ao espírito do etnólogo é bastante simples: os grupos Tupi descritos por Cardim viviam na Bahia. É provável, pois, que as diferenças evidenciadas traduzam apenas variações regionais na observância dos ritos de integração do prisioneiro. Mas, se esta hipótese fosse verdadeira, seria possível correlacionar tais diferenças com outras ocorridas concomitantemente nas demais esferas do sistema sociocultural, todas coerentes entre si. Por isso, parece-me mais sólida a seguinte hipótese: como se sabe, a organização das expedições guerreiras na sociedade tupinambá variava de acordo com a importância e a duração da empresa. Quando os inimigos a serem atacados viviam muito longe, muitas mulheres participavam da expedição. É provável, portanto, que em tais casos os rituais de integração observados nos acampamentos fossem mais completos, abrangendo inclusive a preparação ritual dos cativos, tarefa que cabia às mulheres. Se a descrição de Cardim se refere a expedições deste tipo, como penso, as suas informações completam as fornecidas pelas outras fontes, não suscitando problemas mais complicados de apreciação dos textos.

Uma das fases mais importantes dos rituais de integração do cativo é descrita explicitamente, considerando-se as fontes conhecidas até o momento somente por um autor.[84] Trata-se da renovação da sepultura, sobre a qual Thevet deixou algumas indicações preciosas. Todavia, é tal a coerência da instituição descrita com os demais aspectos desta esfera do sistema sociocultural tupinambá, que um experiente etnólogo, como Alfred Métraux, deixou de fazer qualquer observação crítica a respeito das informações consignadas por Thevet.[85]

---

83 Cardim, p. 159-160.
84 Infelizmente, Staden não pôde apreender integralmente o significado dos rituais a que o submeteram os Tupinambá. Acredito que a situação em que viveu, quando as mulheres o levaram diante da choça de Guaratingaaçu e fizeram-no sentar sobre "um pequeno monte de terra fresca", relaciona-se com esta parte dos rituais (cf. Staden, p. 90-91, e gravura 16, p. 90).
85 A. Métraux, *La religion des Tupinambá*, op. cit., p. 130-132.

Assim que entrava no grupo local, o prisioneiro era conduzido à maloca daquele cuja sepultura devia ser renovada. Punham diante dele, então, o arco, as flechas, os colares, as plumagens, as redes, e outras coisas pertencentes ao defunto. Enquanto vivesse, o prisioneiro podia servir-se desses objetos:[86] "Quanto ao arco e flechas, era-lhes necessário limpar e purificar, pois não é permitido a nenhum deles valer-se de objetos de qualquer morto, até que um dos seus inimigos os tenha usado, e tenha removido a corrupção que eles pensam existir".[87]

Thevet refere-se às finalidades do ritual, escrevendo: "porque, se os irmãos, filhos, ou outros parentes do referido defunto, cuja sepultura é renovada, tenha sido morto em guerra, suas mulheres não podem contrair segundas núpcias, antes que seu marido morto não tenha sido vingado pelo massacre de um de seus inimigos. Por isso, logo que um prisioneiro é assim equipado, algumas vezes se lhe dá as mulheres daquele que tenha sido morto, a fim de que ele seja servido; e elas, tendo-os por companheiros, dizem que são recompensadas da perda de seus primeiros maridos; e chamam-nos *Pourra offeu notz*, que significa igualmente desgosto de tristeza".[88] Como se vê, trata-se de um texto fundamental, que esclarece e dá sentido às outras descrições, indicando uma das funções dos rituais de integração dos prisioneiros.

O presenteamento do prisioneiro pelo captor é documentado por cinco fontes quinhentistas. Ainda aqui, as descrições de Staden são fundamentais. Eis como se refere à situação em que se viu envolvido e como define o significado do presenteamento do cativo no sistema sociocultural tupinambá: "Os seus costumes, nessa ocasião, não me eram ainda tão conhecidos como mais tarde, e por isso pensei que eles agora se preparavam para matar-me. Mas logo vieram os irmãos *Nhaêpepô-oaçu*, o 'Grande Caldeirão', e *Alkindar-miri*, o 'Pequeno Alguidar', que me tinham aprisionado, e disseram que me haviam dado de presente ao irmão de seu pai, o *Ipiru-guaçu*, o 'Grande Tubarão', por amizade. Este me guardaria e mataria quando me quisesse devorar, para assim conseguir uma alcunha".[89]

A seguir, assinala o caráter de reciprocidade da ação: "O mesmo *Ipiru-guaçu*, havia um ano, aprisionara também um escravo mandando-o de presente ao *Alkindar-miri*, em sinal de amizade. Este o executara alcançando uma alcunha por tal feito, e por isso prometera ao *Ipiru-guaçu* mandar-lhe o primeiro inimigo que capturasse. Este fui eu".[90]

---

86 Thevet, *Cosmographie*, fl. 944.
87 Thevet, loc. cit.
88 Idem, fl. 944.
89 Staden, op. cit., p. 89.
90 Idem, ibidem.

Os textos seguintes, em que são descritas as relações de Staden com o novo amo, mostram que os primitivos laços, existentes entre os captores e o escravo, não desapareciam com o presenteamento.[91] Além disso, a mesma fonte consigna informações a respeito do presenteamento de cativos entre principais. Staden foi presenteado de novo, sendo entregue ao chefe *Abatipoçanga*, do grupo *Taquaraçu-tiba*.[92] Anchieta confirma as informações da fonte anterior: "a maior honra que têm é tomar algum contrário na guerra e disto fazem mais caso que de matar, porque muitos dos que o tomam os dão a matar a outros, para que fiquem com algum nome".[93] Thevet também se refere ao presenteamento do prisioneiro, assinalando a ligação existente entre o mesmo e as obrigações assumidas pelo guerreiro no grupo de parentes da mulher. Quando o indivíduo se casava com uma mulher que não fosse sua sobrinha, por parte de sua irmã, devia dar de presente alguns dos seus prisioneiros aos irmãos da mulher: "... o qual se esforça, por todos os meios que lhe são possíveis, por obter a amizade e a graça de todos os parentes daquela que deseja como mulher: como aprisionar seus inimigos, para oferecê-los de presente aos seus cunhados, a fim de que eles trocassem o nome de sua infância... ou então para a vingança do seu sogro, ou de algum dos tios ou irmãos dela, mortos na guerra ou comidos por seus adversários".[94]

Knivet, que viveu entre os Potiguar, dá a entender que o presenteamento do prisioneiro constituía um padrão de comportamento rotineiro e obrigatório, estendendo-se a todas as situações em que um indivíduo aprisionasse um inimigo: "quando apanham um homem qualquer, ou se fazem algum prisioneiro, não o matam, mas aquele que o prende o dá a seu irmão ou a seu amigo para sacrificá-lo".[95] Esta informação é importante, pois fundamenta empiricamente uma conclusão a que seríamos levados pela análise etnológica da instituição. O caráter de reciprocidade, que sublinha o comportamento em questão, é responsável pela criação de laços de "prestações totais" entre os membros de uma comunidade;[96] no fim de certo tempo, os guerreiros de um mesmo grupo local ou de um conjunto de grupos locais solidários encontrar-se-iam presos por uma rede de obrigações recíprocas,

---

91 Cf. p. 104, 106, 107, 114.
92 Idem, p. 138 e 139.
93 Anchieta, "Informação do Brasil e de suas capitanias", in *Cartas*, p. 329.
94 Thevet, op. cit., fl. 932.
95 Knivet, ed. Brasil, p. 124.
96 Utilizo o termo "prestação total" no sentido em que este é empregado por Marcel Mauss (cf. "Essai sur le don, forme archaique de l'echange", in *L'Année Sociologique*, nº 5., Tomo I (1923-24), Lib. Félix Alcan, Paris, 1925, p. 37).

devendo cada um receber e oferecer os próprios prisioneiros, destinados ao sacrifício ritual.

De acordo com as informações de Gabriel Soares, estes laços podiam ser contraídos relativamente cedo pelo jovem, dentro da própria parentela: "acontece muitas vezes cativar um Tupinambá a um contrário na guerra, onde o não quis matar para o trazer cativo para a sua aldeia, onde o faz engordar com as cerimônias já declaradas para o deixar matar a seu filho quando é moço e não tem idade para ir à guerra, o qual mata em terreiro, como fica dito, com as mesmas cerimônias; mas atam as mãos ao que há de padecer, para com isso o filho tomar nome novo e ficar armado cavaleiro, e mui estimado, de todos".[97]

Em resumo, verifica-se excepcional consistência nas informações consignadas pelas fontes primárias a respeito do aprisionamento. As fontes citadas não só assinalam a existência da instituição, mas ainda fornecem indicações concretas sobre a forma de integração da mesma ao sistema sociocultural da sociedade tupinambá (a oferta de prisioneiros como parte do sistema tribal de prestações totais e como obrigação assumida dentro de uma parentela por parentes consanguíneos ou por afinidade). Além disso, permitem, em conjunto,[98] o estabelecimento de uma hipótese fundamental para a compreensão da instituição. Trata-se do seguinte: é bastante provável que a oferta do prisioneiro a determinados indivíduos envolvesse, além dos laços de reciprocidade, a intenção de escolher a pessoa mais credenciada para consumar a execução. Como esta se associava à vingança de um antepassado morto pelo inimigo, era preciso escolher para executor o indivíduo que, dentro da comunidade, estivesse mais intimamente ligado ao morto.

A concessão de companheira aos prisioneiros atraiu a curiosidade dos cronistas; por isso, este é um dos traços razoavelmente descritos do sistema sociocultural tupinambá. A informação mais relevante, do ponto de vista etnológico, não é corroborada por nenhuma outra fonte conhecida. Trata-se da afirmação de Thevet, segundo a qual os prisioneiros passavam a coabitar com a viúva, ou com mulheres aparentadas dentro de certo grau, dos guerreiros Tupinambá mortos em combate. Apesar disso, a consistência desta informação é algo fora de dúvida, pois ela é coerente com os demais comportamentos e determinações, estipulados no sistema tribal de retaliações.

Doutro lado, a mesma fonte esclarece que, em certas situações, a companheira concedida ao prisioneiro poderia não ter relações de parentesco

---

97 Gabriel Soares, p. 401; adiante, quando tratar das "expectativas de comportamento", serão apresentados outros dados confirmatórios.
98 Além dos textos citados, ver também Staden, cap. 25.

com o captor. Assim, quando o guerreiro Tupinambá, cuja morte sangrenta devia ser vingada, não era casado, o dono do escravo precisava arranjar-lhe uma companheira seja do próprio grupo de "irmãs", ou seja do grupo de mulheres de algum parente ou companheiro. Thevet assinala, ainda, que neste caso era prontamente atendido, pois os Tupinambá apreciavam sumamente, como honroso, este tipo de parentesco com os inimigos.[99] Evreux fornece uma interessante confirmação destas informações, ao salientar que o prisioneiro jamais poderia escolher livremente sua companheira. Ela era escolhida e concedida ao cativo pelo senhor: "consistem as outras leis, em não poderem os escravos, de ambos os sexos, casarem-se senão à vontade dos seus senhores".[100] Não obstante, os cativos gozavam certa *liberdade sexual*: podiam manter ligações amorosas informais com moças solteiras ou com viúvas do grupo local, mesmo quando aquelas pertenciam ao grupo doméstico dos senhores; "contudo", explica, "elas buscam os matos e em certas cabanazinhas os esperam em hora marcada, para evitar pequeno remoque que costumam a fazer das moças de boa raça, quando se entregam a escravos, o que serve antes de riso do que de desonra".[101] Este comportamento não é indicado por outras fontes, relativas aos Tupinambá das regiões da Bahia e do Rio de Janeiro, e afasta-se realmente do padrão referido por Thevet e outros quinhentistas e seiscentistas. Tal comportamento só se explicaria através de mudanças sensíveis nos ajustamentos recíprocos dos prisioneiros aos vencedores, em virtude dos contatos com os portugueses.

De fato, Abbeville e Evreux mostram como os prisioneiros conseguiram viver durante muito tempo entre os seus inimigos, chegando mesmo alguns deles, como *Caripira*,[102] a ocupar uma posição de relevo dentro do grupo local. As causas das modificações do padrão de comportamento permanecem desconhecidas. Mas é provável que foram motivadas pelas necessidades de combater os portugueses, que forçaram as migrações dos Tupinambá para o nordeste, ou então que as perturbações nas proporções de sexo na sociedade tupinambá chegaram a ser tão acentuadas, como consequência das sangrentas lutas contra os portugueses, que os Tupinambá do Maranhão e Pará se viram obrigados a manter vivos os prisioneiros.

---

99 Thevet, op. cit., fl. 944.
100 Evreux, p. 105. Esta informação, confirmada direta ou indiretamente por outras fontes, evidencia a inconsistência das afirmações de Schmidl, segundo as quais, entre os Tupi, os próprios prisioneiros escolhiam suas companheiras (Schmidl, p. 170).
101 Idem, p. 109.
102 *Caripira* era Tabajara "feito prisioneiro de guerra pelos maranhenses, entre eles residiu 18 anos, praticando muitas e afamadas proezas" (Abbeville, p. 268).

De qualquer forma, como se vê, as informações contidas nas fontes, apenas permitem constatações limitadas a respeito das mudanças sociais ocorridas quando da fixação dos Tupinambá no Maranhão, no Pará e na Ilha dos Tupinambaranas. Elas não oferecem nenhuma base sólida às especulações de alguns etnólogos, que pretendem enxergar desenvolvimentos da sociedade tupinambá, nessa época, no sentido de uma estrutura senhorial. Estas considerações são oportunas, no entanto, porque é graças a elas que podemos compreender e situar convenientemente as pequenas discrepâncias existentes entre as informações relativas aos Tupinambá do Rio de Janeiro e da Bahia e as relativas aos Tupinambá do Maranhão, Pará e da Ilha dos Tupinambaranas.

Quanto a outro aspecto central, as informações de Evreux são coerentes com as transmitidas por Thevet: "e de ordinário casa-se (o escravo) com a filha ou irmã do seu senhor, e assim vive até o dia em que deve ser morto e comido".[103] A mesma coisa é indicada por Léry "... não hesitando os vencedores em oferecer (aos prisioneiros) a própria filha ou irmã em casamento;"[104] por Nóbrega: "se acontece aprisionarem um contrário, na guerra, conservam-no por algum tempo, dão-lhe por mulheres suas filhas, para que o sirvam e guardem, depois do que o matam com grande festa e ajuntamento dos amigos..."[105] e, adiante, "e dão-lhe por mulher a filha do principal ou qual outra que mais o contente...".[106]

Outras fontes, porém, deixam de se referir ao parentesco da companheira com o senhor. Assim, Ramírez apenas aponta o fato de o prisioneiro receber uma parceira sexual:[107] o meticuloso Gabriel Soares neste caso também mostrou-se pouco atento, pois limita-se a observar que "dão a cada um (prisioneiro), por mulher a mais formosa moça, que há na sua casa, com quem se agasalha, todas as vezes que quer, a qual moça tem cuidado de o servir, e de lhe dar o necessário para comer e beber...".[108] Gandavo igualmente deixou passar despercebido o referido aspecto: "e a primeira coisa que logo lhe apresentam é uma moça a mais formosa e honrada que há na aldeia, a qual lhe dão por mulher: e daí por diante ela tem cargo de lhe dar de comer, e de o guardar, e assim não vai nunca para parte que o não acompanhe".[109]

---

103 Evreux, p. 100 e 105.
104 Léry, p. 176; cf. tb. Abbeville, p. 224-225.
105 Nóbrega, *Cartas do Brasil*, p. 90.
106 Idem, p. 100.
107 Ramirez, p. 19.
108 Gabriel Soares, p. 396.
109 Gandavo, *História*, p. 132; repete as mesmas informações no *Tratado*, p. 51-52, em que afirma: "esta índia tem cargo de lhe dar de muito bem de comer".

Semelhantes referências às atividades fiscalizadoras da companheira são dadas igualmente por Cardim, que escreve: "... e comumente a guarda é uma que lhe dão por mulher, e também para lhe fazer de comer... ".[110] Os dois cronistas referem-se a um comportamento que, provavelmente, foi instituído depois que o contato com os brancos criou o tráfico de prisioneiros e que a colonização estendeu a rede de relações guerreiras, colocando dentro delas pessoas indispostas a se submeterem aos padrões tribais – isto é, os brancos. Refiro-me à facilitação da fuga do prisioneiro pelas companheiras, descritas por ambas as fontes. Gandavo assevera[111] que os portugueses salvavam-se muitas vezes graças à afeição que conseguiam desenvolver por si próprios nas companheiras nativas. O caráter de instituição emergente deste comportamento é posto em evidência por um texto do mesmo autor "... e muitos índios que do mesmo modo se salvaram, *ainda que são alguns tão brutos que não querem fugir depois de os terem presos*".[112] Evidentemente, os "brutos" observaram fielmente os padrões de comportamento tradicionais.

Cardim completa de certo modo as informações de Gandavo, descrevendo os graus de parentesco, que ligavam tais mulheres aos senhores, e os castigos que lhes eram ministrados, seja no próprio grupo local, seja nos grupos locais dos prisioneiros fugidos: "Estas mulheres são comumente nesta guarda fiéis, porque lhes fica em honra, e por isso são muitas vezes moças e filhas de príncipes, máxime se seus irmãos hão de ser os matadores, porque as que não têm estas obrigações muitas vezes se afeiçoam a eles de maneira que não somente lhes dão azo para fugirem, mas também se vão com eles, nem elas correm menos riscos se as tornam a tomar que de levarem umas poucas de pancadas, e às vezes são comidas dos mesmos a quem deram a vida".[113]

Uma terceira fonte, Gabriel Soares, confirma a exatidão das descrições fornecidas por Gandavo e por Cardim, embora nada esclareça a respeito da origem do comportamento analisado na sociedade tupinambá. Eis o pequeno trecho de Gabriel Soares: "mais também há algumas, que tomaram tamanho amor aos cativos que as tomaram por mulheres, que lhe deram muito feito para se acolherem e fugirem das prisões, que eles cortam com alguma ferra-

---

110 Cardim, p. 160.
111 Gandavo, *Tratado*, p. 52; Gabriel Soares, aliás, afirma que "as moças deste gentio [...] são muito namoradas e amigas de terem amores com os homens brancos" (p. 380).
112 Idem; ibidem; grifo é meu.
113 Cardim, op. cit., p. 160-161; as últimas informações referem-se ao sacrifício ritual da companheira, quando esta acompanhava o cativo, fugindo com ele para o seu grupo local.

menta, que elas às escondidas lhes deram e lhe foram pôr ao mato, antes de fugir, mantimentos para o caminho".[114]

Há um ponto importante, relativo à época de concessão da companheira ao prisioneiro, que não foi descrito com a necessária suficiência pelos cronistas. Sabe-se apenas, através de Staden, que o período de tempo compreendido entre o aprisionamento do inimigo e a concessão de uma companheira era todo ele preenchido na observância dos complexos rituais de integração do prisioneiro ao grupo local (cf. anteriormente). Aquele autor esqueceu-se de mencionar a duração total dos rituais de integração; depois de se referir a eles, escreve simplesmente: "dão-lhe então uma mulher, que dele cuida, servindo-o também".[115] Contudo, Thevet assevera o seguinte: "... sendo-lhe oferecido, cinco dias após a captura, uma jovem, porventura a própria filha do dono, a qual se encarrega de prover as necessidades daquele na cabana ou em outro qualquer lugar".[116] Este excerto do texto, encarado à luz das informações de Staden, torna-se bastante convincente. É provável, portanto, que a concessão de uma companheira ao prisioneiro fosse realizada dentro do prazo de tempo indicado por André Thevet.

Outro aspecto da instituição da concessão de companheira aos cativos, considerado pelos cronistas, consiste na despedida ritual, durante as cerimônias de execução: "Ao quinto dia pela manhã, ali às sete horas pouco mais ou menos, a companheira o deixa, e se vai para casa muito saudosa e dizendo por despedida algumas lástimas pelo menos fingidas".[117] Quanto ao seu comportamento depois do sacrifício ritual, escreve Thevet: "é preciso notar que a companheira do morto não deixa de tomar luto, embora leve".[118] Léry refere-se de modo mais minucioso a tal comportamento, tratando, além disso, da participação da companheira do repasto coletivo, em que os Tupinambá devoravam seu antigo companheiro: "Imediatamente depois de morto o prisioneiro, a mulher (já disse que a concedem a alguns) coloca-se junto do cadáver e levanta curto pranto; digo propositadamente

---

114 Gabriel Soares, p. 396; se fosse possível provar que o tipo de aprisionamento descrito por Gabriel Soares foi instituído em consequência dos contatos com os brancos, então se poderia enxergar em suas informações uma confirmação indireta da hipótese levantada antes, a respeito do facilitamento da fuga dos cativos como uma instituição emergente na sociedade tupinambá.
115 Staden, p. 179.
116 Thevet, *Singularidades*, p. 238.
117 Cardim, p. 165.
118 Thevet, op. cit., p. 245; cf. também *Cosmographie*, fl. 945, em que confirma a mesma informação e os pormenores fornecidos por Léry.

curto pranto porque essa mulher, tal qual o crocodilo que mata o homem e chora junto dele antes de comê-lo, lamenta-se e derrama fingidas lágrimas sobre o marido morto mas sempre na esperança de comer-lhe um pedaço".[119] Em conjunto, as três fontes completam-se reciprocamente, de forma coerente, descrevendo o comportamento da companheira no momento da despedida, quando da pranteação do morto, e posteriormente, durante os rituais antropofágicos.

A mesma riqueza de informações não se encontra, entretanto, com relação à situação social da prisioneira dentro da organização tribal. Em grande parte, isso se explica pela própria posição social da mulher na estrutura tribal. Esta não possuía *status* de guerreiro e não desempenhava, por isso, papéis a eles correspondentes. A constelação de rituais, em consequência, coerentemente com a divisão sexual das atividades e atribuições masculinas e femininas, modificava-se profundamente no caso das prisioneiras. Para os Tupinambá não existia, por exemplo, com referência às mulheres inimigas aprisionadas, a necessidade de compensar o grupo doméstico pela perda sangrenta e odiosa de um membro guerreiro (nas relações de parentesco: "pai", "irmão", "marido" ou "filho"). Como, de outro lado, atribuíam ao homem o papel procriador, na concepção, tornava-se fácil a preservação da vida das prisioneiras: integrando o grupo de mulheres do senhor, ou da pessoa por ele indicada, as prisioneiras assumiam um *status* definido dentro da estrutura social. Em resumo, os aspectos relevantes, a serem descritos pelos observadores, no caso das prisioneiras, diminuem consideravelmente. Ainda assim, apesar de as informações disponíveis abrangerem alguns problemas capitais, é impossível deixar de reconhecer o caráter lacunoso das mesmas.

Assim, Thevet e Léry dão uma informação fundamental: às prisioneiras não estava reservada a oferta ritual de companheiros.[120] Como o restabelecimento do equilíbrio tribal não dependia parcialmente da observância deste comportamento, ao contrário do que acontecia com relação aos prisioneiros, aquela instituição tribal deixava de ter vigência compulsória. O senhor tanto podia marcar a época do sacrifício ritual – pois, de acordo com Thevet, eram as mulheres "tratadas de maneira igual à dos homens" – quanto incorporar a escrava ao seu grupo de mulheres. Neste caso, a obrigação de sacrificar a inimiga ritualmente era simplesmente transferida ou adiada.

---

119 Léry, p. 179-180.
120 Léry "... mas ainda lhes concedem mulheres (mas não maridos às prisioneiras") (p. 176); Thevet: "As mulheres aprisionadas na guerra, casadas ou solteiras, são tratadas de maneira igual à dos homens. Apenas não lhes dão maridos" (*Singularidades*, p. 240).

Evreux esclarece satisfatoriamente tais problemas: "Os selvagens *Tupinambá* tomam ordinariamente para mulheres as raparigas cativas";[121] "as raparigas escravas, que não se casam, dispõem de si como querem, se porventura seus senhores não lhes proíbem relações com certos e determinados indivíduos, por que então em caso contrário sofrem muito; mas quando seus senhores lhes impõem completa abstinência, elas lhes dizem bem claramente que então as tomem por mulheres visto não quererem que alguém as ame".[122] O mesmo autor indica que a decisão de um Tupinambá dependia da beleza da prisioneira;[123] e fornece um exemplo do caráter do ajustamento desenvolvido entre os senhores e as cativas. Assim, uma escrava dos Tupinambá morrera e os franceses pretenderam enterrá-la à europeia; os Tupinambá desenterraram o corpo durante a noite e procederam ao esfacelamento ritual do crânio.[124]

Gandavo corrobora fielmente as informações de Léry, Thevet e Evreux, fornecendo outras indicações, como se verá, sobre o destino da prisioneira: "... Será coisa impossível escapar de suas mãos com vida, porque não costumam dá-la a nenhum cativo, nem desistirão da vingança que esperam tomar dele por nenhuma riqueza do mundo, quer seja macho, quer fêmea, salvo se o principal, ou outro qualquer da aldeia acerta de casar com alguma escrava sua contrária, como muitas vezes acontece, pelo mesmo caso fica libertada, e assentam em não pretenderem vingança dela, por comprazerem àquele que a tomou por mulher, mas tanto que morre de sua morte natural, por cumprirem as leis da sua crueldade, havendo que já nisso não ofendem ao marido costumam quebrar-lhe a cabeça, ainda que isto raras vezes, porque se tem filhos não deixam chegar ninguém a ela, e estão guardando o seu corpo até que o deem à sepultura".[125]

Outras fontes esclarecem a informação de Evreux, segundo a qual os escravos "sofrem muito" quando transgridem as determinações dos senhores, em aventuras amorosas. Abbeville, por exemplo, relata como foi punido o adultério de uma escrava de *Japi-açu*: esta foi morta, por ordem deste, pelo filho do chefe Tupinambá.[126] Anchieta também se refere a dois índios Tupi que aplicaram o mesmo castigo às esposas escravas: um deles, principal de Piratininga, "enforcou uma sua manceba, que era sua escrava tomada em

---

121 Evreux, p. 105; cf. também Abbeville, p. 224-225.
122 Idem, p. 106.
123 Idem, loc. cit.; afirma que o Tupinambá "morre de amores pelas que são belas".
124 Idem, p. 258-259: sobre o esfacelamento ritual do crânio das escravas mortas normalmente, cf. Evreux, p. 107.
125 Gandavo, p. 136.
126 Abbeville, p. 132-135.

guerra";[127] o outro, do grupo local *Marranhaya*, quebrou a cabeça da companheira cativa com uma foice.[128] Fizeram-no, explica, "ou por elas andarem com outros, ou ao menos pelo suporem".[129] Esse autor ainda fornece outros esclarecimentos a respeito do tratamento das prisioneiras, escolhidas para companheiras, e dá dois exemplos de transformação do *status* social delas, mulheres de dois chefes Tupi, em "esposas legítimas" (*Temirecô-etê*).

Eis os textos de Anchieta: "*Temirecô* chamam as contrárias que tomam na guerra com as quais se amancebam, e ainda que sejam cristãs, como eram muitas escravas dos portugueses, que tomavam os Tamoios em saltos, e as mesmas mestiças filhas dos portugueses, as quais tinham por mulheres como as suas próprias de sua nação".[130] "Em Piratininga, da Capitania de São Vicente, *Cay Obiy*, velho de muitos anos, deixou uma de sua nação, também muito velha, da qual tinha um filho homem muito principal, e muitas filhas casadas, segundo seu modo, com índios principais de toda a aldeia de Jeribatiba, com muitos netos, e sem embargo disso casou com outra, que era *Guayamã* das do mato, sua escrava tomada em guerra, a qual tinha por mulher, e dela tinha quatro filhos, e esta trazia consigo, e com ela estava e conversava, e depois recebeu *in lege gratiae*, sem a primeira mulher nem os filhos e genros fazerem por isso sentimento algum"; "o mesmo fez *Araguaçu*, índio também principal e velho, que casou com uma sua escrava tamoia, que havia muito pouco tomara em guerra, sem fazerem caso disso nem o tomarem por afronta outras duas mulheres que tinha, e filhos já homens, e uma já mulher casada".[131]

Em resumo, as informações conhecidas a respeito da situação da prisioneira nos grupos locais dos captores são relativamente pobres. Contudo, elas permitem esclarecer seja o processo de vindita tribal, no caso de os prisioneiros pertencerem ao sexo feminino, seja a forma de incorporação das cativas ao grupo de mulheres dos senhores, revelando apreciável consistência recíproca.

Quanto aos produtos dessas uniões, apenas os filhos dos escravos com as mulheres Tupinambá, de acordo com as noções tribais de concepção e de transmissão de *status* social, eram sacrificados ritualmente. Quase todas as fontes mencionam a existência dos descendentes de índios Tupinambá com

---

127 Anchieta, *Cartas*, p. 448.
128 Idem, p. 449.
129 Idem, ibidem.
130 Idem, p. 450: sobre o emprego do termo *Temirecô*, para designar laços de parentesco por afinidade, cf. Anchieta, p. 450-453.
131 Idem, p. 448.

as cativas: viviam como os demais jovens Tupinambá, sendo encarados como membros da parentela do pai.

O mesmo não acontecia, no entanto, com os filhos dos escravos com as mulheres Tupinambá. Eis como Thevet se refere à situação deles: "todos os seus filhos são reputados legítimos, acreditando-se que o principal autor da geração é o pai e não a mãe. Motivo pelo qual, muitas vezes, os índios matam os filhos dos seus prisioneiros, quando do sexo masculino, uma vez que tais crianças se originam de seus contrários".[132]

Segundo esta informação, os descendentes dos escravos com as mulheres tupinambá, quando de sexo feminino, não seriam sacrificados ritualmente; é provável que o sacrifício ocorresse de acordo com os padrões observados no tratamento das cativas, descritos anteriormente.

Nóbrega, tratando do assunto,[133] confirma a primeira parte das informações de Thevet, nada esclarecendo porém quanto a esta questão: "e se deles ficam filhos, os comem, ainda que sejam seus sobrinhos e irmãos, declarando às vezes as próprias mães que só os pais e não a mãe têm parte neles". A mesma informação é fornecida por Anchieta: "... e que as mães não são mais que uns sacos, em respeito dos pais, em que se criam as crianças, e por esta causa os filhos dos pais, posto que sejam havidos de escravos e contrários cativos, são sempre livres e tão estimados como os outros; e os filhos das fêmeas, se são filhas de cativos, os têm escravos e os vendem, e às vezes matam e comem, ainda que sejam seus netos filhos de suas filhas".[134]

Thevet não indica precisamente quanto tempo de vida concediam ao filho do cativo: "se algum filho nasce da união entre o prisioneiro e a moça, os indígenas alimentam, durante algum tempo, a criança, depois do que a devoram, recordando ser o mesmo um rebento de seus inimigos".[135]

Abbeville afirma que chegavam a matar a mãe, para comer a criança em desenvolvimento intrauterino, ou que sacrificavam a criança logo após o nascimento:[136] "matam a mulher grávida para, mais ferozes do que tigres, comer-lhe o filho como comeram o pai; ou deixam-no nascer e então o moqueam e devoram para exterminar a raça do inimigo".

A primeira informação não é confirmada por outras fontes; quanto à segunda, Léry também sugere a ocorrência do sacrifício ritual do recém-nascido, embora tivesse o cuidado de indicar igualmente que os rituais poderiam

---

132 Thevet, *Singularidades*, p. 257.
133 Nóbrega, *Cartas do Brasil*, p. 90.
134 Anchieta, *Cartas*, p. 452.
135 Thevet, op. cit., p. 239-240.
136 Abbeville, p. 233-234.

ser consumados mais tarde: "e se após essa horrível tragédia a mulher concedida ao prisioneiro engravida, os matadores do pai, alegando que o filho procede da semente inimiga, cometem o ato incrível de comê-lo ao nascer ou, se lhes apraz melhor, quando já taludinho".[137] Parece provável que a segunda alternativa era mais frequente, pois é salientada por Staden e Gabriel Soares: "Se a mulher tem dele um filho criam-no até grande, matam-no e o comem, quando lhes vêm à cabeça".[138]

O segundo autor oferece, além disso, outras informações preciosas, a respeito das atitudes e atividades da mãe e dos parentes com relação ao sacrifício ritual da criança e à participação deles no repasto coletivo: "E se esta moça emprenha do que está preso, como acontece muitas vezes, como pare, cria a criança até idade que se pode comer, que a oferece para isso ao parente mais chegado, que lho agradece muito, o qual lhe quebra a cabeça em terreiro com as cerimônias que se adiante seguem, onde toma o nome; e como a criança é morta, a comem assada com grande festa, e a mãe é a primeira que come desta carne, o que tem por grande honra, pelo que de maravilha escapa nenhuma criança que nasce destes ajuntamentos, que não matem; e a mãe que não come seu próprio filho, a que estes chamam cunhambira, que quer dizer filho do contrário, tem-na em ruim conta, e em pior, se o não entregam seus irmãos, ou parentes com muito contentamento".[139]

Algumas mulheres Tupinambá procuravam, no entanto, transgredir às regras: "... e estas tais criaram seus filhos com muito amor, e não os entregaram a seus parentes para os matarem, antes os guardaram e defenderam deles até serem moços grandes, que como chegam a essa idade logo escapam da fúria dos seus contrários".[140]

Estas informações são parcialmente corroboradas por Gandavo, que também trata das atitudes dos parentes durante os rituais de execução e antropofágicos, e que acrescenta outra modalidade de transgressão dos padrões ideais de comportamento: "E se a mulher que foi do cativo acerta de ficar prenhe, aquela criança que pare, depois de criada matam-na, e comem-na sem haver entre eles pessoa alguma que se compadeça de tão injusta morte. Antes seus próprios avós, a quem mui devia chegar esta mágoa, são aqueles que com maior gosto o ajudam a comer, e dizem que como filho do seu pai se vingam dele, tendo para si que em tal caso não toma esta criatura nada da mãe, nem creem que aquela inimiga semente pode ter mistura com seu san-

---

137 Léry, p. 182.
138 Staden, p. 179.
139 Gabriel Soares, p. 398.
140 Idem, p. 396-397.

gue. E por este respeito, somente lhe dão esta mulher com que converse: porque na verdade são eles tais, que não se haveriam de todo ainda por vingados do pai se no inocente filho não executassem esta crueldade. Mas porque a mãe sabe o fim que hão de dar a esta criança, muitas vezes quando se sente prenhe mata-a dentro da barriga e faz com que não venha à luz".[141]

Como se vê, o conjunto de informações sobre o sacrifício e o repasto coletivo rituais dos filhos dos escravos, fornecido pelas fontes conhecidas, é, até certo ponto, etnologicamente satisfatório. Os dados essenciais a respeito das bases emocionais e "lógicas" do comportamento são apresentados com relativa prolixidade e bastante consistência. Além desses dados encontram-se, ainda, em Brandão e Evreux, informações que parecem coerentes com as transmitidas pelas demais fontes. O segundo autor assevera que os descendentes dos escravos pertencem aos seus senhores,[142] o que é muito importante para se analisar a alienação completa de autodeterminação da pessoa dos escravos e, no caso, da de suas parceiras sexuais. Brandão recolheu dados que completam as demais fontes, pois evidenciam o comportamento recíproco dos inimigos. Os descendentes das mulheres aprisionadas, quando estas conseguiram retomar com eles ao próprio grupo local, eram sacrificados e ingeridos ritualmente pelos seus parentes e companheiros: "Mas a graça é que, se algumas destas cativas acerta de fugir e vai prenhe, depois de estar entre os seus posta em salvo, e chega a parir, o próprio avô, e ainda a mesma mãe, matam a criatura nascida e a comem, dizendo que o fazem ao filho de seu inimigo; porque a mãe foi somente um bolso em que se criou e aperfeiçoou a tal semente, sem tomar nada dela; e por este modo usam de mil crueldades em outros casos semelhantes".[143]

Em parte, foi-me impossível evitar a transcrição de trechos e a análise de questões ligadas ao tratamento dispensado aos prisioneiros, seja de sexo masculino, seja feminino (cf. anteriormente: integração do prisioneiro ao grupo local, concessão de companheiras aos prisioneiros, incorporação das prisioneiras ao grupo de mulheres dos senhores etc.). Por isso, acredito ser inútil insistir sobre os aspectos mencionados; em particular, sobre as obrigações específicas assumidas pelas mulheres tupinambá diante dos companheiros cativos. Acho necessário proceder assim porque este trabalho constitui uma tentativa de apreciação do conteúdo etnográfico das fontes quinhentistas e seiscentistas conhecidas, nada tendo de comum com os ensaios de reconstrução histórica propriamente ditos. Em vista disso, procurei restringir-me à seleção das

---

141 Gandavo, *História*, p. 125-126; *Tratado*, p. 52.
142 Evreux, p. 105.
143 Brandão, p. 291.

informações relativas à situação do escravo dentro da sociedade tribal: isto é, às evidências da rede de relações sociais, que apanhava todos os atos e atividades pessoais dos prisioneiros no seu intercâmbio com os Tupinambá.

Léry dedica certo interesse ao assunto, mas reúne poucos dados positivos: "resta agora saber como são tratados os prisioneiros [...] tratam bem o prisioneiro e satisfazem-lhe todas as necessidades [...] depois de os engordarem matam-nos afinal e os devoram em obediência ao seguinte cerimonial".[144]

Gabriel Soares, como outros autores da época, acentua também com demasiada ênfase esse aspecto que se poderia chamar de "ceva" do prisioneiro: "... onde lhe dão muito bem de comer, e lhe fazem bom tratamento, até engordarem, e estão estes cativos para se poderem comer, que é o fim para que os engordam".[145]

Semelhantes informações precisam ser encaradas com reserva, pois o conjunto dos dados disponíveis evidenciam a inexistência do canibalismo real entre os Tupinambá. Parece-me que esse é, mesmo, um dos traços do sistema sociocultural tupinambá cujo significado e função jamais poderão ser descobertos. A outra parte da informação de Léry é no entanto corroborada.

Thevet resume suas impressões afirmando enfaticamente: "é o escravo (um, dois ou mais) excelentemente tratado...".[146] Mas ele próprio ficou sensibilizado com a dieta dos prisioneiros, interpretando-a segundo os padrões europeus: "nesse ínterim, é o homem servido das melhores viandas que se possam achar, tudo com o fim de engordá-lo, à maneira do que se faz com o capão em ceva, até que chegue o dia de se lhe tirar a vida".

Todavia, sem o pretender, Gabriel Soares dá-nos uma ideia do que parecia aos brancos um dos característicos básicos do "bom tratamento", dispensado pelo Tupinambá aos escravos: a inexistência de barreiras sociais entre os captores e os cativos, a amenidade no trato recíproco depois dos rituais de aprisionamento e de integração. No trecho em questão, o cronista português procura esboçar o ambiente em que eram tomadas as refeições coletivas: "já fica dito como os principais dos Tupinambá quando comem, estão deitados na rede, e como comem com eles os parentes, os agasalha consigo, entre os quais comem também os seus criados e escravos, sem lhes terem nenhum respeito...".[147]

Cardim refere-se a outro traço do "bom tratamento" – a liberdade de locomoção do escravo, embora combinada à vigilância da companheira:

---

144 Léry, p. 176.
145 Gabriel Soares, p. 396.
146 Thevet, *Singularidades*, p. 238.
147 Gabriel Soares, p. 375.

"... quer vá pelas casas, quer para o mato, que para tudo tem liberdade...".[148] Evreux e Abbeville descreveram de modo mais completo a situação do escravo na sociedade tupinambá, relatando esses e outros comportamentos, omitidos pelas demais fontes.

Abbeville descreve de modo vigoroso, embora demasiado sintético, os ajustamentos sociais desenvolvidos entre os captores e os cativos. A importância técnica de suas informações é assegurada pelo fato de tratar explicitamente do *status* do escravo na hierarquia tribal; confirmando outras fontes, amplamente citadas anteriormente, evidencia que o escravo ocupava, com relação à parceira sexual que lhe era concedida formalmente, o *status* de marido. Além disso, sugere que a situação do escravo, do ponto de vista das possibilidades de atuação social, diferia muito da dos próprios Tupinambá, dentro dos limites correspondentes ao sexo e à idade: "Os escravos moram também com seus senhores, dentro da mesma cabana, como filhos da mesma família. Comem bem e são bem tratados. Dão-lhes por mulheres suas filhas e irmãs, as quais os tratam como maridos. Isso tudo até que lhes agrade matá-los para comê-los. Dão-lhes liberdade, entretanto, para andar à vontade de modo a trabalharem na roça, caçarem e pescarem. Fazem, por conseguinte, o que bem entendem. As mulheres escravas são empregadas no serviço da roça e nos trabalhos domésticos, tal qual as outras mulheres, à espera, como os homens escravos, que as matem e as comam como recompensa quando se apresente a oportunidade".[149]

A mesma fonte dá um excelente exemplo da liberdade de locomoção dos escravos: "... regressando ao cair da noite a Timboé, chegou um dos escravos do principal (da nação dos cabelos compridos) e veio dizer-lhe da morte do filho que enviara a um curandeiro (pajé), residente a cinco ou seis léguas de distância, para que o soprasse e curasse".[150] Em outro texto, o capuchinho francês retoma coerentemente o assunto, referindo-se então à "ceva" dos escravos, ao *status* dos mesmos na hierarquia tribal e aos fundamentos culturais de sua liberdade: ..." Se entre os prisioneiros há velhos, comem-nos antes que emagreçam; quanto aos jovens, libertam-nos e os alimentam muito bem para que engordem; e dão-lhes suas filhas e irmãs por mulheres, como já foi dito". "Embora lhes seja possível fugir, à vista da liberdade de que gozam, nunca o fazem apesar de saberem que serão mortos e comidos dentro em pouco. E isso porque, se um prisioneiro fugisse, seria tido em sua terra por *cuave eim*, isto é, poltrão, covarde, e morto pelos seus entre mil censuras por não ter so-

---

148 Cardim, p. 160.
149 Abbeville, p. 224-225.
150 Abbeville, p. 96.

frido a tortura e a morte junto dos inimigos, como se os de sua nação não fossem suficientemente poderosos e valentes para vingá-lo." "O diabo tão profundamente gravou esse ponto de honra no coração dos selvagens, como aliás no de muitos cristãos, que preferem morrer nas mãos dos inimigos, e ser comidos, a fugir, o que lhes seria fácil em virtude de sua liberdade." "Embora os índios tratem bem seus prisioneiros e lhes deem por mulheres suas filhas e irmãs, as quais os tratam como maridos e cuidam de suas casas e roças, e tenham deles filhos a que amam ternamente, matam os mais gordos quando lhes dá na telha por ocasião de qualquer festividade ou cauim."[151]

As informações contidas nos textos de Evreux, porventura o europeu que tratou com maior sagacidade da escravidão na sociedade tupinambá, coincidem com essas. Como já os mencionei em partes anteriores deste trabalho, indicarei apenas as principais observações de Evreux a respeito das "leis do cativeiro".[152] Os escravos moravam na habitação dos senhores, encarregando-se as companheiras que lhes eram concedidas do "arranjo da casa e da cozinha",[153] isto é, do "lar" do escravo. Ao cativo, como se verá adiante, era absolutamente proibido manter relações sexuais com a esposa do amo; vedavam-lhes, também, certas formas de sair da maloca; "não devem passar através da parede das casas, somente feita de *pindoba*, ou de ramos de palmeira, ao contrário são criminosos de morte, porque devem passar pela porta comum, ou através da parede de palmas".[154] A terceira transgressão capital seria a fuga. Eis o que escreve Evreux: "não devem fugir, porque quando são agarrados, está tudo perdido, visto que são comidos: neste caso já não pertence ao senhor, e sim a todos, e para este fim quando se prende um escravo fugido saem da aldeia as velhas, vão ao seu encontro, e gritando dizem: 'é nosso, entregai-nos, queremos comê-lo', e batendo com a mão na boca, gritam uns para os outros com certa expressão 'nós o comeremos, nós o comeremos, é nosso'".[155]

Esta importantíssima informação só é dada por Evreux, mas a coerência do comportamento descrito com os demais padrões tribais de tratamento do prisioneiro é evidente. Doutro lado, ela completa o que escreve Abbeville a respeito da recepção hostil e do destino do escravo foragido, quando este

---

151 Abbeville, p. 230-231.
152 Para se ter uma ideia de conjunto dos dados fornecidos por Evreux, cf. *Viagem ao norte do Brasil*, capítulos XV e XVI.
153 Evreux, p. 105; "vivem com os filhos de seus senhores, como se fossem irmãos, e em breve tempo gozam muita liberdade no seu cativeiro", como escreve adiante (p. 109).
154 Idem, p. 106.
155 Idem, ibidem.

retorna aos seus parentes e companheiros: representa as reações emocionais dos Tupinambá e os mecanismos culturais de canalização dos mesmos, diante de semelhantes empreendimentos dos cativos.

Evreux travou conhecimento com esse padrão de comportamento, porque ocorreu uma tentativa de fuga durante sua permanência entre os Tupinambá: "Um guerreiro principal da Ilha do Maranhão, chamado *Ibuirá Pointan*, quer dizer *Pau Brasil*, ao regressar da guerra trouxe consigo alguns escravos, dos quais um procurou salvar-se pela fuga, porém sendo agarrado, foram as velhas ao seu encontro batendo na boca com as mãos, e dizendo, 'é nosso, entregai-o, é necessário que seja comido'. Houve muita dificuldade em salvá-lo apesar da proibição de não se comerem os escravos, e se não se empregassem ameaças, ele seria devorado pelas velhas".[156]

A respeito da docilidade dos Tupinambá para com os escravos, e da amenidade do tratamento que lhes era dispensado, a corroboração fornecida pelos textos de Evreux constitui, ao mesmo tempo, apreciável aumento dos nossos conhecimentos: "Gozam também de muitos privilégios, que os levam a residir voluntariamente entre os *Tupinambá*, sem desejar fugir, considerando seus senhores e senhoras como pais e mães, pela docilidade com que os tratam cumprindo assim seu dever; não ralham com eles e nem os ofendem, não os espancam, desculpam-nos em muita coisa contanto que não ofendam os seus costumes: são muito compadecidos, e chegam a chorar quando os franceses tratam os seus com aspereza, e se outros se lastimam do procedimento dos franceses prestam-lhe todo o crédito ao que dizem".[157] "Quando fogem dos franceses eles os ocultam, levam-lhes sustento nos matos, vão visitá-los, as raparigas vão dormir com eles, contam-lhes o que se passa, aconselham-nos sobre o que devem fazer, de tal sorte que é muito difícil agarrá-los, embora vão atrás deles uns vinte homens, e isto não fazem para com os escravos dos seus semelhantes."[158]

Um exemplo aproveitado por Evreux é bastante expressivo, como índice dos laços que prendiam os escravos ao senhor.[159] Ele possuía um escravo jovem, aprisionado quando ainda menino, em companhia da mãe, pelos Tupinambá; o rapaz contou-lhe que assistiu ao sacrifício da mãe, e viu como ela foi devorada pelos inimigos: "Acrescentou, que depois de ter sido sua mãe morta e comida, seu senhor e sua senhora o adotaram por filho, e ele os tratava por pai e mãe: quando falava deles era com afeição inexplicável, embora

---

156 Idem, p. 106-107.
157 Idem, p. 107.
158 Idem, ibidem.
159 Idem, p. 107-109.

tivessem comido sua própria mãe, e já fosse resolvido a comê-lo também pouco tempo antes de chegarmos à Ilha". Afirma que os senhores tupinambá daquele escravo iam visitá-lo na casa dos franceses, ainda que precisassem para isso "vencer a distância de 50 léguas"!

Além dessas informações, Evreux assinala a participação dos escravos das cerimônias tribais e o esfacelamento ritual do crânio dos mesmos, nos casos de doença ou de morte natural: "Vão livremente aos *cauins*, e danças públicas, enfeitando de mil maneiras o seu corpo quer com pinturas, quer com penas, quando podem, pois estas são muito caras".[160] "Se acontece morrerem de moléstias estes escravos, sendo assim privados do leito de honra, isto é, de serem mortos e comidos publicamente, um pouco antes do seu falecimento levam-nos para o mato, lá partem-lhe a cabeça, espalham o cérebro, e deixam o corpo insepulto e entregue a certas aves grandes, semelhantes aos nossos corvos...."[161] "Quando são achados mortos em seus leitos, atiram-nos em terra, arrastam-nos pelos pés até o mato, onde lhes racham a cabeça, como anteriormente disse, o que já não se pratica na Ilha e nem em suas circunvizinhanças, senão raras vezes e ocultamente."[162]

Estas informações não podem ser verificadas nas outras fontes; apenas a participação dos prisioneiros ou escravos das cerimônias tribais poderia ser inferida das descrições e observações de Hans Staden. Contudo, elas não discrepam dos demais aspectos conhecidos da situação social dos escravos na sociedade tupinambá e são coerentes com os rituais de integração do escravo à vida tribal e com a função da vindita no sistema sociocultural. Como se vê, apesar de ser pequeno o número de fontes, que tratam da situação dos escravos na sociedade tupinambá, elas permitem um conhecimento regular dos principais ajustamentos recíprocos, desenvolvidos entre os captores e os cativos, e possibilitam a verificação crítica da consistência das informações mais importantes.

Conforme um trecho anteriormente citado, de Abbeville, os escravos dedicavam-se a determinadas atividades econômicas, de acordo com o próprio sexo.[163] A este respeito, as obrigações atribuídas aos homens (certos tipos de trabalhos agrícolas, caça e pesca) e às mulheres (trabalhos agrícolas e domésticos) correspondiam ao que era esperado e exigido de qualquer homem ou mulher adultos pelos Tupinambá: os escravos não eram incumbidos de nenhuma tarefa extraordinária e tampouco descarregavam os seus senhores

---

160 Evreux, p. 109.
161 Idem, p. 107.
162 Idem, ibidem.
163 Cf. acima, p. 67-68.

de quaisquer atividades consideradas pesadas ou desagradáveis. Mesmo quando eram aproveitados na guerra – coisa que vários autores testemunham, como Staden, Abbeville e Evreux – continuavam a realizar tarefas reconhecidas como masculinas no sistema tribal de divisão sexual do trabalho.

Léry por sua vez faz uma observação, que não pode ser comprovada, segundo a qual a preservação temporária da vida dos prisioneiros dependia da evidência de certas aptidões pessoais: "se os reconhecem como bons caçadores e pescadores e consideram as mulheres boas para tratar das roças ou apanhar ostras, conservam-nos durante certo tempo".[164]

Gabriel Soares atribui outra condição à mesma deliberação, fazendo-a repousar sobre a idade do prisioneiro: "muitas vezes deixam os *Tupinambá* de matar alguns contrários que cativaram por serem moços, e se quererem servir deles, aos quais criam e fazem tão bom tratamento que andam de maneira que podem fugir, o que eles não fazem por estarem à sua vontade".[165] Todavia, é improvável que tais fossem, exclusivamente, os motivos que levaram os Tupinambá a dilatar o prazo de execução dos prisioneiros. O conhecimento que temos a respeito do funcionamento do sistema de vinditas tribais sugere, ao contrário, que a determinação da época da execução dependia das necessidades internas de restabelecimento do equilíbrio social e da solução satisfatória de determinadas exigências, como disponibilidade de certos tipos de raízes ou frutos, em quantidade suficiente para fabricarem o cauim exigido para os cerimoniais.

Os textos de Evreux esclarecem alguns aspectos das formas de aplicação dos produtos das atividades econômicas dos escravos, que não são repetidos em outras fontes: "Devem os escravos trazer fielmente o resultado da sua pescaria e caçada, e depô-lo aos pés do seu senhor ou senhora, para eles escolherem e depois darem o resto"; "não podem trabalhar para outrem sem consentimento do seu senhor, e nem dar seu rebanho, que lhes deu o senhor, sem lhe dizerem antes uma palavra, pois de outra forma pode ser tomado como coisa, que não pertence legitimamente aos escravos".[166]

Em conjunto, não se pode qualificar de "brilhante" o quadro das atividades econômicas dos escravos, descrito nas fontes quinhentistas e seiscentistas. No entanto, penso que elas oferecem, para o estudo específico da função social da guerra em uma sociedade tribal, um mínimo de conhecimentos que se poderia pretender, quando se tem em mira isolar os diferentes "fatores sociais da guerra". As informações dos cronistas, com todas as suas

---

164 Léry, p. 176.
165 Gabriel Soares, p. 397.
166 Evreux, p. 106.

lacunas, mostram claramente que a exploração racional das energias humanas sob a forma de aplicação organizada do trabalho dos escravos não chegou a desempenhar, na sociedade tupinambá, um papel relevante na motivação das guerras e dos ódios intertribais.

As fontes revelam impressionante uniformidade na apreciação dos objetivos, que determinavam o aprisionamento e o cativeiro dos inimigos. Àqueles "observadores leigos" não passou despercebida a função proeminente da execução no sistema sociocultural tupinambá. Aqui me limitarei, de acordo com a finalidade deste trabalho e com o alcance do tópico escolhido para exemplificação, ao comentário dos trechos relativos aos aspectos da execução, que envolviam ajustamentos recíprocos entre captores e cativos.[167]

Segundo Léry, os Tupinambá "não marcam antecipadamente o sacrifício".[168] Essa informação não é confirmada, porém, por outras fontes. Thevet, que observou melhor que outros autores as técnicas tribais de contagem de tempo, afirma o seguinte: "conhece-se, facilmente, o tempo que deve durar a ceva, por causa de um colar de fio de algodão, no qual os índios, quais se foram as contas de um rosário, enfiam certos frutos redondos; ou, então, em lugar dos frutos, ossos de peixe ou de outros animais. Se os selvagens desejam conservar a vida do prisioneiro por espaço de quatro ou cinco luas, tantas são as contas enfiadas no colar, que se põe ao seu pescoço, a quais são, depois, retiradas, uma em cada lua. Quando já não existe nenhuma conta, é que chegou o tempo de acabar com o prisioneiro". "Algumas vezes, os indígenas envolvem o pescoço do prisioneiro com diversos colarzinhos, em lugar de um só; os colarzinhos são em número igual ao das luas, que o homem tem de viver."[169]

Gandavo corrobora a informação de Thevet, segundo a qual o prisioneiro poderia viver certo lapso de tempo entre os Tupinambá, determinado por estes; mas amplia consideravelmente o prazo indicado por Thevet: "e depois de o terem desta maneira mui regalado um ano, ou o tempo que querem, determinam de o matar...".[170] No *Tratado*, depois de frisar que "não dão vida a nenhum cativo", dá uma informação idêntica a de Thevet: "... e depois de o terem dessa maneira cinco ou seis meses, determinam de o matar".[171]

---

[167] Além dos autores citados adiante, para a análise da execução na sociedade tupinambá. Cf. também: Abbeville, p. 230-234; Staden, p. 178; Montaigne, p. 182, 186-187; Evreux, p. 93; Cardim, p. 159-168 etc.
[168] Léry, p. 176.
[169] Thevet, *Singularidades*, p. 239; *Cosmographie*, fl. 945.
[170] Gandavo, *História*, p. 132.
[171] Idem, *Tratado*, p. 50 e 51.

Contudo, como já foi visto, era frequente, pelo menos no Nordeste, conviverem os escravos muito mais tempo com os seus senhores. As descrições de Staden são muito importantes, pois o artilheiro alemão viu-se em uma situação bem definida a esse respeito... Em seu relato, conta-nos: "na noite desse mesmo dia, ao clarão da lua, se reuniram os mais nobres no pátio, em meio das choças. Conferenciaram e deliberaram quando deviam matar-me. Conduziram-me também para aí, escarnecendo de mim e ameaçando-me...".[172]

Evidentemente, tais informações corroboram a veracidade das observações de Thevet: os Tupinambá costumavam determinar previamente a época de execução dos prisioneiros e, por conseguinte, o tempo durante o qual estes poderiam conviver com eles. A mesma fonte esclarece outro aspecto completamente subestimado pelos demais autores: a execução não podia ser marcada arbitrariamente, pois o repasto coletivo só seria realizado depois das cauinagens. Para prepará-las, era preciso dispor, em quantidade apreciável, de certos tipos de raízes ou frutos: "Os índios resolveram preparar-se e matar-me justo no dia em que tivessem reunido todas as coisas para a festa".[173] Enquanto esta condição não fosse satisfeita, o repasto coletivo não se realizava. Staden descreve um caso concreto: os Tupinambá assaltaram uma canoa de Tupiniquim, portugueses e mamelucos; um deles, seriamente ferido, coube a *Paraguá*, sendo logo sacrificado em virtude do estado em que se encontrava: "*Paraguá* assou Jerônimo durante a noite...".[174] Contudo, os rituais de ingestão da carne do morto foram adiados: "... A carne do outro porém, do Jerônimo, foi pendurada na cabana em que eu estava, numa cesta sobre o fumeiro, durante três semanas talvez, até que ficou seca como um pau. Que ela assim ficasse pendurada, esquecida sobre o fogo, durante tanto tempo, tinha a sua razão: o selvagem, a quem ela pertencia, chamava *Paraguá*. Ele tinha partido à procura de raízes para o preparo da bebida, que se precisa para o festim anterior ao banquete".[175]

É pois bastante provável que as informações de Thevet, Gandavo e Staden sejam verídicas. Os cativos viveriam durante um período de tempo variável entre os captores, o qual podia alcançar cinco, seis meses, um ano ou mais, de acordo com as deliberações dos velhos, reunidos em conselho. Doutro lado, os grupos locais solidários participavam dos rituais de sacrifício e do repasto coletivo. Precisavam estar prevenidos, portanto, com regular antecedência. Esta razão de ordem técnica possui um valor confirmatório evidente.

---

172 Staden, p. 102.
173 Idem, p. 96.
174 Idem, p. 129.
175 Idem, p. 134.

A documentação disponível mostra que nem sempre o escravo era executado por um guerreiro hábil e de prestígio. Muitas vezes, o captor oferecia seu prisioneiro ao próprio filho, para que este passasse pelas cerimônias de iniciação. Entretanto, apenas Abbeville registra as reações dos escravos em semelhantes situações: "Somente uma coisa pode causar-lhe apreensão, principalmente se se trata de um grande guerreiro: o fato de possivelmente não ter o seu algoz estado ainda na guerra, de não ser como ele próprio um grande e valente guerreiro, um *kerembave* e *tetanatu*. Nesse caso, fica desesperado e julga grande afronta e desonra que lhe fazem. Mas quando o encarregado de matá-lo é um *kerembave e tetanatu* ou *tuaíve*, não se importa de morrer e encara a morte como uma grande honra".[176]

Embora seja impossível apreciar o conteúdo de veracidade destas informações através da comparação de textos, as expectativas de comportamento dos prisioneiros, relatadas por Abbeville, são coerentes com os critérios de aquisição de *status* na sociedade tupinambá e com as instituições tribais, que regulamentam o sacrifício do cativo e o comportamento do matador.

Os textos fornecem algumas informações a respeito do significado do sacrifício humano para os Tupinambá. Seria interessante, contudo, contar com indicações equivalentes com relação aos escravos, que deviam ser sacrificados. Alguns textos, transcritos anteriormente, mostram que os escravos encaravam o sacrifício como algo honroso e nobilitante, desejando ardentemente submeter-se a ele. Por isso, abominavam a fuga e as tentativas de abolição do sacrifício humano, realizados pelos brancos – franceses e portugueses – os quais procuravam substituir o sacrifício humano pelo tráfico dos cativos. Mas o que interessaria à análise etnológica, aqui, seriam menos tais representações coletivas – válidas para a reconstrução e análise técnica do sacrifício ritual – do que a própria interpretação dos rituais de sacrifício, feita pelos cativos.

É claro que o conhecimento dessa interpretação permitiria encarar de modo mais adequado o comportamento manifesto dos escravos, durante os rituais de sacrifício. Todavia, as fontes subestimaram lamentavelmente este aspecto da motivação do comportamento dos prisioneiros. O único texto relevante – o diálogo de Evreux com o jovem escravo dos Tupinambá – oferece antes uma pista, do que um esclarecimento: "... e se fosse para o poder de outro chefe, não estaria sossegado e nem descansado de não ser comido, porque, acrescentava ele, quando se morre nada mais se sente, quer eles comam ou não, é o mesmo para o morto: amofinar-me-ia de morrer na minha cama, e não à maneira dos grandes no meio das danças e dos *Cauins, a fim de vin-*

---

176 Abbeville, p. 232-233.

gar-me antes de morrer, dos que iriam comer-me".[177] Outras fontes confirmam indiretamente esta informação de Evreux, pois quase todas salientam o caráter de desforra assumido pelas relações agressivas do escravo, nos rituais de sacrifício, com os circunstantes e com o matador.

Deixo de tratar, nesta parte do trabalho, de outros pormenores da execução, observados por Thevet e Gabriel Soares;[178] eles me forçariam a aprofundar a apreciação do problema a tal ponto, que finalmente me veria tratando das questões suscitadas pela reconstrução do sacrifício ritual na sociedade tupinambá. As informações deixadas por Anchieta, doutro lado, não incidem especificamente sobre os aspectos de ajustamento recíproco de captores e cativos. Como focalizam o grau de sofrimento das vítimas, achei conveniente transcrevê-los, pois lançam alguma luz sobre as expectativas de comportamento dos prisioneiros, indicadas anteriormente: "Naturalmente são inclinados a matar, mas não são cruéis: porque ordinariamente nenhum tormento dão aos inimigos, porque se os não matam no conflito da guerra, depois tratam-nos muito bem, e contentam-se com lhes quebrar a cabeça com um pau, que é morte muito fácil, porque às vezes os matam de uma pancada ou ao menos com ela perdem logo os sentidos. Se de alguma crueldade usam, ainda que raramente, é com o exemplo dos portugueses e franceses"[179]

Deixei para o fim o confronto dos textos relativos às expectativas de comportamento. Este item abrange atividades e ações que já foram referidas em outros itens do tópico geral escolhido para exemplificação. Fazendo a apreciação dos textos nesta parte do trabalho, ao mesmo tempo que evito novas transcrições sobre atividades e ações mencionadas anteriormente, posso obter maior rendimento teórico dos comentários. Na apresentação dos textos, primeiro tratarei dos que dizem respeito a mecanismos repressivos de controle social; depois, dos que versam sobre a observância de padrões de comportamento ou de ideais coletivos, incorporados à personalidade dos prisioneiros, e por estes perseguidos como valores supremos e nobilitantes.

Como foi visto anteriormente, o adultério das esposas cativas chegava a ser punido com a pena de morte pelos Tupinambá. Segundo Evreux, a mesma pena seria aplicável aos escravos que mantivessem relações sexuais com mulheres do seu amo; elas constituíam tabus sexuais para os cativos. Nas "leis do cativeiro" escreve: "primeiramente (os escravos) não devem tocar na mulher do seu senhor, sob pena de serem flechados logo, e a mulher morta ou pelo menos bem açoitada, e entregue a seus pais, resultando-lhe muita

---

177 Evreux, p. 108; o grifo é meu.
178 Cf. indicações correspondentes, nas Tabelas I e II.
179 Anchieta, *Cartas*, p. 329.

vergonha de ser companheira de um de seus servos".[180] O capuchinho francês ilustra a regra com um exemplo:[181] um escravo do principal *Uyrapyran* – "um bonito rapaz" – obrigou a mulher deste a um intercurso sexual com ele. "Tinha o referido escravo muito amor a esta mulher, e depois de ter cogitado todos os meios de gozá-la viu-a ir um dia à noite, muito longe da aldeia, foi logo atrás expor-lhe sua vontade, e depois agarrando-a com violência entranhou-se com ela num bosque, onde saciou seus desejos, e como ela era de boa família não quis gritar para não ser difamada, e ainda em cima pediu segredo ao escravo." "Enfadado o marido com a grande demora da mulher e desconfiado de alguma coisa por ser bonita e agradável, foi à fonte onde encontrou junto à borda o pote de sua mulher cheio de água, e lançando a vista ao redor, como costumam a praticar os homens ciumentos, viu sair sua mulher de um lado do bosque e o escravo de outro. Agarrou o escravo pelo colarinho, e confiou-o à guarda dos seus amigos, e levou sua mulher para a casa de seus pais, que se comprometeram entregá-la quando pedisse." Os franceses tinham conseguido, no entanto, suavizar as penas tribais: de modo que o principal contentou-se em ministrar quatro açoites no corpo da mulher e a castigar severamente o escravo, a quem "não poupou uma só parte do corpo".

Essas informações têm grande significação para o estudo da situação do escravo na sociedade tupinambá. Elas revelam que a punição do escravo, que cometia adultério, era a mesma, independentemente do sexo do transgressor. Contudo, na punição do escravo de sexo masculino há uma particularidade que merece ser posta em relevo: se um Tupinambá cometesse o adultério, o marido da mulher nada faria contra ele. A mulher seria repudiada – raramente castigada ou morta – e o equilíbrio seria assim restabelecido na parentela do marido e no grupo local. Mas esse comportamento era imposto pela necessidade de preservar a unidade tribal. Se o amante da mulher fosse morto, o derramamento de sangue jogaria a sua parentela e aliados contra a parentela e aliados do marido traído; ocorreria a fragmentação dos grupos locais solidários em duas ordens inimigas e antagônicas, em luta permanente uma contra a outra.

Em síntese, as informações permitem constatar a existência de uma dualidade ética no sistema tribal de direitos e deveres; o julgamento de um mesmo ato dependia do *status* dos indivíduos que o praticassem: escravos ou senhores. A diferenciação das sanções, no sentido indicado, é algo significativo como índice do tipo de ajustamento desenvolvidos entre os Tupinambá e os seus inimigos. A guerra, como estado normal de relações tribais, marcava de

---

180 Evreux, p. 102.
181 Para descrição completa do incidente, cf. Evreux, p. 102-105.

tal forma esses ajustamentos, que chegou a impregnar os valores centrais do sistema sociocultural tupinambá, exprimindo-se mesmo nas instituições do direito costumeiro.

As informações contidas nos textos de Abbeville, Evreux, Gabriel Soares e Gandavo, consideradas em outra parte deste trabalho, mostram como os mecanismos repressivos de controle social, combinados a vigência de determinados padrões ideais de comportamento, promoviam o ajustamento dos guerreiros aprisionados à sociedade dos inimigos e levavam-nos a aceitar como "honroso" o próprio destino pessoal.

Os ajustamentos e controles sociais desenvolvidos em semelhante situação de contato intertribal sugeriram-me, inclusive, a hipótese de que a evasão não caberia dentro do horizonte cultural dos Tupinambá e dos seus inimigos – pelo menos dos inimigos que também pertenciam ao grupo Tupi. A fuga, como forma de ajustamento rotineiro, estaria ligada ao intercâmbio dos Tupinambá com os brancos e constituiria uma autêntica reação cultural a substituição do sacrifício ritual pelo tráfico das pessoas dos prisioneiros. Note-se, os textos que aludem à evasão de escravos referem-se aos Tupinambá da Bahia e do Maranhão e Pará – isto é, aqueles que mais sofreram as consequências sociais e culturais da presença dos brancos.

Por isso, vejo no seguinte texto de Thevet, referente aos Tupinambá do Rio de Janeiro, uma confirmação indireta da hipótese: "Assim, quando caem prisioneiros, de modo algum tentam fugir, inteiramente resignados com o dia da morte, que têm em muita glória e honra. E daí a razão por que tanto escarnecem e censuram acremente os franceses, quando estes resgatam com dinheiro, ou por outros meios, os seus inimigos. Reputam esse costume indigno de guerreiros. Nós (dizem os selvagens) jamais fazemos tal".[182]

Além desse, conheço outro texto de Gandavo, que corrobora as informações de Abbeville, relativamente à desaprovação da fuga e as penalidades impostas aos fugitivos por seus parentes e companheiros: "... porque houve algum que estava já no terreno atado para padecer e davam-lhe a vida e não quis senão que o matassem, dizendo que seus parentes o não teriam por valente, e que todos correriam com ele; e daqui vem não estimarem a morte; e quando chega aquela hora não na terem em conta nem mostrarem nenhuma tristeza naquele passo".[183]

Contudo, Cardim também cuida do assunto, e o faz de tal maneira, que sugere a existência de um *código de fugas*, segundo o qual, em determinadas condições, a evasão do prisioneiro seria aceita e aprovada pelos seus

---

182 Thevet, *Singularidades*, p. 249.
183 Gandavo, *Tratado*, p, 52-53.

parentes e companheiros: "... E se é fronteiro e pode fugir, lhe põem em lugar de grilhões por baixo dos joelhos uma peia de fio tecido muito apertada, a qual para qualquer faca fica fraca, se não fossem as guardas que nenhum momento se apartam dele".[184]

Mas, analisadas em termos dos conhecimentos fornecidos pelas demais fontes, oferecem estas informações base empírica suficientemente sólida para alguma generalização? Ao contrário, o comportamento dos Tupinambá, descrito por Cardim, poderia ser também produto de mudanças culturais; desse modo, estariam correspondendo às exigências da nova situação, tomando precauções para que os prisioneiros não fugissem.

O conhecimento desses mecanismos repressivos de controle social acentuam, por sua vez, a necessidade de dar maior atenção aos padrões ideais de comportamento, sobre os quais repousava a eficiência de todo o sistema de ajustamentos e controles sociais através do qual eram ordenadas as atividades e as ações recíprocas de captores e cativos na sociedade tupinambá. Estas razões aumentaram meu interesse analítico pelos textos que focalizam os diálogos entre o matador e o escravo, as representações sobre a coragem pessoal e o sacrifício humano.

Antes de apreciar estes textos gostaria de citar um relato de Cardim, o qual evidencia o grau de responsabilidade assumido pelos Tupinambá quanto à manutenção dos prisioneiros: "... A guarda é uma que lhe dão por mulher, e também para lhe fazer de comer, o qual se seus senhores lhe não dão de comer, como é costume, toma um arco e flecha e atira à primeira galinha ou pato que vê, de quem quer que seja, e ninguém lhe vai à mão, e assim vai engordando...".[185]

Estas informações são coerentes com o que afirma Evreux a respeito da transformação do escravo, quando tentava fugir, em propriedade coletiva: a responsabilidade pelo sustento do prisioneiro seria também coletiva. Além disso, ajustam-se às demais informações sobre a concessão de companheira e de alojamento no "lar" do senhor. A importância teórica das informações reside na contribuição que trazem a análise da "ceva" dos prisioneiros. Como se sabe, estes deviam prover, pelo próprio trabalho (caça, pesca e cooperação nos trabalhos agrícolas), pelo menos parte de sua subsistência. Quando não o conseguiam, o grupo tornava-se responsável por sua alimentação. Isto sugere que a "ceva" ligava-se menos a fins canibalísticos, do que a outras instituições tribais. A situação dos prisioneiros, do ponto de vista da dieta pessoal, lembra a dos guerreiros enfraquecidos ou esgotados, e o tratamento que os

---

184 Cardim, p. 160.
185 Idem, ibidem.

Tupinambá lhes dispensavam; para onde fossem, eram generosamente recebidos nos grupos locais solidários consumindo farta e nutritiva alimentação.

Assim engordavam e restauravam rapidamente as suas forças. Se esta hipótese fosse válida – e não vejo inconvenientes em considerá-la como tal – a chamada "ceva" dos prisioneiros poderia ser explicada através dos conhecidos padrões tupinambá de liberalidade e de tratamento especial dos guerreiros que tivessem atravessado (ou que devessem enfrentar) grandes provações.

A julgar pelas descrições dos cronistas, o sistema educacional das tribos aborígines atingia plenamente os ideais coletivos na preparação e na formação de personalidades belicosas. Assim, Léry deslumbrou-se com certas atitudes manifestadas por escravos dos Tupinambá, durante as cerimônias preparatórias da execução ritual: "... Dançam então e cauínam. O próprio prisioneiro, apesar de não ignorar que a assembleia se reúne para seu sacrifício dentro de poucas horas, longe de mostrar-se pesaroso enfeita-se todo de penas e salta e bebe como um dos mais alegres convivas".[186] Por isso, escreve adiante: "embora os selvagens temam a morte natural, os prisioneiros julgam-se felizes por morrerem assim publicamente no meio de seus inimigos, não revelando nunca o mínimo pesar...".[187]

O depoimento de Léry é abundantemente confirmado por várias fontes, atestando todas a alta eficiência das técnicas tribais de educação. Embora a coragem, a autossuficiência e o desprezo pela vida, revelados pelos prisioneiros durante as cerimônias de execução, estivessem estreitamente ligados a crenças religiosas, é inegável que a evidência de semelhantes atitudes em momentos tão críticos só pode ser explicada através de intensos adestramentos anteriores.

Corroborando Léry, Thevet afirma que os escravos conservam-se absolutamente seguros de si, nestas ocasiões, a ponto de considerarem ridículas as preocupações dos brancos: "... donde se conclui que os selvagens não fazem conta da morte, ou a temem muito menos do que é possível imaginar. Já tive ocasião de perguntar, por curiosidade, a alguns desses prisioneiros, homens belos e possantes, na véspera da execução, se não temiam ser trucidados; ao que me responderam eles, entre risos e mofas, que seus amigos os vingariam (esses e outros semelhantes discursos são ditos num tom arrogante e cheio de segurança). Mesmo quando se falava em resgatá-los das mãos dos seus inimigos, isso era levado em troça pelos prisioneiros".[188]

---

186 Léry, p. 176-177; omito outros trechos de várias fontes a respeito do mesmo assunto, por estarem transcritos em outras partes do presente ensaio.
187 Idem, p. 179.
188 Thevet, *Singularidades*, p. 240.

A certeza de que *posteriormente seriam vingados pelos parentes e companheiros* era tão profunda, como mostram esse e outros depoimentos sobre o mesmo assunto, que dificilmente se poderia pensar em melhor exemplo de funcionamento perfeito de um sistema educacional. Ao próprio etnólogo, a quem os condicionamentos de semelhantes atitudes não passaria despercebido, chega a ser pasmosa a ironia com que um escravo *Maracajá* respondeu a uma pergunta de Staden: "Como se aproximasse a hora, fui a tarde, antes do festim, ao escravo e lhe disse: Estás assim aparelhado para morrer? Riu-se ele e respondeu: 'Sim, estou bem munido de tudo, apenas a mussurana não bastante longa. Entre nós temos melhores'."[189] Justamente desorientado, reflete o nosso cronista: "conversava, como se fosse para uma feira".[190]

Descrições deste tipo, densas, brilhantes, quase artísticas, dão-nos uma ideia viva e profunda do comportamento e da mentalidade dos Tupinambá e de seus inimigos. Os antropólogos contemporâneos, trilhando o mesmo caminho que os cronistas na interpretação da realidade histórico-social, sem dúvida ganharam em sistematização e em "espírito positivo", mas perderam em "intuição" e em "compreensão", no sentido diltheyano. Graças as qualidades apontadas puderam os cronistas registrar minuciosamente os rituais de sacrifício. Isso facilitou o trabalho de seleção de textos, através dos quais é possível estudar as expectativas de vingança manifestadas pelos sacrificados (nos *diálogos rituais*) e as representações sobre o sacrifício.

Eis como Staden descreve os diálogos rituais, ocorridos durante as cerimônias de integração dos prisioneiros: "... os índios se reuniram, formaram uma grande roda e colocaram dentro os prisioneiros. Estes deviam todos juntos cantar e matraquear com os ídolos, os maracás. Depois, um após outro, discursava com audácia, dizendo: 'Sim, partimos, como fazem os homens corajosos, a fim de a vós, nosso inimigo, aprisionar e comer. Mas então tivestes a supremacia e nos capturastes. Isso não nos importa. Guerreiros valorosos morrem na terra de seus inimigos. E a nossa terra ainda é grande. Os nossos logo nos vingarão em vós'. Ao que respondiam os outros: 'Vós já exterminastes muitos dos nossos. Tal queremos vingar em vós'. Quando terminaram de discursar assim, cada um conduziu de volta o seu prisioneiro ao seu abrigo".[191]

Semelhante diálogo é apenas registrado por Staden; contudo, o conteúdo do mesmo é confirmado pelos diálogos rituais ocorridos numa das fases das cerimônias de execução. A mesma fonte reproduz um destes diálogos: "A seguir retoma o tacape aquele que vai matar o prisioneiro e diz: 'Sim,

---

189 Staden, p. 112.
190 Idem, loc. cit.
191 Idem, p. 132-133.

aqui estou eu, quero matar-te, pois tua gente também matou e comeu muitos dos meus amigos'. Responde-lhe o prisioneiro: Quando estiver morto, terei ainda muitos amigos que saberão vingar-me".[192]

Outras fontes corroboram esta lacônica, mas incisiva descrição. "... O guerreiro designado para dar o golpe, e que permanecera longe da festa, sai de sua casa, ricamente enfeitado com lindas plumas, barrete e outros adornos; e ornado de um enorme tacape aproxima-se do prisioneiro e lhe dirige as seguintes palavras: 'Não és tu da nação dos *maracajás*, que é nossa inimiga? Não tens morto e devorado aos nossos pais e amigos?'". O prisioneiro, mais altivo do que nunca, responde no seu idioma (*margaiás* e *tupiniquins* se entendem reciprocamente): *pache tan tan ajucá atupavé* – "sim, sou muito valente e realmente matei e comi muitos".

Em seguida, para excitar ainda mais a indignação do inimigo, leva as mãos à cabeça e exclama: "Eu não estou a fingir, fui com efeito valente e venci os vossos pais e comi". E assim continua até que seu adversário, prestes a matá-lo, exclama: "Agora estás em nosso poder e serás morto por mim e moqueado e devorado por todos". Mas tão resoluto quanto Atílio Régulo ao morrer pela República Romana, a vítima ainda responde: "Meus parentes me vingarão".[193]

Gabriel Soares e Gandavo limitam-se a condensar o conteúdo dos diálogos, corroborando no entanto os textos anteriores: "... Onde lhe as velhas dizem que se farte de ver o sol, pois tem o fim tão chegado; ao que o cativo responde com grande coragem, que pois ele tem vingança da sua morte tão certa, que aceita o morrer com muito esforço".[194] "... Feitas estas cerimônias afasta-se (o matador) algum tanto dele (o escravo) e começa de lhe fazer uma fala a modo de pregação, dizendo-lhe que se mostre mui esforçado em defender sua pessoa, para que não o desonre, nem digam que matou um homem fraco, afeminado, e de pouco ânimo, e que se lembre que dos valentes é morrerem daquela maneira, em mãos de seus inimigos, e não em suas redes como mulheres fracas, que não foram nascidas para com suas mortes ganharem semelhantes honras. E se o padecente é homem animoso, e não está desmaiado naquele passo, como acontece a alguns, responde-lhe com muito soberba e ousadia que o mate muito embora, porque o mesmo tem ele feito a muitos seus parentes e amigos, porém que lhe lembre que assim como

---

192 Staden, p. 182.
193 Léry, p. 178-179. A respeito da frase em Tupi, esclarece Plínio Ayrosa: "A frase correta é *Pa, che tantã, ajuka ha aú pavé (pabén)* e diz apenas: sim, sou forte, matei e comi todos" (in Léry, nota 450, p. 178).
194 Gabriel Soares, p. 398.

tomam de suas mortes vinganças nele, que assim também os seus o hão de vingar como valentes homens e haverem-se ainda com ele e com toda a sua geração daquela mesma maneira".[195]

As informações de Gandavo ajuntam duas particularidades às descrições das demais fontes: 1) o matador mantinha expectativas a respeito do comportamento do escravo, equivalente às que este próprio tinha em relação a bravura e ao valor pessoal do antagonista; 2) nem sempre os escravos conseguiam comportar-se, no momento crítico, de acordo com os ideais definidos culturalmente pelos padrões de comportamento. A primeira informação, é claro, ajusta-se coerentemente ao contexto cultural. A segunda contém indicações que, mesmo que não fossem explicitamente formuladas por alguma das fontes, devia ser admitida pelo especialista. O comportamento manifesto *tende* para os padrões ideais e alguns indivíduos fracassam, inevitavelmente, nas tentativas de alcançar os ajustamentos deles esperados ou exigidos. A eficiência do sistema educacional de uma sociedade é demonstrado pelo grau de coerência existente na relação comportamento manifesto – padrões ideais. Este era, como foi visto acima, bastante elevado nas sociedades aborígines – em particular, entre os Tupi. Quanto ao texto de Gabriel Soares, a confusão por ele feita entre partes distintas dos rituais de sacrifício é evidente. Os papéis desempenhados pelas "velhas" – ou, melhor, pelas *mulheres* – nos rituais de sacrifício não correspondem, à medida que se pode reconstruí-los corretamente, aos que ele alude.

No texto de Gandavo, transcrito anteriormente, há uma alusão ao significado do sacrifício para o prisioneiro. A informação é confirmada, de maneiras distintas, por outras fontes. Como se sabe, um texto de Evreux focaliza certo tipo de compensação, concedida ao escravo no decorrer dos rituais de sacrifício, graças a qual sentia-se aliviado por alguma espécie de punição pessoal, alcançada contra os antagonistas circunstantes. Isto seria insuficiente, porém, para explicar a conduta autossuficiente e desassombrada do cativo em emergência tão trágica. Por isso, considero de relevante alcance teórico as outras descrições, que explicam, afinal de contas, em que sentido era o sacrifício, em si mesmo, um passamento ideal para o guerreiro valoroso, ou em outras palavras, para uma personalidade forte, nas sociedades aborígines investigadas.

Anchieta e Cardim, por exemplo, confirmam integralmente o depoimento de Gandavo. Tratando dos Tupi da costa, observa o primeiro: "... os prisioneiros no entanto julgam ser assim tratados excelentemente e com dis-

---

195 Gandavo, *História*, p. 133-134. Outras fontes tratam do mesmo assunto. Não são aqui mencionadas, no entanto, porque um tratamento minucioso do material disponível só se justificaria no caso de se tratar especificamente do sacrifício ritual.

tinção, e pedem uma morte (como eles mesmos imaginam) gloriosa; porquanto, dizem que só os medrosos e fracos de ânimo é que morrem e vão, sepultados, suportar o peso da terra, que eles creem ser gravíssimo".[196]

Cardim é menos minucioso, mas igualmente claro: "... e alguns andam tão contentes com haverem de ser comidos, que por nenhuma via consentirão ser resgatados para servir, porque dizem que é triste coisa morrer, e ser fedorento e comido de bichos".[197]

Encontram-se ainda nas fontes alguns exemplos esclarecedores. O Pe. Navarro relata que tentaram salvar um desses cativos; "ele respondeu que não o vendessem porque cumpria a sua honra passar por tal morte como valente capitão".[198]

Noutra ocasião, um principal recusou-se a vender um prisioneiro destinado ao sacrifício ritual; os brancos dirigiram-se então ao cativo, e perguntaram-lhe se desejava ser resgatado. Este respondeu que preferia ser morto no sacrifício ritual.

A mesma fonte em que colhi este exemplo,[199] informa que certa vez os brancos chegaram a um grupo local no momento exato em que ia ser consumada uma execução. Eles conseguiram impedi-la, comprando a escrava; esta ficou desesperada, entretanto, e chorou muito, pois pessoalmente queria ser executada, deixando o "nome" no sacrifício, e não ser cativa dos brancos. Ocorrem ainda outros exemplos nas fontes conhecidas. Os dados apresentados evidenciam, contudo, com suficiente base empírica, que os aborígines encaravam o sacrifício humano como um passamento ideal e nobilitante para o guerreiro que o soubesse enfrentar com bravura. Eles comprovam, doutro lado, o quanto é correta, sagaz e adequada a expressão *leito de honra*, cunhada por Evreux para designar o sacrifício ritual na sociedade tupinambá.

Os textos e informações, expostos nesta parte do trabalho, são bastante variados, e, como se poderá concluir, reciprocamente complementares. Eles não permitem apenas conhecer algumas expectativas de comportamento dos prisioneiros dos Tupinambá. Mostram também como elas se ligavam ao comportamento dos cativos e como se correlacionavam, direta ou tangencialmente, as instituições tribais. O quadro fornecido pelos conhecimentos acumulados nas fontes é tão completo, que capta os principais aspectos do sistema total de ajustamentos e controles sociais, desenvolvidos pelos Tupinambá e seus inimigos para enfrentar as situações criadas pelas consequências da guerra.

---

196 Anchieta, p. 45.
197 Cardim, p. 160.
198 Pe. Navarro, *Cartas avulsas*, p. 71.
199 Souza Ferreira, p. 129-130.

Penso que o paciente exame dos textos e informações, extraídos das obras dos cronistas, sobre o tópico escolhido para exemplificação (*Prisioneiro*, cf. tabelas I e II), fundamenta suficientemente as seguintes considerações de caráter geral:

1) A documentação contida nas fontes primárias é relativamente rica e volumosa. Ela apanha os principais aspectos dos comportamentos e situações sociais descritos.

2) O grau de consistência da documentação é apreciável. Embora, a penetração e a profundidade varie de autor para autor, e de acordo com determinados aspectos da vida social, em conjunto pode-se afirmar serem satisfatórias e cientificamente aproveitáveis quase todas as informações e descrições feitas pelos cronistas.

3) O número de fontes primárias, atualmente conhecidas, é bastante alto. Mas as *fontes realmente essenciais*, do ponto de vista do conteúdo etnográfico, são poucas. (Aritmeticamente, embora a proporção possua duvidosa significação etnológica, estão para as demais na razão de uma para quatro). Por isso, o núcleo básico dos dados é devido a um número limitado de fontes.

4) Quanto ao textos, constata-se:

a) são amplas as possibilidades de verificação das descrições e informações contidas em cada fonte. Em geral, os aspectos mais importantes da vida social dos Tupinambá atraíram a curiosidade dos cronistas e foram por eles registrados. Às vezes, a mesma fonte oferece em lugares distintos, mas com significativa coerência, dados sobre o mesmo aspecto da vida tribal.

b) a proporção dos textos que se confirmam é admiravelmente elevada; poucos são os casos em que as fontes se contradizem ou se negam. Quando isto acontece, salvo raras exceções, a massa de informações positivas permite separar os depoimentos verídicos daqueles que não o são, ou sugere como e onde um determinado texto é incompleto.

c) os diferentes aspectos da vida tribal atraíram de modo desigual a atenção dos cronistas. De acordo com os focos *pessoais de interesse* dos cronistas, processou-se uma variação mais ou menos acentuada na seleção das esferas da realidade descritas. Entretanto, as descrições e informações são com maior frequência complementares, que discrepantes. Os próprios textos permitem, na maioria das vezes, chegar a esta conclusão. Porém, quando se torna de todo impossível a tais resultados por meio dos processos da crítica histórica, consegue-se estabelecer o grau de coerência e de complementaridade recíprocas (ou da ausência delas) das informações, através do método etnológico e da casuística sociológica.

5) Os cronistas, em virtude mesmo das condições em que se processaram os contatos dos brancos com os aborígines, desempenharam os papéis de "observadores participantes (como se diria hoje, em linguagem técnica).[200] Por isso, ilustram as descrições com *casos reais*, observados diretamente. Quando recorrem ao auxílio informativo de compatriotas ("intérpretes" ou "colonos"), fazem-no com o intuito de ampliar as ilustrações con-

---

[200] Esta observação, é óbvio, não implica nenhuma afirmação positiva no que diz respeito à atitude dos cronistas diante da realidade social, em comparação com a dos especialistas modernos quando empregam o método de observação participante.

cretas. Graças a isto, obtém-se nos próprios textos, através das exemplificações, uma ótima fonte para verificação das generalizações e afirmações sintéticas dos cronistas. As exemplificações constituem também, é óbvio, um bom ponto de apoio para o manejo, na crítica do conteúdo das fontes primárias, do método etnológico e da casuística sociológica.

6) Na situação de "observador participante" os cronistas colocavam-se em uma posição privilegiada para observar a vida dos Tupinambá. Como as obrigações intelectuais por eles assumidas, enquanto cronistas, não determinavam nenhuma espécie de racionalização na interpretação da realidade social (como acontece com a "mentalidade científica" dos modernos antropólogos e sociólogos), refletem-se em suas descrições todas as lacunas e todas as vantagens inerentes ao labor intelectual do "homem de ação". Isto significa, em outras palavras, que os focos de interesse emocional não eram fiscalizados, nem completamente, nem deliberadamente. Por isso, manifestações de etnocentrismo e fixações pessoais impregnam fortemente numerosos textos. Contudo, hoje se sabe em que sentido semelhante situação (*de homem de ação*) conduz a um conhecimento mais profundado da realidade social. Como as próprias fontes fornecem meios para apurar as manifestações de etnocentrismo e as fixações pessoais, é claro que o pesquisador moderno está em condições de extrair todos os resultados positivos das *descrições interessadas*. Ou seja, em outros termos, a possibilidade de verificação transforma as interpretações deformadas em meios seguros de crítica e de compreensão das fontes primárias. Por conseguinte, nada tem de paradoxal a afirmação de que elas contribuem também para aumentar nossos conhecimentos positivos sobre a sociedade tupinambá.

7) A ausência de padrões de racionalização na interpretação da realidade social liga-se indiretamente, na obra dos cronistas, aos problemas levantados pela crítica das fontes primárias. A liberdade pessoal (limitada naturalmente pelo condicionamento da cultura) de apreensão das esferas da realidade social é, em grande parte, responsável pelo caráter vivo e muitas vezes brilhante das descrições dos cronistas. Nesse sentido, o equipamento intelectual de percepção do mundo exterior, utilizado pelos cronistas, tendia mais para a *arte*, do que para a *ciência* (empregando-se estes conceitos com o significado moderno). O qualificativo "artístico" aplica-se, de fato, muito melhor que o "científico", as descrições da vida social feitas pelos cronistas. Ora, a arte, como técnica de interpretação do mundo, adequa-se mais do que a ciência a compreensão do singular e do irreversível. O domínio da técnica artística deu ao cronista, portanto, um instrumento adequado e sensível de investigação, consideradas as condições em que observavam a realidade e o objeto de suas preocupações. Explicam-se, assim, o sentido de minúcia e a penetração estética, evidentes nas descrições mais vigorosas deixadas por estes autores. Ao mesmo tempo, tais descrições constituem, na verdade, os textos cujo teor informativo é mais elevado e consistente.

Com isso, dou por finda a tarefa de comparação e de avaliação do conteúdo etnográfico das fontes. Os resultados da aplicação do critério qualitativo à análise dos textos colocaram sob novo prisma os conhecimentos obtidos a respeito dos mesmos através do cotejo estatístico. À visão em superfície pode-se contrapor, agora, o conhecimento em profundidade. Em síntese, a generalização inicial sobre a riqueza e a consistência do conteúdo etnográfico das fontes primárias, para o estudo da guerra na sociedade tupinambá, assume as verdadeiras proporções que possui: a documentação é, de fato, extensa e rica, variada e coerente, embora o grau de profundidade e a "força evocativa" das informações estejam longe de ser uniformes, antes modificando-se, de acordo com o aspecto particular da guerra considerado.

Essas considerações abrangem as principais generalizações, que se podem legitimamente extrair da comparação do conteúdo etnográfico das fontes primárias referidas e com relação ao problema proposto. Por isso, acredito que elas esgotam as questões de ordem técnica, levantadas nesta parte do presente ensaio. Contudo, gostaria de precisar melhor meu pensamento a respeito de dois problemas essenciais, ligados ao aproveitamento da contribuição contida neste estudo. Trata-se, em primeiro, lugar, das possibilidades de extensão dos resultados obtidos à totalidade dos textos conhecidos e aproveitáveis cientificamente. Em segundo lugar, é preciso sugerir um ponto de referência mais geral para a compreensão das obras dos autores quinhentistas e seiscentistas estudados.

Quanto à primeira questão, deve-se perguntar se de fato os textos analisados constituem uma amostra significativa, isto é, se favorecem o conhecimento positivo do conjunto de textos acessíveis e aproveitáveis cientificamente, relativos à guerra na sociedade tupinambá. Nas páginas anteriores, tomei a liberdade de proceder como se isto estivesse fora de dúvida. De outro lado, a seleção dos textos foi operada com base na Tabela II, sendo analisados aqueles que incidiam sobre o tópico geral mais rico de informações. Portanto, ficavam eliminados os riscos da seleção direta e deliberada, nas obras dos cronistas, dos textos mais impressionantes e completos ou mais acessíveis à colação e à verificação do conteúdo etnográfico. De outro lado, o exemplo escolhido era suficientemente complexo, de acordo com as Tabelas I e II, para implicar a manipulação extensiva de textos das principais fontes primárias. Em outras palavras, ele garantia uma exploração múltipla e variada dos textos, conduzindo a um conhecimento apreciável da forma e do conteúdo dos documentos analisados. Estas considerações, evidentemente, deram consistência à suposição que orientou a apresentação das conclusões expostas anteriormente. Em síntese, era perfeitamente cabível a orientação adotada. Os textos analisados tinham amplas probabilidades de oferecer um conhecimento positivo direto do conteúdo etnográfico das fontes e de caracterizar, de modo indireto (através das apreciações comparativas), as técnicas de apreensão da realidade discreta e de composição interna dos documentos, empregadas pelos cronistas.

Todavia, resta saber se é possível dar um tratamento mais abstrato às inferências apresentadas. Isto é, se elas comportam algum tipo apreciável de extensão, de maneira a compreenderem tanto os textos e informações confrontadas neste ensaio quanto a totalidade de textos e informações conhecidas e aproveitáveis cientificamente, indicada na Tabela II. Do ponto de vista técnico, semelhante procedimento constitui uma necessidade fundamental. Além disso, é uma operação lógica legítima, representando para o especialista um processo de racionalização da crítica histórica.[201] Contudo, o problema é menos de reconhecimento da necessidade ou da legitimidade do processo de racionalização no campo da crítica histórica, do que de escolha dos meios operativos adequados.

Os estatísticos resolveram o problema através da teoria da dispersão, estando em condições de calcular com apreciável exatidão o grau de representatividade de uma amostra. Mas é sabido que as técnicas empregadas pelos estatísticos não se enquadram às possibilidades de quantificação oferecidas por um conjunto de textos históricos, por mais homogêneas e consistentes que possam ser, entre si, as fontes primárias que o constituírem. Por isso, as pessoas interessadas em semelhantes problemas precisam procurar outra solução. Esta reside, segundo suponho, nas possibilidades de aplicação do "raciocínio analógico" aos resultados da análise e da comparação dos textos históricos.[202]

É evidente que a extração de descrições e informações de um conjunto de documentos, feita segundo critérios positivos e com relativa variedade, é suscetível de garantir semelhanças substanciais entre a parte explorada e a totalidade de textos existentes sobre determinado assunto – no caso particular, a guerra na sociedade tupinambá.

Ora, a orientação adotada neste trabalho garantiu, sem dúvida alguma, a observância de tais exigências. Em primeiro lugar, a seleção dos textos apreciados foi feita cuidadosamente, de acordo com os resultados da comparação quantitativa do conteúdo etnográfico das fontes primárias conhecidas. Em segundo lugar, o tópico geral continha um número elevado de itens, favorecendo a manipulação extensiva de textos de informações os mais variados e diversos possíveis, tomando-se em consideração a totalidade de que foram extraídos. Por isso, se é verdadeira, conforme se admite, a regra segundo a qual "o valor de um argumento por analogia depende da extensão das semelhanças reconhecidas", os textos e informações analisados anteriormente são "representativos" do conjunto total de textos e informações existentes a respeito

---

[201] Emprego o termo *racionalização* em um de seus sentidos precisos e correntes nos meios científicos; o processo de racionalização, na crítica histórica, seria aquele que combinasse a redução ao mínimo possível do esforço analítico à exaustão das possibilidades técnicas mais gerais.

[202] Sobre o conceito de "raciocínio analógico": cf. J. Stuart Mill, *Sistema de lógica inductiva y deductiva*, trad. de E. Ovejero y Maury, Daniel Jorro, Madrid, 1917, p. 534-542.

da guerra na sociedade tupinambá, discriminados à medida do possível nas Tabelas I e II.

Estas considerações contêm, é óbvio, uma indicação prática de grande alcance. Pois sugerem, na verdade, o procedimento a seguir na extensão das inferências, baseadas no conjunto restrito de textos e informações analisados de fato neste estudo, à totalidade de textos e informações compreendidas nos documentos conhecidos e aproveitáveis cientificamente. Graças a esse procedimento, será possível encarar as fontes históricas que tratam dos Tupinambá de uma perspectiva ampla e consistente: sem as reservas que não possuíam fundamento crítico ou objetivo, e com os cuidados impostos pelo método científico, na base de um conhecimento positivo daquelas mesmas fontes. Embora, como foi visto, a operação abrangida pelo referido procedimento seja tecnicamente necessária, logicamente legítima e com fundamento empírico, lembro no entanto que ela nasce das limitações do trabalho científico nas esferas da crítica histórica.

Ao proceder-se à extensão das inferências e considerações gerais, compendiadas nesta parte do presente estudo, deve-se ter presente, portanto, os limites da aplicação do "método analógico, a problemas concretos de crítica histórica. Seria difícil e incorreto sustentar, por exemplo, que m, definindo propriedades de A, esteja na mesma relação para com B, simplesmente porque A é parte de B. A aplicação do "método analógico" à crítica histórica agravaria, nesse caso, as lacunas reconhecidas como inerentes aos raciocínios desse tipo. Por isso, para se obterem resultados de ordem mais abstrata, mas igualmente válidos e positivos, seria conveniente: 1) considerar como verdadeiras as inferências gerais estabelecidas, com referência à parte analisada da documentação histórica existente e a totalidade de documentos, através da qual é possível estudar a guerra na sociedade tupinambá; 2) reputar as aludidas inferências como significativas, embora sem nenhum grau de determinação, quanto ao modo de apreensão da realidade descrita e quanto à composição interna das fontes primárias quinhentistas e seiscentistas. Tornando-se necessário um conhecimento particularizado de aspectos específicos das fontes, seria recomendável desenvolver uma análise especial do conteúdo delas, com relação ao assunto escolhido.

Quanto à segunda questão (utilidade de um ponto de referência geral, para a compreensão adequada das obras dos autores quinhentistas e seiscentistas), confesso que o tema é demasiado complexo para ser discutido aqui de forma sistemática. Os problemas ligados à semelhante maneira de considerar as fontes analisadas merecem um estudo especial, cuja preparação já iniciei. Nele focalizo dois problemas básicos, levantados pela historiografia quinhentista e seiscentista aos modernos especialistas. Um deles diz respeito ao *significado histórico* da própria obra dos cronistas: em relação às situações histórico-sociais vividas pelos europeus no momento da expansão colonial, constituía uma das dimensões do próprio acontecer histórico. Os cronistas eram ao mesmo tempo atores, e o drama descrito apanha-os igualmente como personagens. Para nós, entretanto, a obra dos cronistas representa algo diferente: *é documentação histórica*, instrumentos por meio dos quais pretendemos reconstruir um passado morto. Por isso, torna-se capital o problema de saber "o que elas significam (as obras dos cronistas), em relação aos interesses desenvolvidos em nossa própria cultura".[203] O outro refere-se à forma de consciência da realidade histórica (função da crônica como técnica social de interpretação do mundo).

A seguinte asserção exprime os resultados a que cheguei: "como tentativa de compreensão de um momento da formação do Brasil, a obra dos cronistas só encontra uma forma de expressão perfeita e acabada em si mesma, pois somente ela contém uma *problemática sociológica* capaz de dar sentido pleno à realidade descrita".[204] Esta conclusão é fundamental, porque subentende uma afirmação de grande alcance: os instrumentos mais precisos de consciência e de interpretação das condições de existência e dos problemas sociais de uma época são elaborados com os recursos disponíveis e de

---

[203] Citação de estudo do autor, em MS (*Análise da contribuição dos cronistas quinhentistas e seiscentistas para o estudo sociológico dos aborígines brasileiros*).

[204] Cf. nota anterior. O emprego do conceito "problemática sociológica" merece uma observação especial. No estado atual das investigações da sociologia do conhecimento, admite-se que cada cultura ou cada época histórica – no caso dos povos de "civilização monumental" – elabora sistematicamente, sob formas sociais de interpretação do mundo e da posição do homem no cosmos, as noções destinadas a explicar as origens das coisas, dos seres humanos e dos modos conhecidos de atuação social. Por isso, encontram-se nas diferentes formas de religião e de magia, na tradição, bem como na teologia, na metafísica e na ciência, explanações a respeito das condições de existência social, ligadas entre si de maneira peculiar. A rigor, entretanto, o conceito "problemática sociológica" só se aplica plenamente a povos que conseguiram alcançar formas científicas de interpretação do mundo e da posição do homem no cosmos. Por extensão, apenas, e visando sublinhar a ideia segundo a qual todas as sociedades, "primitivas" ou "civilizadas", criam instrumentos próprios de autoconsciência da realidade social, é que se pode empregar o conceito para designar processos de pensamentos acientíficos de compreensão das condições de existência e dos problemas sociais. Há possibilidades de substituir tal conceito por outro mais lato ("*problemática eidológica*"), aproveitando-se a conotação atribuída ao vocábulo *eidos* por Gregory Bateson (*Naven. A survey of the problems suggested by a composite picture of the culture of a New Guinea Tribe drawn fron three points of view*, Imprensa da Univers., Cambridge, 1936, cap. III).

acordo com as necessidades reconhecidas na época em questão. A reconstrução histórica, como operação *ex-eventu*, tem diante de si barreiras insuperáveis e só adquire sentido quando considerada em termos de sua vinculação com os interesses sociais que a motivam.

Essas considerações apenas definem a nossa posição em relação à obra dos cronistas. No entanto, os resultados da comparação quantitativa e qualitativa do conteúdo etnográfico das fontes abrem uma perspectiva através da qual é possível colocar o problema da contribuição dos cronistas de forma diferente. *Grosso modo*, observa-se nos textos e informações analisados, especialmente os extraídos das fontes fundamentais, uma dupla convergência: a) preocupação dominante por certas esferas da realidade; b) tendência à captação e à descrição (embora de maneira não uniforme) dos aspectos mais singulares e expressivos das esferas da realidade selecionadas. Semelhante convergência poderia ser explicada a partir da própria realidade descrita. Sendo a mesma, esta teria sido focalizada, predominantemente, de modo paralelo pelos diversos autores. Mas isto implicaria, apesar de todo conteúdo de verdade que se possa presumir em uma explanação deste tipo, uma simplificação agressiva do problema. Não existe, nos fatos, nenhuma significação intelectual, que seja evidente por si mesma a qualquer espécie de abordagem da inteligência; a descoberta da significação intelectual de um fato constitui uma operação complexa do espírito. É preciso, portanto, procurem em outra direção uma forma mais completa de consideração do problema – que permita, inclusive, descobrir por que os "fatos" se "impuseram" de tal maneira aos cronistas.

Penso ter encontrado uma solução para o problema no instrumento de trabalho empregado pelos autores quinhentistas e seiscentistas, que escreveram sobre os Tupinambá. De fato, a *crônica* já passara, na época dos descobrimentos, por uma série de modificações internas de grande relevância. Progressivamente, de técnica de registro dos acontecimentos notáveis, ocorridos durante os consulados ou, depois, na vida de comunidades pouco populosas, tornou-se um instrumento de retenção dos acontecimentos significativos, vividos pelos europeus durante as Cruzadas e, posteriormente, no decurso das profundas transformações econômicas e políticas que afetaram as sociedades europeias. Por isso, os extraordinários acontecimentos que acompanharam ou se seguiram aos descobrimentos e a colonização, os movimentos mais dramáticos, pode-se afirmar, da expansão do "Mundo Ocidental", encontraram uma forma literária de expressão bastante elaborada e sensível, capaz de apanhá-los em toda a sua instabilidade, singularidade e complexidade.

Colocando-se a questão nestes termos, pode-se apreciar melhor – e em relação a um ponto de referência geral – o problema da convergência das fontes quinhentistas e seiscentistas. Como foi visto, a crônica não fornecia um *mecanismo racional*[205] de seleção das esferas da realidade a serem descritas e de sistematização dos conhecimentos acumulados. Contudo, sempre representava uma forma de ordenação das experiências e das observações do sujeito contemporâneo.[206] Continha, pois, em si mesma, certo poder para orientar a inteligência e a curiosidade dos *escritores* no labor intelectual. Este poder foi solidamente reforçado pelos padrões e ideais de conhecimento do mundo exterior que procediam do "universalismo medieval". Restringindo-me ao que nos interessa aqui, acho que estamos em condições de admitir o seguinte: o instrumento de labor intelectual, empregado pelos quinhentistas e seiscentistas que escreveram sobre os Tupinambá, constituía uma técnica suficientemente elaborada para comunicar (ou exigir de) quem pretendesse aplicá-la com rigor uma determinada atitude diante da realidade e uma forma definida de transmissão das experiências pessoais acumuladas. Assim, voltando ao problema inicial, é possível admitir que a dupla convergência assinalada anteriormente seja menos o resultado da "imposição" dos fatos, do que de uma capacidade adquirida de reconhecer os fatos de determinada maneira. Em outras palavras, o estado de espírito a que eram solicitados os indivíduos que tentavam transformar os conhecimentos pessoais, adquiridos diretamente, em sua qualidade de agentes da expansão do "Mundo Ocidental", caracteriza-se no sentido de orientar os focos de atenção da inteligência e de impor-lhe uma relativa preocupação de veracidade. Explica-se desse modo, provavelmente, o tipo de tratamento dispensado aos materiais recolhidos e os numerosos pontos de contato que existem entre as fontes analisadas.

4 – Conclusões

Nesta parte do trabalho, devem ser discutidos alguns problemas cruciais. Na primeira parte, deu-se a atenção que merecia, num ensaio como este, a uma análise preliminar da guerra como fenômeno social. Evidenciou-se, assim, o que representava, para a investigação sociológica, o método de interpretação funcionalista do fenômeno. A segunda parte conteve um objeto mais restrito, pois incidiu sobre a análise do conteúdo etnográfico das fontes primárias. Ficou-se sabendo, com o rigor possível no caso, a extensão e a profundidade da base empírica, disponível atualmente, para o estudo da guerra

---

205 No sentido científico ou, em outras palavras, em confronto com o método, introduzido pela mentalidade científica.
206 Os problemas desta natureza serão tratados no trabalho em preparação, citado anteriormente.

na sociedade tupinambá. Graças ao cuidado de fundamentação lógica tomado nesta parte do trabalho, chegara-se previamente à conclusão de que o método de interpretação funcionalista não implica nenhuma limitação de caráter empírico (cf. p. 205ss). Trata-se, agora, de verificar, através dos conhecimentos obtidos, as condições do problema proposto: possibilidades de aplicação do método de interpretação funcionalista ao estudo da guerra na sociedade tupinambá.

Quanto à base empírica disponível, são numerosos os problemas suscetíveis de receber tratamento sociológico. As Tabelas I e II fornecem uma perspectiva concreta, a respeito de semelhante possibilidade. Embora nem sempre as fontes consignem as indicações, tecnicamente desejáveis pelo especialista, os dados e informações nelas contidos permitem analisar as questões capitais, levantadas pela integração da guerra na sociedade tupinambá. Em síntese, utilizando-os de forma sistemática, podem-se estudar os aspectos ergológicos do sistema guerreiro tribal,[207] as relações existentes entre a guerra e a tecnologia tupinambá, a função ecológica da guerra no sistema comunitário e intercomunitário de relações tribais, e a função social da guerra no sistema organizatório da sociedade tupinambá. Na análise do último problema, os dados comportam uma apreciação satisfatória das vinculações da guerra com o mecanismo tribal de determinação de *status* com o sistema religioso tupinambá, com os padrões tribais de solidariedade, e com as formas de dominação. Além disso, apesar das limitações dos dados relativos às expedições guerreiras, apoiando-se neles, consegue-se compreender, de modo razoável, como o sistema organizatório tribal abrangia as ações e as atividades dos guerreiros e dos seus comparsas em tais situações, regulamentando-as e ordenando-as socialmente.

Vê-se que é de fato apreciável a consistência da base empírica disponível, quando encarada do ponto de vista das possibilidades de seu aproveitamento sociológico. Não só é possível reconstruir os aspectos básicos da integração da guerra na sociedade tupinambá, mas também são reconhecíveis a forma social assumida pela integração e a função social desempenhada pela guerra no sistema organizatório tribal. Isso significa, em outros termos: 1) que o aproveitamento sociológico dos dados disponíveis e cientificamente consistentes, a respeito da guerra na sociedade tupinambá, fundamenta-se empiricamente e constitui uma operação logicamente legítima; 2) e que é procedente a presunção de analisá-los segundo o método de interpretação funcionalista.

---

207 É preciso notar que atribui pouco interesse à exploração das fontes nesse sentido. Tendo em vista os propósitos de uma análise sociológica pareceu-me mais construtivo aproveitar a contribuição de Alfred Métraux (cf. *La civilisation matérielle des tribus Tupi-guarani*, p. 57-59, e cap. IX, p. 70s).

Todavia, semelhante maneira de colocar o assunto não esgota os problemas que precisam ser considerados aqui, pelo menos aqueles que dizem respeito à fundamentação lógica da investigação sugerida. De fato, os argumentos e conclusões já estabelecidos como pacíficos definem apenas um conjunto de razões empíricas, capazes de justificar a investigação. Seria necessário ajuntar-lhe as razões de ordem metodológica, presumivelmente mais decisivas na orientação do trabalho científico. Impõe-se, portanto, a discussão dos motivos da escolha do método de interpretação funcionalista e das condições de sua aplicabilidade a uma situação particular (o estudo da guerra na sociedade tupinambá).

Como se sabe, a base empírica disponível abrange dados relativos a uma situação histórico-social passada, claramente referidos a limites de tempo e de espaço. Contudo, tais limites são, em si mesmos, irrelevantes. Eles só adquirem sentido e se impõem no estabelecimento de uma orientação metodológica, quando as relações entre os dados e as condições de tempo e de espaço, além de claras e reconhecíveis, apresentam consistência, Ora, os cronistas não tomaram, e tampouco tinham necessidade disso – considerando-se semelhantes questões do ângulo fornecido pela historiografia quinhentista –, cuidados especiais na focalização dessas relações. Bastava-lhes descrever as situações presenciadas e condensar, a respeito dos *usos* e *costumes* tribais, generalizações do tipo do "senso comum". Por isso, as possibilidades abertas à análise diacrônica dos dados e informações por eles fornecidas são deveras acanhadas. Embora cabível, teria um estreito objeto a tentativa de investigação que se propusesse, por exemplo, a preocupação de aproveitar os dados e as informações de modo a restringir a pesquisa a grupos tribais isolados, de acordo com sua distribuição no espaço, com o intuito de determinar os fatores sociais e o sentido de algum hipotético processo de evolução interna das sociedades tupinambá.[208] Não obstante, os dados e informações abarcam um módulo temporal de quase um século e meio...

É que, por sua própria natureza, os depoimentos dos cronistas ou constituem verdadeiros "instantâneos sociais" ou caem na categoria de "induções impróprias". São dados e infomações que dizem respeito a *um presente imediato*, as experiências que se localizam no tempo e no espaço de forma contingente. Não surgem integrados – pelo menos na medida em que se considerem os depoimentos fora de uma perspectiva ego ou etnocêntrica –

---

208 Evidentemente a mesma coisa não acontece quando se trata de considerar os efeitos dos contatos com os europeus. Neste caso, o aproveitamento dos materiais oferece outras perspectivas, pois as descrições referem-se a um processo interno a sociedade dos brancos.

por uma operação espontânea ou em virtude de um esforço racional deliberado, em uma sequência real. Por isso, era preciso escolher uma orientação metodológica adequada a base empírica conhecida. Embora esteja em desacordo com os que sustentam ser o método de interpretação funcionalista exclusivamente aplicável ao estudo dos fenômenos de "estática social", penso que o método em questão arma a inteligência de especial sensibilidade a fenômenos deste tipo. Em particular, é o único método que oferece ao investigador, em condições precárias de trabalho científico,[209] segurança na observação direta ou na seleção de informações históricas, na delimitação dos problemas técnicos, na indagação da "verdade" dos fatos, e na proposição de inferências gerais. Os argumentos expostos evidenciam a adequação do método de interpretação funcionalista à situação particular investigada e fundamentam positivamente a sua escolha. Mas, acima de tudo, fascinam-me as possibilidades quase únicas, descerradas por esse método: ao lado de uma rigorosa restrição do objeto, impõe uma busca vigorosa das inferências gerais. Evidentemente, estas não são qualidades desprezíveis em uma investigação de caráter sociológico.

Estas reflexões conduzem naturalmente a discussão para o segundo problema: condições de aplicabilidade do método de interpretação funcionalista ao estudo da guerra na sociedade tupinambá (cf. p. 193ss). A presunção de que o método de interpretação funcionalista adapta-se à base empírica disponível não justifica, por si mesma, ainda que sejam sólidas as razões aventadas, a escolha e a aplicação do método. Daí a necessidade de verificar se o emprego do método ao estudo de uma situação particular, como seja a função social da guerra na sociedade tupinambá, preenche os requisitos da investigação científica na sociologia. Em outras palavras, trata-se de saber se semelhante delimitação apresenta riscos sérios de distorção da análise sociológica. De acordo com o ponto de vista sustentado por vários especialistas, um trabalho desta natureza cairia dentro da órbita da "história" ou da "etnologia", cujo método particularizador contrastaria com a orientação generalizadora da "sociologia".

O referido ponto de vista não se recomenda por sua consistência. Sustentar que a sociologia "é uma ciência generalizadora" e que a etnologia "é

---

209 Refiro-me particularmente às dificuldades e aos problemas que devem ser enfrentados pelos especialistas que investigam povos a respeito dos quais não existe documentação escrita abundante, ou não existe nenhuma, e cujo conhecimento só pode ser obtido penosamente, através de expedições esporádicas e de curta duração, e pelos que se dedicam à reconstrução de "sociedades primitivas" desaparecidas, no caso de subsistir alguma documentação escrita.

uma ciência particularizadora" tem tanto sentido quanto afirmar que o objeto da sociologia se circunscreve ao estudo dos "povos civilizados", enquanto o da etnologia estaria restrito a investigações dos "povos primitivos". Entretanto, são numerosos os autores que mantêm essas noções, apesar de seu reconhecido caráter falacioso. Restringindo-me ao que nos interessa aqui: o que se deveria pensar a respeito dos últimos desenvolvimentos da etnologia? Parece-me fora de dúvida que os resultados alcançados pelos etnólogos, em suas investigações sobre a integração e a dinâmica da cultura, a participação da cultura e a organização da personalidade, infirmam claramente, em virtude de seu alcance sintético e generalizador, as presunções em que se baseava aquele ponto de vista. É necessário, porém, no que se refere à investigação sociológica, analisar cuidadosamente as suas implicações teóricas, procedendo-se no entanto de modo construtivo.[210]

O método de interpretação funcionalista caracteriza-se, como se sabe, pela afirmação de uma hipótese básica, segundo a qual o sistema organizatório das sociedades ou dos grupos sociais é constituído por "unidades integrativas", vinculadas entre si por relações necessárias de coexistência e de interdependência, e dotados de um dinamismo próprio, oriundo da forma de canalização social das energias e atividades humanas, graças ao qual tais unidades desempenham um papel preciso na preservação e na transformação das configurações internas das estruturas (parciais ou totais) de que são partes e nas quais se integram.[211] Por isso, escreve Malinowski: "o funcionalista está sobretudo interessado em como as instituições operam o que elas fazem e como seus vários fatores estão relacionados uns aos outros".[212]

---

[210] Parece-me evidente que a separação histórica entre as duas disciplinas (a etnologia e a sociologia) corresponde a diferenças substanciais de orientação metodológica e de compreensão do objeto. A "abstração particular", levada a cabo em cada uma, é responsável pela ênfase na interpretação do comportamento humano e dos movimentos sociais através da "cultura" ou de "processos sociais", empregando-se o último vocábulo nos dois sentidos correntes na sociologia. Semelhante maneira de considerar o objeto das duas disciplinas está relativamente difundida. No caso de dúvida a respeito do pensamento do autor, cf. "A análise sociológica das classes sociais", separata da *Revista Sociologia*, vol. X, n. 2-3, São Paulo, 1948, p. 11ss.

[211] Gostaria de lembrar a observação de Radcliffle-Brown, muito oportuna no caso: a hipótese não implica a asserção dogmática segundo a qual cada coisa na vida de cada sociedade tem uma função. Apenas considera que pode ter, e que, então, ela deve ser descoberta (cf. *On the concept of function in social science*, p. 399).

[212] Bronislaw Malinowski, *The dynamics of culture change, an inquiry into race relations in Africa*, p. 8.

O método funcionalista constitui, portanto, uma forma de compreensão globalizadora ou totalizadora das atividades e das ações humanas. O mérito científico de semelhante método reside na focalização dos problemas tópicos da investigação. A perspectiva oferecida ao espírito por métodos como o histórico, o ecológico, o geográfico, o estatístico etc., em determinadas circunstâncias, nem sempre consegue satisfazer algumas necessidades fundamentais da explicação científica na sociologia ou na etnologia.

Embora bastante eficientes na focalização das condições das atividades e das ações humanas, esses métodos falham na consideração da natureza e da causação das próprias atividades e ações humanas. Em virtude disso, os especialistas – tanto na etnologia e na sociologia quanto na psicologia e na psicologia social – procuraram desenvolver métodos mais refinados de interpretação da realidade, capazes de apanhar em sua complexidade, em suas estruturas e dinamismos, "*o meio propriamente humano*".

No que diz respeito ao método funcionalista, os resultados foram particularmente frutíferos, pois conseguiram com ele uma forma de consideração dos problemas técnicos dotada de grande sensibilidade: um endoscópio das ações e das atividades humanas que, ao mesmo tempo, é capaz de surpreendê-las em conexão com as condições relevantes de *tempo* e de *espaço*.

A análise precedente, embora sumária, situa os principais problemas que poderiam ser levantados pela aplicação do método funcionalista ao estudo da guerra na sociedade tupinambá. De modo sintético, poderia resumi-los da seguinte maneira: 1) consequências teóricas, quanto à delimitação do objeto da investigação; 2) conteúdo positivo provável de uma contribuição desta espécie (investigação de uma situação particular); 3) possibilidades de incorporação dos conhecimentos obtidos ao *corpus* teórico da sociologia.

Com referência à primeira questão, parece-me claro que a orientação metodológica escolhida restringe, exatamente para aprofundar, a análise dos "dados de fato" consistentes. A preocupação de explicar os fenômenos sociais em termos de contexto em que se integram e segundo a forma de integração impõe ao especialista a observância de algumas regras fundamentais. A primeira de todas, e talvez a mais relevante, diz respeito à própria compreensão da realidade social.

Como se sabe, "vida em sociedade" significa ordenação das ações e atividades sociais de seres humanos através de mecanismos sociais de ajustamentos recíprocos dos indivíduos e de adaptação ao meio natural circundante: em outras palavras, o conceito "vida em sociedade" sintetiza um conhecimento, que não foi até hoje infirmado ou desmentido por algum exemplo discrepante, segundo o qual os seres humanos, onde quer que seja e qualquer que tenha sido o tipo de associação desenvolvido, vivem em condições da existência determinadas socialmente.

Contudo, a descoberta dos princípios organizatórios, responsáveis pela forma de ordenação das relações sociais e de regulamentação das atividades humanas, constitui uma operação do espírito. Quando essa operação é orientada pelo método científico, a descoberta (ou, descobertas) tende a objetivar-se em construções sistemáticas. Estas exprimem racionalmente toda, ou a esfera especial escolhida pelo pesquisador, a complexa rede de relações e atividades sociais, reconhecíveis através da observação científica, da sociedade investigada.

Por isso, a investigação científica das condições de existência social de povos particulares representa, quando bem-sucedida, uma "reconstrução" intelectual de configurações efetivas de vida em sociedade.[213] Um dos resultados básicos das orientações metodológicas do tipo funcionalismo consiste na restrição ao mínimo possível, nesse processo de reconstrução intelectual, das "interferências deformadoras" da mente humana. À medida que orienta deliberadamente a investigação no sentido de compreender os fenômenos sociais através da forma de integração dos mesmos ao sistema organizatório das sociedades pesquisadas e da função por eles desempenhada no seio destas, o funcionalista reduz as possibilidades de deformação da realidade apreendida aos efeitos violentadores da própria técnica de análise científica (consequências da aplicação da "perspectiva científica" de interpretação do mundo e de conceitos gerais a povos que não chegaram a desenvolver técnica científica.[214]

---

[213] Esta interpretação constitui um alargamento do que Bateson define como tarefa específica da "antropologia estrutural" (cf. *Naven*, op. cit., p. 24-26). Ernst Cassirer oferece sugestões mais profundas, ao discutir o papel da "perspectiva em sí mesma" nas relações de sujeito e objeto (cf. *Language and myth*, trad. Susanne K. Langer, New York e London, Harper 1946, cap. I). Doutro lado, a discussão do problema, colocado acima, possui grande interesse em virtude de as conclusões se aplicarem tanto aos "trabalhos de reconstrução histórica" quanto às chamadas "pesquisas de campo".

[214] Léon Brunschvicg refere-se ao problema proposto, com relação aos "povos primitivos", da seguinte maneira: "o pensamento do não civilizado, como o pensamento da criança, precisa ser encarado não em função do nosso, mas por ele mesmo em seu comportamento intrínseco: *isto significa que a mentalidade primitiva abrange unicamente o campo além do qual nossos meios de investigação não nos permite penetrar.* Nós não diremos nada de absoluto quando falarmos da primeira idade da inteligência" (*Les ages de intelligence*, Presses Universitaires de France, 3ª ed., 1947, p. 18 [o grifo é meu]. Com a mesma penetração, Werner Jaeger situa o problema com referência a um povo de "civilização monumental": "o costume de falar de uma multiplicidade de culturas pré-helênicas tem, em última instância, sua origem no aflã igualador do positivismo, que trata de coisas alheias mediante conceitos de procedência europeia, sem levar em consideração o simples fato de que submeter os mundos alheios a um sistema de conceitos que lhes é essencialmente inadequado já é

Portanto, pode-se concluir que a condição básica, no emprego do método de interpretação funcionalista, reside na relação estabelecida entre o conjunto de dados de fato, aproveitável cientificamente, e o número correspondente de fenômenos sociais, suscetíveis de receber uma explicação técnica, em termos da função por eles desempenhada em uma estrutura social integradora. O que foi visto anteriormente, a respeito do conteúdo etnográfico das fontes e das possibilidades de aproveitamento sociológico do mesmo, mostra que essa relação é bastante satisfatória no caso particular considerado. As informações e descrições fornecem dados consistentes para a reconstrução das principais estruturas, pelo menos do sistema organizatório tupinambá.

Teoricamente, apurada a consistência da base empírica disponível, releva apenas determinar o alcance da mesma, isto é, se ela é passível ou não de receber um tratamento funcionalista. Pode-se responder a esta questão de três modos distintos: a) quando se consegue conhecer as estruturas básicas de um sistema organizatório obtém-se, *eo ipso*, um conhecimento concreto a respeito da forma de integração das mesmas entre si (ou seja: um conhecimento dessa espécie facilita, por si mesmo, a análise dos problemas de função); b) consistência da base empírica, quando se trata de problemas técnicos, só se evidencia *a posteriori*, isto é, depois de operada a reconstrução de todo o sistema organizatório e reconhecidas as funções nele desempenhadas por certos fenômenos ou estruturas sociais; c) o conhecimento da base empírica disponível para o estudo de um problema particular, combinado ao conhecimento global do sistema organizatório da sociedade investigada, permite saber de antemão qual é o grau de possibilidade de aplicação do método funcionalista à interpretação do problema particular escolhido. No caso, em virtude das circunstâncias especiais que cercam o presente trabalho, a questão deve ser colocada em face da terceira alternativa. Graças a uma investigação

---

falsificação histórica. Nele se encontra a raiz do círculo vicioso em que se debate o pensamento histórico em quase sua totalidade. Não é possível evitá-la de um modo completo, porque não podemos sair fora de nossa própria pele (*Paideia. Los ideales de la cultura griega*, trad. Joaquim Xirau, da 2ª ed. alemã, México, Fondo de Cultura Econômica, 1942, vol. I, p. 5). Para uma discussão sistemática da vinculação entre conceitos sociológicos e a estrutura social, cf. Félix Kaufmann, *Metodologia de las ciências sociales*, trad. Eugênio Imaz, México, Fondo de Cultura Econômica, 1946, p. 291-308; e Hans Freyre, *La sociologia, ciencia de la realidad*, especialmente introdução e p. 252ss; sobre as mesmas conexões, com referência ao método de investigação, cf. Karl Mannheim, *Ideologia y utopia. Introdución a la sociologia del conocimiento*, intr. de L. Wirth e trad. Salvador Echavarria, México, Fondo de Cultura Econômica, 1941, esp. p. 104-129. Evidentemente, estes autores tratam da adequação do aparato conceitual e metodológico empregado pela sociologia a investigações das sociedades ocidentais.

anterior, disponho dos conhecimentos que me foi possível obter, através da reconstrução histórica do sistema organizatório da sociedade tupinambá.[215]

Posso afirmar, agora, que tais conhecimentos me levaram à conclusão de que a guerra desempenhou um papel importante na vida social dos Tupinambá. Em particular, verifiquei que o esclarecimento de diversos problemas técnicos, ligados à interpretação da forma de integração das estruturas sociais que constituíam o sistema organizatório da sociedade tupinambá,[216] dependia em grande parte de uma análise minuciosa da função social da guerra naquela sociedade. As condições de adaptação ao meio natural circundante, a organização do sistema de parentesco e a relação instrumental que ela mantinha com o sistema religioso refletiam incisivamente como a guerra penetrava todas as esferas da sociedade e da cultura tupinambá. Os problemas centrais, acarretados pela forma de integração das estruturas parciais ao sistema organizatório da sociedade tupinambá, ficaram, exatamente por causa da necessidade de uma investigação especial, em suspenso (embora tenham sido indicados e parcialmente discutidos). Pareceu-me de toda conveniência, pois, tentar uma abordagem desses problemas através do estudo da função social da guerra.

A presente análise do conteúdo etnográfico das fontes revelou, por sua vez, a viabilidade da investigação. De um lado, ficou evidente a extensão e a profundidade da base empírica disponível e aproveitável, cientificamente. Doutro lado, já se sabe alguma coisa sobre as próprias possibilidades deste aproveitamento. A discussão do conteúdo das fontes mostrou, segundo me parece, com relativa abundância e de modo direto, que quase sempre é possível lidar com os dados de maneira técnica e proceder assim a uma análise funcionalista dos fenômenos sociais; documentados.

Portanto, se havia fundamento teórico, a partir do conhecimento do sistema organizatório da sociedade tupinambá, para uma investigação da função social da guerra nesta sociedade, a consistência e qualidade da documentação explorada provou ser possível semelhante investigação. Em outras palavras, o presente trabalho demonstrou:

1) que os dados e informações existentes sobre a guerra na sociedade tupinambá suportam positivamente uma análise sociológica;

2) que esta pode ultrapassar, a critério do especialista que a empreender, o caráter de exploração descritiva dos dados;

3) que a investigação sintética pode assumir, graças à solidez da documentação existente, a forma de interpretação funcionalista.

---
215 Cf. o trabalho de minha autoria, *Organização social dos Tupinambá*.
216 Cf. *A organização social dos Tupinambá*, cap. II-V e, especialmente, as conclusões.

Quaisquer que sejam as nossas reflexões sobre a importância destes resultados, é óbvio que eles não esgotam os problemas colocados pela questão discutida (cf. p. 276ss). Resta saber, para que se possam ser julgados satisfatórios, se a documentação disponível é bastante sólida, a ponto de resolver por si mesma, se não todos, pelo menos os principais problemas que se colocam sob o campo de investigação do especialista.

Em consequência dos princípios que orientam a aplicação do método de interpretação funcionalista, o investigador precisa contar com recursos, fornecidos pelos próprios dados explorados, capazes de explicarem os problemas técnicos descobertos. Isto significa que, de acordo com a delimitação do objeto de investigação (a função social da guerra em uma sociedade particular), todas as fontes de informações ou de sugestões estranhas, no sentido de não serem específicas e somente quando não possuírem um caráter teórico, podem se tornar fatores de deturpação da realidade.[217] Pois criam condições favoráveis à introdução de elementos exóticos no trabalho de reconstrução histórica e de interpretação sintética.

Por isto, como já fiz no estudo sobre a organização social dos Tupinambá, afastei deliberadamente as preocupações que poderiam me conduzir ao emprego extensivo do método comparativo, limitando-me a utilizá-lo somente nas poucas ocasiões em que se tornava legítimo e necessário (*experimentum crucis*). A orientação adotada está longe de corresponder, no entanto, se encarada do ponto de vista dos recursos contidos na base empírica disponível, a alguma presunção de que os dados manipulados resolvem completamente os problemas técnicos descobertos. A rigor, o número de problemas técnicos, esclarecidos de modo cabal, é muito pequeno. Acontece, porém, que dizem respeito aos aspectos cruciais da guerra na sociedade tupinambá, e que facultam, além disso, uma compreensão positiva dos aspectos menos relevantes e menos conhecidos da guerra naquela sociedade.

---

217 Isto não quer dizer que o investigador deva abandonar, quando estas existem, as possibilidades de um aproveitamento geral e sistemático de um material consistente e abundante, através de outros métodos ou ainda aplicando o método de interpretação funcionalista a fenômenos diacrônicos. A regra apenas indica a necessidade de evitar o emprego de certos métodos, como o comparativo e o genético, a investigação de situações histórico-sociais bem determinadas, mas em condições alheias à própria explicação dos fenômenos conhecidos e investigados. Seria conveniente lembrar, a este respeito, as críticas de Steinmetz e Simiand ao uso indiscriminado de semelhante orientação metodológica (Cf. M. Steinmetz, "Classification des types sociaux et catalogue des peuples", *L'Année sociologique*, Tomo III, Lib. Félix Alcan, Paris, 1900, p. 60ss; François Simand, *Le salaire, evolution sociale et la monnaie*, Lib. Félix Alcan, Paris, 1932, vol. II, p. 582ss).

Isto quer dizer, em resumo, que as lacunas da documentação, embora graves e sérias, quando apreciadas de uma perspectiva técnica, não chegam a ser tão ponderáveis a ponto de solapar os esforços de aproveitamento sistemático dos dados. Ao contrário, a documentação abre boas e seguras pistas ao investigador, fornecendo-lhe elementos para conhecer os principais aspectos da guerra e para determinar, com a segurança proporcionada por este tipo de investigação, a função social da guerra na sociedade tupinambá.

A segunda e a terceira questões (cf. p. 278) focalizam problemas relativos ao aproveitamento de uma investigação do tipo da presente (função da guerra em uma sociedade particular). Por isso, envolvem apenas de modo indireto as condições de aplicação de método de interpretação funcionalista ao estudo da guerra na sociedade tupinambá. Todavia, considerei necessário discutir aqui estas questões, pois as suas implicações sempre se refletem no processo de trabalho dos especialistas, influenciando assim a seleção e o tratamento dos problemas técnicos.

Quanto à segunda questão, é evidente que a avaliação do conteúdo positivo provável de investigação científica sobre um fenômeno social dado em uma sociedade particular não pode ser feita *a priori*. Os resultados concretos da investigação é que determinam o grau de interesse científico de um trabalho desse gênero. Contudo, ao referir-me ao problema, pensava menos em semelhante aspecto da questão, que em razões de ordem teórica, capazes de conduzir o especialista à investigação de situações histórico-sociais particulares. Este tipo de investigação tem um papel importante na formação, na crítica e no enriquecimento da sociologia, como se sabe, pois ele é responsável pela aquisição ou pela revisão dos conhecimentos incorporados ao *corpus* teórico desta ciência.

A conclusão a que chegamos na primeira parte deste trabalho deixou bastante claro que o conhecimento da guerra como fenômeno social, especialmente no que diz respeito às possibilidades de compreensão tipológica, depende da investigação do fenômeno em sociedades particulares e segundo a orientação contida no funcionalismo. Portanto, a análise funcionalista da guerra na sociedade tupinambá tem um significado imediato e evidente, com relação à teoria sociológica da guerra. Apesar das insuficiências de uma investigação deste tipo, o fato é que dela depende o conhecimento do papel desempenhado pela guerra na vida social de povos, cuja reputação histórica é de que foram guerreiros. A importância deste conhecimento para os especialistas é óbvia.

Além disso, deve-se considerar o significado de semelhante investigação dentro de um quadro teórico mais restrito. Um dos problemas capitais da etnologia e da sociologia, no estudo dos aborígines da América do Sul, consiste no conhecimento das condições de existência social dos grupos tribais tupi, que entraram em contato com os brancos no Brasil. Ora, como já foi indicado, a análise funcionalista da guerra constitui uma parte essencial do referido conhecimento. Este possui, doutro lado, além do significado intrínseco, como saber analítico ou descritivo sobre uma sociedade particular, uma importância mais geral. Pois ele pode ser utilizado comparativamente[218] em investigações dedicadas a descoberta das mudanças sociais operadas no sistema organizatório das sociedades tupi. Por isso, o conteúdo positivo de uma investigação tão modesta é relativamente apreciável. Além do conhecimento concreto que poderá fornecer sobre a função social da guerra em uma sociedade particular, oferece perspectivas de alargamento da base empírica da teoria sociológica da guerra (como contribuição para o conhecimento sintético da guerra como fenômeno social), e corresponde ao primeiro passo a ser dado na investigação da evolução social da guerra nas sociedades tupi.

A terceira questão (possibilidades de incorporação dos conhecimentos obtidos ao *corpus* teórico da sociologia) levanta problemas relativos ao tipo de conhecimento obtido e ao aproveitamento sintético do mesmo. A discussão precedente mostrou como os resultados de semelhante pesquisa vinculam-se, através do significado científico dos problemas particulares nela tratados, a teoria sociológica. Ela será completada, agora, com o exame das duas questões propostas.

O conhecimento obtido, evidentemente, é do tipo fornecido pela investigação particular de um fenômeno social determinado. Em conjunto, como foi visto anteriormente, tal conhecimento apenas amplia a base empírica posta à disposição da sociologia pelos especialistas; a consecução de resultados mais gerais ou abstratos ficaria dependendo de novas operações indutivas (aplicação do método comparativo e do método genético ao aproveitamento dos resultados das investigações sobre a função social da guerra em diversas sociedades). Resta saber se o conhecimento de uma sociedade particular, ou da forma de integração de determinado fenômeno a uma sociedade particular, pode ser considerado de um ponto de vista diferente daquele que orienta as explorações empírico-indutivas globais na sociologia.

Em primeiro lugar, coloca-se aqui o problema da generalização na investigação sociológica. O estado atual de discussão do problema dá ao especialista uma perspectiva mais ampla, permitindo-lhe inclusive pensar em termos de "níveis" de generalização. Assim, podem-se distinguir claramente na sociologia

---

218 Sob a condição, está claro que seja investigada, em trabalhos do mesmo alcance, a função social da guerra nas outras sociedades tupi. Caso contrário, é improvável que o conhecimento obtido possa merecer o qualificativo de "científico".

dois tipos fundamentais de generalizações: o que resulta de um conhecimento apriorístico de determinados fenômenos sociais, resultante da investigação de *elementos e conceitos* básicos, "de caráter mais ou menos axiomático", e o que é consequência de procedimentos empírico-indutivos. Neste caso, admite-se a legitimidade tanto dos tipos de generalização elaborados na base do modelo positivo de conhecimento sintético quanto dos tipos de generalização efetuados através do conhecimento completo de uma configuração social de vida.

Descobriu-se, mesmo, por meio desta maneira de colocar o problema, que muitas das "leis" sociológicas apenas possuíam vigência nas sociedades ocidentais e com relação a determinados períodos de seu desenvolvimento. A análise sociológica da função social da guerra na sociedade tupinambá fornecerá, sem dúvida, um conhecimento deste tipo. Os resultados propriamente científicos poderão ser expressos sob a forma de generalizações, dotadas de vigência plena no que diz respeito as sociedades tupinambá. A situação enfrentada pelo investigador é, deste ponto de vista, a todos os respeitos semelhante à defrontada por Marcel Mauss em seu estudo sobre os Esquimó.[219] As proposições gerais apanharão não um, mas diversos grupos locais tupinambá, distribuídos por extensas áreas territoriais descontínuas, possuidores embora de uma cultura homogênea (as informações e descrições não permitem avaliar a relevância das diferenças culturais indicadas).

Doutro lado, no mesmo estudo, Mauss faz reflexões de profundas consequências: "além disso, é um erro supor que o crédito a que tem direito uma proposição científica depende estreitamente do número de casos em que se acredita poder verificá-la". Quando uma relação é estabelecida em um caso, mesmo único, mas metódica e minuciosamente estudado, a realidade não é menos certa do que quando para a demonstrar, é ilustrada com fatos numerosos, mas disparatados, com exemplos curiosos, mas confusamente tomados às sociedades, às raças e às civilizações as mais heterogêneas.

Stuart Mill afirma em algum lugar que uma experiência bem feita é suficiente para demonstrar uma lei: ela é sobretudo infinitamente mais demonstrativa que muitas experiências malfeitas. Ora, esta regra de método se aplica à sociologia tanto quanto às demais ciências da natureza.[220] Isto significa, ao

---

219 "Essai sur les variations saisonnières des sociétés eskimós, etude de morphologie sociale", *L'Année Sociologique*, tomo IX, Paris, Félix Alcan, 1906, p. 40-41; graças às razões indicadas, Mauss deixou de aplicar o método comparativo admitindo, no entanto, que as proposições a que chegou possuíam algum teor geral (cf. também op. cit., p. 39).

220 Marcel Mauss, op. cit., p. 41. Aliás, as considerações expostas coincidem com o pensamento de Durkheim: "o essencial é reunir, não muitos fatos, mas fatos que sejam ao mesmo tempo *típicos e bem estudados*" (cf. *L'Année sociologique*, tomo IV, Paris, Lib. Félix Alcan, 1901, p. 341).

pé da letra, que as generalizações do tipo empírico-indutivo, que repousam sobre uma base empírica limitada, podem alcançar um grau de abstração comparável ao conhecimento sintético, obtido por meio do método comparativo. E, quando isto não acontece, que é cientificamente tão legítimo quanto aquele.

Portanto, a incorporação ao *corpus* teórico da sociologia dos resultados gerais de uma análise funcionalista da guerra na sociedade tupinambá oferece poucas dificuldades. Esta conclusão poderá ser aceita com menores reservas, se se considerarem outros aspectos metodológicos do problema. De fato, é possível encarar a análise do ponto de vista da importância científica do objeto de investigação. Nesse sentido, a escolha da sociedade tupinambá para o estudo da função social da guerra oferece vantagens teóricas evidentes. Os resultados de uma investigação desta espécie não são, como se sabe, tecnicamente irrelevantes para o conhecimento da função social da guerra em sociedades do mesmo nível de civilização, cujos membros pratiquem a guerra como forma de vingança e sacrifiquem os inimigos aprisionados para devorá-los, com finalidades rituais. O exemplo escolhido permite também estudar, de modo relativamente completo, a conexão da guerra com todas as esferas de uma sociedade tribal. Por isso, além de esclarecer problemas específicos, relativos ao papel desempenhado pela guerra nas relações tribais e intertribais de povos "guerreiros", a investigação contribuirá para alargar os nossos conhecimentos sobre o próprio conceito de *função social*. A simples experiência representada na tentativa de empreender uma análise funcionalista através do método histórico é algo significativo em si mesmo.

Em segundo lugar, coloca-se o problema da natureza do fenômeno investigado. A sociologia lida, fundamentalmente, com fenômenos de duas espécies: com "processos microscópico-moleculares" e com "unidades e sistemas firmes, macroscópicos".[221] A análise proposta incidirá sobre problemas da segunda espécie, envolvendo a investigação da função desempenhada pela guerra na integração das estruturas sociais que compunham a sociedade tupinambá. Nesse sentido, os resultados positivos da investigação, apesar das lacunas evidenciadas na análise (em virtude de omissões ou insuficiências das fontes compulsadas), poderão ser incorporados à teoria sociológica de modo imediato. Isto significa, em outras palavras, que a fundamentação científica da investigação poderia ser feita *a priori* a partir da problemática da sociologia

---

221 Georg Simmel, *Sociologia*, vol. I, p. 26ss; cf. também A. Mamelet, *Le relativisme philosophique chez George Simmel*, Lib. Félix Alcan, Paris, 1914, p. 146ss; ver também Georges Gurvitch, *Las formas de la sociabilidad, ensayos de sociologia*, trad. F. Ayala, Editorial Losada, Buenos Aires, 1941, p. 13-15. Este autor divide o campo da sociologia geral na base desta distinção ("microfísica social" e "macrofísica social").

geral, e que as objeções comumente dirigidas a este tipo de conhecimento (limitações quanto ao grau de abstração) possuem um caráter vicioso.

Em terceiro lugar, coloca-se a questão de saber se é possível, ou não, encontrar uma forma de aproveitamento sintético dos resultados gerais da investigação. Parece-me que, no caso, o fenômeno escolhido oferece uma possibilidade de trabalho teórico verdadeiramente sedutora. Trata-se do seguinte: na verdade, através da guerra vai-se conhecer, de modo mais profundo do que foi possível no estudo anterior,[222] a forma de integração das estruturas sociais que constituíam a sociedade tupinambá. Por isso, utilizando-se a guerra como meio de investigação, consegue-se um saber positivo a respeito da modalidade de vinculação recíproca das distintas esferas do sistema organizatório tribal. Ora, este resultado abre novas perspectivas ao aproveitamento das inferências gerais, obtidas em investigações anteriores (de Métraux ou de minha autoria) ou a ser conseguidas no estudo sociológico da guerra. A importância deste fato reside na descoberta de um critério objetivo de investigação da "correlação dos fatores sociais", aplicável à sociedade tupinambá.[223] Pode-se presumir que a aplicação desse critério de investigação revelará uma ordem de coexistência e de interdependência dos fatores sociais na sociedade tupinambá algo distinta da que foi estabelecida pelos sociólogos para as sociedades ocidentais. Se esta presunção se positivar, a teoria da correlação dos fatores sociais, sistematizada por Tönnies, deverá ser modificada e ampliada.

Acho que seria possível condensar os resultados mais gerais deste trabalho, da seguinte maneira:

1) A guerra pode ser considerada e explicada de vários pontos de vista. O ponto de vista sociológico singulariza-se, entre eles, pelo fato de explicá-lo como um fenômeno social, procurando "isolar" os fatores que a determinam em sociedades particulares (causação social da guerra) e chegar a um conhecimento sintético do fenômeno (natureza social e tipologia da guerra).

2) Os problemas levantados pela aplicação do método sociológico à investigação da guerra presumivelmente poderão ser melhor resolvidos através do estudo da integração da guerra em diferentes tipos de organização social. Por isso, o emprego do método funcionalista à investigação do fenômeno encontra a necessária fundamentação no próprio *corpus teórico* da sociologia. Doutro lado, como o emprego do método é apenas condicionado pelo alcance e consistência da base empírica disponível, o método funcionalista também pode ser aplicado ao estudo da guerra em sociedades particulares desaparecidas.

3) São amplas as possibilidades de aplicação do método funcionalista ao estudo da guerra no Brasil: existe sólida documentação sobre a guerra entre grupos tribais nativos

---

222 Refiro-me ao trabalho de minha autoria sobre a organização social dos Tupinambá.
223 Sobre a teoria da "correlação dos fatores sociais", cf. Ferdinand Tönnies, *Principios de sociologia*, trad. de Vicente Llorens, México, Fondo de Cultura Económica, 1942 (livro Quinto).

desaparecidos, destes com os brancos e dos brancos entre si; além disso, é possível lançar mão da observação direta, para o estudo da guerra em sociedades tribais contemporâneas.

4) Os Tupinambá estão entre os grupos tribais aborígines desaparecidos, sobre os quais existe rica documentação histórica. Questões técnicas, levantadas por uma investigação anterior, sobre a organização social destes nativos, conduziram o autor à conclusão de que um conhecimento mais completo de suas condições de existência social e de relevantes problemas teóricos dependia inteiramente de uma análise sociológica da função da guerra na sociedade tupinambá.

5) A necessidade de ter um conhecimento adequado do conteúdo etnográfico das fontes primárias conhecidas e das possibilidades de aplicação do método funcionalista a exploração dos dados nelas contidos, levou o autor a realizar o presente trabalho. A apreciação do conteúdo etnográfico das fontes foi feita através de comparações quantitativas (tratamento estatístico dos dados e informações fornecidas pelos autores quinhentistas e seiscentistas) e por meio de uma análise qualitativa de textos, mediante utilização de técnicas de crítica histórica, do critério de coerência etnológica e da casuística sociológica.

6) Os resultados da apreciação do conteúdo etnográfico das fontes primárias quinhentistas e seiscentistas, que fornecem informações e descrições a respeito da guerra na sociedade tupinambá, puseram em evidência a viabilidade do tratamento sociológico do problema. A base empírica disponível é suficientemente rica e sólida para isso. Esta não só abrange os principais aspectos do fenômeno na sociedade tupinambá, mas ainda, pelo menos com relação a alguns aspectos que podem ser considerados básicos do ponto de vista etnológico, oferece meios adequados à verificação da consistência dos dados e informações selecionados.

7) A concentração das informações e das descrições em torno dos aspectos da guerra que mais impressionaram os europeus processou-se de tal forma, que estes conseguiram apreender os aspectos cruciais do fenômeno. Por isso, apesar das lacunas da base empírica disponível, os "dados de fato" aproveitáveis cientificamente referem-se aos aspectos da guerra que possuíam maior significação para os próprios Tupinambá. Submetendo-se esses dados a um tratamento sistemático, de acordo com os princípios do método de interpretação funcionalista, obtém-se um conhecimento apreciável sobre o papel desempenhado pela guerra no sistema organizatório da sociedade tupinambá.

8) A importância teórica do conhecimento obtido, pode-se dizer, é evidente por si mesma, pois ele satisfaz dois quesitos fundamentais: a) representa um saber positivo sobre a conexão existente entre a guerra e a forma de integração das atividades e estruturas sociais em uma sociedade particular, de povos considerados e "guerreiros"; b) proporciona uma oportunidade quase única para o exame das possibilidades e das condições de aplicação do método de interpretação funcionalista ao estudo de sociedades desaparecidas, sobre os quais subsiste documentação histórica.

9) Como o conhecimento aludido diz respeito à função desempenhada pela guerra na integração das atividades e estruturas sociais de uma sociedade tribal, é legítimo presumir que ele poderá ser transformado em critério de investigação, para a descoberta da correlação dos fatores sociais em uma sociedade daquele tipo. Nesse caso, a análise da função social da guerra na sociedade tupinambá teria sérias consequências do ponto de vista científico, permitindo passar do estudo de um fenômeno social em uma sociedade particular à discussão de um dos problemas capitais da teoria sociológica.

TABELA I – Ocorrência das informações contidas nos autores quinhentistas e seiscentistas sobre o sistema guerreiro da sociedade tupinambá. O sinal + indica a ocorrência de informações, com referência à fonte primária e ao tópico geral.

Fontes Primárias / Tópicos Gerais	Alienação de bens pessoais	Antepassados	Antropofagia	Área de dominância	Armas	Ataque	Caça e guerra	Cantos de exaltação bélica	Canoas	Casamento	Cataclismologia	Categorias de idade	Cauinagem	Causas da guerra	Cerimônias funerárias	Chefes
Abbeville			+		+		+				+			+	+	+
Acuña																
Anchieta			+		+			+	+					+		+
Anônimo								+								
Barleu														+		
Brandão			+			+								+		+
Cabeza de Vaca																
Cardim	+		+			+				+					+	
Carvajal														+		
Correia																
Evreux			+					+				+		+	+	+
Gabriel Soares	+		+			+		+	+					+		+
Gandavo			+		+	+		+						+	+	+
Heriarte														+		+
Jaboatam																
Knivet			+													
Léry		+	+		+	+			+				+	+	+	
Lopes de Souza			+													
Montaigne																
Montoya																+
Moreno																
Navarro			+													
Newen Zeitung			+													
Nóbrega				+										+		
Pigafetta			+													
Pyrard			+													
Ramirez																
Rodrigues																
Salvador			+													+
Schmidl			+													
Souza Ferreira																
Staden			+	+		+	+		+					+		+
Thevet			+	+	+	+		+	+					+	+	
Vasconcellos																
Vespuccio			+													
Vieira																

Fontes Primárias \ Tópicos Gerais	Combatentes	Combates Singulares	Comércio Intertribal	Comportamento da Esposa	Comportamento Masculino	Conselho de Chefes	Contagem do Tempo	Danças	Defesa	Direito Costumeiro	Distâncias Percorridas	Divisão do Trabalho	Domesticação	Duração da Guerra	Educação	Épocas da Guerra	Esfacelamento de Caveiras	Estado Psíquico
Abbeville						+												
Acuña																		
Anchieta										+	+						+	
Anônimo																		
Barleu		+																
Brandão						+									+		+	
Cabeza de Vaca																		
Cardim		+		+	+					+					+			
Carvajal																		
Correia																		
Evreux			+	+	+	+	+	+		+	+	+			+		+	
Gabriel Soares						+			+			+		+	+		+	
Gandavo	+									+	+						+	+
Heriarte																		
Jaboatam																		
Knivet	+																	
Léry	+		+							+	+	+			+			
Lopes de Souza																		
Montaigne																		
Montoya																		
Moreno																		
Navarro																		
Newen Zeitung																		
Nóbrega		+																
Pigafetta		+																
Pyrard																		
Ramirez																		
Rodrigues																		
Salvador																		
Schmidl																		
Souza Ferreira																		
Staden	+					+	+	+		+	+					+		
Thevet		+	+	+		+						+	+	+	+			
Vasconcellos																		
Vespuccio																		
Vieira																		

Fontes Primárias \ Tópicos Gerais	Estímulos guerreiros da org. tribal	Expedições guerreiras	Fama guerreira	Família	Forças negativas	Forças positivas	Fragmentação interna	Fuga em massa do grupo local	Gerontocracia	Grupos locais	Guerra (como forma de relação)	Idade dos guerreiros	Invasão	Liderança guerreira	Maturidade	Memória coletiva	Mitologia	Mortalidade
Abbeville			+				+							+		+	+	+
Acuña			+								+							+
Anchieta		+					+	+										
Anônimo																+		
Barleu	+																	
Brandão					+													
Cabeza de Vaca																		
Cardim			+												+			
Carvajal																		
Correia																		
Evreux		+			+							+		+				
Gabriel Soares	+	+					+			+			+					
Gandavo	+	+		+							+		+					
Heriarte													+					
Jaboatam			+															
Knivet			+															+
Léry			+		+				+					+			+	+
Lopes de Souza											+							
Montaigne																		
Montoya														+				
Moreno														+				
Navarro																		
Newen Zeitung																		
Nóbrega																		
Pigafetta																		
Pyrard																		
Ramirez																		
Rodrigues																		
Salvador			+															
Schmidl												+						
Souza Ferreira																		
Staden		+									+		+					+
Thevet		+	+		+						+					+	+	+
Vasconcellos													+	+				
Vespuccio																		
Vieira			+															

Fontes Primárias	Movimentos Carismáticos	Oferta de Mulheres	Padrões de Heroísmo	Pajé	Parentesco	Partida para os Combates	Perfuração do Lábio	Poliginia	Pregação dos Principais	Prestígio Social	Prisioneiro	Provisão de Guerra	Qualidades Guerreiras	Relações Intertribais	Relações Intratribais	Relações Sexuais	Religião	Renomação
Abbeville	+	+			+		+			+	+	+					+	
Acuña														+				
Anchieta								+			+							+
Anônimo																		
Barleu																		
Brandão			+					+			+							+
Cabeza de Vaca																		
Cardim									+		+		+					+
Carvajal																		
Correia											+							+
Evreux		+		+		+		+			+						+	+
Gabriel Soares		+			+	+		+		+	+							+
Gandavo					+			+			+						+	+
Heriarte														+				
Jaboatam																		
Knivet			+								+							+
Léry						+		+	+		+		+	+			+	+
Lopes de Souza																		
Montaigne								+	+		+							
Montoya		+																
Moreno																		
Navarro											+							
Newen Zeitung																		
Nóbrega											+						+	
Pigafetta																		
Pyrard																		
Ramirez																		
Rodrigues																		
Salvador											+							+
Schmidl											+							
Souza Ferreira											+							
Staden		+			+						+	+		+			+	+
Thevet					+		+	+			+		+			+	+	+
Vasconcellos																		
Vespuccio																		
Vieira																		

Fontes Primárias \ Tópicos Gerais	Repasto coletivo	Restos mortuários	Retorno ao grupo local	Ritmo de vida tribal	Ritos de nascimento	Roças	Sacrifício ritual	Sangue do inimigo (utilização)	Saudação lacrimosa	Símbolos	Sit. do guerreiro no grupo do sogro	Situações intertribais	Status	Tabus alimentares	Tecnologia	Terras férteis	Tonsura
Abbeville	+					+	+	+				+			+		
Acuña												+					
Anchieta												+					
Anônimo							+										
Barleu							+			+							
Brandão							+										
Cabeza de Vaca									+								
Cardim					+		+	+	+	+							
Carvajal																	
Correia							+										
Evreux				+					+	+							
Gabriel Soares			+	+			+		+	+		+			+	+	
Gandavo	+		+				+										
Heriarte																	
Jaboatam																	
Knivet							+										
Léry		+	+		+		+	+	+			+		+			
Lopes de Souza																	
Montaigne							+										
Montoya																	
Moreno																	
Navarro																	
Newen Zeitung																	
Nóbrega							+										
Pigafetta																	
Pyrard																	
Ramirez							+										
Rodrigues											+						
Salvador							+										
Schmidl							+										
Souza Ferreira																	
Staden				+			+			+		+			+		
Thevet	+		+	+	+	+	+	+	+	+	+	+	+	+	+		+
Vasconcellos	+						+			+					+		
Vespuccio																	
Vieira																	

Fontes Primárias \ Tópicos Gerais	Tratamento dos Feridos	Tréguas	Tribadismo	Vendeta	Violação das Sepulturas
Abbeville			+		
Acuña		+			
Anchieta					
Anônimo					
Barleu					
Brandão					
Cabeza de Vaca					
Cardim					
Carvajal					
Correia			+		
Evreux				+	+
Gabriel Soares					+
Gandavo			+		
Heriarte					
Jaboatam					
Knivet					
Léry		+		+	
Lopes de Souza					
Montaigne					
Montoya					
Moreno					
Navarro					
Newen Zeitung					
Nóbrega					
Pigafetta					
Pyrard					
Ramirez					
Rodrigues					
Salvador					
Schmidl					
Souza Ferreira					
Staden	+			+	
Thevet				+	
Vasconcellos	+			+	
Vespuccio					
Vieira					

TABELA II – Distribuição das informações contidas nos autores quinhentistas e seiscentistas sobre o sistema guerreiro da sociedade tupinambá. Os algarismos arábicos indicam o número de aspectos sobre os quais as fontes fornecem informações (com referência ao tópico considerado).

Fontes		Alienação de bens pessoais	Antepassados	Antropofagia:	1) Aproveitamento e consumo	2) Canibalismo	3) Função social	4) Motivação das guerras	5) Origem	6) Ritual	Área de dominância	Armas	Ataque	Caça e guerra	Cantos de exaltação bélica
Primárias	Abbeville				7	3				2			1		1
	Acuña														
	Anchieta											1	2		
	Anônimo														
	Barleu														
	Brandão				2		1			1				1	
	Cabeza de Vaca														
	Cardim	1			7	1				1				3	
	Carvajal														
	Correia														
	Evreux						3								
	Gabriel Soares	1			9	3				3			9		
	Gandavo				6					1		1	2		
	Heriarte														
	Jaboatam														
	Knivet				4					1					
	Léry		4		5	4	2	1		4		1	4		
	Lopes de Souza				1										
	Montaigne														
	Montoya														
	Moreno														
	Navarro										1				
	Newen Zeitung				1										
	Nóbrega											1			
	Pigafetta								2						
	Pyrard				1										
	Ramirez														
	Rodrigues														
	Salvador				4		1								
	Schmidl				1										
	Souza Ferreira														
	Staden				10	2	3			3		4	12	1	
	Thevet				4	1	3	1				1	7		
	Vasconcellos														
	Vespuccio					1									
	Vieira														
Etnológicas	Fernandes						+								
	Friederici														
	Métraux										+		+		

	Fontes \ Tópicos Gerais	Canoas:	1) Técnica de Transporte	2) Associações Mágicas	Casamento	Cataclismologia	Categorias de Idade	Cauinagem	Causas da Guerra	Cerimônias Funerárias	Chefes	Combatentes	Combates Singulares	Comércio Intertribal	Comportamento da Esposa	Comportamento Masculino	Conselho de Chefes
Primárias	Abbeville					2			4	1	6						2
	Acuña																
	Anchieta		2		3				1		2						
	Anônimo			2													
	Barleu								1					1			
	Brandão								2		3						2
	Cabeza de Vaca																
	Cardim				2					1			1		1	1	
	Carvajal								2								
	Correia																
	Evreux		2				6		4	6	3			1	2	2	1
	Gabriel Soares		1		1				2		4						2
	Gandavo		2						8	2	3	2					
	Heriarte								1		1						
	Jaboatam																
	Knivet											1					
	Léry		5					2	5	2		1		1			
	Lopes de Souza																
	Montaigne																
	Montoya										1						
	Moreno																
	Navarro																
	Newen Zeitung																
	Nóbrega								2				1				
	Pigafetta		1										1				
	Pyrard																
	Ramirez																
	Rodrigues																
	Salvador										5						
	Schmidl																
	Souza Ferreira																
	Staden		8	1					2		4	1					3
	Thevet		5		4				4			2	1	1			1
	Vasconcellos									5							
	Vespuccio																
	Vieira																
Etnológicas	Fernandes						+										+
	Friederici																
	Métraux		+														

Fontes		Contagem do tempo	Danças	Defesa	Deslocamento e guerra	Direito costumeiro	Distâncias percorridas	Divisão do trabalho	Domesticação	Duração da guerra	Educação	Épocas de guerra	Esfacelamento de caveiras	Estado psíquico	Estímulos guerreiros da organização tribal	Expedições guerreiras	Fama guerreira
Primárias	Abbeville														4		1
	Acuña																1
	Anchieta					2	1						3			4	
	Anônimo																
	Barleu														1		
	Brandão										2		2				
	Cabeza de Vaca																
	Cardim					1					2						1
	Carvajal																
	Correia																
	Evreux		1			1	2	2			2		2			3	
	Gabriel Soares			6				1		1	1		6		1	10	
	Gandavo					2	1						2	2	1	1	
	Heriarte																
	Jaboatam																1
	Knivet															2	
	Léry			4		1	1				2					9	
	Lopes de Souza																
	Montaigne																
	Montoya																
	Moreno																
	Navarro																
	Newen Zeitung																
	Nóbrega							2									
	Pigafetta																
	Pyrard																
	Ramirez																
	Rodrigues																
	Salvador																2
	Schmidl																
	Souza Ferreira																
	Staden		1	4		1	1					2				11	
	Thevet								2	2	3	1				4	1
	Vasconcellos																
	Vespuccio																
	Vieira																1
Etnológicas	Fernandes				+												
	Friederici																
	Métraux																

Fontes		Família	Forças negativas	Forças positivas	Fragmentação interna	Fuga em massa do grupo local	Gerontocracia	Grupos locais	Guerra (como forma de relação)	Idade dos guerreiros	Invasão	Liderança guerreira	Maturidade	Memória coletiva	Mitologia	Mortalidade	Movimentos carismáticos
Primárias	Abbeville				2							5		3	2	2	4
	Acuña								2							2	
	Anchieta				3	2											
	Anônimo													4			
	Barleu																
	Brandão			1													
	Cabeza de Vaca																
	Cardim												5				
	Carvajal																
	Correia																
	Evreux				1					1		2					
	Gabriel Soares				4		1			6							
	Gandavo			2					2	1							
	Heriarte									1							
	Jaboatam																
	Knivet															1	
	Léry		2			4						3			2	1	
	Lopes de Souza							1									
	Montaigne																
	Montoya											3					
	Moreno											3					
	Navarro																
	Newen Zeitung																
	Nóbrega																
	Pigafetta																
	Pyrard																
	Ramirez																
	Rodrigues																
	Salvador																
	Schmidl								1								
	Souza Ferreira																
	Staden								1	2						1	
	Thevet			2						1				1	3	1	
	Vasconcellos									1	3						
	Vespuccio																
	Vieira																
Etnológicas	Fernandes	+										+					
	Friederici																
	Métraux																

Fontes		Oferta de Mulheres	Padrões de Heroísmo	Pajé	Parentesco	Partida para os combates	Perfuração do Lábio	Poligínia	Pregação dos principais	Prestígio social	Prisioneiro:	1) Companheira	2) Execução	3) Expectativas de comportamento	4) Incorporação da prisioneira ao grupo de mulheres	5) Presenteamento	6) Recepção no grupo local
Primárias	Abbeville	3			2		5			3		1	3	3	2		3
	Acuña																
	Anchieta							2				1	2			1	
	Anônimo																
	Barleu																
	Brandão		1					1					3				
	Cabeza de Vaca																
	Cardim								4		5			4			5
	Carvajal																
	Correia												2				
	Evreux		2	1		1		1				4	3	4	1		
	Gabriel Soares	2			1	3		1		3		2	3	4		3	
	Gandavo				1			1				4	2	5	2		4
	Heriarte																
	Jaboatam																
	Knivet		2													1	
	Léry					3		1	4			3	1	3	1		
	Lopes de Souza																
	Montaigne							1	2				2				
	Montoya	1															
	Moreno																
	Navarro														1		
	Newen Zeitung																
	Nóbrega											2					
	Pigafetta																
	Pyrard																
	Ramirez																
	Rodrigues																
	Salvador												3				
	Schmidl											1					
	Souza Ferreira													3			
	Staden	1			1							2	3	5		3	1
	Thevet				1		2	4	1			7	4	3	1	1	1
	Vasconcellos																
	Vespuccio																
	Vieira																
Etnológicas	Fernandes				+												
	Friederici																
	Métraux													+			

	Fontes \ Tópicos Gerais	7) REFUGIADOS	8) RENOVAMENTO DA SEPULTURA	9) RITUAL DE APRISIONAMENTO	10) RITUAIS DE INTEGRAÇÃO	11) SEXO E IDADE	12) SITUAÇÃO DOS DESCENDENTES	13) TÉCNICA DE APRISIONAMENTO	14) TRABALHO E ATIVIDADES	15) TRATAMENTO	PROVISÃO DE GUERRA	QUALIDADES GUERREIRAS	RELAÇÕES INTERTRIBAIS	RELAÇÕES INTRATRIBAIS	RELAÇÕES SEXUAIS	RELIGIÃO:	1) PARTE GERAL
Primárias	Abbeville						1		1	4	1						3
	Acuña												1				
	Anchieta						1										
	Anônimo																
	Barleu																
	Brandão			1			2										
	Cabeza de Vaca																
	Cardim									1			1				
	Carvajal																
	Correia																
	Evreux			3		1	1	4	4	5							4
	Gabriel Soares						7		2	1							
	Gandavo						4			3							1
	Heriarte												1				
	Jaboatam																
	Knivet																
	Léry						3		2	1		1	2				7
	Lopes de Souza																
	Montaigne																
	Montoya																
	Moreno																
	Navarro																
	Newen Zeitung																
	Nóbrega						2										1
	Pigafetta																
	Pyrard																
	Ramirez																
	Rodrigues																
	Salvador																
	Schmidl																
	Souza Ferreira																
	Staden	4			16	1	2	4		1			1				9
	Thevet		5				2		1		2				1		11
	Vasconcellos																
	Vespuccio																
	Vieira																
Etnológicas	Fernandes																
	Friederici																
	Métraux		+		+												+

Fontes		2) Cerimônias de Jurupari	3) Participação das mulheres	Renomação:	1) Parte geral	2) Associações mágicas	3) Incisões	4) Participação das mulheres	Repasto coletivo	Restos mortuários	Retorno ao grupo local	Ritmo da vida tribal	Ritos de nascimento	Roças	Sacrifício ritual:	1) Parte geral	2) Ataque durante os rituais
Primárias	Abbeville								1					1		7	
	Acuña																
	Anchieta				3												
	Anônimo															2	
	Barleu															1	
	Brandão				3											3	
	Cabeza de Vaca																
	Cardim				10	1							1			10	
	Carvajal																
	Correia				1											3	
	Evreux				2	1	1	1			2						
	Gabriel Soares				7			1			4	2				6	
	Gandavo						1		1		5					8	
	Heriarte																
	Jaboatam																
	Knivet				1	1										4	1
	Léry		1		3				3	2		1				7	
	Lopes de Souza																
	Montaigne															2	
	Montoya																
	Moreno																
	Navarro																
	Newen Zeitung																
	Nóbrega															2	
	Pigafetta																
	Pyrard																
	Ramirez															1	
	Rodrigues																
	Salvador				2	1	2									2	
	Schmidl															1	
	Souza Ferreira																
	Staden		1	3	4	1						1				8	
	Thevet					1	2		1		1	1	2	1		3	
	Vasconcellos								1								
	Vespuccio																
	Vieira																
Etnológicas	Fernandes				.								+				
	Friederici				+												
	Métraux				+			+								+	

	Fontes \ Tópicos Gerais	3) Convidados	4) Crenças mágicas	5) Modificações no ritmo de vida	6) Participação das mulheres	7) Preparação do tacape	8) Preparação do matador	9) Rituais de separação	Sangue no inimigo (utilização)	Saudação lacriminosa	Símbolos	Situação do guerreiro no grupo do sogro	Situação intertribal	Status	Tabus alimentares	Tecnologia	Terras férteis
Primárias	Abbeville								1				1			1	
	Acuña												1				
	Anchieta												1				
	Anônimo																
	Barleu										2						
	Brandão							2									
	Cabeza de Vaca								2								
	Cardim	2	2	2					1	3	2						
	Carvajal																
	Correia																
	Evreux									1	1						
	Gabriel Soares	3				1	3			4	1		3			1	1
	Gandavo	1	1	2			1										
	Heriarte																
	Jaboatam																
	Knivet				1		1										
	Léry	2		1					1	1			1		1		
	Lopes de Souza																
	Montaigne																
	Montoya																
	Moreno																
	Navarro																
	Newen Zeitung																
	Nóbrega	1	1														
	Pigafetta																
	Pyrard																
	Ramirez		1														
	Rodrigues												2				
	Salvador																
	Schmidl																
	Souza Ferreira																
	Staden	4		4	1	3	4	4			1		1			7	
	Thevet	4		1		1	1		2	2	1	4	1	2	2	2	
	Vasconcellos	3									1					1	
	Vespuccio																
	Vieira																
Etnológicas	Fernandes											+		+			
	Friederici																
	Métraux															+	

Fontes		Tonsura	Tratamento dos feridos	Tréguas	Tribadismo	Vendeta	Violação das sepulturas
Primárias	Abbeville				1		
	Acuña			1			
	Anchieta						
	Anônimo						
	Barleu						
	Brandão						
	Cabeza de Vaca						
	Cardim						
	Carvajal						
	Correia				1		
	Evreux					2	1
	Gabriel Soares						1
	Gandavo				1		
	Heriarte						
	Jaboatam						
	Knivet						
	Léry			2		1	
	Lopes de Souza						
	Montaigne						
	Montoya						
	Moreno						
	Navarro						
	Newen Zeitung						
	Nóbrega						
	Pigafetta						
	Pyrard						
	Ramirez						
	Rodrigues						
	Salvador						
	Schmidl						
	Souza Ferreira						
	Staden		1			1	
	Thevet	1				4	
	Vasconcellos		1			1	
	Vespuccio						
	Vieira						
Etnológicas	Fernandes						
	Friederici						
	Métraux						

Bibliografia

1 – Fontes teóricas citadas no texto

BATESON, Gregory. *Naven*. A survey of the problems suggested by a composite picture of the culture of a New Guinea tribe drawn from three points of view. Cambridge: University Press, 1936.

BENEDICT, Ruth. *Patterns of culture*. Boston: Houghton Mifflin C; Cambridge: The Riverside Press, 1934.

BERGSON, Henri. *Les deux sources de la morale et de la religion*. 48ª ed. Paris: Presses Universitaires de France, 1946.

BERNARD, Luther Lee. *War and its causes*. New York: [s.n.], 1944.

BROWN, Lawrence Guy. *Social pathology. Personal and social disorganization*. New York: F. S. Crofts, 1942.

BRUNSCHVICG, Léon. *Les ages de l'intelligence*. 3ª ed. Paris: Presses Universitaires de France, 1947.

BUSHNELL, Charles J. War. In: FAIRCHILD, H. P. (Ed.). *Dictionary of sociology*. New York: Philosophical Library, 1944.

CASSIRER, Ernst. *Language and myth*. Trad. Susanne K. Langer. New York: Harper, 1946.

CHAPPLE, Elliot Dismore; COON, Carleton Stevens. *Principles of anthropology*. New York: Henry Holt, 1942.

CONSTANTIN, A. *Le rôle sociologique de la guerre et le sentiment national.* Paris: Félix Alcan, 1907.

DAVIE, Maurice R. *La guerre dans les sociétés primitives. Son rôle et son evolution.* Trad. Maurice Gerin. Paris: Payot, 1931.

DEWEY, John. *Human nature and conduct. An introduction to social psychology.* New York: The Modern Library, 1930.

DURKHEIM, Emile. Comentário em *L'Année sociologique.* Tomo IV, 1889-1900. Paris: Lib. Félix Alcan, 1901.

ELLWOOD, Charles A. *The psychology of human Society. An introduction to sociological theory.* New York and London: D. Appleton Century, 1936.

FAUCONNET, Paul. *La guerre.* Nota introdutória à parte destinada ao comentário de obras sobre a guerra, considerada como fenômeno social. In: *L'Année sociologique,* tomo V, 1900-1901. Paris: Lib. Félix Alcan, 1902.

FERNANDES, Florestan. "A análise sociológica das classes sociais". Separata da *Revista Sociologia,* vol. X, nº 2-3, São Paulo, 1948.

FREYER, Hans. *La sociologia, ciência de la realidad. Fundamentación lógica del sistema de la sociologia.* Trad. Francisco Ayala. Buenos Aires: Editorial Losada, 1944.

GIDDINGS, Franklin H. *Studies in the theory of human society.* New York: The Mac Millan, 1922.

GINI, Corrado. *Problemi sociologici della guerra.* Bologna: Nicola Zanichelli, 1920.

GINSBERG, Morris; HOBHOUSE, L. T.; WHEELER, G. C. *The material culture and social institutions of the simpler peoples, an essay in correlation.* London: Chapman & Hall's, 1930.

GURVITCH, Georges. *Las formas de la sociabilidad, ensayos de sociologia.* Trad. Francisco Ayala. Buenos Aires: Editorial Losada, 1941.

JAEGER, Werner. *Paideia, los ideales de la cultura griega.* vol. I. Trad. Joaquim Xirau. México: Fondo de Cultura Económica, 1942.

JAMES, William. "The moral equivalent of war". In: *Essays in faith and morals,* selecionados por R. B. Perry. London: Longmans, Green, 1943, p. 311-328.

JOHNSON, Alvin. "War". *Encyclopaedia of Social Sciences,* vol. XV, p. 331-342.

LAGORGETTE, Jean. *Le rôle de la guerre, etude de sociologie générale.* Paris: vol. Girard & E. Brière, 1906.

LÊNIN. V. Illich. *La guerra y la humanidad*. Trad. México: Ediciones Frente Cultural, 1939.

LETOURNEAU, Charles. *La guerre dans les diverses races humaines*. Paris: L. Bataille, 1895.

LOWIE, Robert H. *The history of ethnological theory*. London: Georg G. Harrap, 1937.

MACIVER, R. M. *O estado*. Trad. de M. Lopes e A. M. Gonçalves. São Paulo: Livraria Martins Fontes, 1945.

MALINOWSKY, Bronislaw. "An anthropological analysis of war", *American Journal of Sociology*, XLXVI, nº 4, jan. 1941, p. 521-550.

_____. War-past, present and future. In: CLARKSON. Jesse D; COCHRAN, Thomas C. (Eds.). *War as a social institution*. The Historian's Perpectives. Columbia: Columbia University Press, 1941. p. 21-31.

_____. *The dynamics of culture change*. An inquiry into race relations in Africa. Edited by Phyllis M. Kaberry. New Haven: Yale University Press, 1945.

MAMELET, A. *Le relativisme philosophique chez Georg Simmel*. Paris: Lib. Félix Alcan, 1914.

MANNHEIM, Karl. *Ideologia y utopía*. Introducción a la sociologia del conocimiento. Introducción de Louis Wirth, trad. Salvador Echavarría. México: Fondo de Cultura Económica, 1941.

MAUSS, Marcel. "Essai sur les variations saisonnières des sociétés eskimós. Étude de morphologie sociale". *L'Année Sociologique*, tomo IX, 1904-1905. Paris: Lib. Félix Alcan, 1906. p. 39-132.

_____. "Essai sur le don, forme archaique de l'echange". *L'Anné Sociologique*, n.s., tomo I, 1923-1924. Paris: Lib. Félix Alcan, 1925, p. 30-186.

MAY, Mark A. *A social psychology of war and peace*. Published by The Institute of Human Relations. 2ª ed. New Haven: Yale University Press, 1944.

MEAD, Margaret. "Warfare is only an invention – not a biological necessity". *Asia*, vol. 40, n. 8, ago. 1940, p. 402-405.

MONTESQUIEU, Charles-Louis de Secondat. *De l'esprit des lois*. Texte établi avec une introduction, des notes et des variantes, par Gonzague True. Tomo I. Paris: Lib. Garnier Frères, 1944.

MURDOCK, George P. Em colaboração com Clellan S. Ford, Alfred E. Hudson, Raymond Kennedy, Leo W. Simmons e John W. M. Whiting. *Outline of Cultural Materials*. Published by Department of Anthropology. New Haven: Yale University Press, 1945.

NIMKOFF, Meyer F.; OGBURN, William F. *Sociology*. Boston: Houghton Mifflin; Cambridge: The Riverside Press, 1940.

PARK, Robert E. "The social function of war. Observations and notes". *The American Journal of Sociology*, vol. XLVI, n. 4, jan. 1941, p. 551-570.

RADCLIFFE-BROWN, A. R. "On the concept of function in social science". *American Anthropologist*, n.s., vol. 37, jul.-set. 1935, n. 3, Parte 1, p. 394-402.

_____. *O desenvolvimento da antropologia social*. Apostila da Escola Livre de Sociologia e Política. Tradução de Cecília M. Sanioto. São Paulo: [s.n] 1941, 17p.

ROBINSON, Theodore H. *Introduction a l'histoire des religions*. Trad. Georges Roth. Paris: Payot, 1929.

SILBERNER, Edmund. *La guerre dans la pensée economique du XVI' au XVIII & siècle*. Paris: Lib. du Recueil Sirey, 1939.

_____. *The problem of war in nineteenth century economic thought*. Trad. Alexander H. Krappe. Princeton: Princeton University Press, 1946.

SIMIAND, François. *Le salaire, l'evolution sociale et la monnaie, essai de théorie expérimentale du salaire*. Tomo II. Paris: Lib. Félix Alcan, 1932.

SIMMEL, Georg. *Sociologia, estudios sobre las formas de socialización*. Trad. J. P. Bances Tomo I. Buenos Aires: Espasa-Calpe Argentina, 1939.

SOROKIN, Pitirim. *Contemporary sociological theories*. New York and London: Harper, 1928, cap. VI.

_____. *Social and Cultural Dynamics*. London: George Allen, 1937, vol. III, Parte II.

_____. *Society, culture and personality: their structure and dynamics, a system of general sociology*. New York: Harper, 1947. Capítulos 32-33.

SPEIER, Hans. "The social types of war". *The American Journal of Sociology*, XLVI, n. 4, jan. 1941, p. 445-454.

STEINMETZ, M. "Classification des types sociaux et catalogue des peuples". *L'Année Sociologique*. Tomo III, Paris: Lib. Félix Alcan, 1900.

STEINMETZ, S. R. *La guerre, moyen de sélection collective* (Der krieg als soziologisches problem, Amsterdam, 1899). Trad. A. Constantin. In: op. cit. acima, p. 217-288.

STUART MILL, John. *Sistema de lógica inductiva y deductiva*. Trad. de y Maury Daniel Jorro. Livro III, cap. XX, ed., Madrid, 1917.

SUMMER, William Graham. *Folkways, a study of the sociological importance of usages, manners, customs, mores, and morals*. Introduction by William L. Phelps. Boston: Ginn, 1940.

TARDE, Gabriel. *Les lois sociales, esquisse d'une sociologie*. Paris: Félix Alcan, 1898.

THURNWALD, Richard. "Origem, formação e transformação do direito à luz das pesquisas etnológicas". Trad. de Emílio Willems. *Sociologia*, vol. IV, n. I, p. 71-94.

TÖNNIES, Ferdinand. *Princípios de sociologia*. Trad. de Vicente Llorens. México: Fondo de Cultura Económica, 1942, livro vol.

TYLOR, Sir Edward B. *Anthropology: an introduction to the study of man and civilization*. vol. II. London: Watts, 1937.

VANDYKE ROBINSON, Edward. "War and economics in history and in theory". In: CARVER, Thomas Nixon. *Sociology and Social Progress*. A handbook for Students of Sociology. Boston: Ginn, 1905.

WEBER, Max. *Economia y sociedad*. vol. IV. Trad. de José Ferrater Mora. México: Fondo de Cultura Económica, 1944.

_____. *Historia económica general*. Trad. de Manuel Sánchez Sarto. México: Fondo de Cultura Económica, 1942.

WISSLER, Clark. *Man and culture*. New York: Thomas Y. Crowell, 1938.

II – Fontes de elaboração etnológica ou sociologia, sobre os Tupinambá, citadas no texto

FERNANDES, Florestan. *Organização social dos Tupinambá*. São Paulo: Instituto Progresso Editorial, 1949.

FRIEDERICI, Georg. *Ueber eine als Couvade gedeutete Wiedergeburtszeremonie bei den Tupi*. Tomo LXXXIX, Globus, Braunschweig, 1906.

MÉTRAUX, Alfred. *Migrations historiques des Tupi-guarani*. Paris: Lib. Orientale et Américaine, 1927.

_____. *La civilisation matéritelle des tribus tupi-guarani*. Paris: Lib. Orientaliste Paul Geuthner, 1928.

_____. *La religion des Tupinambá et ses rapports avec celle des autres tribus Tupi-guarani*. Paris: Lib. Ernest Léroux, 1928.

III – Trabalhos sobre o método histórico e as técnicas de crítica de fontes, utilizados pelo autor

ARON, Raymond. *Introducción a la filosofia de la historia*. Trad. de Angela H. de Gaos. Buenos Aires: Editorial Losada, 1946 (seções III e IV, especialmente).

BASTIDE, Paul Arbousse. "Os métodos, os processos e as técnicas da pesquisa sociológica: aplicação às relações entre a história e a sociologia". *Sociologia*, vol. II, n. 4, 1940, p. 305-327.

BAUER, Wilhelm. *Introducción al estudo de la historia*. Trad. da 2ª ed. alemã e notas de Luís G. de Valdeavellano. Barcelona: Boseh Casa Editora, 1944.

BECKER, Howard. "The field and problems of historical sociology". In: Luther Lee Bernard (Ed.). *The fields and methods of sociology*. New York: 1934, p. 18-33.

BERR, Henri. *La synthèse en histoire, essai critique et théorique*. Paris: Lib. Félix Alcan, 1911.

_____. *L'histoire traditionnelle et la synthèse historique*. Paris: Lib. Félix Alcan, 1935. Em colaboração com Lucien Febvre. "History". *Encyclopaedia of social sciences*, vol. 7, p. 357-368.

BOAS, Franz. "Methods of Research". In: *General anthropology*. New York: D. C. Heath, 1938. Cap. XV.

CALMETTE, Joseph. *Le monde féodal* (introdução). Paris: Les Presses Universitaires de France, nova edição, 1937.

CHAPIN, F. Stuart. *Field work and social research*. New York: The Century, 1920. Capítulo II.

COHEN, Morris; NAGEL, Ernest. *An introduction to logic and scientific method*. New York: Harcourt Brace, 1939. Capítulo XVIII.

CROCE, Benedetto. *Teoria e storia della storiografia*. 4ª ed. Bári: Gius, Laterza, 1941.

DE algumas cousas mais notáveis do Brasil (informação Jesuítica de fins do século XVI. In: *Revista do Instituto Histórico e Geográfico Brasileiro*, tomo 94, vol. 148 (1923). Rio de Janeiro, 1927, p. 369-421. (Edição anterior, não consultada: In: Arqchivo Bibliográphico da Biblioteca da Universidade de Coimbra, vol. IV, Coimbra, 1904).

DILTHEY, Wilhelm. *Introduction à l'étude des sciences humaines. Essai sur le fondement qu'on pourrait donner à l'etude de la société et de l'histoire*. Presses Universitaires de France, [s. d.].

ECHAVARRIA, José Medina. *Sociologia: teoría y técnica*. México: Fondo de Cultura Económica, 1941.

FRY, C. Luther. *The technique of social investigation*. New York and London, Harper, 1954.

JOHNSON, Allen. *The historian and historical evidence*. New York: Charles Seribner, 1934.

KAUFMANN, Félix. *Metodologia de las ciências sociales*. Trad. de Eugênio Imaz. México: Fondo de Cultura Económica, 1946.

LACOMBE, F. *De l'histoire considérée comme science*. Paris: Lib. Hachette, 1894.

LAMPRECHT, Karl. *Alte und neue Richtungen in der Geschichtswissenschaft. Was ist Kulturgeschichte?* Berlim: Gaertner, 1896.

_____. *Individualiät, Idee und sozialpsychische Kraft in Geschichte*. Jahrbücher de Conrad, 1897, Bd. XIII, p. 880-900.

_____. "Compte-rendu" de Celestin Bouglé. In: *L'Année sociologique*. Vol. II, 1897-1898. Lib. Félix Alcan, 1899, p. 137-142.

LANGLOIS, Ch. V.; SEIGNOBOS, Ch. *Introdução aos estudos históricos*. Trad. de Laerte de Almeida Moraes. São Paulo: Renascença, 1946.

LINTON, Ralph. *O homem*: uma introdução à antropologia. Trad. de Lavínia Vilela. São Paulo: Livraria Martins, 1943. Cap. XXI – "As reconstruções históricas".

McGUIRE, Joseph. "Ethnology in jesuit relations." *American anthropologist*, n.s., vol. 3, nº 2, abr.-jun. de 1901, p. 257-269.

MÜHLMANN, Wilhelm. *Methodik der Völkerkunde*. Stuttgart: 1938.

PIRENNE, Henri. "What are historians trying to do". In: RICE, Stuart A. (Ed.). *Methods in social science*. Chicago: "The University of Chicago Press, ed. 1937, p. 435-445.

RADIN, Paul. *The method and theory of ethnology, an essay in criticism*. New York: McGraw-Hill Book, 1933.

RICKERT, Heinrich. *Ciencia cultural y ciencia natural*. Trad. de Manuel G. Morente. Buenos Aires: Espasa-Calpe Argentina, 1943.

SEIGNOBOS, Charles. *La méthode historique appliquée aux sciences sociales*. Paris: Félix Alcan, 1901.

TEGGART, Frederick J. *Theory and process of history*. Califórnia: University of California Press, Berkeley and Los Angeles, 1941.

XENOPOL, Alexandre Demétrio. *Teoría de la historia*. 2ª ed. de "Los principios fundamentales de la historia". Trad. de Domingo Vaca. Madrid: Daniel Jorro, 1911.

YOUNG, Pauline. *Scientific social surveys and research, an introduction to the background, content, method, and analysis of social studies*. New York: Prentice-Hall, 1942.

ZNANIECK, Florian. *The method of sociology*. New York: Farrer & Rinehart, 1934.

IV – Discriminação das fontes primárias, que fornecem informações, e descrição a respeito da guerra na sociedade tupinambá[1]

ABBEVILLE, Claude D'. *História da missão dos padres capuchinhos na ilha do Maranhão e terras circunvizinhas*, em que se trata das singularidades admiráveis e dos costumes estranhos dos índios habitantes do país, trad. de Sérgio Milliet; introdução e notas de Rodolfo Garcia. São Paulo: Livraria Martins, 1945.

---

[1] Nos casos em que isto se tornou possível, dei preferência à utilização de traduções, indicando então as edições originais empregadas como fonte de verificação. Tal preferência encontra um apoio nas condições de trabalho do sociólogo (a este importa menos o "texto literário" do que o "conteúdo" das fontes) e apresenta a vantagem de facilitar a apreciação crítica dos leitores, permitindo a manipulação de edições facilmente acessíveis. Doutro lado, as traduções e edições modernas (das obras escritas originariamente em português), contêm dados preciosos para os especialistas, graças aos comentários e às anotações, de caráter histórico, geográfico, linguístico ou etnológico, com que foram enriquecidas nas publicações mais recentes.

_____. *Histoire de la mission des peres capvcins en l'isle de Maragnan et terres circonuoisines*, ov est traicte des singularitez admirables & des moeurs merueilleufes des indiens habitans de ce pais auvec le miBiues et aduis qui ont est enuoyez de nouueau... Paris: Imprimerie de Françoes Hvby, 1614.

ACUÑA, Cristóbal de; CARVAJAL, Gaspar de; ROJAS, Alonso. *Descobrimentos do rio amazonas*. Traduzidos e anotados por C. de Mello-Leitão. São Paulo: Companhia Editora Nacional, 1941.

ANCHIETA, José de. *Cartas, informações, fragmentos históricos e sermões do...* (1554-1594). Publicação da Academia Brasileira de Letras; nota preliminar de Afrânio Peixoto, transcrição de comentário de Capistrano de Abreu ("A obra de Anchieta no Brasil"), introdução de Afrânio Peixoto, e bibliografia do Pe. José de Anchieta, notas e posfácio de Antônio de Alcântara Machado.

BARLEU, Gaspar. *História dos feitos recentemente praticados durante oito anos no Brasil e noutras partes sob o governo do ilustríssimo João Maurício, Conde de Nassau* etc., *ora Governador de Wesel, Tenente-General de Cavalaria das Províncias Unidas sob o Príncipe de Orange*. Tradução e anotações de Cláudio Brandão. Rio de Janeiro: Serviço Gráfico do Ministério da Educação, 1940.

BRANDÃO, Ambrósio Fernandes. *Diálogos das grandezas do Brasil*. Segundo a edição da Academia Brasileira, corrigida e aumentada, com numerosas notas de Rodolfo Garcia e introdução de Jaime Cortesão, e com transcrição anterior, de Capistrano de Abreu. Rio de Janeiro: Dois Mundos, 1943. O livro teria sido composto em 1618 e a identificação do autor é tentada pelos dois historiadores, nas referidas introduções.

CABEZA DE VACA, Alvar Núñez. *Naufragios y comentarios*. Madrid: Calpe Editora, 1922. O texto relativo ao rio da Prata constitui a segunda parte deste volume: Comentarios de Alvar Núñez Cabeza de Vaca, adelantado y Gobernador del Rio de la Plata, escriptos por Pedro Hernández, escribano y secretario de la Provincia y dirigidos al serinissimo, muy alto y muy poderoso señor el infante Don Carlos, n.s., p. 151-359.

CARDIM, Pe. Fernão. *Tratados da terra e gente do Brasil*. Introdução e notas de Batista Caetano, Capistrano de Abreu e Rodolfo Garcia. 2ª ed. São Paulo: Companhia Editora Nacional, 1939.

CARTAS Avulsas (1550-1568). Publicação da Academia Brasileira de Letras; nota preliminar e introdução de Afrânio Peixoto; Sinopse da História do Brasil e da Missão dos padres jesuítas, de 1549 a 1568, de

Afrânio Peixoto, Missão Jesuítica ao Brasil de 1549 a 1568, de Afrânio Peixoto; cartas coligidas e anotadas por Alfredo do Vale Cabral. Rio de Janeiro: Civilização Brasileira, (Cartas Jesuíticas, 2), 1931.

EVREUX, Yves D'. *Viagem ao norte do Brasil, feita nos anos de 1613 a 1614*. Introdução e notas de Ferdinand Dénis; tradução de César Augusto Marques. Maranhão: [s.n.], 1874.

_____. *Voyage dans le nord du Brésil, fait durant les années 1613 et 1614*. Publié d'Aprês L'Exemplaire Unique Conservé a la Bibliotheque Impériale de Paris, avec une introduction et des notes par M. Ferdinand Denis. Leipzig et Paris: Librairie A. Franck, 1864.

GANDAVO, Pero de Magalhães. Neste trabalho foram utilizadas as seguintes edições da "História" e do "Tratado": Historia da prouincia Sãcta Cruz a que vulgarmente chamados Brasil, in Assis Cintra, *Nossa primeira história* (Gandavo), edição com notas bibliográficas, feita sobre o exemplar pertencente à Biblioteca Nacional; São Paulo, Companhia Melhoramentos, 1922. Tratado da Terra do Brasil, no qual se contém a informação das Cousas que há nestas Partes, feito por in...; Pero de Magalhães Gandavo, I. Tratado da Terra do Brasil; III. História da Província Santa Cruz, edição do Anuário do Brasil, nota bibliográfica de Rodolfo Garcia e introdução de Capistrano de Abreu, Rio de Janeiro, 1924.

HERIARTE, Maurício de. "Descripção do Estado do Maranhão, Pará, Corupá e Rio das Amazonas, in Visconde do Porto Seguro" (F. A. Varnhagen). *História geral do Brasil, antes de sua separação e independência de Portugal*, 3ª ed. integral. São Paulo: Companhia Melhoramentos, [s.d.]. Este documento, transcrito às p. 211-237, teria sido escrito, segundo Varnhagen, entre 26 de março de 1662 a 22 de julho de 1667. Os manuscritos pertencem à Biblioteca Imperial de Viena e tiveram uma edição vienense, na Imprensa de Carlos Gerold (Filho), de autoria de Francisco de Adolfo Varnhagen.

JABOATÃO, Frei Antônio de Santa Maria. *Novo orbe seráfico brasílico ou crônica dos frades menores da província do Brasil*. Instituto Histórico e Geográfico Brasileiro, Rio de Janeiro: 2 tomos, 1858-1859.

KNIVET, Anthony. Neste trabalho foram utilizadas as seguintes edições do relatório de Knivet: Narração da viagem que, nos anos de 1591 e seguintes, fez Antônio Knivet da Inglaterra ao Mar do Sul, em companhia de Thomas Cavendish", tradução do holandês por J. H. Duarte Pereira. A tradução holandesa é de autoria de Pieter van der A. (Leyde, 1707); in

Revista Trimestral do Instituto Histórico, Geográfico e Etnográfico do Brasil, tomo XL, Rio de Janeiro, 1878, p. 183-272. *Vária fortuna e estranhos fados* de Anthony Knivet que foi com Tomas Cavendish, em sua segunda viagem, para o Mar do Sul, no ano de 1591, tradução do original inglês por Guiomar de Carvalho Franco e anotações e referências de Francisco de Assis Carvalho Franco, São Paulo, Brasiliense, 1947. Esta edição é indicada no texto da seguinte maneira: "ed. Brasil".

LÉRY, Jean de. *Viagem à terra do Brasil.* Tradução integral e notas de Sérgio Millet, segundo a edição de Paul Gaffarel, com o colóquio na língua brasileira e notas tupinológicas de Plínio Ayrosa. São Paulo: Livraria Martins, 1941.

_____. *Histoire d'un voyage faict en la terre du Brésil, autrement dite Amérique.* Contenant la navegation, & choses remarquables, vues sur mer par l'auteur. Le comportement de Villegaignon en ce pays-là. Les moeurs & façons de viure estrages de Sauvages Brésiliens; avec un colloque de leur langage. Ensemble la description de plusieurs Animaux, Arbres, Herbes, & autres choses singulieres, & du tout inconnues pardeçà: dont on verra les sommaires des chapîtres au commencement du liure. Avec les fiures, revue, corrigée & bien augmentée de discours notables, en ceste troisième Edition. Pour Antoine Chuppin, M. D. LXXXV.

LOPES DE SOUZA, Pero. *Diário de Navegação* de Pero Lopes de Souza (1530-1532). Editado por Paulo Prado, 2 vol., com 10 mapas: prefácio de Capistrano de Abreu e comentários de Eugênio de Castro. Rio de Janeiro: Tipografia Leuzinger, 1927. O "Diário", em 5ª ed., abrange as p. 83-386 do vol. I.

MALHEIRO DIAS, Carlos. *História da colonização portuguesa do Brasil.* 3 vol. Porto. Litografia Nacional, 1921, 1923 e 1924. Edição dirigida e coordenada por C. Malheiros Dias. Aproveitadas neste trabalho: *A Nova Gazeta do Brasil* ("Cópia der *Newen Zeytung auss Pressillg Landt*"), publicada no primeiro quartel do século XVI, foi transcrita por: ESTEVES PEREIRA, f. M. In: *O descobrimento do Rio da Prata*. vol. II, cap. XII. b) Américo Vespúcio, cartas transcritas por C. Malheiro Dias. In *A expedição de 1501*, vol. II, cap. VIII; In: *A expedição de 1503*, vol. II, cap. X.

MONTAIGNE, Michel de. *Essais* de Montaigne (2 vol.). Nouvelle edition avec des notes choisies dans tous les commentateurs et la traduction de toutes les citations que renferme le texte, por J. vol. Leclercq. Paris: Garnier Frères, Libraires-Editeurs, [s.d.]. A primeira edição data de 1595; parte utilizada neste trabalho: tomo I, livro I, cap. XXX, "Des Cannibales".

MONTOYA, Antônio Ruiz de. "Primeva catechese dos Índios selvagens, feita pelos Padres da Companhia de Jesus" In: *Manuscrito guarani da biblioteca nacional do Rio de Janeiro sobre a primitiva catequese dos índios das missões*. Tradução portuguesa, notas e um esboço gramatical do Abáñeê por Batista Caetano de Almeida Nogueira. Edição dirigida por Benjamin Franklin Ramiz Galvão. Rio de Janeiro: 1879. As comparações e notas relativas ao texto da Conquista Espiritual foram feitas Ramiz Galvão.

MORENO, Diogo de Campos. Jornada do Maranhão, In: Almeida, C. M. *Memórias para a história do extinto estado do Maranhão, cujo território compreende hoje Piauí*, Grão-Pará e Amazonas. vol. II. Rio de Janeiro: Nova Tipografia de J. P. Hildebrandt, 1874. p. 153-265.

NÓBREGA, Pe. Manuel da. *Cartas do Brasil*, 1549-1560. Publicação da Academia Brasileira de Letras; nota preliminar de Afrânio Peixoto; prefácio de Alfredo do Vale Cabral. Contém a "Vida do Padre Manuel da Nóbrega", de autoria do Pe. Antônio Franco; e anotações de Vale Cabral e Rodolfo Garcia. A esta edição, Afrânio Peixoto ajuntou o "Diálogo sobre a conversão do gentio", Rio de Janeiro, 1931.

NOVAS Cartas Jesuíticas (de Nóbrega a Vieira). Coligidas por Serafim Leite, S. L.; com prefácio de Afrânio Peixoto e introdução de Serafim Leite. São Paulo: Companhia Editora Nacional, 1940.

PIGAFETTA, Antônio. *Primer viaje en torno del globo*. Tradução de F. Ruiz Morcuende. Buenos Aires: Editora Espasa-Calpe Argentina, 1941. Sobre o Brasil, p. 58-62.

PYRARD, Francisco (de Laval). *Viagens de Francisco Pyrard de Laval*. Contém a notícia de sua navegação às Índias Orientais, Ilhas Maldivas, Molucas e ao Brasil, e os diferentes casos que lhe aconteceram na mesma viagem nos dez anos que andou nestes países (1601 a 1611). Com a descrição exata dos costumes, leis, usos, política e governo; Do trato e comércio que neles há; dos animais, árvores, frutas e outras singularidades que ali se encontram; trad. portuguesa e anotações de Joaquim Heliodoro da Cunha Rivara; edição revista e atualizada por A. de Magalhães Bastos, B.H. Série Ultramarina. Porto: Livraria Civilização, 1944. Parte sobre o Brasil: tomo I, caps. XVI, XXVI e XXVII.

RAMÍREZ, Luiz. "Carta escrita do Rio da Prata em 10/7/1528". Copiada na Espanha por F. A. de Varnhagen e publicada na *Revista do Instituto Histórico e Geográfico do Brasil*, tomo XV, 2ª ed., Rio de Janeiro, 1888, p. 14-41.

SALVADOR, Frei Vicente do. *História do Brasil*. Nova edição revista por Capistrano de Abreu. São Paulo: Weiszflog, 1918. Nota preliminar e prolegômenos de Capistrano de Abreu.

SCHMIDL, Ulrico. *Derrotero y viaje a España y las Índias*. Traduzido do alemão segundo o manuscrito original de Stuttgart e comentado por Edmundo Wernicke, prólogo de Josué Gallan (H.). Santa Fé, 1938; material etnográfico sobre os Tupi, cap. 52, p. 169-175.

SOUZA, Gabriel Soares de. *Tratado descriptivo do Brasil em 1587*. Edição castigada pelo estudo e exame de muitos códices manuscritos existentes no Brasil, em Portugal, Espanha e França, e acrescentada de alguns comentários por Francisco Adolpho de Varnhagen. 3ª ed. São Paulo: Companhia Editora Nacional, 1938.

SOUZA FERREIRA, Padre João de. "América abreviada, suas notícias e de seus naturais, e em particular do Maranhão, títulos, contendas e instruções a sua conservação e aumento mui úteis". *Revista Trimestral do Instituto Histórico e Geográfico Brasileiro*, tomo LVII, Parte I, Rio de Janeiro, 1894, p. 5-153.

STADEN, Hans. *Duas viagens ao Brasil*, arrojadas aventuras no século XVI entre os antropófagos do Novo Mundo. Livro primeiro: as Viagens; Livro segundo: A Terra e seus Habitantes; transcrito do alemão moderno por Carlos Fouquet e traduzido deste original por Guiomar de Carvalho Franco. São Paulo: Sociedade Hans Staden, 1942.

THEVET, Frei André. 1) *Singularidades da França Antártica, a que outros chamam de América*. Prefácio, tradução e notas do professor Estêvão Pinto; edição ilustrada. São Paulo, Companhia Editora Nacional, 1944. Les singularitez de la France antarctique, nouvelle edition avec notes et commentaires par Paul Gaffarel, Paris, Maisonneuve, Livraires-Editeurs, 1878. 2) *La cosmographie universelle D'André Theve*t, Cosmographe du Roy. Illustrée de Diverses Figures des Choses plus remarquables vécves par l'auteur, & incogneues de nos Anciens & Modernes. Paris, Pierre l'Huillier, 4 tomos, em 2 vol., 1575. Parte relativa ao Brasil, vol. II, folha 903s; 3) *Les Vrais Pourtraits et Vies des Hommes Illustres*, grecs, latins, et payens, recueillis de leurs tableaux, livres, médailles antiques, et modernes, Paris, Viúva I. Keruert et Guillaume Chaudiere, 1584; artigo Quoniambec, Livro VIII, cap. 149, folhas 661-2.

VASCONCELLOS, Pe. Irmão de. 1) *Chronica da companhia de Jesu do estado do Brasil e do que obraram seus filhos nesta parte do novo mundo*. Em que trata da entrada da Companhia de Jesus nas partes do Brasil, dos fundamentos que nella lançaram e continuaram seus religiosos, e algumas notícias antecedentes, curiosas e necessárias das cousas d'aquele estado. Segunda edição corrigida e aumentada. Lisboa: Casa do Editor A. J. Fernandes Lopes, MDCCCLXV, e volumes (1ª ed., Lisboa, 1663); 2) *Vida do venral Padre José de Anchieta*. Prefácio de Serafim Leite, S. J. Rio de Janeiro: Imprensa Nacional, 1943. 2 vol. (1ª ed., Lisboa, 1668); 3) *Notícias curiosas e necessárias sobre o Brasil*. Rio de Janeiro: Imprensa Nacional, 1824 (1ª ed., em separado da *Chronica*, 1668).

VIEIRA, Pe. Antônio. *Cartas* do Padre Antônio Vieira, coordenadas e anotadas por J. Lúcio de Azevedo. Coimbra: Imprensa da Universidade, 1925, 1926, 1928. 3 vol.

V – Bibliografias compulsadas

a) Sobre a Guerra

PARK, Robert E.; BURGESS, Ernest W. *Introduction to the science of sociology*. Chicago-Illinois: The University of Chicago Press, 1942. p. 650-652.

WILLEMS, Emílio. "Subsídios bibliográficos para uma sociologia da guerra (aspectos gerais tecnológicos, econômicos, psicológicos e biológicos)". *Sociologia*, vol. III, nº 3, agosto de 1941, p. 227-232.

b) Sobre os Tupinambá

ANDRADE, Almir de. *Formação da sociologia brasileira. Os primeiros estudos sociais no Brasil, séculos XVI, XVII e XVIII*. Rio de Janeiro: J. Olympio, 1941.

AYROSA, Plínio. "Apontamentos para a bibliografia da língua tupi-guarani". *Boletim XXXIII*. São Paulo: Faculdade de Filosofia Ciências e Letras da Universidade de São Paulo, 1943.

BALDUS, Herbert. *Fontes primárias para o estudo dos índios do Brasil quinhentista*. São Paulo: Instituto de Administração da Universidade de São Paulo, n. 28, 1948.

_____. "Etnologia". In: MORAIS, R.B.; BERRIEN, W. (Ed.). *Manual bibliográfico de estudos brasileiros*. Rio de Janeiro: Gráfica Editora Souza, 1940. p. 199-255